上海市高校人文社会科学重点研究基地资助
Supported by the Project of Key Research Institute of Humanities and Social Sciences in Shanghai
上海市教委第五期重点学科“体育赛事运作”资助（J51002）

体育赛事运作管理实务

刘清早　著

人民体育出版社

作者担任第十一届全运会组委会技术专家，在开幕式总指挥部现场工作

现　任

☆ 上海体育学院教授

☆ 中国体育科学学会体育产业分会副秘书长

☆ 上海体育学院体育赛事研究中心副主任

☆ 第十二届全国运动会组委会首席技术专家

☆ 第十二届全国运动会沈阳赛区组委会总督导

☆ 中共汶川县委、县人民政府灾后科学重建经济社会事业发展顾问

☆ 南阳市、莱芜市人民政府经济社会事业发展首席专家

☆ 国家体育总局《全国体育大会筹备工作指南》课题组组长

☆ 全国普通高校教材《体育赛事市场开发》主编

☆ 全国多个大学客座教授、兼职教授

☆ 上海市模范教师

☆ 上海市教学名师

☆ 被学生海选为“我心目中的好老师”

☆ 自1979年首创我国第一个体育赛事冠名权项目以来，曾运作了各类体育赛事100多项。自1975年第三届全国运动会以来，已连续参与了十届全国运动会，近年曾任第十一届全运会组委会（唯一）技术专家、第六届全国城市运动会组委会顾问、第六届全国农民运动会组委会总策划、第四届全国体育大会组委会技术总督导，在参与运作的各类体育赛事中分别获得省市委、省市人民政府、组委会颁发的“特别嘉奖”“特殊贡献奖”“特别贡献奖”“突出贡献奖”“先进个人”等荣誉称号和奖励。自2005年担任上海体育学院教授以来，已连续五年获全院综合考核优秀。主讲课程《体育赛事市场开发》为上海市精品课程、《体育赛事运作实务》为上海体育学院精品课程。

☆ 2009年获得国际奥委会主席罗格、时任国际奥委会名誉主席萨马兰奇亲笔签发并代表国际奥委会颁发的“为传播奥林匹克文化和精神作出突出贡献”官方荣誉证书。

☆ 自2006年以来，已由人民体育出版社正式出版个人专著、教材《体育赛事运作管理》《体育赛事运作案例精选》《体育赛事运作管理手册》《体育赛事运作管理流程》，向全国公开发行。

作者的话

以此书——
为体育赛事的组织者提供借鉴
为体育赛事的运作者提供指导
为普通高校本科生和研究生教学服务

随着经济社会的全面发展，随着2008年北京奥运会成功举办，体育赛事促进城市发展具有特殊的作用，体育赛事已成为一项社会活动，不仅具有了健身和竞技的功能，也具有了政治、经济、文化的功能。体育赛事的筹备组织工作涉及政府工作，也涉及社会方方面面，因此，体育赛事的运作管理是一门科学，也是一项系统工程。各地承办体育赛事的过程培养和造就了一批“内行”，但是由于各地承办体育赛事大多都是一次性，这些“内行”也不会再去运作体育赛事了。在承办体育赛事过程中的经验和教训即使进行了总结，也没有得到很好的传承，致使每一次体育赛事的筹办又从“零”开始。其实，体育赛事的运作管理是有规律可循的，认识规律、掌握规律，结合当地的实际进行创新，既可以提高体育赛事的承办效率，也可以使体育赛事产生综合效益。

承蒙广大读者的厚爱，承蒙上海体育学院和上海体育学院体育赛事研究中心的关心与支持，承蒙各级领导、各位朋友的指导，承蒙广大学生和体育赛事从业人员的信任，本人自2006年先后撰写了《体育赛事运作管理》《体育赛事运作案例精选》《体育赛事运作管理手册》《体育赛事运作管理流程》四本专著，均由人民体育出版社正式出版。为了回报广大读者，为更好地为赛事组织者和从业人员服务，为进一步做好普通高等院校体育市场营销和体育赛事运作专业的本科生、研究生的教学工作，此次以本人自1979年成功运作我国体育赛事历史上第一个“冠名权”项目，以及数十年来从事近百个各层次、各类型的体育赛事运作管理的实务经验为基础，以本人担任第十一届全运会组委会技术专家、第十一届全运会市场开发顾问和第十一届全运会主赛区——济南赛区特邀顾问、全运村顾问全程参与本届全运会筹备组织工作的历程为基础，通过认真总结、归纳、提炼，编撰了这本《体育赛事运作管理实务》。第十一届全运会组委会办公室给予了大力的支持，提供了第十一届全运会的相关文件和方案，本专著在相关章节中进行了链接。本专著还以其他体育赛事的相关案例和方案作为基础，进一步突出专著的实务性，一方面这是因为第十一届全运会筹备组织工作已经被实践证明是我国全运会历史上的典范，另一方面这些案例在实践中被证明是正确的，也是可行的。在此，特别向第十一届全运会组委会办公室及相关赛事组委会、筹委会表示衷心的感谢。

本书的特点主要体现在：一是按照体育赛事筹备组织工作的规律，以不同阶段需要完成的主要工作为主线，明确地告诉读者特别是体育赛事从业人员“在什么阶段、要完成什么工作、怎么去完成这些工作”。二是突出实务，注重说明体育赛事筹备组织工作究竟要做什么，而少说为什么，为读者从事体育赛事筹备组织实际工作提供借鉴。三是服务高校教学，上海体育学院已经在本科生和研究生的教学中开设了《体育赛事运作实务》专业课，急需教材，为了进一步做好教学工作，也为出版正式的教材打下坚实的基础，将这本专著及时地提供给学生以满足教学的需要。四是为政府体育主管部门编撰《大型综合性运动会运作指南》或者《大型综合性运动会运作规范》提供服务，为政府科学规范的管理体育赛事做好铺垫。本专著共收录了77个相关链接以及案例，主要目的是在每一章节的阐述后，提供一个可供读者参考的“样本”，以方便读者学习和借鉴。

本专著按照体育赛事运作管理的阶段，从体育赛事申办者获得承办资格开始，以“筹备阶段、举办阶段、收尾阶段”进行划分，一共撰写了四章45节，在每一章后又列出了思考题，供读者进行拓展性的学习。内容是作者本人在数十年的体育赛事运作的实务中不断总结的体育赛事规律，又在实践中进行了反复的论证，应该具有一定的科学性，被实践证明具有较强的指导性。作者本人希望这些努力能够为政府体育主管部门、行业体协、体育赛事组委会、专业公司运作体育赛事提供服务，也希望高校学生能够通过系统的学习提高体育赛事运作的能力，更好地为就业服务。

作为高校教师，承担的教学、科研任务十分繁重。本人担任教授五年多来，一直恪守“学生是教师的客户，为学生服务义不容辞、责无旁贷”，恪守“为社会发展服务，为政府服务，为赛事从业人员服务”的宗旨。在努力做好教学、科研工作的同时，挤出时间撰写了这本专著。完成这本专著的时候，也正是我敬爱的85岁高龄母亲病重在医院救治的时候，我以这本专著作为对母亲的汇报。

正因为工作繁重，本人的理论水平还在不断地提高之中，体育赛事的运作管理也在不断地完善之中，所以，差错在所难免，请各位读者多多指教，也请予以谅解。

刘清早

二〇一一年四月于上海体育学院

目　录

第一章　体育赛事运作管理阶段概述

本章学习要点：

- 体育赛事运作管理的定义
- 体育赛事的分类
- 体育赛事运作管理阶段划分
- 体育赛事运作管理各阶段的主要任务

第一节　体育赛事概述

随着人类社会的发展和进步，物质生活水平的提高，参与和观赏体育赛事已经成为人们日常生活不可或缺的一部分。由于体育赛事特殊的“载体”作用，体育赛事已成为一项社会活动。体育赛事运作管理是体育赛事理论体系重要的组成部分，也是贯穿体育赛事筹办始终的工作。体育赛事是如何产生的，体育赛事有哪些特点，是我们首先要了解的内容。

一、体育赛事起源

体育赛事的产生首先要归因于体育的产生。

体育起源于劳动。随着人类的体质在大量的生产劳动和生产实践中不断增强，有意识的体育锻炼由此而产生并得以发展。随着体育的产生，远古时代的人类制定了一些运动的规则，形成体育比赛的雏形，但此时的比赛大都只是宗教仪式的一部分。

公元前8世纪，古希腊诗人荷马在史诗《伊利亚特》中说到，阿奇里斯为了纪念在特洛伊战争中死去的朋友普特洛克勒斯（Patroclus）特别举行了一场体育比赛，这是关于体育比赛最早的文字记载。

古代奥运会是古代人类历史上规模最大、影响最为深远的体育赛事。古代奥运会从公元前776年起，到公元394年止，经历了1168年，共举行了293届。

现代奥运会从1896年开始，历经风雨百余年。2008年在北京举行了第29届（夏季）奥运会，2012年第30届奥运会（夏季）在伦敦举行。冬季奥运会从1924年开始，第21届冬季奥运会已于2010年2月在加拿大温哥华举行。第22届冬奥会于2014年在俄罗斯索契举办。

中国的全国运动会（简称全运会）历经半个多世纪，从1959年起已举办了11届，第十一届全运会已于2009年10月在山东举行。第十二届全运会于2013年在辽宁举行。从第八届全运会开始，其设项、赛制与奥运会全面接轨，是中国竞技体育最高水平、最高规格、最大规模的大型综合性运动会。

体育赛事发展到今天，其形式日益多样、内容丰富精彩。随着场地、器材不断发展，科学技术水平不断提高，现在每年全世界都要举办大量的体育赛事。由于现代信息传媒技术的发展，人们可以通过多种方式来参与，尤其是感受体育运动、体验体育赛事。对体育赛事的关注和参与成为人们日常生活的重要组成部分。

体育赛事已成为提升举办城市知名度与美誉度的重要载体。

二、体育赛事的定义

（一）体育赛事的概念

1. 一般概念

体育赛事通常是指，在竞赛规程、规则的约定下，人们以体育为主题内容，以竞赛的方式，以技能展示、交流和锦标为目标的集众性活动。

2. 特殊概念

赛事的本质是一类活动，必须具备两个关键特征：以运动竞赛为核心内容；具有特定的社会意义。

（二）体育赛事运作管理定义

在长期的体育赛事运作实践中，经过不断总结和提炼，我们将体育赛事运作管理定义为：一定的组织运用财力、物力、人力、信息等资源，通过计划、组织和控制，向社会提供体育赛事的全过程。其实质是由输入到输出的转换过程。

将体育赛事运作管理视为由输入到输出的转换过程，实质上反映了社会主义市场经济条件下，对效率和效果的追求。体育赛事运作管理的效率是指赛事资源输入和输出的关系。对于给定的资源投入，如果赛事运作管理者能获得更多的输出，就意味着提高了效率。同样，如果以较少的资源投入，赛事运作管理者能够获得同样的输出，也是提高了效率。能够投入体育赛事运作的资源（资金、场馆、设备、人力、技术等）总是有限的，所以赛事运作管理者必须时刻关心这些资源能否得到有效利用。因此，体育赛事运作强调效率。体育赛事运作强调的另一方面是效果，即运作必须达到赛事的预定目标。当赛事运作管理者实现了赛事的目标时，我们称他们的运作是有效果的。而赛事的目标又与客户的需求是紧密相关的，无论是怎样的赛事，都是为了满足某种客户的需求而存在和发展的。

效率和效果在体育赛事运作过程中互相联系。体育赛事运作的理想状态是高效率和高效果，这也是赛事运作所追求的目标。然而在给定的设计、流程、技术条件，即效率水平一定的条件下，效率和效果之间经常是互为消长的关系，即提高效率通常会降低效果，增强效果则会使效率下降。体育赛事运作管理者面临两大挑战：其一，是在效率和效果之间寻求适当的平衡点，这对于赛事运作管理来说既是一门科学也是一门艺术；其二，提高运作的效率水平，使赛事运作系统的设计更合理、业务流程更顺畅、工作人员更努力等。

三、体育赛事的分类

体育赛事依据其规模、项目、性质、参与者等不同，可以划分为不同的种类。体育赛事既具有共性，又有特殊性，我们应从其类别上加以进一步了解。

美国人斯特德曼·格雷勒姆等在其所著的《体育营销指南》一书中将体育赛事划分为以下七种：全国性体育机构批准的赛事、残疾人体育赛事、职业体育赛事、高中或大学的体育赛事、基层或青少年的体育赛事、特殊的/个人举办的体育赛事，以及为各个体育组织举办的商务会议、成员代表会议、研讨会。

从体育赛事的相关主体驱动方面来看，体育赛事主要分为观众驱动型和利益者驱动型。

从体育赛事的规模上来看，体育赛事可以划分为综合性的体育赛事和单项体育赛事。

从体育赛事的性质来看，体育赛事可以划分为以竞技体育为主的赛事、以健身为目的的群众性体育赛事、特定人群参加的赛事。

从体育赛事的功能和作用上来看，体育赛事可以划分为经营性的商业比赛、公益性的比赛、教学与交流性质的比赛、全民健身类的比赛等。

中国举行的全国大型综合性运动会主要包括全国运动会、全国冬季运动会、全国体育大会、全国城市运动会、全国农民运动会、全国少数民族运动会、全国残疾人运动会、全国特殊奥运会、全国大学生运动会、全国中学生运动会，以及各省市、自治区举行的与全国大型综合性运动会相对应的相关运动会。

从国家体育总局层面，每年还举行单项的冠军赛、锦标赛、大奖赛、联赛等赛事。全国各省、市、自治区、各地市县区还有众多的各类体育赛事。

随着改革开放，国际单项体育组织也有许多赛事落户中国，每年还有许多商业性赛事在中国举办。

随着北京奥运会的成功举办，随着经济社会的不断发展，也随着全民健身活动的广泛开展，人们以各种形式关注或参与体育活动的积极性不断高涨，特别是各级政府越来越认识到体育赛事特殊的载体作用，各地举办的各类体育赛事越来越多，规格越来越高，规模也越来越大。我国体育赛事已进入到了全面发展期，完善体育赛事运作管理理论体系的任务也十分紧迫。

第二节　体育赛事运作管理阶段划分及主要任务

按体育赛事特点与科学规律划分若干阶段、明确不同阶段的任务，是加强管理的重要环节，也是体育赛事运作管理工作的重中之重。体育赛事运作阶段不同，工作任务也不同。按照体育赛事本身规律与筹备组织工作的时间节点，我们在长期的实践中不断探索，为进一步提高运作管理效率，将体育赛事运作的阶段划分为五个阶段，即选择阶段、申办阶段、筹备阶段、举办阶段、收尾阶段（图 1–1）。

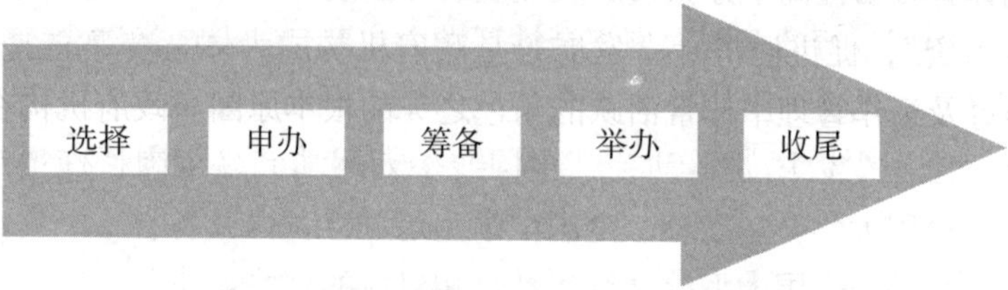

图 1–1　体育赛事运作的阶段划分

一、选择阶段

（一）选择阶段概述

选择体育赛事是赛事组织者运作体育赛事的起点。对赛事的选择将决定是否申办，是从调研、判断到递交《申办报告》或《办赛申请》的阶段。各类组织对体育赛事的需求不同，选择体育赛事的动机也不同，通常与承办城市的发展定位和目标密切相关，尤其是当前体育赛事早已远远地超越出体育自身的范畴，与经济、政治、文化、社会等各方面紧密联系，使各类组织在选择赛事的动机方面呈现多元化、复杂化、个性化的特点。选择体育赛事的动机、需求不同，各类组织需要衡量与评估的因素也不同。选择合适的体育赛事，是赛事预备组织者，包括国家、组织、单位、个人，根据自身的政治需求、经济需求综合考虑，作出是否申办的判断与决策。

政府机构（包括体育行政主管部门）对体育赛事的选择，通常是将体育赛事视为公共产品或准公共产品，对其社会效益和经济效益综合考虑后再作决策。体育赛事，尤其是大型综合性体育赛事，绝不仅仅是一场体育比赛，而是一项对举办城市经济社会各方面都将产生重大影响、带来显著效益的特殊的社会事件。借助体育赛事提高举办城市的关注度、知名度与美誉度，扩大“招商引资”，促进经济社会发展等是政府机构成为体育赛事选择、申办及运作管理中非常活跃的角色之一的根本原因。政府机构在选择体育赛事的过程中至少应考虑地区的体育传统因素、地理及人文因素、经济实力等方面。

非政府机构主要包括企业、事业单位及社会团体。非政府机构选择体育赛事同样要考虑地区的体育传统、地理人文、基础设施、经济发展水平及大众消费能力等因素，除此之外，还需着重考虑政府对该项体育赛事的态度、该项体育赛事运作的现金需求以及人才与经验等因素。当然，此类机构选择体育赛事也是出于政治目的，而更多的是出于经济目的。

总之，在选择体育赛事的过程中，只有从组织机构的实际情况出发，综合全面考虑各方面的因素，有效评估申办及举办体育赛事的利弊，才能作出明智的选择，才能使赛事真正为组织目标的实现而服务。

（二）选择体育赛事需要遵循的原则

1. 有利原则：可实现申办者的目标，对体育赛事相关利益者均有利。

2. 可行原则：具备举办体育赛事的环境与条件，可顺利地组织赛事。

3. 可控制原则：体育赛事的运作管理者有能力对体育赛事的全过程实施有效的控制。

（三）选择阶段的任务

1. 了解体育赛事的举办环境、规模、周期、申办途径及主要成本，了解往届该类体育赛事运作等方面信息和资料；

2. 分析体育赛事与申办者要实现的目的和目标的结合点；

3. 分析与论证承办运作体育赛事的可行性；

4. 作出初步的评估；

5. 向决策者提出申办建议；

6. 决定是否申办。

二、申办阶段

（一）申办阶段概述

从组织机构角度而言，一旦对体育赛事作出了选择，就意味着与作出同样选择的机构成为竞争对手，争夺赛事举办权，尤其是知名的品牌赛事举办权，更成为国家、地区、城市、机构争夺的稀缺资源。从体育赛事所有者的角度而言，为了实现该项体育赛事可持续性发展的目标，也需要积极拓展赛事生存及发展的空间，在更多的城市、地区以及国家举办赛事，推广赛事品牌，吸引更多的赛事观众，获得更多的赛事收入等。以上方面的原因使得体育赛事申办正日益成为确定体育赛事举办地点或体育赛事承办机构的常用方式。

体育赛事的申办是通过对体育赛事的选择，由决策者决定向赛事的审批者争取举办权，获得承办资格的阶段性工作，至申办结果公布时为止。各类组织通过对体育赛事的选择一旦决定申办体育赛事，应立即组建申办工作组，调配专人负责申办工作，着手制定申办计划，必要时须向上级主管部门呈报申办事项。通常各类组织应向体育赛事所有权机构（或者体育赛事主办机构，下同）提交申请文件，当体育赛事所有权机构认为申办组织符合申办条件的，同意接受其申请后，申办组织将被接纳为赛事申办单位，其候选资格被正式确认。

（二）申办阶段主要任务

1. 组成申办小组（申办委员会）；
2. 撰写申办报告，作出总体策划；
3. 组织申办的公共关系活动与宣传活动；
4. 接受检查并向赛事审批者作申办陈述；
5. 为投票或审批做最后努力，最终获得举办权。

（三）国际重大赛事的申办

国际重大体育赛事通常是指多个国家、地区代表团参与的大型综合性运动会及单项体育赛事。如奥运会、足球世界杯赛、世界大学生运动会、由国际包括洲际单项运动联合会组织的单项赛事，以及世界特定人群参加的运动会。这类由国际体育组织主办的运动会，均已形成申办体系并建立了较为规范的申办程序。通常由国家政府或国家体育组织向国际体育赛事组织机构提出申办报告，然后由该组织进行考察和评估，最后由体育组织成员代表投票决定。

（四）国内重大赛事的申办

国内主办的重大赛事，主要分为两类：第一类是按奥运会项目设置并以竞技体育为主要目标与任务的全运会、城运会、省（市）运会、大学生运动会、中学生运动会、全国锦标赛、全国冠军赛、全国联赛，包括与之相对应的省级比赛；第二类主要是以非奥运项目设置的群众体育、娱乐体育、特定人群参加的赛事，如残疾人运动会、农民运动会、少数民族运动会、全国体育大会以及摩托艇、蹼泳、滑水、登山、龙舟、拔河比赛等。

现阶段我国体育赛事申办一般是按谁主管谁审批就由谁管理，谁申办就由谁承办并具体实施。凡是涉及全国大型综合性运动会必须经过国家主管部委审核，由国务院审批；凡是涉及跨国家组织的赛事（友谊赛、访问赛、对抗赛等单项赛事除外）通常是先由国家体育总局批准再提交该项目的国际组织审批；涉及港、澳、台的体育赛事须先报同级政府港、澳、台办公室，同意后再由体育行政部门审批。

三、筹备阶段

（一）筹备阶段概述

筹备阶段是指赛事申办机构取得赛事举办权后开始准备直至赛事正式开始前这一工作阶段。体育赛事筹备阶段的时间跨度、工作内容因赛事规格高低、规模大小的不同而不同。小型的单项赛事筹备阶段一般不超过 1 年，大型综合性运动会的筹备阶段通常达 3 ~ 7 年。

（二）筹备阶段主要任务

1. 组成筹备委员会（执行委员会、筹备小组）及相关职能部门；

2. 抽调相关人员，明确工作任务；

3. 在总体策划和申办报告的基础上，制定总体工作方案；

4. 制定筹备工作执行方案和倒计时工作网络图；

5. 按计划全面启动筹备工作，包括赛事营销工作。

筹备阶段按照筹备工作重点及工作内容又可分为基础筹备阶段、全面筹备阶段、测试赛与试运行阶段。

基础筹备阶段的主要任务是成立体育赛事运作管理机构，配备人力、财力、物力等资源，明确工作职责；制定赛事总体计划，选择比赛场馆或者进行场馆建设，启动赛事宣传及市场开发工作，为进入综合性筹备阶段做好准备。其中，体育赛事总体策划在赛事筹备工作之初起着提纲契领的作用，影响和指导着赛事的整体组织运作。

全面筹备阶段的主要任务是按照体育赛事申办承诺和总体策划制定的工作方案，进行全面部署，统筹协调各项工作，使不同系统和工作环节之间在以竞赛为主线的前提下实现对接和磨合。全面筹备阶段是赛事筹备的主体阶段，工作量最大，工作内容涉及方方面面，直接关系到赛事能否顺利举行。主要包括竞赛组织、对外联络、新闻宣传、广播电视、文化活动、门票工作、观众服务、信息技术、场馆建设、安全保卫、通讯交通、制证工作、气象保障、电力保障、后勤接待、医疗卫生、人力资源、财务、审计、市场开发、兴奋剂检查等几十个方面的专项工作。

筹备阶段的后期则为测试赛与试运行阶段，这一阶段的主要任务是通过在比赛场馆组织测试赛，全面检验和调试组委会各个部门的各项工作，模拟赛时运行工作，提前发现问题，为赛时正式运行打下基础。

基础筹备阶段、全面筹备阶段、测试赛与试运行阶段之间没有严格的时间界线，每个阶段的时间长短及阶段之间的过渡视赛事具体进展情况而定。但测试赛与试运行最迟应在该项赛事正式举行前一个月举行。

四、举办阶段

（一）举办阶段概述

举办赛事是指体育赛事正式开始举行直至全部比赛结束为止的阶段，也是全面实现申办赛事目标的阶段。

（二）举办阶段主要任务

1. 赛事筹委会（筹备小组）转成组织委员会（也可在筹备阶段直接组建组委会）；

2. 按竞赛规程与规则组织比赛；

3. 按总体工作方案组织体育赛事相关主题活动；

4. 按市场开发工作中与赞助商签订的协议，全面履行承诺，并做好赞助商服务及维权工作；

5. 做好接待服务、安全保卫、综合保障等工作，为成功举办赛事服务。

五、收尾阶段

（一）收尾阶段概述

体育赛事收尾阶段是指按申办报告和总体工作方案完成全部竞赛组织和相关主题活动组织工作后，对赛事进行评估总结，并完成赛事全部后续工作的阶段，直至交出总结报告和审计（财务）报告，转移人员，撤销赛事组织机构为止。通常当赛事比赛全部结束，闭幕式举行完毕，标志着赛事进入了收尾阶段。这一阶段工作完成后，本次赛事即告全部结束。

（二）收尾阶段主要任务

1. 在制定详细的收尾工作计划的基础上，组成若干工作小组，全面开始各项收尾工作；

2. 重点完成全面绩效评估，财务审计，资产处置，总结表彰，答谢组织者、支持者、协助者，完成总结报告并向赛事的审批者提交报告；

3. 宣布赛事结束，解散组织委员会（筹备小组）。

相关链接

在第六届全国农运会筹备工作转段动员会议上的讲话

总策划：刘清早

尊敬的×××市长，

尊敬的各位领导及市筹委会各位同事：

今天第六届全国农运会泉州市筹委会召开第六届全国农运会从“准备期转入筹备期”的转段动员会议，这标志着泉州市作为举办地筹备第六届全国农运会的工作经过一段时间的准备，现在开始进入全面“备战”状态。刚才，市政府副市长、市筹委会副主任×××同志传达了省委×××书记在省委常委扩大会上关于做好第六届全国农运会筹备工作的重要指示。一会儿市委常委、市委秘书长、市筹委会常务副主任×××同志要总结部署筹备工作；市政府市长、市筹委会主任×××同志还要作重要指示。

现在我仅从专业技术角度就筹备工作的组织管理谈两点意见，供大家参考：

一、对筹备工作现状的辩证分析

1. 在市委、市政府正确领导下，在市筹委会及各部门的共同努力下，准备期主要技术指标基本实现，包括：

(1) 市筹委会组建完毕，建立了秘书长办公会议制度；

(2) 先期组建的机构基本到位，各部室的工作已有进展，先期抽调的部分工作人员已逐步进入工作状态，部分工作卓有成效，后期将组建的部门也已开始着手准备，工作也有成绩；

(3) 各部室工作职责已经明确；

(4) 市筹委会层面的《中华人民共和国第六届农民运动会泉州市筹委会2007年筹备工作进度（图、表）》已经排出，明确了各类工作内容和主要时间节点。

纵观前段筹备工作，我们跟别的运动会比，具有起点高、运作规范、工作基本上符合运动会筹备规律的特点。少走了许多弯路，也节约了成本。从这方面讲，我们稍感安心，但决不是放心。按运动会筹备规律，以较高的效率、较低的成本、较好的效益，来衡量我们的工作还有一些问题。

2. 目前的主要问题及对策

从我们现在的工作进程看，时间十分紧，压力仍然十分大，危机与风险是存在的。所以，现在少讲成绩、多讲问题，实话直说。

(1) 首先要汲取别人的经验教训。

要分析全国其他大型运动会筹备组织工作的经验与不足、往届全国农运会的经验与不足。

(2) 由于我们要把本届农运会办成农运会历史上乃至全国大型运动会历史上“最具特色?最佳效益”的一届运动会，这就要求：

1) 一定要充分突出海西及泉州特色（好中求快、支撑带动作用、发展海峡西岸经济等），没有活动就没有“新闻事件”，没有特色就没有意义，没有特色的活动不要搞；

2) 一定要宣传泉州，提升知名度、美誉度，让我们泉州通过筹办农运会有所得，成为2008年乃至农运会史上光辉的篇章；

3) 一定要体现农运会作为运动会的特色；

4) 一定要体现出我们泉州各级干部的领导水平、执政能力、组织能力，要做到“合适的成本（包括人力、时间、精力、资金等）、最好的效益、最小的风险并成为愉快和谐的事件。

3. 现在的问题

(1) 先期组建的机构，内部信息不畅通，沟通不好，没有形成合力，整合优势还没有发挥出来，有些人员没有到位，到位的人员没有完全进入状态，筹备工作还不是我们工作人员的主业，而仍然是各自工作的副业。原因是还不够重视、认识不足、事业心不强、干劲不大，这与我们干部个人素质有关，也与还没有建立激励机制、管理还不到位有关；

(2) 少数工作人员没有进入“战备”状态，个别同志无所事事，有极少数干部缺少激情，缺少干劲，对工作推诿，对工作的态度是多一事不如少一事；

(3) 主要的工作定位目标没有形成；市筹委会层面工作进度（图、表）没有达到使用、检查、考核状态，各部门详细的、落实到人的、具有可操作性的工作进度（图、表）还没有制订出来。工作职责还没有深入人心，没有形成“自觉”行动；

(4) 秘书长办公会议的职能与权威有待进一步发挥。

这些问题的出现是正常的，也是我们要解决的。其实，对于存在的问题，只要我们都自我评价一下，就能找到差距。

二、关于筹备期的主要工作技术指标及要求

1. 整个筹备期的各项任务指标（共 20 项）

从 2007 年 4 月 1 日至 2008 年 8 月 31 日是筹备期，这一时期就是第六届全国农运会筹备工作的十分关键期，是一场“举办地政府筹办大型赛事的攻坚战役”。此次“战役”将决定我们筹备农运会的成败。

总目标

★简单地说就是要达到：一切准备就绪，第六届全国农运会现在可以举办了，这是一级指标；

★这一阶段粗略地说要完成以下工作（包括 20 个二级指标）。

(1) 场馆的维修改造都要按提前 6 个月竣工，提前 3 个月组织测试赛与活动，提前 1 个月进入使用状态，即“6·3·1”节点做好相关工作；

(2) 接待工作落实了“床位、餐位、车位、座位”（四个位子），达到了“安全、公平、卫生、热情、方便”（10 个字）标准，体现出对各类人员分层次、到位的接待水平；

(3) 治安良好，社会稳定，氛围热烈，市容、场馆环境洁净，机场、高速路口、车站、码头，主要道路都有明显标志；

(4) 市场开发达到了一个新的水平，能够弥补或者绝大部分弥补办赛经费的需求，为赞助、捐赠企业提供了良好的回报服务和维权服务，使组织者、赞助者、参与者满意，无合同纠纷，无违纪违规；建立了农运会“项目与活动的组织及购买的物资→先通过市场开发→再采购招标”的模式（如饮用水、志愿者服装以及大的活动组织等），尽量通过农运会的无形资产资源置换来解决，减少现金支出；

(5) 形成良好氛围，通过各类活动、载体，通过农运会与福建和泉州的良好互动宣传，提升了知名度、美誉度，体现出文化价值、政治与社会价值及经济价值，以满足媒体的工作需要为主线，做好媒体接待与服务，通过正面引导，多宣传泉州，尽量杜绝负面报道；

(6) 正式比赛组织与测试赛组织有条不紊，正式比赛体现“有序、公平、安全”，有利于选手创造出好成绩，要实现我们福建代表团成绩良好、泉州籍选手都有所表现的目标；

(7) 以开幕式、闭幕式为代表的大型活动要实现“安全、定位准确、特色突出、组织有序、公关与社会效益好、泉州老百姓可欣赏、成本（包括人力及资金）可控制、票房价值高”；

(8) 建立良好的安全与控制系统，确保人身安全、财产安全、食品安全、交通安全、驻地与赛场安全、活动安全、财务安全等，确保无大的安全事故发生；

(9) 良好的医疗卫生保障、疾病控制与服务机制；

(10) 良好的城市综合服务功能（包括旅游、餐饮、住宿、购物、交通及公交、出租车、银行、医院等），各个行业都应有“嘉宾窗口”及“绿色通道”，良好的市民素质，热情的市民表现。无事故的、正常的并确保运动会需要的供水、供电系统；

(11) 良好的、真正的、有特色的、热情周到的、体现关爱的志愿者服务；

(12) 代表泉州科技与服务水平，基本满足运动会需求信息与通信保障系统；

(13) 新闻发布会、倒计时一周年、倒计时100天、招待酒会、组委会会议、贵宾及嘉宾参观、群先会、文艺晚会等例行活动以及着重突出“福建、海西、泉州”特色的其他主题特色活动，要做到精彩并具特色、组织严谨、成本控制良好，成为“新闻事件”；

(14) 票务管理严谨，设计、分配、销售环环相扣，充分与旅游资源整合，使票务综合效益最大化、风险最小；

(15) 以证件为中心的运动会识别机制严谨，标准化，建立“认证不认人，识证识人”机制，建立在规定区域内快捷、方便、安全的证件运作体系；

(16) 良好的特色文化、特色产业、特色礼品、纪念品开发与展示，做到社会效益、经济效益良好，公关效益突出；

(17) 安全、有序、便捷、公平、舒适的交通运输服务及参会者返程票务服务；

(18) 严格的财务制度与管理、良好的财务控制，要确保开支、减少浪费这两个方面都要落实，要努力降低成本，千方百计厉行节约，杜绝违规；

(19) 严格的、科学的、全面的内部管理，做到“信息通畅，沟通良好，协调到位，互相支持，落实有力”，按计划进度确保任务完成，办公室要充分发挥出综合协调，加强管理与服务的职能，要建立公文制度和公文运作流程，做好档案管理；在市筹委会内部我们的级别按照市筹委会组建的机构任职排位，不能按行政级别来排，这将有利于沟通与运作；

(20) 全体人员爱岗敬业、遵纪守法；对外好形象、好服务、好声誉；对内团结、勤奋、守土有责；专设的纪检、监察、审计专员要尽快落实，做好市筹委会与这三个职能部门的工作衔接，提前介入，加强监督，整个筹备期不能出腐败及违纪案件。

2. 再谈谈近期要做好的几项工作（共 10 项）

目标：全面落实省委xxx书记的重要指示，落实xxx市长以及xxx常务副主任的重要讲话，认真落实筹备期的各项工作指标，立即进入筹备期的“战斗”状态。

(1) 尽快找准本届农运会的特色定位，形成共识，在此基础上按照“精彩、必要、可行、宣传泉州”的原则完成包括如下几项工作。

1) 做好相关大活动计划。一部分是农运会例行大活动，另一部分是创意性大活动（要落实：包括名称、规格、时间节点、责任人、运作团队等），都要尽早计划。整个农运会期间所有大活动的计划在 6 月份前全部完成，便于领导决策，便于向上级请示，也便于市场开发，还有利于我们提早准备。6 月份之后原则上不再考虑新的涉及到省里、中央及部委的大活动。只有早计划才能谈市场开发。在活动组织实施时，才能降低成本、实现目标、控制风险。

各部门都列出涉及市、省及主办单位领导参与的大活动计划清单（本部门及市筹委会内部的活动不在此列）报办公室，汇总后提交秘书长办公会研究。

2) 要形成第六届全国农运会宣传资料汇编，统一对外宣传口径，以展示标准化、规范化的水平。宣传部要开始筹备倒计时一周年系列活动，市场开发部要积极跟进。

3) 要尽早考虑群先会代表参观点的选择，组织专人进行准备。

(2) 尽快落实竞赛总规程，选择好以检验场馆和竞赛组织为目的并与正式比赛与活动同规模的测试赛，以便其他部门包括场馆建设与基础设施保障部、宣传部、大型活动部、安保部、信息通信部、医疗卫生部、交通运输部、志愿者部、票务中心、制证中心等都要跟进。要熟悉业务，了解安排与程序，作出本部门规划，提前演练，加强磨合。

(3) 市场开发工作要抓典型，树带头作用，做好市场开发大活动策划组织，积极拉动市场，打破“企业观望”的局面，使企业有参照的标杆。各部门所有可以开发的资源全部统筹到市场开发部，各部室所需要购买或采购的批量物资尽快统计、汇总到市场开发部。先通过赞助、捐赠解决（如矿泉水、志愿者服装、西服及办公设备等）。节约的经费要算市场开发部的业绩，市场开发解决不了的再去买，尽量减少现金支出，包括礼品、纪念品开发应由市场开发部牵头，行政接待部配合，办公室协助。

(4) 场馆建设部一定要按照“6·3·1”节点的要求扎实稳步推进，要与竞赛部统筹考虑，这些场馆完工后准备组织那些真正意义上的同规模测试赛或活动，以便全面检验场馆功能、检验实际管理与服务水平。同时，信息通信部要尽早调研、协调，提出切实可行的信息网络通信保障方案，报市筹委会秘书长办公会审批，以便与场馆建设改造、竞赛准备、行政接待同步实施。

(5) 要建立起规范的内部管理制度与管理环境，要尽快完善市筹委会各项管理制度并汇编成册，人手一本。市筹委会尽早集中办公，以便规范管理，便于各部门集中人员。全面启用《中华人民共和国第六届农民运动会泉州市筹委会 2007 年筹备工作进度（图、表）》，各部室在 5 月 1 日前按照此表，分解后排出本部门详细的、落实到人的、可操作的《中华人民共和国第六届农民运动会泉州市筹委会××××部 2007 年筹备工作进度（图、表）》，全面配套实施。每个部室负责人既要熟悉市筹委会的进度计划，还要熟悉与本部门工作相关的工作进度。市筹委会及各部门要按月检查考核，实施“首问责任制”；出台各项管理制度，尤其是奖励与过失责任的追究制度；建立定期与不定期相结合的“一室十二部二中心”联络员会议制度。在办公室统筹下，各部、室、中心各选派 1 名责任心强的同志作为联络员，负责履行与各部室信息沟通，上传下达，统筹推进工作的职责。要切实加强内部信息沟通，坚决克服各部室各行其是的问题，减少扯皮及运作不协调问题，加强规范运作管理，做到“人到、心到、职责到、考核到、奖罚到”。

(6) 抓紧备战和运动员选拔，做好“金牌规划”，做好“我市骨干裁判员的选派、培训与职务定位”工作。

(7) 开幕式与闭幕式是重中之重的大型活动，开幕看“仪式”，品牌看“表演”，开幕式由运动会仪式、宣布并标志着开幕和以当地特色的文化表演款待嘉宾等内容构成。要抓紧、抓准、抓好开幕式表演的前期准备，尤其是创意大纲、剧本编撰与审核并尽早得到省委主要领导认可，以便下一步按时间节点操作。

(8) 抓紧吉祥物、主题口号的征集和发布工作，市场开发部要积极跟进。一方面扩大宣传，一方面使其产生效益。

(9) 做到接待工作的心中有数，先着重抓好硬件，同时抓好软件，硬件要满足需要，软件要得分。

(10) 各个部门要认真学习《中华人民共和国第六届农民运动会泉州市筹备工作委员会内设机构工作职责》与《中华人民共和国第六届农民运动会泉州市筹委会2007年筹备工作进度（图、表)》，尽快熟悉本部门的职责，了解所涉及工作及需要协调工作的归属，内部采取“项目小组负责制”，把每个项目都分解到人，由此人负责组成小组来运作。在此基础上每个部门的工作要确定最终目标，形成决心方案。

为了统一思想、落实上述工作。建议5月上旬集中几天时间召开秘书长办公会逐一听取一次各部门工作汇报，能定的事就定下来，不明确的作出明确指示，如果同意，办公室提前发通知。各部室按照：三不讲，即没调研分析的不讲；没与相关部门协调的不讲；没有形成本部门方案的不讲。三讲：已通过论证协调认为可行的可讲；经过协调无法达成一致且有备选方案的可讲；工作中有困难经过自身努力无法克服，又有解决方案的可讲。做好准备，力争通过这一次务实的会议，形成筹备期工作良好的开局，全面推动筹备工作。秘书长办公会选定部门，听取汇报是一种发挥秘书长办公会领导职能、加强工作协调、提高工作效率、加快工作进程的有效办法。今后应根据工作需要及时召开。

特别重要的是：

现在必须加强筹委会各部门及工作人员的管理和责任心教育。

必须加快筹委会文件运作速度，涉及市委市政府主要领导的提前十五天以上报文，涉及秘书长办公会领导的提前十天以上报文，建立公文跟踪制度，专人负责在规定的时间内办结，对此，办公室要把关。

要进一步发挥出秘书长办公会的权威与效率。一方面政府各单位要视其为政府发文，另一方面不要每次都等xxx书记、xxx市长讲话才动作，大事要报告，小事要认真，范围内的事按规定及职责主动去办，“到位不越位，贡献在岗位”，而现在的问题主要是“不到位”。随着筹备工作推进，会有许多新问题、新情况发生，需要时决策，这也要求充分发挥秘书长办公会的作用，才能形成龙头作用，才能为市委、市政府分忧，也才能不贻误“战机”，加快工作进程。

各级领导要充分授权。市筹委会的运作要按运动会规律及市筹委会建立的组织程序办事，不能完全按机关程序办事，这是运动会规律及特点决定的，也是运动会筹办的经验。因为举办地政府还有其他更重要的工作要抓。否则运作必然拖延，工作会延误。但是，凡涉及全市全局的，涉及市主要领导，省、中央及主办单位的，涉及重大问题必须请示和汇报。

同志们：

如果仅仅是办一次体育比赛，我们大可不必如此兴师动众，但是我们要达到省委、省政府、市委、市政府要求，要使我们泉州举办的全国农运会办出特色，创造良好的综合效益。要做到泉州有所得，我们就必须要加油，我们一定要注意：全国大型体育赛事，往往负面影响比正面影响更大。

千万不要“花钱买承办体育赛事的罪受”！

筹备工作千万不要干扰泉州市委、市政府的大政方针，一定要为市委市政府主要领导分忧！要让领导放心，让省委、省政府和全省人民尤其是全市人民满意！

千万不要花钱比宜春多，影响不如宜春好，效益不如宜春高！凡是宜春做到的，我们要比他精彩；凡是宜春做得精彩的，我们比他有特色；凡是做得有特色的，我们有突破；凡是做得有突破的，我们就要“性价比”好。

在准备期，我担心的是，“工作不入轨，担心想不到”；现在是筹备期，我担心“既怕想不到，又怕做不到”；在举办期还会担心“就怕做不到，还怕做不好”。

筹备体育赛事不是什么高科技研究，只要我们按科学规律办、认真办，就能办好。所以说“特色决定档次，细节决定成败”“始终以竞赛为中心，以大型活动为中心，以安全为基础”“管理出效益”“执行力才是生产力”，只要认真、细致、落实就会成功，否则就有可能失败。

因此，我们丝毫不能松懈，我们一定要“争分夺秒抓进度、不折不扣保质量、万无一失保安全、一丝不苟抓落实”。

同志们：我们责任如山啊！

以上意见仅供参考，如有不当，请予指正。

思考题

1. 体育赛事有哪些主要类别？
2. 选择体育赛事要遵循的主要原则是什么？为什么？
3. 体育赛事运作管理各阶段是如何划分的？
4. 体育赛事运作管理各阶段的主要工作任务是什么？

第二章 体育赛事筹备阶段运作管理实务

本章学习要点：

- 体育赛事运作管理的主要理念
- 体育赛事成功的主要标志
- 体育赛事组织机构设置及运作机制
- 体育赛事运作的主要文案实务
- 体育赛事竞赛、开闭幕式工作及市场开发工作实务
- 体育赛事新闻宣传及接待服务实务
- 体育赛事筹备阶段主要难点与对策

获得体育赛事承办权之后，体育赛事的运作就进入了筹备阶段，工作重点将全面转移到围绕实现申办目标、围绕成功举办赛事而做好各项筹备组织工作上来。筹备阶段的工作质量决定着体育赛事的成败。体育赛事具有“时间不可逆”“活动不可重复”的特点，因此，体育赛事运作的关键就在于抓好筹备阶段的运作管理。该阶段是体育赛事的筹备组织工作逐步、全面展开阶段，时间跨度比较大、涉及单位较多、参与人员逐步增多、工作内容多而复杂、各项工作交叉且难度较大。因此，如何充分正面认识体育赛事，掌握基本规律，按照时间节点，把握好该阶段的规律，实现各项工作有条不紊的推进，是我们必须要研究且掌握的内容。

第一节　体育赛事运作管理的主要理念

正确的体育赛事运作管理理念，将指导着我们正确地运作体育赛事。理念是指，人们经过长期的理性思考及实践所形成的思想观念、精神向往、理想追求和哲学信仰的抽象概括。

“理念”实际上就是我们对某种事物的观点、看法和信念。在很多情况下，理念和观念都是可以互用的。在体育赛事运作的实践中，我们总结出了体育赛事运作的理念，并对这些理念进行了不断的提炼。实践证明，这些理念对指导我们赛事运作具有重要的意义。

一、特色决定档次

特色是一个事物或一种事物显著区别于其他事物的风格、形式，是由事物赖以产生和发展的、特定的、具体的环境因素所决定的，是其所属事物独有的。档次是按照一定标准分类排列的等级次序。体育赛事的项目和赛制是基本不变的，但举办体育赛事的环境和文化内涵却不尽相同。同一个赛事在不同地区举办或在同一地区不同时间举办，都要有不同的特色，这些特色就是本次赛事与其他赛事或以往的赛事的不同点和“新闻点”。赛事的“特色”就是一个赛事区别于以往赛事的主题、特点和差异点，这个“点”必须具有鲜明的、可识别的、公认的文化内涵。只有这样才能形成大家关注的焦点，也才能成为媒体的曝光点。只有具备特色的赛事，才能体现本次赛事的档次。因此，作为赛事的运作管理者应着力去挖掘这个特色。巴塞罗那奥运会、雅典奥运会、北京奥运会以及第九、第十、第十一届全运会中，主题口号的选择与确立是“特色决定档次”的良好体现。

主题口号是历届奥运会独特举办理念的高度概括和集中体现。各届奥运会都精心设计打动人心的特色口号以使其广泛传播、深入人心，并作为奥运会各种文化和视觉设计活动［场馆建设、文化活动、形象与景观、开（闭）幕式等］的创作依据。1992年的西班牙，巴塞罗那奥运会是世界奥林匹克大家庭空前的一次团聚——在经历了美苏互相抵制的莫斯科奥运会和洛杉矶奥运会，以及被朝鲜抵制了的汉城奥运会后，现代奥林匹克运动终于在多年低潮之后迎来了一次大团聚。冷战刚刚结束的国际背景，赋予了这届奥运会特殊的意义。当国际政治中的阴云和奥运赛场上的敌视一同消散时，巴塞罗那奥运会响亮地喊出了“永远的朋友”这一主题口号，不仅强调了奥林匹克精神中友谊与和平的永恒主题，表达了全世界人民所共同的期盼与心声，更试图以此来赋予巴塞罗那奥运会荣耀的历史地位，那就是，巴塞罗那奥运会将作为和平与友谊的见证者和纪念物而永存于奥林匹克的历史之中。在第28届奥运会上，希腊人热情而自豪地喊出了“欢迎回家”的主题口号，其中不仅包含了雅典奥运会对全球奥林匹克大家庭所有成员最诚挚、最热烈的欢迎，更充分表达了希腊作为奥林匹克发祥地对奥运会重归故里的喜悦和自豪之情。“欢迎回家”，一方面它令主办国在文化声誉和地位方面的收益达到了最大化；另一方面，它极其精准地找到了雅典奥运会的定位和主题。在“欢迎回家”口号的感召下，观众亲眼目睹希腊人如数家珍似的将希腊文化、奥林匹克历史在开（闭）幕式上进行展示，希腊之于人类的伟大贡献深入人心——而这正是组织者所期望的。2008年北京奥运会“同一个世界　同一个梦想”的主题口号，既是中国的也是世界的。表达了北京人民和中国人民与世界各国人民共有美好家园、同享文明成果、携手共创未来的崇高理想；表达了一个拥有五千年文明，正在大步走向现代化的伟大民族致力于和平发展、社会和谐、人民幸福的坚定信念；表达了13亿中国人为建立一个和平而更美好的世界做出贡献的心声。

第九届全运会于2001年在广东举行。这是新千年我国举办的第一个规模盛大的全国综合性体育盛会，她象征着中国人民迈向新世纪的开始，展示中华民族昂首阔步走进新时代的精神风貌。因此，第九届全运会的主题是“走进新时代”。第十届全运会提出了“体育的盛会，人民的节日”的主题口号，形成了“竞技场内运动健儿你追我赶争上游，竞技场外全民健身热气腾腾竞风流”的生动局面，使竞技体育和群众体育交相辉映、相得益彰。第十一届全运会提出了“和谐中国 全民全运”的主题口号，体现了我们对于体育本身及全运会价值认识上的深化和升华——中国体育在经历了奥运金牌第一的辉煌之后，正在探索从竞技体育为主向全民健身为主的“华丽转身”，从而使体育更加贴近促进人全面发展的本来意义；它体现了对全运会功能、内涵的丰富和拓展——一次大型体育赛事的筹办，同时也是一次人民群众共同参与、共建共享的过程，要让人民群众真正享受到体育发展的成果；体现全运会办赛宗旨和模式的转变——一届全运会，不是为了办赛而办赛，而是为了促进城市发展，为了使广大群众享受赛事成果。总之，该主题口号紧扣了坚持科学发展、共建和谐社会的时代主题，顺应了当前经济社会发展的要求，反映了人民群众的愿望。

二、细节决定成败

随着经济的发展，专业化程度越来越高，社会分工越来越细，也要求人们做事认真、精细，否则会影响整个社会体系的正常运转。如一辆小汽车，有上万个零件，需上百家企业生产协作；一架“波音747”飞机，共有450万个零部件，涉及的企业单位更多。而“阿波罗”飞船，则要两万多个协作单位生产完成。在这由成百上千，乃至上万、数百万的零部件所组成的机器中，每一个部件容不得哪怕是1%的差错。否则的话，生产出来的产品不单是残次品、废品的问题，甚至会危害人的生命。正所谓“失之毫厘，谬以千里”。体育赛事运作也是如此。

在体育赛事运作实践中，在管理组织工作的全程，狠抓工作的细节落实，是运动会成败的关键。在体育赛事组织工作中，一般无须担心体育场馆会坍塌，而要去考虑观众离场时是否会发生拥挤而踩压；一般无须去担心交通运力够不够，而要去考虑观众怎么组织上车、下车、入场，尤其是观众在结束比赛后如何能重新乘车；一般无须担心有组织的恐怖袭击，而要着重考虑证件如何控制、识别，尤其是证件丢失后如何补办，对丢失的证件如何使之失效；一般无须担心运动员不报到，而要考虑运动员现场发生损伤如何救治等。另一方面，在组织工作，不用担心职责不清，而要充分考虑各项工作的流程，这项工作与下一项工作如何衔接，怎样衔接，何时、何地、何人去衔接，衔接的标准是什么等。所以在体育赛事运作特别强调抓“亲眼看见的落实”，抓“各项工作之间的无缝隙的对接”。在第十一届全运会开、闭幕式成功举办的实践中，不乏这样的案例。

第十一届全运会开幕式中，出席开幕式的主要领导从贵宾室走到主席台就坐的时间，就是工作人员通过多次、反复、不同频率的步伐在两点之间来回往返、记录时间，求平均值得出的。第十一届全运会的闭幕式是在济南奥林匹克体育中心体育馆内举行的，仪式部分是闭幕式的重要构成环节，组委会的领导或特邀嘉宾要从主席台走到颁奖台为获奖的代表团或运动员颁发奖章或荣誉证书。闭幕式主创团队在奥体中心体育馆内场搭建了圆形舞台，并设计了三级台阶，且在现场灯光较充足的情况下，颁奖领导或嘉宾能否顺利、安全地从主席台走到颁奖台成为一个关键性、细节性的问题。开（闭）幕式总指挥部的人员从小处抓起，采取在台阶处贴条，要求礼仪志愿者做语言、手势引导，请相关领导提前演练等措施，确保了各项仪式环节的顺利进行。

三、精彩看开幕　满意看接待　圆满看安保　成功看宣传

“精彩看开幕”是指，开幕式是运动会的标志性活动与仪式，集中体现了体育赛事的体育价值、文化价值、经济价值与社会价值。高层领导、高级官员、各地嘉宾、各路选手云集，媒体聚焦，现场直播，社会关注。因此，体育赛事的开幕式始终是筹备工作的重中之重。将体育赛事的精彩点突出表现出来是一项极具挑战性的工作。而体育赛事的开幕式通常由仪式与文体表演组成。体育赛事传统的仪式中以火种点燃方式，构成了一个精彩点。而文体表演中的艺术性、震撼性与精彩的表演形式则构成了另一个精彩点。与此同时，出席体育赛事的领导人规格、参赛代表团的广泛性与嘉宾的代表性构成了体育赛事精彩的基础。

开幕式历来都是奥运会的重头戏。在开幕式上既要反映出以和平、团结、友谊为宗旨的奥林匹克精神,又要展现出东道国的民族文化、地方风俗和组织工作的水平，同时还要表达对世界各国来宾的热情欢迎。2008 年 8 月 8 日北京奥运会开幕式，是中华人民共和国近六十年来，也是中华民族有史以来最具雄心的超规模文体表演，荣耀而艰巨。奥运会的工作团队以惊人的意志与想象，赋予开幕式丰沛的历史感和民族性，被全国乃至全球最大多数观众所肯定，赢得世界性赞誉——在中国进入现代化转型的百年记忆中，没有一次机遇、没有一场演出，能够以如此庞大而密集的文艺能量，向全世界堂堂展示先秦唐宋的灿烂辉煌。古老帝国的伟大文明与共和国和平崛起的宏愿，获得壮阔而热烈的展

示。西方媒体压倒性地将2008年的北京奥运会开幕式赞为历史上最优秀的。美国最大的体育电视网ESPN说，“北京奥运开幕式是历史上最了不起的奥运开幕式”。英国《卫报》2008年8月9日说：“昨天晚上开幕的第29届奥运会典礼在人数、色彩、喧闹和花费等方面胜过所有以往的开幕式，这表示新中国有意让全世界感受到她的存在。”德国的《世界报》认为：“完美的表演也标示了中国对认可的疯狂渴望，且包含了许多宣传。”

“满意看接待”指的是运动会的参加者、参与者对其的满意度取决于组织者接待工作的好坏。体育赛事的接待服务是一个复杂的系统工程，任何一个失误都可能使接待工作大打折扣。接待好参赛嘉宾和选手，始终是作为体育赛事承办城市必须做好的工作。接待工作不像竞赛工作那样有竞赛规程与规则的约定，各地接待条件不尽相同。要按照“安全、公平、热情、周到、卫生”的原则，做好接待工作。接待工作不仅是为了充分保障参加赛事的相关人员生活需要，也是体现东道主管理水平、文化涵养，体现承办城市精神文明、物质文明程度的重要方面。因此，做好接待工作义不容辞。第五届全国农运会接待工作获得了很高的满意度。第五届全国农运会2004年10月18日在宜春市举行，宜春市巧借市场之手撬动6亿元资金，改造、新建了71家宾馆饭店，确保所有来宜春参加农运会的宾客吃住放心。为确保农运会的规模接待容量，宜春市还着手理顺“三个接待圈”——构筑“城区接待圈”，确保农运会规定人员全部住在宜春城区；打造“城郊接待圈”，挖掘温汤旅游区（距宜春城仅15分钟路程）和万载县的接待能力，确保2000个床位安排农运会的观摩人员；形成“城际接待圈”，在距宜春市仅30分钟路程的新余市、萍乡市分别落实10家“协作接待宾馆”，确保2000个备用床位供旅游人员食宿。

“圆满看安保”指的是整个运动会筹备组织工作是否圆满取

决于安全保卫工作的好坏。给予所有体育赛事参与者以足够的安全感，确保体育赛事的人员安全、财产安全、食品安全是体育赛事所有筹备组织工作基础的基础。体育赛事是集众性的特殊事件，关注度很高。广大民众广泛参与，必然引起一些对社会不满人员或者犯罪人员的关注，做好安全保卫工作才能使体育赛事的竞赛与各项活动成功举办，才能实现圆满的目标。因此，在体育赛事的筹备组织工作全程中，坚持“安全第一”的原则，凡是不符合安全要求的环节必须改进，凡是不能确保安全的活动一律取消，凡是必须举办和组织的活动就必须保证安全。

“成功看宣传”指的是一届运动会的成功与否取决于其宣传工作。通过举办体育赛事正面地宣传承办城市，提高关注度、知名度、美誉度，增强民众的凝聚力、认同感，从而增加投资者信心。增强人民群众的自豪感是体育赛事承办城市选择体育赛事的重要目的。这一目的的实现需要通过媒体来广泛传播。因此，在筹备体育赛事全程中，要敏锐地捕捉“新闻点”，通过精心策划制造“正面新闻”，通过科学的节奏选择，设计合适的传播渠道，有计划地投放，以产生轰动性、持续性、互动性、认同性”的新闻效果，使体育赛事成为正面宣传承办城市的有效平台和载体，通过承办体育赛事，产生“后赛事经济”效应和良好的社会效益。

四、城市看环境　活动看组织　硬件看场馆　服务看保障

“城市看环境”指的是运动会举办城市的环境对运动会的举办起着重要作用。举办城市带给各参赛代表团、观摩团以及来观看比赛、旅游的人们的第一印象往往取决于该城市的环境。这里的环境是一个大的概念，不仅包括城市的自然环境（如城市的道

路、交通、卫生城、绿化等方面）还包括人文环境（如举办地民众的举止、文明、礼仪、窗口服务）。体育赛事是宣传、提升举办城市环境的一个强有力的平台和抓手。“穿衣戴帽工程”是对城市主干道的建筑进行整饰的工程，是通过临时翻新建筑物外墙，令城市形象焕然一新。由政府出资为市民所住的楼房翻新、粉刷、装饰外墙。广州 2001 年为迎第九届全运会对老城区实施了大规模的“穿衣戴帽工程”，出资 2.16 亿，把改造深入到每一个社区每一条深巷，使广州这座历史名城以古老的文化与现代的文明、以全新的“花城”形象展现给了全国人民，使参加全运会的各位来宾赏心悦目。

“活动看组织”指的是活动的成败、精彩度取决于对整个活动的组织。随着体育竞赛表演业的发展，活动已经成为除竞赛之外，必不可少且越来越受到社会各界推崇和重视的 “必备项目”之一，已成为烘托竞赛氛围、商家赚取高额利润的有效手段，如赛事的开（闭）幕式、火炬接力、论坛、展览、展示等，但活动组织者组织能力的高低决定了活动是否能顺利进行以及受众面、参与度、关注度和影响力，进而影响到社会各界对整个体育赛事成功与否的评价。

“硬件看场馆”指的是运动会的硬件设施水平怎样，要看比赛所用的场馆。济南奥体中心作为第十一届全运会主赛区的主场馆，承担了全运会田径、游泳、跳水、网球、体操等重要项目，满足了第十一届全运会的比赛需求。奥体中心位于省城东部新城区，总占地面积 81 公顷，总建筑面积约 35 万平方米，包括一场三馆，体育场能容纳 6 万人，还有体育馆、网球馆、游泳馆。济南奥体中心是济南市有史以来最大的一组公共体育建筑，多种现代科技手段的运用将奥体中心打造成为一流的体育场馆。奥体中心体育场田径跑道采用的是世界一流的跑道，并完全按照国际田联《田径训练场设施手册》设计，可满足国际级田径比赛要求。

奥体中心游泳馆的水处理系统堪比水立方。比赛池、跳水池、训练池在正常循环过程中，游泳池水面溢流，经周围溢流沟回到均衡水池进行处理。在没有人为因素的影响下，泳池的水质标准可以达到饮用水的标准。另外，游泳馆拥有的水下智能救生监控系统也达到国际先进水平。济南奥体中心体育馆的滑冰场均按照国际正式比赛标准设计，不仅能举行冰上舞蹈比赛，还能进行激烈的冰球比赛。这种设计标准，不仅能够满足相关冰上比赛训练的要求，也为济南市举办国际性冰上比赛创造了条件。体育场馆的硬件设施是成功举办体育赛事的必备条件。

“服务看保障”指的是体育赛事的服务工作主要是做好各项保障工作，通过保障体现体育赛事的服务水平。第十一届全运会建成了我国全运会历史上第一个全运村，为来主赛区参加决赛的运动队、采访报道运动会的媒体、记者提供接待服务。整个全运村的运营就构建了良好的保障体系。在村民委员会的领导下，全运村构建了领导层、管理层、运营层三级运行组织机构，实行层级管理。村民委员会、直属机构构成了运动员村的领导层。直属机构包括村民委员会办公室、值班室、咨询顾问团队。运动员村共设竞赛服务、接待服务、住宿服务、餐饮服务等 10 个运行管理中心，各中心设主任、副主任，细化工作分工，分设工作小组。运营服务与保障机构构成了运动员村的运营层。共包括 19 个运营服务团队，共 10 个运营保障团队。另外，全运村还构建了良好的运行机制，如会议机制、培训机制、制度机制、沟通协调机制等。全运村从开村至闭村，共接待党和国家领导人、国家部委领导、各省市领导、代表团团长及国外友好人士来村视察、考察、参观、访问 44 人次，均对村内的设施、运行机制、服务接待给予良好的评价，一流的服务成为亮点。运动员村和媒体村共收到表扬信、感谢信 4472 封，锦旗 81 面；接待中央和省市媒体记者采访近 300 人次，报道超过 2 万条；有关全运村的网页达到23.9万篇，有关运动员村、媒体村的网页也达到6万多篇。

五、精彩源自策划　效益源自执行

“精彩源自策划”是指任何体育赛事和活动只有通过精心的策划才能成为人们关注的焦点，才能体现出赛事的特色。策划是人们为了达成某种特定的目标，借助一定的科学方法和艺术，为决策、计划而构思、设计、制作策划方案的过程。体育赛事的项目设置是相对不变的，因此，体育竞赛的激烈竞争，技艺的精湛，胜负的不确定，充分展示力量、优美、积极向上的健康形象等，无疑是体育赛事吸引公众关注的主要因素。但是周而复始的举行、媒体传播的频度加大、高清电视的普及等因素，会不同程度地降低对体育赛事的关注度，也就是人们常说的“新鲜感”。再加上有些项目本身的可观赏性不高，仅仅靠比赛来形成影响是不够的。因此，体育赛事运作实务中一个很重要的工作就是“策划精彩”，通过将体育赛事主题，与展示、互动活动等相融合进行有目的的策划，使一项平淡的或者并无特殊新闻点的活动充满了激情、互动性强、关注度高的活动。这一切都需要通过科学的、专业的、精心的策划才能实现。因此，体育赛事的精彩不仅仅源自赛事本身，而主要是来自策划。如第九届全运会火炬传递活动总冠名策划，负责该项活动的机构——第九届全运会火炬传递活动办公室抓住该项活动覆盖区域广、参与人数多、规格高、影响力大、媒体关注度高等特点，充分挖掘该项活动的无形资产资源以及政府资源，突出利益点，吸引企业赞助，对活动进行了包装策划，设计出形象生动、可操作性强、内容侧重赞助回报的个性化推广方案，最终上海通用汽车有限公司成为该项活动的总冠名赞助商，提供了巨额现金和火炬传递引导车使用的赞助。上海通用汽车借助火炬接力活动，进一步提升了品牌价值，提高了美誉度，扩大了知名度，开拓了更深层面的市场，当年销量达到全国第一。该案例开创了我国单项体育活动单一冠名权资源营销业绩之最。

“效益源自执行”，体育赛事具有时间不可逆性，赛事各项组织工作的执行效率决定着赛事的成败。“执行力才是生产力”，只有执行才能产生效益。如，经过精心挑选的、经主办单位批准的、通过媒体发布的体育赛事开幕日期一般是不可更改的。这一时间的确定决定了我们所有筹备工作必须在开幕式前完成。这些工作的标准就是：一切准备好了，赛事可以举行了。围绕这一目标，要求体育赛事运作者，必须按这一时间节点有序推进，确保完成。此时，“执行力”就成为所有赛事工作人员的一项重要的素质，所有工作都必须狠抓落实，特别强调狠抓“亲眼看见的落实”，各项工作都要到现场去查看、演练，在现场完成工作环节的对接。在体育赛事筹备工作中最忌讳的是“可能”“大概”“基本”和“马上”等表述，最强调的是“明确了”“落实了”“演练完毕了”“对接完成了”。因此，体育赛事中的效益是源自执行力的，只有落实才能取得成功，只有执行力才能使体育赛事真正产生效益。

六、规定动作做规范　自选动作少而精

“规定动作”指的是体育赛事的拥有者或组委会规定的在体育赛事举行期间必须组织的赛事、活动和会议以及规定的程序。这些规定的工作必须严格按照规范执行。如第十一届全运会中，十一运科学大会、各代表团联络员会议、国家领导人接见“群先会”“双先会”代表、“体育成就展”“摄影展”以及开（闭）幕式等活动都属于全运会的规定动作。又如，第四届全国体育大会中，设置了“赛、展、论、游”四大板块，围绕这四大板块组

织的活动都属于规定动作，这些活动都要按照主办单位要求，按照工作方案的规定做规范。

“自选动作”指的是在体育赛事的主办者规定的赛事、活动和会议以及规定的程序之外，体育赛事的承办者为了进一步扩大承办体育赛事的成果和实现制定的工作目标，在体育赛事举行期间自行设计的个性化活动。这些活动必须坚持在确保规定活动成功的基础上，再精选个性化的活动，做到数量少、水平高、特色突出。如第四届全国体育大会举办期间，合肥市人民政府在确保完成组委会规定的活动之外，选择了极具特色的“黄梅戏”并举行了专场演出，款待全国嘉宾，这场演出是一台黄梅故里原汁原味的折子戏专场。黄梅戏是安徽省的主要地方戏剧种。在演出现场，国家一级演员、黄梅戏名家韩再芬，为观众送上了一曲动人心弦的黄梅歌清唱《山河之恋》，用黄梅曲调诠释了一段千古绝唱。让人惊喜的是，她的另一曲竟是经过改良的摇滚版《谁料皇榜中状元》，赢得了满堂喝彩，现场掌声雷动，这一“点睛之笔”为运动会增色不少。但此类自选活动一定要突出“少而精”，否则就是“画蛇添足”。赛事的运作者必须要充分认识到组织体育赛事的任何活动都要支付成本，还具有一定的风险。

七、以竞赛为中心　以大型活动为中心　以安全为基础

竞赛和活动就是体育赛事的两类中心工作。其他的各类专项工作都要围绕着这两个中心做好相关的服务和保障，体育赛事运作管理有一个很重要的理念就是“一切以竞赛为中心，一切以大型活动为中心，一切以安全为基础”，简称“两个中心，一个基本点”。“以竞赛为中心”指的是在运动会中，竞赛工作是核心工作，竞赛是赛事运作的出发点与立足点，没有竞赛，就无所谓

赛事。“以大型活动为中心”指的是体育赛事的倒计时系列活动、火炬传递活动、招待宴会、开（闭）幕式等大型活动以及体育赛事举办阶段的各种会议也是核心工作。体育赛事中的相关活动是体育赛事不可缺少的组成部分，也是筹备组织工作的中心工作。没有竞赛就不能称之为赛事，没有活动的赛事也不是完整的赛事。因此，一切工作都要以竞赛与活动为中心，相关部门如安保、志愿者、行政接待、交通运输、医疗卫生等工作都要服从这两个中心，服务于这两项中心工作，按照竞赛组织的要求、活动组织的需要提供保障服务。要树立“服务、方便、快捷、优质”的思想，确保竞赛工作顺利，确保活动精彩与圆满。

“以安全为基础”指的是在运动会中，一切工作要确保安全，确保人身安全、财产安全、食品安全等。安全保障工作，也是整个体育赛事工作的基础，脱离安全保障，一切都是“零”，因此，安全保障工作具有“一票否决权”。但是做好安全工作要注意防止两种倾向。其一，要防止过度安保。如果安保工作做得过于严密，一切如临大敌，则会影响和干扰体育赛事的举行，反而不会给赛事参与者以安全感，要强调的是“内紧外松”。其二，要防止一切赛事工作服从安保的倾向。首先要明确安保工作也是为竞赛与活动服务的，决不是为了安全办赛事，而是举办赛事要求安全，通过安全保障赛事的圆满成功。

八、组织逐步升级　宣传逐步升温　工作不断深入衔接务必紧密

“组织逐步升级”，即随着体育赛事筹备组织工作的不断深入和体育赛事临近开幕，体育赛事的筹备组织工作机构以及组织管理工作都要全面升级。主要体现在从最初的筹备委员会转换成组织委员会，或者从筹备领导小组办公室转换成组织委员会，主要

领导也开始全面介入赛事的筹备组织工作，举办地政府主要领导、相关分管领导以及政府的各个职能部门都将围绕着确保体育赛事的圆满成功给予必要的支持和协助。即使是单项的商业赛事，处于这个阶段相关政府部门的领导、主办单位领导包括本赛事的主要领导，都应该介入到筹备组织工作中来。

“宣传逐步升温”，即体育赛事筹备组织工作中的宣传工作，也是按照体育赛事筹备的规律以及不同的时间节点，以开幕式为目标，各项宣传工作逐步加强，无论是宣传报道的深度、广度和频度，都会逐步提高。许多社会宣传工作、对外宣传工作、体育赛事相关活动的宣传工作都应逐步升温。在开幕时，达到宣传工作的高潮。在组委会内部，一方面抓好媒体的接待与新闻中心的服务，为各类媒体提供采访、发稿、播出的方便。另一方面，有计划地组织好各类专线采访。如第六届全国农运会组委会专门为各类媒体设计了 8 条专线采访，包括海西经济先行区专访、民营经济快速发展专访、农民健康活动专访、社会主义新农村建设成就专访、石材工艺发展专访、闽台经济与文化交流专访、城市建设与文明建设专访、体育产业发展专访等，还特意安排参会的记者采访举办地党委、政府主要领导，请他们畅谈举办地经济、社会发展成就，畅谈举办运动会促进城市三个文明建设，欢迎各地嘉宾来到举办地等。通过这些专访和专线采访，实现提供举办地关注度、知名度和美誉度的目标。这里要特别说明的是，宣传承办城市、扩大正面影响是举办各类体育赛事承办地政府的主要目的之一，也是承办地政府应该得到的主要“收益”。

“工作不断深入”，即体育赛事的各项筹备组织工作是从一个宏观的层面向微观的层面深入的过程，也是一个从设计工作方案到实现工作方案的转换过程，各项筹备组织工作实际上是以最终实现为目标的。而在此之前，主要是制定工作方案。随着体育赛事举办阶段的到来，各项筹备工作按照工作方案组织实施的过程中，不断地深化、细化。如全运会的开幕式工作，在举办前三个月，主要是文体表演节目的排练，随着开幕日的到来，仪式部分被提上日程，组委会开始组织开幕式的合练、彩排、预演，观众的组织与运输、道路交通管制、门票的分配与销售、安全保卫、志愿者服务、场馆设施设备保障等各项保障性工作也随之全面展开。

“衔接务必紧密”，即体育赛事的筹备组织工作是一个复杂的系统工程，虽然组委会内部的分工很明确，但是每一项工作之间和不同工作之间都有许多内在的联系，这就要求我们每一个工作环节之间，特别是跨部门的工作环节之间的衔接必须做到“无缝隙”。在体育赛事的筹备阶段，无论怎样明确组委会的工作职责，有许多工作一定是跨部门的，如开幕式，按照分工，属于大型活动部或开闭幕式工作部的职责，但是因该项工作涉及场馆保障、安全保卫、交通运输、志愿者服务等工作，仅靠大型活动部或开闭幕式工作部根本无法完成，这就要求多个部门围绕开幕式这一阶段性的中心工作进行全面对接，必须实现“无缝隙对接”，以确保信息高度对称，防止发生工作失误或风险，才能确保开幕式的圆满成功。体育赛事的运作特别强调工作环节之间的对接。

九、争分夺秒抓进度　不折不扣保质量　万无一失保安全　一丝不苟抓落实

这是体育赛事运作管理机构在赛事筹备阶段和举办阶段应始终遵行的理念。组委会各部室或各专项工作负责部门在执行工作方案时，要以时间和质量为核心，以安全为基础，强调认真、细致，“抓亲眼看见的落实”，确保各项工作按照时间节点，高标准、高质量地完成，以保证整个赛事的圆满成功。

“争分夺秒抓进度　不折不扣保质量”，即体育赛事的时间和

工作质量是体育赛事运作管理的核心要素，各项筹备组织工作的主要特点就是“时间不可逆，活动不可重复”，而各项筹备组织工作涉及的面很广，工作千头万绪，这就要求每一项工作都要在规定的时间按照规定的标准完成。体育赛事是严格按照时间节点组织实施的，大型综合性体育赛事的重要时间节点通常包括倒计时两周年、倒计时 500 天、倒计时一周年、倒计时 100 天、倒计时 30 天、开幕日、闭幕日等。在不同的时间节点，有不同的工作任务。如果在前一时间节点有些工作未按时或未保质保量完成，不仅会使体育赛事的圆满大打折扣，还将影响下一时间节点工作的顺利进行，或是加大了下一时间节点的工作难度，工作质量无法保证。因此，体育赛事的筹备组织工作和举办阶段的运作管理都要以时间和质量为核心。

“万无一失保安全　一丝不苟抓落实”，即体育赛事是一项社会活动，体育赛事的参与者特别是国际体育赛事的参与者，在民族、宗教、信仰、生活习惯甚至在意识形态方面都完全不同，在体育赛事运作管理实务中始终要将安全放在第一位，特别是人身安全，如果发生人员的伤害事故，该赛事的其他工作做得再好，也很难弥补损失。因此我们强调对安全工作要万无一失。没有安全评估的活动不能组织，没有安全把握的活动或是存在安全隐患的活动，除非排除这些隐患，否则宁可取消。“一丝不苟抓落实”强调的就是在执行体育赛事筹备组织工作中，无论什么工作环节，都要强调狠抓落实。而这种落实绝对不能以“差不多”作为标准，必须要确保落实，留有预案。任何没有落实的工作都是空谈或是无效工作，建立工作的监督检查机制，是防止“不作为”现象发生的有效措施。

十、规范管理运动会 以我为主抓筹备 先立规矩后办事 统筹协调一号令

“规范管理运动会”，即体育赛事往往是“一次性特殊事件”，政府的相关工作规范甚至是现行的相关法律、法规，还无法涵盖体育赛事所有的管理环节，这就要求每一项体育赛事都要专门制定相应的工作管理规范，建立严格的工作制度和操作流程，以此来规范体育赛事工作人员以及各项筹备工作。在体育赛事的筹备工作中，要实施规范化管理。规范是明文规定或约定俗成的标准，体育赛事的组织者通过制定工作制度、工作方案、工作进度(图、表)、工作流程表等文件来实现体育赛事的规范化、科学化管理，既为各项工作的顺利开展提供了执行依据，又为其他部门做好相关工作提供了信息源，也为各级领导检查、督导工作提供了目标。

“以我为主抓筹备”，即体育赛事往往都是由主办者、承办者和协办者这三个主体共同参与运作的，赛事主办者制定的相关计划和提出的相关要求往往与举办地的实际情况有一定的差异，所以这就要求我们在遵守主办者原则规定的基础上，要紧密结合承办地的实际，进行适当的调整，但是这种调整必须是符合主办者总体要求和相关原则的。要充分考虑本项赛事的实际情况，科学地规划或实践适当的人力、物力、财力投入以及部分可选择性活动或工作。

“先立规矩后办事”，即在体育赛事运作的实践中，除了制定工作规范外，还要就某些具体的工作订立具体的规矩，这个规矩指的就是操作流程。规定不同的工作环节有不同的工作要求，如组委会规定了宴请的标准，但是在实际操作中往往有一些特殊的情况发生，这些情况与之前制定的宴请的标准会有冲突，体育赛

事的组织者就需要对在变化了的情况下的宴请活动，当超出规定标准的情况发生时，有可遵循的相关制度，也有在这种情况下便于操作的工作程序。否则，虽然制定了相关的制度，在执行中，也会出现管理的缺位。各项工作实施前要首先确定该项工作或任务的目标、要求、规则、完成标准等事项，执行要以“规矩”为依据，所有的执行工作都必须在“规矩”范围内开展，原则上不能超出、违反或者破坏，正所谓“无规矩不成方圆”。但是也要有特殊情况下“超出”的情况发生时可供操作的“规矩”。

“统筹协调一号令”，即在体育赛事运作实务中，由于体育赛事涉及众多的政府部门，也涉及组委会内部的各个部室，特别是在筹备组织工作的后期，各级领导纷纷介入体育赛事，这个时候整个体育赛事的筹备组织工作要明确一个“拍板的部门”和“拍板的人”，并且要为这一个“拍板”的工作环节制定一个规则。如果都说了算，或者都说了不算，势必要影响筹备组织工作的落实。各项工作要遵守同一个领导层或决策层的指挥与号令，且领导层作出的决策必定是统一的、而非矛盾的或对立的，不允许有两个或多个决策者存在于体育赛事运作实务中，只允许有“一种声音、一个权威、一个号令”，否则必将扰乱执行者工作的具体实施，也必将扰乱整个体育赛事的有序、健康进行。

第二节　体育赛事成功的主要标志

体育赛事是以体育为主题，在规程与规则的特定下，以实现胜负、交流展示与身心健康为目的的一次性集众活动。体育赛事本身除了具有体育价值以外，还有经济、社会与文化价值。举办体育赛事就是提供这些价值的实现平台。通过筹备体育赛事的过程，使这些价值所产生的效益最大化。那么体育赛事成功的标志是什么？经过多年的实践，不断地提炼，总结出体育赛事成功的主要标志，具体如下。

一、结合承办城市的实际情况，努力全面实现《申办承诺》；

二、突出体现参与、尊重、超越、友谊、更快、更高、更强、更干净的体育及奥林匹克精神；

三、给所有参与者以足够的安全感，提供适当的安保服务，确保生命安全、食品安全、活动安全、财产安全；

四、给所有的参与者提供“安全、公平、卫生、热情、周到、快捷”的礼遇与服务，做好“差异化、个性化、标准化”接待；

五、公平的竞赛，标准的场地、器材和设备，良好的竞赛组织与环境，优质的综合保障；

六、成功组织精彩、圆满、体现承办城市特色、民众广泛参与的经济、文化及社会活动；

七、真正的、良好的志愿者服务；

八、良好的财务控制，适度的市场开发；

九、良好的环境，合格的环保，举办城市实现“绿化、美化、亮化”，营造了良好的城市氛围，构建了良好的城市功能服务体系；

十、承办地政府与民众能够享受盛会的成果，增强了自豪感、认同感；充分、正面地宣传了举办城市，提升了知名度、美誉度，增强了投资者信心。

第三节　体育赛事运作管理的主要专项工作

体育赛事的运作管理是对赛事本身的各项工作实现统筹管理，体育赛事筹备组织工作是由若干专项工作构成的工作系统，体育赛事运作实际上就是对这些专项工作实施有效的管理，使这些专项工作按照体育赛事的规律整体推进，使体育赛事成为一个有机体，最终实现体育赛事的圆满成功。

按照各专项工作在体育赛事不同阶段的特点，体育赛事的专项工作主要分为以下三类。

一是贯穿体育赛事全程（涵盖筹备阶段、举办阶段、收尾阶段）的主要专项工作，包括城市运行与服务、办公室工作（赛事的组织管理工作）、新闻宣传工作、市场开发工作、财务管理工作以及党务、人事、纪检、监察审计工作等。

二是在体育赛事筹备阶段和举办阶段要做好的主要专项工作(涵盖三个阶段的工作在前面已有介绍)，包括场馆建设与维修、改造工作、竞赛组织工作、开闭幕式工作、行政接待工作、安全保卫工作、志愿者工作、医疗卫生工作、综合保障工作、广播电视转播工作、新闻中心运营工作、风险防范工作、主要活动与会议组织工作等。

三是体育赛事收尾阶段的主要专项工作，包括器材设备回收与固定资产处置工作、财务决算与审计工作、评估总结工作、档案工作、表彰与答谢工作、人员转移工作、机构撤销工作等。

专项工作按工作性质划分，主要分为以下三类。

一是保证性工作。这类工作主要是保证体育赛事按照计划，实施规范管理，提供组织保证，加强制度建设，从而实现既定目标的相关工作。

二是竞赛与活动组织工作。这类工作主要是竞赛组织以及开闭幕式、主题活动及主要会议的组织工作。

三是保障性工作。这类工作主要是为体育赛事和活动组织工作提供综合性保障的工作。

第四节　体育赛事运作管理机构设置及职责

任何计划都需要有明确的主体去执行和实施，这个主体就是体育赛事运作管理机构。体育赛事申办成功以后，就进入筹备阶段，组建体育赛事运作的组织机构是第一项必须做好的工作。体育赛事的组织机构是赛事运作的管理单位，赛事的各项工作是通过组织机构的管理来实现的。

一、体育赛事运作管理机构设置的原则

在设置赛事的运作管理机构时应该遵循以下原则。

一是要符合赛事举办地的实际情况，并与政府部门职能相匹配、运作方式相对应。

二是分工合理、职责清晰、责权利相结合。

三是有利于工作总体协调，有利于各项资源合理配置。

四是工作的难度适中、管理的跨度适当，便于统筹管理。

二、体育赛事运作管理机构设置

不同类别与性质的体育赛事，其运作管理机构也不尽相同。当体育赛事的主办单位决定由自己承担赛事运作时，赛事的运作管理机构就是主办单位自身。当体育赛事的主办单位将某项赛事的组织运作交由其他单位完成时，赛事的承办单位就成为赛事的实际运作管理机构。

大型综合性体育赛事的组织机构是“委、部、处”结构，这些机构并不是在筹备的初期一次性地全部组建完毕，而是按照时

间节点，随着工作任务的不断增多、工作面的不断展开，分期分批组建。

单项体育赛事的组织机构是委部结构，即组委会和各部室，在获得比赛的承办权之后即成立组织机构，直至比赛结束。

（一） 大型综合性体育赛事组织机构示例

【示例 1】第 29 届北京奥运会组织机构（委、部、处结构）

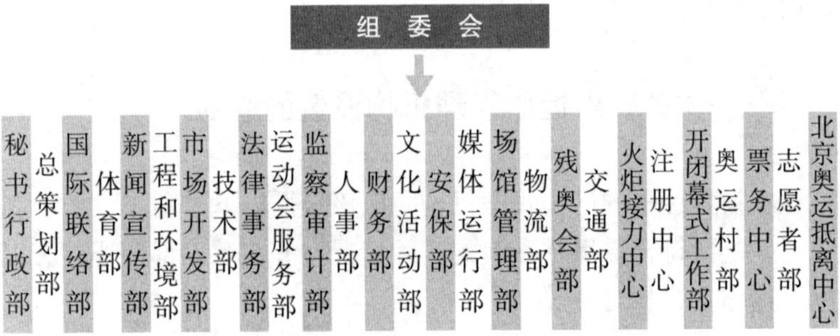

【示例 2】第十一届全运会组织机构（委、部、处结构）

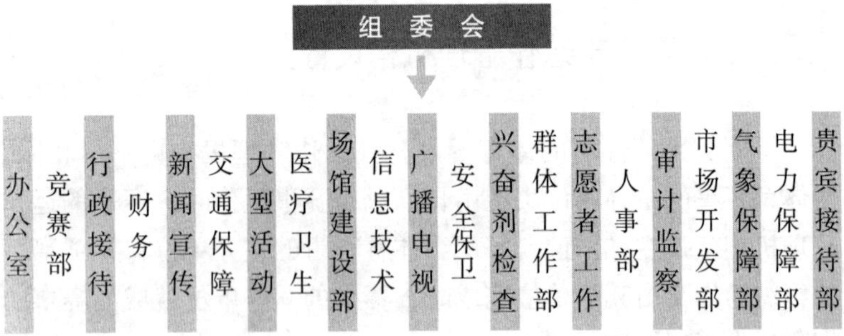

【示例 3】第六届全国农民运动会组织机构（委、部、处结构）

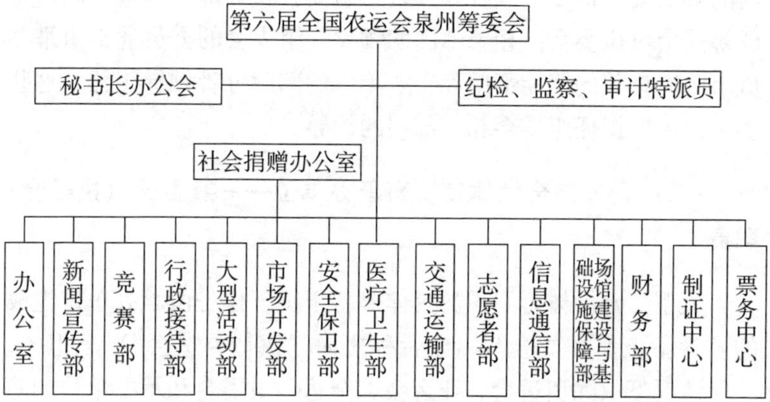

（二）标准型的单项体育赛事组织机构（委、部结构）

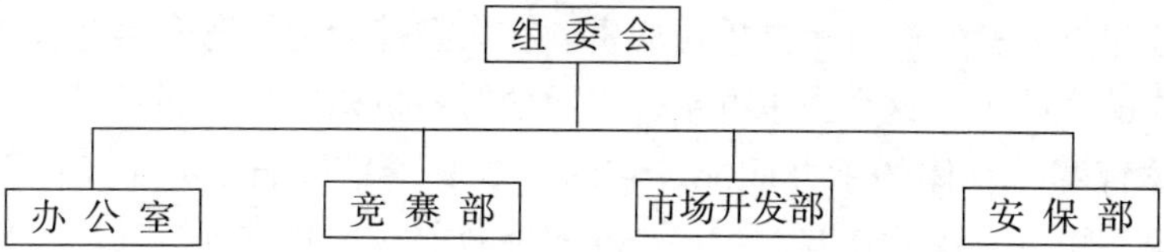

三、体育赛事运作管理机构职责

（一）大型综合性体育赛事组委会职责

大型综合性体育赛事的组委会是由主办单位和承办单位共同组建的，在体育赛事的筹备期，它的主要职责是研究确定体育赛事的重大事项，一般在组委会成立时召开一次会议，在体育赛事开幕前召开第二次会议，在体育赛事闭幕前召开第三次会议。通常情况下，是由承办单位向组委会报告筹备工作，对体育赛事的重大事项进行审议。在体育赛事的举办期，组委会与承办单位组建的筹委会（执委会）合署办公，组委会相关部门的领导同时担任筹委会（执委会）相关部门的领导，组委会的委员通常由举办城市政府相关的职能部门和主办单位的部门分管领导担任，这些委员也可以担任组委会相关部门的领导。

（二）大型综合性体育赛事承办单位——筹委会（执委会）职责

大型综合性体育赛事的具体筹备组织工作是由承办单位组成的“筹备工作委员会”（或者称之为“执行委员会”）承担的，一般情况下（除奥运会、亚运会、全运会组委会和承办单位的筹委会合署办公之外），承办地政府或者承办单位在取得承办权之后，将组成一个由承办地政府相关职能部门组成的筹委会（执委会），一些地方政府也有成立“筹备工作领导小组办公室”的，通过办公室来履行承办单位职责。在大型综合性体育赛事筹备工作的实践中，这个由承办单位组成的筹备机构实际上履行了该项体育赛事具体的承办职能，它的主要职责是按照主办单位的要求、申办承诺和竞赛总规程，在当地政府或者政府主管部门（如体育局）的领导下，结合当地的实际情况，以实现办赛目标为主要工作任务，按照时间节点，通过下设的若干职能部门组建体育赛事的工作部门，完成筹备组织工作。

通常情况下，大型综合性体育赛事筹委会的组织机构通过设立“一室十二部”，各个部室下设若干个职能处，形成“委、部、处、组”的工作架构。各部室包括办公室、竞赛部、开闭幕式工作部、市场开发部、行政接待部、安全保卫部、党务人事监审与效能部、新闻宣传部、财务部、场馆建设与基础设施保障部、综合保障部、医疗卫生部、志愿者工作部。各部室主要工作职责如下。

1. 办公室

工作职责：

(1) 负责体育赛事的总体策划。

(2) 综合协调主办单位、承办单位、各分赛区及组（筹）委会各部室工作。

(3) 负责筹委会部室联席会议中涉及市筹委会领导工作的协调，负责外聘工作人员的资格审查、调配等工作。

(4) 负责计划、总结、领导讲话等综合性材料和信息、简报、快报、会议纪要等的收集、起草、编发，以及各类文书材料处理和分类归档、管理工作。负责公文的审核工作，完成市委、市政府、筹委会文件的上传、下发、传阅等工作。

(5) 负责组委会会议、筹委会主任办公会、秘书长办公会议议定事项及领导批示的督促检查工作。

(6) 负责举办期间重要活动、会议的组织实施。联络各代表团联络员和有关领导，做好领导来访工作以及体育赛事相关信息的收集及接待工作。

(7) 负责礼品、纪念品的配置、保管和分发工作。

(8) 负责各类印章、标牌的刊刻、管理。

(9) 负责编制办公预算支出，负责筹委会机关后勤供应、车辆管理、清洁卫生和安全保卫工作。

(10) 负责重要动态信息的接收、传递处理。

(11) 负责群先会议工作。

(12) 负责总值班室工作。

(13) 完成领导及筹委会交办的其他事项。

2. 竞赛部

工作职责：

(1) 负责竞赛组织、颁奖等竞赛类管理工作。

(2) 负责开发“竞赛成绩处理系统”以及竞赛成绩的计算机

处理、发布、公告工作。

(3) 负责各单项竞赛委员会组建、管理、指导工作。

(4) 负责技术官员、仲裁委员、裁判员的管理工作。

(5) 负责竞赛纠纷处置与竞赛类突发事件处置工作。

(6) 负责竞赛场地、场馆、器材的管理工作。

(7) 负责兴奋剂检测工作。

(8) 协助资格审查委员会进行运动员资格审查工作。

(9) 协助赛事冠名、宣传转播、场馆建设与维修等与竞赛有关的工作。

(10) 建设竞赛项目训练基地，负责参赛运动队管理，负责承办单位参赛组织工作。

(11) 完成筹委会交办的其他工作。

3. 开闭幕式工作部（或称大型活动部）

工作职责：

(1) 负责开、闭幕式仪式与大型文体表演活动的全程组织管理工作。

(2) 负责开、闭幕式大型文体表演活动的相关活动场地、设施、设备的安排协调。

(3) 负责全体演职人员的管理与接待工作。

(4) 负责涉及开、闭幕式演出技术机构的协调与管理工作。

(5) 负责完成领导交办的其他工作。

4. 市场开发部

工作职责：

(1) 负责调查、整合体育赛事所有可用于市场开发的资源，编制《资源推广手册》和《场馆广告资源手册》。

(2) 制定相关政策及实施方案，统筹规划和组织实施资源开发工作。

(3) 负责赞助推广、特许经营、门票销售以及其他商业资源开发等经营业务。

(4) 负责体育赛事资源开发公司的运行和管理，完成市筹委会下达的资源开发任务。

(5) 统筹规划和组织实施社会捐赠工作，制定相关政策及实施方案，完成市筹委会下达的社会捐赠任务。

(6) 负责资源开发的统一管理，协调各方关系，维护体育赛事和体育赛事资源开发公司、赞助企业及代理商的合法权益。

(7) 负责按合同（协议）条款与设计方案，制作并实现承诺给赞助商的所有回报权益，组织各类规定的回报活动、仪式。

(8) 负责按筹委会规定，维护筹委会形象及知识产权，维护筹委会权益；负责与政府职能部门协调，查处、打击侵犯赞助商权益的事件，维护赞助商合法权益。

(9) 负责防范隐性市场，防止各类非经筹委会批准的单位和个人使用特殊标志。

(10) 负责开（闭）幕式和各项赛事的门票的设计、制作、印刷、分配、销售与管理。

(11) 负责完成领导交办的其他工作。

5. 行政接待部

工作职责：

(1) 负责接待宾馆的全面管理，并根据要求组织硬件的改造、配套及接待人员、从业人员的培训。

(2) 负责体育赛事举行期间所有来宾的食宿安排、乘车、接(送) 机 (站)、宴会等工作。

(3) 负责接待站、点管理、对口接待单位的协调管理、接待宾馆的安排调度及接待单位相关人员的统筹管理工作，负责来宾的返程票务。

(4) 负责来宾在举办地期间的旅游、购物、观光活动的安排、组织与管理工作。

(5) 负责与相关部门（驻地安全、医疗救护等）的联络。

(6) 负责农运会所需车辆和驾驶员的征集、管理、调度，做好道路交通管理工作。

(7) 负责完成领导交办的其他工作。

6. 安全保卫部

工作职责：

(1) 负责整个体育赛事全程安全、保卫、消防等工作。

(2) 负责筹备与举办期间维护社会稳定工作。

(3) 负责筹备与举办期间突发事件处置工作。

(4) 负责警卫工作。

(5) 负责交通管理、车辆行驶等工作。

(6) 负责所有人员、车辆证件的资格审查、设计、制作、使用和管理工作。

(7) 负责完成领导交办的其他工作。

7. 党务人事监审与效能部

工作职责：

(1) 负责筹委会的党务工作及党员管理工作。

(2) 负责筹委会工作人员的选调、考核、奖励、惩处等工作。

(3) 负责制定筹委会工作人员廉洁守则，组织有关纪律教育。

(4) 对筹委会各部门工作人员的遵纪守法情况分层次进行检查监督。

(5) 设立举报电话、举报箱，受理个人或单位对筹委会工作人员违纪问题的举报。

(6) 认真做好来信来访的受理工作，对信访反映的问题及时进行查核，提出处理意见，上报筹委会。

(7) 负责对各部（室）以及承担筹备体育赛事任务相关部门

的行政效能监察。

(8) 对筹委会财务收支及其有关的经济活动进行审计监督。

(9) 指导监督筹委会各部的内部审计工作。

(10) 跟踪部分重大经济活动，实行事前介入、事中检查监督、事后审计相结合的审计监督办法，发现问题，及时纠正。

(11) 按照“驻点审计，跟进式审计”方法，及时审计审结，分阶段、分项目提出专项审计报告，并向筹委会提交《体育赛事审计报告》。

(12) 负责预防失职渎职、职务犯罪的工作。

(13) 负责筹备期间工程项目的监督检查和工程预决算审计。

8. 新闻宣传部

工作职责：

(1) 征集、发布体育赛事吉祥物、主题口号、会歌等。

(2) 策划、制作、发放、播出体育赛事宣传资料、电视专题片、公益广告电视片、记者手册等各类宣传品。

(3) 负责新闻报道的总体协调和管理；负责新闻发布、对外宣传和对上报道工作。

(4) 负责新闻记者的邀请、接待和采访安排，做好赛期媒体专题采访的协调工作。

(5) 负责开、闭幕式和重要比赛项目的直播、录播、转播工作，重点做好重要电台的直播、转播的服务工作；协助有关单位处理好转播版权问题；负责体育赛事结束后电视音像制品的摄制和发行工作。

(6) 组织比赛期间好新闻、优秀摄影作品的评选。

(7) 负责官方网站的编辑和管理工作。

(8) 负责组织倒计时两周年、一周年、100 天、30 天等主要节点的宣传活动。

(9) 负责组织各类主题宣传活动。

（10）组织开展丰富多彩的群众广泛参与的活动。

（11）负责编写并确保上级有关部门及时印发体育赛事宣传提纲。

（12）组织开展迎接体育赛事的相关活动，创建迎体育赛事的相关社会宣传活动。

（13）规划、指导、协调、管理媒体和户外公益广告宣传，以及比赛场馆、各级领导和代表团驻地、主要交通干线等重要地方浓厚氛围的营造。

（14） 根据主办单位制定的体育道德风尚奖评选方案，会同竞赛部制定实施细则，负责组织评奖、奖品制作和颁奖工作。

（15）建设、维护好新闻中心及各比赛场馆、宾馆等接待单位和其他重要场所的新闻设施、设备，确保处于良好状态。

（16）负责新闻中心的使用、服务和管理。

（17）制定各比赛场馆电视转播及电视节目交换中心的技术方案并组织实施；制定各比赛场馆信号的传送方案并组织实施；负责单边信号的传送工作；协调有关技术业务部门，为媒体提供工作方便。

9. 财务部

工作职责：

（1）制定各项财务制度及管理办法，开设筹委会经费独立账户。

（2）参照现行有关财务制度制定筹委会相关费用开支标准，报经筹委会秘书长办公会议批准后执行。

（3）组织编制并实施各项经费开支工作流程，制定财务决算方案。

（4）严格执行国家有关财经法律法规，坚持经费归口统一管理的原则，做好财务管理和会计核算工作。

（5）按照“收支两条线”要求，设立筹委会收入专户，及时将市场开发和社会捐赠收入全额缴入筹委会收入专户；定期将各项资源开发的净收入（收入扣除相关成本性支出后的净额）转入筹委会专用收入账户。

(6) 按照筹委会和财政部门的规定及要求，积极协助市会计核算中心定期编制财务报告，做到内容完整、数据真实、计算准确、说明清晰，并定期向筹委会、财政部门以及其他有关报表使用者提供财务分析报告。

(7) 按照国有资产管理的有关规定，制定市筹委会财产物资、器材设备的管理办法，指导监督各部室做好筹委会财产物资的管理工作，参与市场开发资产物资的接收、收入确认和管理使用，防止国有资产流失。

(8) 制定市筹委会接待站结算人员的岗位职责和结算办法，做好各接待站的经费审核、结算工作。

10. 场馆建设与基础设施保障部

工作职责：

(1) 负责组织实施体育赛事场馆及赛会配套建设项目的土地征收、建筑物的拆迁工作。

(2) 负责组织实施相关开发建设项目的土地熟化、土地运作工作，协调推进相关建设工程。

(3) 负责场馆及赛会配套建设项目招商谈判、合同签订等工作。

(4) 负责组织实施比赛场馆和宾馆、代表团驻地等赛会配套工程项目及周边相关市政基础设施和环境建设工程规划建设工作；负责协调推进其他承担赛事的有关单位和场馆规划建设工作。

(5) 负责检查、落实各项比赛、训练场馆的特殊设备（含进口设备和租赁设备）安装、质量管理、运转的情况和保养工作，从技术与功能上保证所有比赛场馆按期正常投入使用；负责场馆特殊设备增补的申请、报批、合同签订、采购或租赁等工作。

(6) 负责对新建、改建、维修比赛场馆及配套项目实施及验收、接管等综合管理工作的检查和督促，确保按设计要求做好保质量、保工期、保安全、控制投资等工作。

(7) 协同并按照竞赛部要求，按标准、程序、规范检查和管理各区（县）比赛场馆的管理工作。

(8) 完成筹委会安排的其他工作。

11. 综合保障部

工作职责：

(1) 负责体育赛事举办期间所有比赛场馆、接待单位、重大活动场所的供水、供电、供气、供热保障工作。

(2) 负责比赛、开（闭）幕式以及大型活动的气象预测与保障工作。

(3) 负责信息网络的基础设施建设、互联互通工程和通讯工作。

(4) 完成筹委会安排的其他工作。

12. 医疗卫生部

工作职责：

(1) 负责各比赛场馆、各宾馆驻地的医疗保健工作。

(2) 负责伤病、疾病救治工作。

(3) 负责做好所有食品、副食品卫生的监督工作。

(4) 负责各比赛场馆、新闻中心、各接待宾馆驻地及娱乐场所的卫生防疫工作。

(5) 负责各驻地、赛场医疗设点工作。

(6) 负责流行病、并发病、常见病治疗工作。

(7) 负责完成领导交办的其他工作。

13. 志愿者工作部

工作职责：

(1) 做好各种志愿活动的组织协调工作。

(2) 招募、培训、调配、表彰志愿者。

(3) 组织志愿者主题活动，组织志愿者及社会公众迎接体育赛事、参与体育赛事、奉献体育赛事。

(4) 根据筹办工作需要派遣志愿者。

(5) 为各项活动和比赛项目提供志愿服务。

(三) 单项体育赛事组织委员会职责

相关机构在获得单项体育赛事承办权之后，由主办单位和承办单位共同组建组织委员会，在组委会下设若干职能部门（这些部门可以是政府相关职能部门，也可以由专业公司或者社会团体的工作人员组成）来履行筹备组织工作的职能。赛事组委会的职责就是按照主办单位的要求，依据申办报告全面实现办赛目标。

四、体育赛事运作的人力资源管理

体育赛事运作的人力资源管理，是指体育赛事运作机构为了成功举办一项体育赛事，实现体育赛事的特定目标，在体育赛事运作管理过程中组建、培训、调配、激励、保持工作人员的管理过程。这里的工作人员主要包括借调或委派人员、专职工作人员、合同商工作人员和志愿者。

与企业经营运作的长期性、连续性相比，体育赛事运作是一个起点与终点更为明确的、临时性的项目过程。正是体育赛事运作这种鲜明的项目性特征决定了体育赛事运作人力资源管理过程必然是一个变化迅速的动态过程。在这个过程当中，体育赛事运作管理机构的人员数量会发生巨大的变化，大型体育赛事运作管理机构甚至可能由赛事申办阶段的寥寥数人组成的简单团队发展成为容纳数千人的复杂机构。因此，体育赛事运作的人力资源管理具有人员数量与规模逐步扩大、人员类别众多、背景复杂、组织文化难以建立等方面的特征。

在我国的体育赛事管理体制下，面向社会的各项体育赛事的主办单位通常为体育行政主管部门或其他政府机构，这使得在体育赛事运作中，从政府机构、行政事业单位借调或委派的工作人员一直占有相当大的比例。另外，组委会或筹委会各部室人员的选派基本与政府机构、行政事业单位的职能部门相对应，如竞赛部的人员由体育局的人员组成，公安、消防部门的人员组成安全保卫部，从团市委抽调的人员组成志愿者部等。单项体育赛事特别是商业性赛事已经走向了市场化运作的道路，此类赛事的人力资源管理具有明显的“企业管理”的特征。

第五节　体育赛事运作管理机制

一、体育赛事运作管理机制概念

《辞海》中，“机制”原指机器的构造和运作原理，借指事物的内在工作方式，包括有关组成部分的相互关系以及各种变化的相互联系。《现代汉语词典》中将其界定为：(1) 机器的工作原理；(2) 有机体的结构、功能和相互关系。

“运行机制”是指在人类社会有规律的运动中，影响这种运动的各因素的结构、功能及其相互关系，以及这些因素产生影响、发挥功能的作用过程和作用原理及其运行方式。它是引导和制约决策并与人、财、物相关的各项活动的基本准则及相应制度，是决定行为的内外因素及相互关系的总称。各种因素相互联系、相互作用，要保证社会各项工作的目标和任务真正实现，必须建立一套协调、灵活、高效的运行机制。如市场运行机制、竞争运行机制、企业运行机制。

“体育赛事运作机制”是指继体育赛事运作管理组织机构设立后，建立与赛事运作管理组织机构相符合的，适应体育赛事运作管理实际需要的各项工作制度、工作规范以及工作管理的方式，以保障赛事运作管理工作顺利实施，实现赛事各项既定目标，确保赛事成功举行。

二、体育赛事运作管理的机制

体育赛事运作管理实务是通过建立一系列的机制来实现管理，通过科学管理实现筹备组织工作的目标。通常需要建立以下机制：通过会议构建赛事管理机制、通过制度构建赛事运作机制、通过工作规范的实施构建赛事筹备工作实施机制、通过培训构建提高赛事运作效率的机制。

（一）通过会议构建赛事管理机制

大型综合性体育赛事一般包括组委会会议、筹委会主任办公会、筹委会秘书长办公会、筹委会各部室联席会、筹委会联络员会议五个会议来构建赛事管理机制。

1. 组委会会议（宏观决策层）

赛事组委会成立后，应当制定组委会会议制度，按体育赛事筹备工作规律及主要时间节点召开会议，一般在组委会成立、倒计时一周年、倒计时 100 天、倒计时 30 天、开幕前、闭幕前召开。会议将对本届赛事的重大事项进行决策，如审定竞赛总规程，决定开幕式与闭幕式日期及时间，审定并发布会徽、吉祥物及特殊标志；审定总体工作方案，审阅开、闭幕式仪式与表演方案；听取审议筹委会筹备工作汇报与报告，审批精神文明奖、最佳赛区评选结果，审议体育赛事财务报告和总结报告等。会议举行后印发正式的会议纪要与文件，以此来规范整个赛事的整体筹备组织工作。

该会议制度是体育赛事最高决策层会议，主要履行对体育赛事经营管理的职能。

2. 筹委会主任办公会（决策层）

主要职责是：研究筹备工作的重大事项（涉及全市性的相关工作）及上报主办单位的重大事宜；决策部署相关工作。由主任召集或由主要授权副主任召集，筹委会全体委员参加，如有必要，可扩大出席人员范围，相关部门的领导可出席。决策文件分两条线印发，涉及全市性的相关工作由市委、市政府两办发文；筹委会内部的重大事项由筹委会印发。

3. 筹委会秘书长办公会（管理层）

主要职责是：负责统筹管理并具体实施体育赛事的筹备组织工作相关的决策、发文和管理职责，执行筹委会主任办公会确定的各项重大决定，研究决定筹委会层面的日常筹备工作事项，审定各项工作方案。由秘书长主持，或由秘书长授权其他副秘书长主持，筹委会各位副秘书长参加。如有必要，可扩大出席人员范围，相关部门的领导可出席。

4. 筹委会各部室联席会（执行层）

主要职责是：由主事的部门就筹备工作中的跨部门的工作或某专项工作进行协调和沟通。由主事部门负责召集，按照主事部门要求，相关部门的领导出席。

这一机制的建立，是体育赛事科学运作的重要基础，也是各部室作为筹备组织工作实施层面执行具体工作任务的依据。

5. 筹委会联络员会议（执行层）

主要职责是：一是集中发布相关信息；二是布置相关工作，传达领导指示；三是收集各类工作信息的反馈情况；四是相关部、室提出拟需要解决或协调的工作事项与工作请求。由办公室组织召开，各部室的联络员参加。各部室应该选派一名工作协调能力强、表达能力好、认真负责的同志作为联络员，联络员要及时向本部、室领导及相关人员传达会议精神，发布相关信息，督办相关工作，提请相关人员注意积极配合其他部、室提出的工作诉求，并主动做好前期准备。建立这一机制还有利于减轻各部、室正副部长的工作量，可以将各部、室领导从一些不必要出席的会议中适当解放出来。

另外，单项体育赛事通常是通过两个会议进行管理，其一，组委会联席会议（主要职责是：各成员单位就比赛的重大事项进行协商，由组委会的主办单位领导召集，组成单位的单位领导出席）。其二，专项工作对接会（主要职责是：就本次赛事的相关专项工作进行沟通和协调，按照比赛的时间节点，就该项赛事的主要活动进行对接，通常都由专项工作负责人召集，相关单位的领导和工作人员参加）。

（二）通过制度构建赛事运作机制

制度一般指要求大家共同遵守的办事规程或行动准则。在体育赛事筹备阶段，运作机构会建立一系列制度，来规范赛事各参与对象的行为。主要包括组织管理制度、业务管理制度与考核、奖惩管理制度等。

1. 组织管理制度

组织管理制度是为保障体育赛事运作机构这个组织的良好运作而制定的管理制度。主要包括筹委会秘书长办公会会议制度、筹委会联络员会议制度、督办工作制度、各部门职责监督责任制度、组织人事制度和党风、纪检、监察、廉政制度等，这一类的制度主要是体现组委会从组织上保障体育赛事成功的管理规范，来实现整个组织机构内部的规范管理。

2. 业务管理制度

业务管理制度是指体育赛事各业务职能部门实现管理的工作规范，为保障体育赛事的各重要的业务工作、专项筹备组织工作有章可循、顺利实施而制定的相应的制度。主要包括竞赛相关管理制度，单项竞委会管理制度，裁判员、技术官员选调和管理的相关制度，兴奋剂检查规范，场馆服务规范，器材采购、配置的相关制度，新闻宣传工作的制度，市场开发的相关制度，财务管理制度，固定资产管理制度，物资采购制度，公文档案管理制度，监察审计制度，志愿者服务相关制度等。

3. 考核、奖惩管理制度

考核、奖惩管理制度是主要针对组委会人员管理而设计的相关制度，包括工作检查制度、年度考核、组委会工作人员奖励办法、组委会工作人员过失责任追究办法等。

（三）通过工作规范的实施构建赛事筹备工作实施机制

体育赛事的组织者通过制定一系列的工作规范，来提高体育赛事筹备组织工作科学化、规范化的水平。工作规范规定了各项筹备工作的时间、地点、主要内容、流程、负责部门、负责人、协助部门、协助人以及注意事项，既为各项工作的顺利开展提供了执行依据，又为其他部门做好相关工作提供了信息源，也为各级领导检查、督导工作提供了目标。

1. 工作方案（工作的总纲）

工作方案是指体育赛事各类工作行动的准则，是做好各项工作的纲领性、原则性、指导性的文件。在体育赛事筹备阶段，体育赛事的组织者围绕着不同的专项工作，通过文件来规定组织者的行为，从而实现规范管理目标。工作方案主要包括各专项工作的具体方案，如开幕式总体方案、欢迎宴会工作方案、组委会暨代表团团长会议工作方案、新闻发布会工作方案、赞助商参与方案等。

2. 工作进度（图、表）（对工作节奏的控制）

体育赛事的主要特点之一是体育赛事的开幕日期确定之后，所有的筹备组织工作都必须按照这一规定的日期完成，工作进度（图、表）是按照不同的工作类别和标准，明确规定该项工作的起止时间、完成该项工作的责任部门、协助完成该项工作的部门，并将上述内容按照时间节点排序，编制而成的一份重要的管理文件。工作进度（图、表）主要分为两类，一是按照不同的工作部门及工作任务，在同一时间之内需要实现的工作目标而编制的组委会各部室的工作进度（图、表）；二是按照不同的专项分类，规定完成的工作时间而编制的专项工作进度（图、表）。

3. 工作流程表（对工作逻辑的把握）

工作流程表是指按照明确的时间先后顺序，规定在同一时间之内，不同的工作部门要实现的工作任务，编制一份表格，来规范组委会各部室的行为。通常用于特别重要的工作日，如开幕式当日的工作流程，需要明确 8：00 这一时间节点需要完成的各项工作，这类工作流程表通常以一个小时的整点为编制的时间节点，特别重要的工作环节可以明确以“分钟”甚至“秒”要完成的工作，如开幕式领导人宣布开幕，就需要明确到“时、分、秒”。

（四）通过培训构建提高赛事运作效率的机制

1. 组委会管理层培训

体育赛事通常是一次性的社会活动，从事体育赛事筹备工作的工作人员通常是从政府相关部门抽调而来，虽然干部总体素质较好，但并不熟悉体育赛事的筹备组织工作，尤其是组委会的管理层，是由政府相关部门的负责人组成的，这部分人员都管理着组委会一个相应的职能部门，全面了解体育赛事的业务工作显得至关重要，而通过组织“组委会管理层的培训”，则是提高体育赛事管理水平的重要措施。筹委会各部室的主任或部长构成了体育赛事筹备工作的管理层，这些人员对本部门工作的认知度、熟悉度往往在很大程度上决定了能否正确传达、领会领导层的意图以及该部门的工作任务是否能够顺利、按时、保质、保量完成，进而影响到整个体育赛事的筹备组织工作。因此，对管理层进行培训十分重要。

2. 专项工作培训

大型综合性体育赛事是由若干项专项工作组成的，如开（闭）幕式工作、竞赛工作、接待工作、新闻宣传工作、市场开发工作、场地器材工作、安全保卫工作、志愿者服务工作、医疗卫生工作等，这些工作在组委会整个筹备组织工作中组合成为体育赛事的各个专项工作，而且这些专项工作虽然明确规定了工作部门，但是往往需要跨部门的协助才能实现。此时，针对某些专项工作进行工作培训，既是学习业务工作的过程，也是跨部门工作协调的过程，此类培训就是针对体育赛事的专项工作进行业务培训，培训人员一般为从事该类工作的专业人员。包含讲座培训、实际操练培训（如接待工作培训、志愿者服务工作培训等）。

3. 工作人员培训

大型综合性体育赛事的工作人员主要是由抽调政府部门的工作人员或者向社会招聘的工作人员组成，绝大多数的工作人员并没有体育赛事工作的经验，没有系统地学习过体育赛事的相关理论知识，由组委会组织工作人员业务培训是提高工作人员业务能力的有效措施，体育赛事组委会通常应该根据工作的进度，适时地安排相关业务培训，如接待工作，可以分别组织“对口接待单位人员培训”“驻接待宾馆接待站工作人员培训”“接机、接站工作人员培训”等。按照组委会的工作规范，按照不同的时间节点，组织工作人员进行培训，将快速地提高工作人员的业务素质。在针对工作人员的培训中，还有一类就是针对行为规范的制度培训，如“组委会工作人员行为规范培训”“组委会工作人员廉政教育培训”“组委会工作制度培训”等。此类培训对提高组委会工作人员的政治素质，也是有效的方法。

另外，体育赛事运作管理机构通常还会组成专门的督查机构，按照工作方案和会议纪要对各专项工作的实施情况进行全程的控制。

相关链接：

体育赛事组委会主要制度名录

一、机构设置类制度

1. 主办单位下发的，关于成立组委会的函
2. 关于调整大型综合性体育赛事组委会组成人员名单的通知
3. 工作机构设置方案
4. 工作机构及人员编制方案实施意见
5. 工作机构处以下人员编制配备计划
6. 关于公布各部室负责人名单的通知
7. 关于调整部分负责人职务的通知

二、竞赛类工作制度

1. 竞赛规程
2. 竞赛规则
3. 竞赛颁奖办法
4. 单项竞委会管理制度
5. 裁判员、技术官员选调和管理制度
6. 兴奋剂检查规范
7. 场馆服务规范
8. 竞赛器材管理办法

三、党委工作类制度

1. 组委会党委会议制度
2. 组委会党员管理工作的意见

3. 组委会基层党支部设置意见

4. 组委会党风廉政制度

5. 组委会党员考核制度

6. 组委会党组织民主生活制度

7. 信访工作制度

四、人事管理类制度

1. 组委会工作人员选调管理办法

2. 组委会聘用工作实施办法

3. 组委会工作人员考核办法

4. 组委会工作人员奖励办法

5. 过失责任追究办法

6. 组委会培训工作指导意见

7. 组委会纪检监察工作规定

8. 组委会工作人员廉洁自律守则

五、财务管理类制度

1. 组委会财务管理制度

2. 组委会预算管理制度

3. 组委会经费开支标准管理制度

4. 组委会固定资产管理制度

六、新闻宣传类制度

1. 新闻发布制度

2. 新闻发言人制度

3. 新闻媒体管理办法

4. 新闻中心管理制度

5. 记者证件管理办法

6. 新闻报道工作规范

7. 官方网站管理办法

8. 简报、特刊审核办法

9. 突发事件新闻发布管理办法

七、市场开发类制度

1. 资源开发管理办法

2. 业务代理管理办法
3. 业务代理实施细则
4. 社会捐赠管理办法
5. 广告管理规定
6. 特殊标志保护及使用管理规定
7. 户外广告管理工作的通知
8. 关于建立健全赞助商物资交接手续的通知
9. 维护赞助商合法权益的制度

八、其他运作管理制度

1. 组委会会议制度
2. 组委会督查工作制度
3. 组委会公文管理办法
4. 组委会印章管理制度
5. 档案工作管理制度
6. 法律服务工作管理制度
7. 总值班室工作制度
8. 来人、来访工作制度

第六节　体育赛事运作的主要文案实务

体育赛事的组织者，主要是通过运作管理机制和文件来实现规范管理的目标。体育赛事在运作中有许多文件和文案，主要分为运作管理类和市场开发类。体育赛事的市场开发机构通过文案与赞助商洽谈合作，实现赛事资源的有偿转让。学习与掌握其中的主要文件及文案的设计与制作对体育赛事运作管理者至关重要，这是知识，更是技能。在体育赛事运作筹备阶段，要编写的各种文案主要有：总体工作方案与各部门分管的各类工作方案、总体工作进度（图、表）、赞助商参与方案、体育主题活动方案。

一、 总体工作方案与各部门分管的各类工作方案

工作方案是指体育赛事各类工作行动的准则，是做好各项工作的纲领性、原则性、指导性的文件。在体育赛事筹备阶段，体育赛事的组织者围绕着全局的总体工作和不同的专项工作，通过文件来规定组织者的行为，从而实现规范管理目标。

体育赛事的工作方案包括总体工作方案和各部门分管的各类工作方案。总体工作方案是赛事筹备组织工作的总则，下文将详细介绍。各部门分管的各类工作方案，是按照总体工作方案的要求，各部门按照本部门的职责与任务，针对某专项工作而制定的指导性、原则性的执行文件，是该专项工作得以顺利完成的重要依据。各部门分管的各类工作方案的主要内容一般包括标题、编制目的、时间、地点、组织机构、工作内容及分工、工作要求、保障措施等。编制程序为：各部门指派该项工作负责人起草方案→部门领导修改→向领导汇报→征求领导与专家意见→ 修改→成文 →上报审批→正式下发。总体要求是：以总体工作方案为依据，以调查研究分析讨论为基础，以完成工作任务为目标，以公文格式排版，上报与下发（如美术化设计必须大方、严肃），以目标、措施、要求、时间节点相对应为要求。

（一）总体工作方案的概念

总体工作方案是赛事组织者（承办方）编写的经主办方审批后，用于整个赛事筹备组织工作的纲领性、原则性、指导性文件，是赛事筹备组织工作的总则。

（二）总体工作方案的基本格式与主要内容

1. 标题

2. 前言：主要表述赛事名称、时间、性质、背景
3. 指导思想:主要的指导原则
4. 主题：表述赛事（活动）的核心理念
5. 总目标：赛事的最终目标及各类工作定位
6. 组织机构：赛事（活动）筹备组织机构的设置与职能
7. 主要工作任务：分解并表述各类工作任务
8. 主要措施与要求：表述管理的办法及经费安排
9. 主要时间安排：赛事全程主要工作的时间节点及要求
10. 结束语：表述决心与号召

（三）总体工作方案的编制程序

申办成功后指定专人成立专门小组→研究总体策划方案→对体育赛事再认识→起草提纲→向领导汇报→征求领导与专家意见→起草方案→ 修改→成文 →上报审批→正式下发。在申办成功之时就要抓紧完成。

（四）总体工作方案的制作要求

1. 以总体策划和领导要求为依据
2. 以调查研究分析讨论为基础
3. 以实现领导指示为目标
4. 以公文格式排版，上报与下发（如美术化设计必须大方、严肃）
5. 以目标、措施、要求、时间节点相对应为要求

二、总体工作进度（图、表）

（一）总体工作进度（图、表）的概念及分类

总体工作进度（图、表）是在赛事筹备阶段根据总体工作方

案的要求，按照体育赛事筹备工作规律及确定的工作节点，明确工作内容、要求、时间、责任人、协助人、备注等内容并将其图表化的一种管理文件。它是我们对赛事进行控制从而实现赛事目标的管理类文件。在体育赛事运作工作中，我们要根据整个体育赛事运作特点和工作要求制作相应的体育赛事运作总体工作进度(图、表)。

体育赛事的主要特点之一是体育赛事的开幕日期确定之后，所有的筹备组织工作都必须按照这一规定的日期完成。总体工作进度（图、表）主要分为两类，其一，按照不同的工作部门及工作任务，在同一时间之内需要实现的工作目标而编制的组委会各部室的工作进度（图、表)，其二，按照不同的专项分类，规定完成的工作时间而编制的专项工作进度（图、表)。

（二）总体工作进度（图、表）的基本格式与主要内容

1. 工作编序号
2. 时间节点
3. 工作内容及要求
4. 责任部门与责任人
5. 协助部门
6. 备注

（三）总体工作进度（图、表）的编写要求

1. 以总体工作方案为基础明确赛事运作机构与职责
2. 以体育赛事运作规律与相关规定为依据
3. 以任务分解、责任到人、职责分明、节点明确、一目了然为要求
4. 以时间先后为顺序
5. 采用图或表的形式

（四）总体工作进度（图、表）的制作要求

1. 表格式（按时间顺序排列）

××赛事××工作进度（图、表）

年 月

时 间	工作内容	责任部门、责任人	协助部门	备 注
18:00	开幕招待宴会	行政接待部	办公室	
19:30	领导接见群先代表	办公室	行政接待部	

2. 表格式（按工作性质排列）

年 月

工作序号	工作要求	时间	责任人	协助人	备 注
01	资源推荐会	2006年11月8日	市场开发部 ×××	办公室、新闻宣传部	组成跨部门工作组

将表格设计成折页式“口袋书”，附上筹（组）委会正式文件下发。

三、 赞助商参与方案

（一）赞助商参与方案的概念

赞助商参与方案又称推广方案、赛事营销方案、赞助方案、商务合作方案，是赛事组织者整合赛事资源后向赞助商提交的一份商请赞助商提供赞助的合作方案。该方案是在体育赛事运作过程中，也要重点掌握的方案。

（二）赞助商参与方案的主要内容与格式

1. 主要内容

我是谁？→ 我有什么？→ 我能给赞助商什么？→ 赞助商有什么利益？→ 希望赞助商给什么？→ 怎么联络？

方案可分赞助商等级，分别撰写。也可不分等级做成标准方案。标准方案：通常用于潜在赞助商，用于体育赛事赞助的关联行业。分等级赞助方案（个性化方案）：通常用于目标赞助商。在标准方案的框架下，为某一企业制作的专门方案。

2. 格式（没有标准格式要求，但是不能漏项）

（1）方案名称

（2）赛事简介及赛事核心价值

（3）资源简介

（4）资源整合及细化

（5）赞助请求

（6）联络方式

（三）赞助商参与方案的设计与制作

1. 工作流程

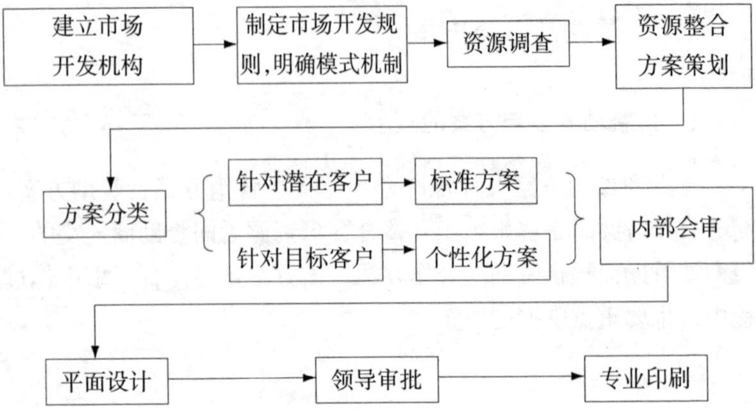

2. 设计、制作

充分了解赛事，全面分析市场，认真研究赞助商需求；建立图库（标准图库、关联企业图库、体育图库）；设计视觉识别手册；设计标准格式。总的要求是：别具一格的设计、突出特色的创意、符合企业理念的设计、图文并茂的设计、资源丰富、物有所值、共同有利，支持公益事业的表述。

设计出体育赛事赞助商参与方案以后，制作成精美的推广方案，用于送给赞助商。

为了广泛地传播体育赛事市场开发的资源，赛事组织者往往采用召开新闻发布会或资源信息发布会的形式推广这些资源。在发布会上做推介的时候，不宜使用 word 文档，而应用 PPT 的形式甚至使“三维”动画方式，来推广这些资源。

四、 体育赛事主题活动方案

（一）体育赛事主题活动方案的概念

体育赛事的相关活动是指，在体育赛事筹备与举办的过程中，以体育为主题，赛事组织者为了提高赛事的综合效益、全面实现办赛目标，或者为赛事筹集资金，或者为回报赞助商，进一步提升赛事关注度、美誉度而举办相关体育或非体育的集众性活动。活动方案是活动组织的工作规范,也是活动组织工作的依据。

（二）赛事主题活动方案的主要内容与格式

1. 方案名称
2. 前言
3. 活动主题
4. 目的与意义

5. 活动描述与流程（时间、地点、活动组织）
6. 经费预算与经费来源
7. 组织结构职责与要求
8. 活动的效益预测
9. 活动的风险及防范（包括相关单位的协调结果）
10. 活动组织承办人的联络方式
11. 结束语

（三）体育赛事主题活动方案的设计与制作流程

活动组织者按照总体工作方案要求或按领导要求提出计划主意 → 可行性调查论证 → 向领导汇报 → 起草方案 → 内部论证 → 向领导汇报 → 修改 → 正式上报。

相关链接一：

第十一届全运会筹备工作总体方案

经国务院批准，中华人民共和国第十一届运动会（以下简称十一运会）2009 年 10 月在山东举行，由山东省人民政府承办。这是在新中国成立 60 周年、全运会设立 50 周年之际，在我国全面建设小康社会的伟大历史进程中，举办的一届大型综合性运动会。为做好组织筹备工作，制定本方案。

一、目标要求

主题：和谐中国、全民全运

高举邓小平理论和“三个代表”重要思想伟大旗帜，深入贯彻落实科学发展观，坚持政府主导、全民参与、共建共享，努力举办一届全运史上最好的运动会，展示我国体育事业的最新发展成果，展示全国人民解放思想、与时俱进、奋发有为的崭新精神风貌，展示我国推动科学发展、促进社会和谐的辉煌成就。

总体目标：创一流水平、促和谐发展

创一流水平：

建设一流的场馆设施，开展一流的赛事组织，

营造一流的环境氛围，提供一流的服务保障，

争创一流的比赛成绩，实现一流的盛会效果。

促和谐发展：

坚持竞技体育与群众体育协调发展，促进竞技体育水平的提高、人民群众体育意识和身体素质的增强；大力弘扬奥林匹克精神、中华体育精神和齐鲁文化，促进和谐文化建设和社会文明进步；发挥体育的多元功能和综合效益，促进经济社会又好又快发展。

工作原则：

举省办全运。充分发挥全省人民的积极性和创造性，举全省之力共同承办，让全省共享发展机遇。

创新办全运。借鉴国际大型综合运动会和历届全运会的成功经验，发挥山东的特色和优势，创新思路理念、体制机制、方式方法，努力办出特色、办出水平。

开放办全运。坚持“开门办赛”，将筹备工作全过程、全方位向社会公开，集聚全社会资源，吸引更多的人关心、支持、参与，同时接受社会监督。

节俭办全运。把节俭原则贯穿于筹备工作全过程，讲究实际，精打细算，实现经济效益与社会效益的有机统一和最大化，促进经济社会可持续发展。

二、进程安排

整个筹备工作划分为以下五个阶段。

（一）基础筹备阶段（2005 年 2 月—2007 年 6 月）

主要任务：统筹规划安排筹备工作，建立组织领导机构，确定承办工作布局，大力推进以主赛区为重点的场馆设施建设。

工作节点：2005 年 7 月，成立十一运会山东省筹委会。2006 年 4 月，确定项目承办布局方案，制定场馆设施建设计划；5 月，启动新建场馆建设；10 月，成立十一运会组委会，签订委托承办协议书和工作责任书。2007 年 3 月，组委会先期人员开始集中办公；6 月，拟定开闭幕式时间，成立各赛区组委会。

（二）综合筹备阶段（2007年7月—2008年12月）

主要任务：组建组委会工作机构，征集并确定开闭幕式文艺表演方案，基本完成比赛训练场馆和全民健身设施的建设、改造、维修，完善提升城市基础设施服务功能，综合整治城市环境。

工作节点：2007年7月，成立组委会党委，召开组委会第二次会议，确定筹备工作总体方案，组建组委会工作机构；10月，开通官方网站，举行市场资源开发推介会，设立倒计时牌，举行倒计时两周年宣传活动；11月，面向全国公开征集开幕式文艺表演方案，揭晓会徽，摄制十一运会公益广告片；12月，启动志愿者选拔计划，全面启动场馆设施维修改造。2008年2月，揭晓吉祥物；3月，征集火炬传递主题口号、圣火火种采集方案、火炬式样；5月，成立各项目竞赛委员会，征集并组织创作闭幕式文艺表演方案；6月，揭晓主题口号、宣传画；8月，确定开幕式文艺表演方案；9月，揭晓会歌，编制单项竞赛日程安排；10月，举行倒计时一周年宣传活动；11月，确定闭幕式文艺表演方案； 12月，完成开幕式文艺表演深度创作，济南奥体中心等新建场馆基本建成，进行比赛场馆初步验收。

（三）完善运行阶段（2009年1—9月）

主要任务：检查解决筹备工作存在的问题，组织比赛训练场馆试运行，举行先期项目决赛，进行开闭幕式文艺表演演练，做好各项服务保障准备。

工作节点：2009年2月，开幕式文艺表演进入排练实施阶段；3月，在北京举行组委会新闻发布会，比赛训练场馆交付使用，落实接待服务宾馆，编制竞赛单项秩序册、总秩序册等；4月，完成闭幕式文艺表演深度创作；5月，举行圣火火种采集仪式，群体设施交付使用，闭幕式文艺表演进入排练实施阶段；7月，举行倒计时100天宣传活动，进入奥体中心体育场搭建开幕式文艺表演舞台；8月，举行火炬传递活动点火起跑启动仪式及火炬传递活动，比赛训练场馆及设施设备调试、试运转；9月，检查决赛组织准备工作，举行火炬汇集仪式，开幕式文艺表演总合成排练和第一次实地彩排，闭幕式文艺表演合成排练，对各项服务保障工作的运行进行检查。

（四）赛时运行阶段（2009年10月11—23日）

主要任务：组织好赛事运行，举办好开闭幕式等重大活动，做好接待服务等各项保障工作。

工作节点：开幕式前，举行组委会会议、新闻发布会，党和国家领导人接见全国群先代表，开幕式文艺表演第二次实地彩排和预演。10月11日，举行开幕式；10月15日，进入奥体中心体育馆搭建闭幕式文艺表演舞台；10月19日，闭幕式第一次实地彩排；10月21日，闭幕式第二次实地彩排；10月22日，闭幕式预演；10月23日，举行闭幕式。开闭幕式期间，组织各项目决赛，召开全国群先表彰会、全国体育系统先进工作者表彰会，举办各类文化体育活动。

（五）总结收尾阶段（闭幕后两个月）

主要任务：对承办工作进行总结表彰，对各类文件资料整理归档并移交国家体育总局。

工作节点：2009年11月，召开总结表彰大会；12月底，完成文件资料整理归档及移交。

三、竞赛组织

按十一运会竞赛规程、规则要求，统筹安排、有序展开各项筹备工作，组织好各项目比赛。

日程安排。2009年10月11日（星期日）开幕，23日（星期五）闭幕。部分项目的决赛在开幕式前先期举行。

项目布局。十一运会共设33个大项、360个小项，在山东省17市举办，济南市为主赛场。

济南：田径、游泳（跳水、男子水球）、羽毛球、男子篮球（1~8名）、拳击、马术（速度赛马）、男子足球（小组赛及1~4名）、体操（艺术体操、蹦床）、男子手球、网球、男子排球（1~8名）、女子排球（1~8名）、举重、摔跤、射击、曲棍球、棒球、垒球。

青岛：花样游泳、射箭、女子篮球（1~8名）、击剑、女子足球（小组赛及1~8名）、OP帆船、乒乓球、男子排球（小组赛）、沙滩排球、短道速度滑冰、花样滑冰。

淄博：女子水球、男子足球（小组赛及5~8名）、男子排球（9~12名）。

枣庄：跆拳道。

东营：女子排球（小组赛）。

烟台：女子篮球（小组赛）、现代五项。

潍坊：女子篮球（9~12名）、女子足球（小组赛及9~12名）、女子排球（9～12名）。

济宁：男子篮球（小组赛）。

泰安：男子足球（小组赛及9～12名）、男子排球（小组赛）。

威海：铁人三项、女子手球。

日照：帆船（帆板）、皮划艇（激流回旋）、赛艇、自行车。

莱芜：女子排球（小组赛）。

临沂：女子篮球（小组赛）。

德州：男子篮球（9～12名）。

聊城：男子篮球（小组赛）。

滨州：柔道、武术套路。

菏泽：武术散打。

少数项目由组委会指定承办单位。

工作任务。制定十一运会竞赛规程总则，编制竞赛单项比赛日程和竞赛规程，编制总秩序册和单项秩序册。购置比赛器材及功能性设备，并在赛前3个月安装到位。组织场馆设施等试运转和部分项目测试赛，检验比赛训练场馆和器材设备，测试通讯网络信息系统，检查行政接待、新闻宣传、医疗卫生、安全保卫等各项保障服务。做好各项比赛组织工作。

四、全民健身

把全民健身事业纳入全运会办赛宗旨，使承办十一运会的过程成为推动全民健身事业加快发展的过程。

开展“全民健身与全运同行”活动。广泛宣传体育对增强人民健康素质、服务和谐社会建设的重要作用，充分利用承办十一运会的巨大影响力，大力开展全民健身活动，完善国民体质监测网络，加快推进全民健身体系建设。

实施“一点三线”全民健身工程。以济南市为中心，以市级城市为支点，建设东部沿海城市、南部历史文化名城、黄河沿线全民健身景观线。主要城市和部分城镇乡村，结合城乡建设和改造，建设一批室内外相结合的全民健身场地设施。

实施“农民体育健身工程”。结合社会主义新农村建设，在全省所有行政村建设适合农村特点的体育健身设施，力争到2010年基本实现农村体育设施“村村有”。

五、大型活动

注重群众参与，体现时代特征，突出体育特色，高水平组织好大型活动。

开闭幕式。开幕式在济南奥体中心体育场举行，闭幕式在济南奥体中心体育馆举行。方案通过招标形式向社会公开征集，力求创新、精彩、节俭，体现民族传统和时代精神，展示中华文化和齐鲁文化风采，展现体育事业和经济社会发展成就。

火炬接力。方案通过招标形式向社会公开征集。组织火种采集、起跑启动仪式、传递活动和汇集仪式。

全国群众体育先进表彰会。在开幕式后召开。开幕式当天，党和国家领导人接见全国群先代表。

其他大型活动。主要有，建国 60 周年全国体育成就展、全民健身活动展示、全国体育科学论文报告会、全国体育美术摄影展、全国体育集邮展、体育知识大奖赛和有奖征文活动等。

六、场馆建设

根据十一运会所设项目的比赛和训练要求，精心组织比赛训练场馆建设，2009 年 3 月前所有场馆设施完成验收并交付使用。

建设原则。一是节俭原则。充分利用现有场馆和社会资源，注重比赛场馆与全民健身及其他公共文化设施的结合利用。二是精品原则。新建场馆要精心设计、科学施工，建成符合全运会技术标准、功能齐全、节能环保的精品工程。三是可持续发展原则。场馆设施既要满足比赛需要，又要充分考虑赛后利用。

建设任务。在全省 17 市安排 130 个比赛和训练场馆，其中，利用现有场馆 71 个，新建场馆 41 个，维修改造场馆 18 个。济南市建设主赛场，其他市根据承办项目要求，维修、建设相应的比赛训练场馆。

工艺标准。按照建设部、国家体育总局发布的《体育建筑设计规范》[JGJ31−2003]执行。

七、市场开发

坚持政府支持、市场运作、社会赞助的原则，对十一运会资源进行全方位整合开发，提高办赛市场化程度。

统一开发。市场开发工作在国家体育总局全运会市场开发领导小组的指导下，由组委会市场开发部归口管理，山东十一运市场开发有限公司负责经营运作。各赛区市场开发工作在组委会领导下进行。

资源整合。对十一运会有形资源和无形资源进行整合，认真做好赞助招商、社会捐赠、电视转播报道权、特许经营、门票销售和其他商业资源开发，全力提升全运会的品牌价值。

回报维权。根据赞助企业的营销需求，提供全面细致的回报方案。加强与各类媒体的合作，加大对赞助企业的宣传力度，提升赞助企业声誉。建立完善的维权体系，规范资源市场经营，维护赞助企业的合法权益。

八、新闻宣传

全面加强社会公益宣传和新闻媒体宣传，为承办工作营造良好的舆论氛围。

加强社会公益宣传。广泛开展主题宣传教育活动，使十一运会办赛理念家喻户晓，深入人心。在各承办城市的交通要道、机场车站和旅游景点，设置公益宣传广告，张贴悬挂宣传画。在各大报刊和有关网络设立十一运会专刊、专栏，增加报道版面。在电台、电视台设立专题节目，增加播出时段和时间。围绕会徽、会歌、吉祥物、宣传画、主题口号等征集发布等重大时间节点和重大活动，精心组织各类媒体搞好新闻宣传报道。

搞好宣传服务设施建设。高水平建设新闻中心和大型新闻信息库，为记者采访、撰稿、播发信息提供一站式服务。在主赛区规划建设广播电视中心(IBC)，在接待宾馆、分赛区场馆配建媒体服务设施。

做好新闻宣传管理。正确把握舆论导向，突出宣传承办十一运会的重大意义。严格境内外记者新闻报道管理，实行接待宾馆饭店注册和集中注册相结合，接受记者报名。建立突发新闻事件应急处置机制，及时妥善处置突发事件。

九、志愿服务

坚持专业性与参与性相统一，认真做好志愿者招募、选拔、培训、调配工作，为十一运会提供高水平的志愿服务。

确定岗位。针对筹备工作重大活动、重点岗位的需求情况，科学确定志愿者的岗位、人数以及专业技能、服务起止时间等。

选拔培训。以组织动员方式从高校招募大学生志愿者，以招募方式从社会上选拔一批爱心志愿者。组建志愿者培训中心，组织好岗前培训和现场演练，提高志愿者的业务水平和服务能力。

开展志愿服务。制定志愿者调配使用制度，做好岗位对接。建立志愿者档案管理和服务考核制度，对志愿者实时跟踪管理。编写志愿岗位工作流程，做好现场服务组织工作。

十、接待服务

围绕运动员、教练员和各方来宾的食宿行，提供热情、周到、细致、优质的接待服务。

制定方案。研究分析十一运会接待规模和各赛区接待能力，制定行政接待总体工作方案和具体实施计划。针对不同的服务对象，全力提供人性化、个性化服务，保证赛事顺利进行。

准备工作。以服务优质、安全优先为原则，制定接待服务标准，选定接待服务宾馆。针对重要来宾和重大活动，制定专项接待方案，编制接待服务手册。做好宾馆工作人员、联络员、驾驶员等各类服务人员的业务培训，搞好接待服务车辆的配置、检测和换证工作。

组织实施。以国内外贵宾、各省代表团、观摩人员为主体，精心组织接待工作。在机场、车站设立接待站，认真做好迎送和返程票务工作。加强与各代表团团部的信息沟通，及时为各代表团排忧解难。

十一、安全保卫

坚持预防在前、发现在早、处置在小，维护好赛事秩序，保持社会稳定。

制定工作方案和应急预案。认真分析安保形势，明确工作任务，建立工作责任制，对各类场所、各类领域、重点活动的安保工作作出全面安排，做好应急处置的充分准备。

加强重点领域防范。监督落实比赛场馆安全设施建设。对比赛训练场馆、接待宾馆饭店进行安全检查。做好开闭幕式以及赛事活动的人员审查、安检搜爆工作，对重点领域活动进行全过程监控。加强现场控制和交通安全管理。

强化社会面治安管控。组织开展迎十一运会安保专项行动，大力整治车站码头、商业街区、旅游景区等窗口地区的治安秩序，加强对重点部位的巡逻控制，加强对重要领域供电设施的保护，打击各种违法犯罪活动。

十二、保障服务

针对赛事顺畅运行的需要，及早谋划、妥善安排保障服务工作，确保十一运会顺利举行。

信息技术。制定信息系统总体规划方案，完善通讯网络信息系统，覆盖各赛区场馆和接待宾馆，实现网上注册报名、竞赛数据的实时传输、场馆间的视频会议、场馆内的视频监控、场馆内无线上网以及全运会语音查询等，为竞赛组织、信息发布、新闻宣传、指挥调度工作提供优质服务。

交通保障。制定交通保障专项工作方案，对城市市区和市际间的道路、水域、空中交通作出专门安排，重点做好各市区内专用车道、公交运营线路的规划建设。对重点时段进行交通监控，做好密集人群交通疏导。做好出租车、公交车管理，做到车容整洁、服务文明。

医疗卫生服务。制定医疗卫生保障工作方案和卫生监督、传染病控制、医疗救护、医疗保健专项方案。重点做好大型活动、比赛训练场馆、接待宾馆饭店的医疗救护。严格执行食品卫生法律法规，保证接待宾馆饭店、运动场所的食品卫生安全。明确预防控制工作重点，建立疫情报告网络，搞好疫情监测，做好疾病预防与控制工作。

电力保障。以电网可靠供电和现场安全用电两个环节为重点，制定电力保障方案，加强电网建设、受电端设施建设和调度运行，为赛事提供稳定的电力供应。

气象服务。制定气象服务工作计划。将气象网站与十一运会官方网站链接。以重大活动和比赛项目为重点，提供精细化气象预报服务。在比赛场地布设气象观测设备，在比赛场地和主要活动场所设立电子显示屏，循环播出气象预报和监测实况。做好开幕式天气预报服务及人工影响天气和灾害性天气预报预警的技术准备工作。

十三、环境建设

加强城乡环境整治，开展文明创建活动，营造浓郁的办赛氛围。

公民素质建设。大力倡导“八荣八耻”社会主义荣辱观，认真实施《公民道德建设实施纲要》，结合“文明山东”建设，深入开展系列宣传教育和精神文明创建活动，提高市民的思想道德素质和窗口行业服务水平。

市容市貌。着重抓好市容、卫生、环境和交通专项整治，搞好城市绿化、美化、净化、亮化工作，重点推进各承办城市交通要道、比赛训练场馆、驻地宾馆饭店周边的环境整治。

城市运行。各承办市制定《城市运行方案》，完善城市基础设施服务功能，保障各种资源的有效供给，及时处理各类突发事件。

十四、组织领导

建立组委会统一领导、赛区组委会分级负责的组织领导体制和竞委会组织比赛项目实施的管理运行机制。

机构设置。组委会下设办公室、人事部、竞赛部、信息技术部、场馆建设部、新闻宣传部、广播电视部、大型活动部、市场开发部、财务部、群体工作部、志愿者工作部、行政接待部、安全保卫部、医疗卫生部、兴奋剂检查部、交通保障部、电力保障部、审计监察部、气象保障部。组委会及其工作机构负责制定总体工作方案和各专项工作方案，建立工作例会、检查调度、信息通报制度，统筹推进各项筹备工作。各赛区建立赛区组委会，负责本赛区筹备组织工作的落实。成立各项目竞委会，负责竞赛工作的组织实施。

人事管理。根据承办工作需要，从省、市有关部门抽调一批综合素质高的工作人员，面向社会招聘部分专业人员。制定落实培训计划，加强人才队伍建设。制定绩效考核管理办法和人事管理政策。

党员管理。组委会设立党委，负责组委会党员临时关系管理、思想政治工作、党员监督考核等，为做好筹备工作提供组织、纪律、作风保证。

监督管理。加强廉政建设，建立健全监督约束机制。重点监督资金和物资的使用与管理、大宗物品采购、场馆设施招投标等重大事项，杜绝各种违法违规现象的发生。设立并公布举报电话，增加筹备工作的透明度，接受群众监督和社会监督。

相关链接二：

第十一届全运会开幕式组织工作进度表（2009 年 10 月 16 日）

时间	工作内容	责任部门	备 注
7：30	周界安检和交通疏导部分警力到位，奥体中心进入开幕式运行期，人身、车辆安检工作区域、分时段启动，开放 4 号口车检 1 号、2 号大棚和 8 号口人检大棚，各类群体按指定时间和路线集散。	安保交通组	
	摆放观众礼品包的志愿者进场，开始分袋并摆放到观众座椅上。	现场保障组	
	外围龙奥大厦院内、西地块停车场、场馆东停车场开始清场。	安保交通组	
8：00 –9：00	工作人员开始安检入场工作。贵宾区控制、场院巡查、消防和内部要害保卫警力到位，对贵宾区进行复检。	安保交通组	
9：00	检查仪式、演出设施、设备、供电设施情况。	仪式表演组	
	对奥体中心体育场外围墙以内进行清场和警戒，全面实施“开幕式专场证”，10:00 前全部完成。	安保交通组 现场保障组	
9：00 –12：00	电视转播记者由 8 号口车检 1 号、2 号大棚接受安检入场，车辆在 P4 停车场停放。	安保交通组 仪式表演组	
11：00	体育场彻底清扫和整理完毕，清理与开幕无关的物品，保证场内没有垃圾和乱堆乱放的杂异物。	现场保障组	
12：00	奥体中心现场食品、礼品、邮品销售区的货物全部达到销售状态。	现场保障组	
	观众礼品包等全部摆放到每一个观众的座位上。	现场保障组	
	注意及时掌握开幕式期间气象天气情况，随时向指挥部报告。	现场保障组	

（续表）

时间	工作内容	责任部门	备注
12：30-16：00	演员分三批（12：30、13：30、14：30）由商职学院出发前往奥体中心，由奥体中心4号门进入，车检1号、2号大棚，8号门人检大棚和8号口车检1号、2号大棚，1号人检大棚安检入场，演员必须在15：00之前入场完毕；16：00之前仪式前垫场所要道具大鼓须由体育场第一检录处运输至体育场C口对面的地下停车场门前候场。	仪式表演组 安保交通组	
14：30	验票人员、电力、茶水等后勤服务的各类工作人员、奥体中心后勤服务人员上岗，15：00前保证全部到位。	各组	
15：00	主席台桌签、望远镜摆放完毕，并检查音响、话筒等设备，确保正常使用，贵宾区三楼的茶歇区以及主席台区的现场服务准备完毕。	现场保障组	
16：00	封闭由奥体中心1号门至体育场106入口之间的外环道，引导观众从106入口进入二层平台至观众席观看演出。	安保交通组 现场保障组	
	最后一次检查体育场供水、供电、通信保障工作：包括演出场内电缆线和备用电、应急通信、电视直播、急救、消防、流动厕所等车辆到位情况以及场外停车场、照明、流动厕所落实情况。	各组	
	最后一次检查火炬供气及设备。	现场保障组 仪式表演组	
	商业服务、志愿者引导服务开始。	现场保障组	
16：00-20：00	普通观众分乘4条公交专线到达奥体中心，从1、3、4、5、6、7号门验票、安检入场。	安保交通组	

(续表)

时间	工作内容	责任部门	备注
17：00	交通控制区（范围：西至二环东路，东至凤凰路，北至工业南路，南至全运村规划三号路），警力上岗，对控制区范围内路口路段实施交通管制。	安保交通组	
	指挥部与表演团队时间和秒表核对完毕。	统筹接待组 仪式表演组	
17：00 -19：00	观看开幕式的运动员、教练员在运动员村安检后分批乘车，由5号口免检通道入场，车辆在P5停放。人员凭票按指定路线至二层景观平台，进入相应看台就坐。	运动员村 安保交通组 现场保障组	
	参加开幕式活动团体媒体记者在媒体村安检后分批乘车，由5号口免检通道入场，车辆在P4停放	媒体村 安保交通组	
17：30	体育场内LED开始循环播放全运会宣传片和专题片，至垫场表演前结束播放。	仪式表演组 现场保障组	
18：00 -18：30	群先会、双先会代表在住地接受远端安检后，集体乘车，由奥体中心2号口免检入场，在P3停车场停放，人员经体育场北口上二层观众看台。	统筹接待组 安保交通组	
18：00	各代表团参加入场仪式人员在指定宾馆集中后，统一乘车由4号口、8号口安检入场，车辆在P5停放；参加仪式的运动员、教练员在运动员村安检后乘车由5号口免检通道入场，车辆在P5停放，人员直接前往体育场A口对面的田径训练场开始集结。	安保交通组 运动员村	

(续表)

时间	工作内容	责任部门	备注
18：00–19：00	46个代表团、贵宾在住地相对集中，分头乘车前往奥体中心。在贵宾区就坐贵宾，在上车前接受远端安检后，在警车带领下分头前往奥体中心免检入场。其他来宾集体乘车由1号口、3号口、4号口安检入场。	统筹接待组 安保交通组	
	电视转播人员全部到位，各类应急车辆工作人员全部进入应急工作状态。	仪式表演组 现场保障组	
18：30	副总指挥在3190房间集中办公，实现面对面协调和指挥。	各组	
19：00	参加入场仪式的各代表团旗手、领队、运动员在A口对面田径训练场集结完毕。	仪式表演组	
19：05	党和国家领导人，国家体育总局领导，国际奥委会主席罗格夫妇，省委、省政府领导分别在驻地乘车前往济南奥体中心体育场。	统筹接待组	
19：10	垫场表演开始。	仪式表演组	
19：23	领导到达济南奥体中心，在二号南口入场。	统筹接待组 安保交通组	
19：25	领导及贵宾由服务人员引导，到达三楼贵宾室。	统筹接待组	
19：30	A口区域、体育场东侧中心南路、中心中路、中心北路开始封闭，禁止车辆通行；参加垫场的演员（含大鼓）演出结束后，返回到体育场C口对面的地下停车场门前集结，21：00时方可由3号门离开奥体中心。	安保交通组 仪式表演组	
	参加入场仪式的国旗、会旗队、裁判员方队、各代表团旗手、领队、运动员在体育场A口集结完毕，等待参加开幕式仪式。	仪式表演组	
19：30–19：45	中外重要警卫对象分别抵达奥体中心，由免检通道进入奥体中心，至贵宾口入口进场。	统筹接待组 安保交通组	

(续表)

时间	工作内容	责任部门	备注
19：30 –19：50	中共中央总书记、国家主席、中央军委主席胡锦涛同志，在三楼贵宾室（VIP1）会见国际奥委会主席罗格夫妇。	统筹接待组	
19：40	垫场表演结束。观众互动训练开始。	仪式表演组 现场保障组	
19：50	静场后，参加仪式的人员进场。	仪式表演组	
19：57 (30秒)	领导同志及罗格夫妇分别自贵宾室前往主席台。	统筹接待组	
19：58	以下时段由仪式表演组按照开幕式仪式和表演的流程进行。	各组	
21：30	外场公安干警封闭道路，内场公安干警打开所有的出口，志愿者各就各位，准备迎接观众退场。	安保交通组	
	做好焰火燃放区的控制，按照演出计划按时燃放，确保燃放安全。	仪式表演组 安保交通组 现场保障组	
21：59	开幕式演出结束，按照退场计划，先全力做好中央领导、主席台区、贵宾区的人员依次退场。	统筹接待组 安保交通组	
	有序组织其他观众退场的引导工作。	安保交通组	
	演员按仪式表演组的安排，在观众退场后，再依次退场。	仪式表演组 安保交通组	

（续表）

时间	工作内容	责任部门	备注
22：30	安保交通组全力以赴做好观众退场疏导和交通运输的组织工作，现场保障组、统筹接待组全力协助。	各组	
	现场商业服务区域的人员开始撤场（所有现场的物资、设备待第二天才能运输）。	现场保障组	
23：00	对看台区进行全方位的检查，清退所有的观众。待所有的观众全部退场之后，向总指挥报告。各岗位按照程序向总指挥报告各岗位当时的情况，由总指挥下达指令后，各类保障、应急、转播车辆才能开始离场。	各组	
24：00	待全部工作人员和车辆撤场后，各组副组长经组长批准后撤场	各组	
	参加仪式和表演的演员按计划撤场，撤场结束后，向总指挥报告。	仪式表演组 安保交通组	

相关链接三：

第六届全国农民运动会资源推广方案

中华人民共和国
第六届农民运动会
资源推广方案

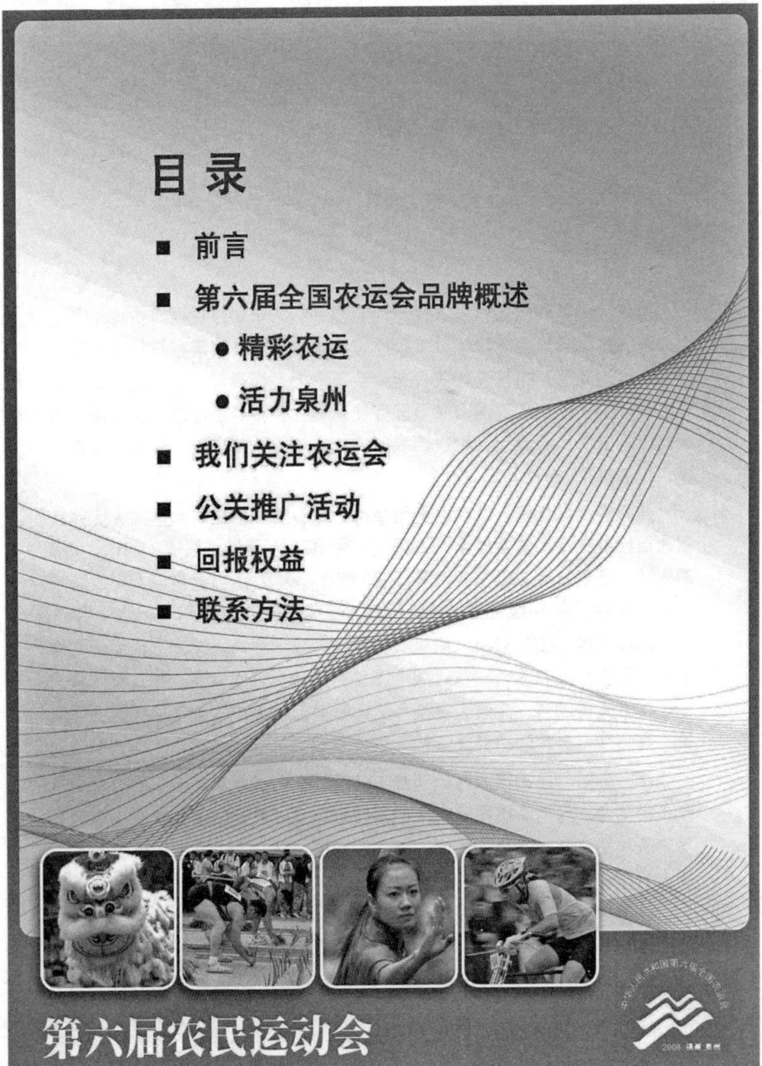
目录
■ 前言
■ 第六届全国农运会品牌概述
● 精彩农运
● 活力泉州
■ 我们关注农运会
■ 公关推广活动
■ 回报权益
■ 联系方法
第六届农民运动会

第六届农民运动会

前言

中华人民共和国第六届农民运动会将于2008年10月在福建省泉州市盛大开幕。本届农运会是建国以来福建省和泉州市第一次承办与筹办全国大型综合性运动会，也是全国农民运动会历史上规模最大、项目最全、参赛人数最多的一届。通过第六届全国农民运动会，将展示福建和泉州建设海峡西岸经济区的新风貌，推进海峡西岸体育与文化的交流，敦睦两岸亲情，促进祖国统一。

此次第六届全国农运会在泉州举行，是省委、省政府和全国人民对泉州的信任与重托。第六届全国农民运动会将彰显“团结、拼搏、和谐、小康”的主题，凸显社会主义新农村和“三农”特点，树立“活力泉州、人文农运”的理念，主要围绕“环境优美、设施优良、服务优质、成绩优异”的总体目标，解放思想，改革创新，积极探索工作思路，加快场馆建设，加大宣传力度，加强资源开发。把第六届全国农民运动会办成省委、省政府满意，全体参赛人员满意，全国人民满意的体育盛会；办成农运动会历史上最隆重、最热烈、最精彩、最圆满的一届体育盛会。

将举办第六届全国农民运动会与建设社会主义新农村相结合，与城市建设相结合，与提高市民、农民的素质相结合。充分发挥泉州在福建的支撑带头作用，全面提高关注度，提升美誉度。让八方来宾充分感受美丽、活力、精彩泉州。

让我们共同为办好第六届全国农民运动会、展现福建的新风采、新形象做出努力！

第六届全国农民运动会品牌概述
● 精彩农运
● 活力泉州
第六届农民运动会

第六届农民运动会

第六届全国农民运动会总任务

第六届全国农民运动会
将是中国农民运动会是历史上
“最具特色，效益最佳”
的一届全国大型综合性体育盛会

第六届农民运动会

农民运动会推广目的

- **体现社会主义新农村，提高农民的素质。**
- **充分发挥泉州在福建的支撑带头作用，全面提高农运会的关注度，提升美誉度。**
- **让八方来宾充分感受美丽、活力、精彩泉州。**

第六届全国农民运动会主题

- 团结、拼搏、和谐、小康

第六届全国农民运动会口号

- 活力泉州·人文农运

第六届全国农民运动会总体目标

- 环境优美、设施优良、服务优质、成绩优异

第六届全国农民运动会介绍

- 时间：2008年10月18日
- 举办城市：福建省泉州市
- 运动员组成及人数：

  来自全国32个省（包括台湾在内的省市、自治区）的5,000运动员

- 其他参与人员：

  - 运动员、教练员、裁判员、新闻记者和参与组织、前来观摩的各界人士将超过40000人；
  - 香港、澳门同胞和东南亚侨胞将组团莅泉观摩第六届全国农运会的盛况。

- 农运会运动项目介绍：

  田径、游泳、篮球、乒乓球、象棋、武术、摔跤、风筝、钓鱼、龙舟、健身秧歌、舞龙舞狮、毽子花毽、自行车载重、民兵军事三项等比赛项目

第六届农民运动会

农民运动会项目支持

主办：中华人民共和国农业部
国家体育总局
中国农民体育协会

承办：泉州市人民政府

第六届全国农民运动会品牌概述
精彩农运
活力泉州
第六届农民运动会

泉州特色

- 泉州以悠久的历史和民间艺术和民营经济发展著称，
- 以品牌经济城市闻名，目前已经拥有“中国驰名商标”65枚、“中国名牌产品”39项，成为拥有国家级品牌最多的地级市。

第六届农民运动会

泉州风貌

■福建省泉州，处于海峡西岸经济区，
■泉州蕴藏"海丝文化"的悠久历史，
■倡导"和谐泉州、活力泉州、品牌泉州"

第六届农民运动会

体育设施

- 农运会主场馆——海峡体育中心已于2005年11月9日奠基，计划于2007年12月31日前竣工；
- 该中心位于市区城东组团中心区，总投资7.6亿多元，占地面积516亩，总建筑面积12.2万平方米，可以满足高水平的开、闭幕式和国际体育比赛的要求。

我们关注农运会
第六届农民运动会

第六届农民运动会

规模大

- 来自全国32个省（直辖市、自治区）及港澳台代表团约4万人参加
- 有15个大型竞技项目，150多个竞赛小项目，200多枚金牌及一等奖角逐
- 百万现场观众及亿万电视、电台、报纸、网络媒体观众倾情关注赛事
- 海峡两岸人民联谊互动，世界台商欢聚一堂，广大华侨汇聚泉州

规格高

- 中国10亿农民的节日和盛会
- 党和国家领导人、农业部和体育界的高级官员、全国各省分管农业的省长齐聚泉州
- 世界上唯一一个全国性的以农民为主体的大型综合性竞技赛事

高覆盖的媒体宣传

- 举行有数万人参加的盛大开幕式，中央电视台全程直播
- 中央电视台、福建电视台通过卫星向全球转播盛况，各省市电视台跟踪报道
- 新华网、第六届全国农民运动会官方网站全程跟踪，第一时间报道
- 全国、港澳台主流媒体及福建省各大媒体跟踪报道

第六届农民运动会

意义深远

- 在中央高度关注“三农”问题的形势下举办的第六届农运会，得到党中央、国务院和各级党委、政府的关怀与支持，体现了党和国家对农业和农村工作的高度重视
- 是全国10亿农民瞩目的一次盛会，是广大农民欢乐、喜庆、团结、交流的盛大节日，是建设社会主义新农村，构建和谐社会，促进经济、社会全面发展的体育盛会，是展示全国各阶层人民齐心协力、共建小康社会精神面貌的平台
- 2008北京奥运会年里全国唯一大型综合性体育赛事，与奥运同行，为北京奥运加油！为北京奥运喝彩！

商机无限

- 全世界最大的市场——中国农村市场，是知名企业、新型品牌拓展市场的最好宣传载体
- 政府搭建平台，全力支持，提升全国农民对企业品牌的认知。丰厚的资源，全面整合，为企业量身定做品牌推广方案
- 为企业回报社会、支持社会公益事业、展示企业理念与文化提供了广阔平台
- 在著名侨乡的福建泉州举行农运会，是展示福建省新形象、新面貌、新气象的重要机遇！

第六届全国农民运动会
公关推广活动
第六届农民运动会

第六届全国农民运动会公关推广活动

◆ **第六届全国农民运动会大型文娱晚会及演唱会**

◆ **海峡东、西两岸农业新技术成果展**

◆ **10亿中国农民为北京奥运喝彩大型系列活动**

- 和谐社会·健康农民——才艺展示大赛
- "畅想新农村"全国农民地方特色文体大汇演
- 第六届全国农民运动会志愿者总冠名
- "和谐社会新农村"全国农业经济发展论坛
- 第六届全国农民运动会"活力泉州，人文农运"有奖征文

回报权益
第六届农民运动会

合作伙伴回报权益(最高规格)

荣誉回报：

- 应邀担任第六届全国农民运动会筹委会荣誉职务；
- 出席第六届全国农民运动会开幕式、闭幕式、大型招待酒会，并在贵宾区域就座，为优胜者颁发奖杯或金质奖牌；
- 筹委会举行隆重大型的新闻发布会暨签约仪式：邀请省委省政府有关领导及筹委会领导、社会知名人士及主要媒体新闻记者参加；筹委会领导向合作伙伴颁发第六届全国农民运动会合作伙伴证书。

冠名回报：

- 优先选择第六届全国农民运动会一个比赛项目的总冠名权，其冠名全称出现在比赛现场及媒体报道中，并由合作伙伴高级代表亲自颁奖。

专有权回报：

- 给予一个产品为第六届全国农民运动会专用产品，并具有唯一性、排他性，并颁发专用产品证书；
- 合作伙伴在其产品或服务的宣传上使用第六届全国农民运动会会徽和吉祥物特殊标志，并颁发特殊标志使用证书。

广告回报：

- 在所有的比赛场地内均享有A1级广告位2个，另配套赠送其他系列回报；
- 在冠名比赛场馆内的主席台冠名广告；
- 第六届全国农民运动会开、闭幕式场内外广告；
- 第六届全国农民运动会竞赛秩序册、冠名比赛的秩序册、纪念册广告、冠名比赛门票标识广告。

媒体回报：

- 福建省、泉州市主要媒体对合作伙伴进行专访，专版、专题报道；
- 在第六届全国农民运动会官方网站首页提供企业标识专区链接广告；
- 在第六届全国农民运动会比赛期间为合作伙伴特别开辟产品或形象展示推广专区。

第六届农民运动会

主赞助商回报权益(高级赞助商)

荣誉回报：

- 应邀担任第六届全国农民运动会筹委会荣誉职务；
- 出席第六届全国农民运动会开幕式、闭幕式、大型招待酒会，并在主席台区域就座，为优胜者颁发银质奖牌；
- 筹委会举行隆重大型的新闻发布会暨签约仪式：邀请省委省政府有关领导及筹委会领导、社会知名人士及重要媒体新闻记者参加；筹委会领导向主赞助商颁发第六届全国农民运动会主赞助商证书。

冠名回报：

- 优先选择第六届全国农民运动会一个比赛项目的总冠名，其冠名全称出现在比赛现场及媒体报道中，并由主赞助商高级代表亲自颁奖。

专有权回报：

- 给予一个产品为第六届全国农民运动会专用产品，并具有唯一性、排他性，并颁发专用产品证书；
- 主赞助商在其产品或服务的宣传上使用第六届全国农民运动会会徽和吉祥物特殊标志，并颁发特殊标志使用证书。

广告回报：

- 在所有的比赛场地内均享有A2级广告位2个，另配套赠送其他系列回报；
- 在冠名比赛场馆内的主席台冠名广告；
- 第六届全国农民运动会开、闭幕式场内外广告；
- 第六届全国农民运动会竞赛秩序册、冠名比赛的秩序册、纪念册广告、冠名比赛门票标识广告。

媒体回报：

- 福建省、泉州市主要媒体对主赞助商进行专访，专版、专题报道；
- 在第六届全国农民运动会官方网站首页、列表页、终端页各一个广告位；
- 在第六届全国农民运动会比赛期间为主赞助商特别开辟产品或形象展示推广专区。

第六届农民运动会

特约赞助商回报权益(特别约定高级赞助商)

荣誉回报：

- 应邀担任第六届全国农民运动会筹委会单项竞委会荣誉职务；
- 出席第六届全国农民运动会开幕式、闭幕式、大型招待酒会，并在主席台区域就座，为优胜者颁奖；
- 筹委会举行隆重大型的联合新闻发布会暨签约仪式：邀请省委省政府有关领导及筹委会领导、社会知名人士及重要媒体新闻记；
- 者参加；筹委会领导向主赞助商颁发第六届全国农民运动会特约赞助商证书。

冠名回报：

- 选择第六届全国农民运动会一个比赛项目的总冠名，其冠名全称出现在比赛现场及媒体报道中，并由特约赞助商高级代表亲自颁奖。

专有权回报：

- 给予一个产品为第六届全国农运会专用产品，并具有唯一性、排他性，并颁发专用产品证书；
- 主赞助商在其产品或服务的宣传上使用第六届全国农民运动会会徽和吉祥物特殊标志，并颁发特殊标志使用证书。

广告回报：

- 在所有的比赛场地内均享有B级广告位2个，另配套赠送其他系列回报；
- 在冠名比赛场馆内的主席台冠名广告；
- 第六届全国农民运动会开、闭幕式场内外广告；
- 第六届全国农民运动会竞赛秩序册、冠名比赛的秩序册、纪念册广告、冠名比赛门票标识广告。

媒体回报：

- 福建省、泉州市主要媒体对特约赞助商进行专题报道；
- 在第六届全国农民运动会官方网站列表页、终端页各一个广告位；
- 在第六届全国农民运动会比赛期间为特约赞助商特别开辟产品或形象展示推广专区。

第六届农民运动会

特约服务商回报权益(特别约定高级服务机构)

享受相应级别赞助商的权益

- 第六届全国农民运动会特约银行

  ——为全国31个代表团及筹委会提供唯一银行业务服务

- 第六届全国农民运动会特约保险公司

  ——为筹委会和嘉宾及全国31个代表团提供唯一保险业务服务

- 第六届全国农民运动会特约电信公司

  ——为筹委会各部门及本次体坛盛会提供电信服务

- 第六届全国农民运动会特约汽车运输公司

  ——为全体参赛人员提供市内包车、旅游包车服务

- 第六届全国农民运动会特约移动通讯公司

  ——为筹委会及本次体坛盛会提供移动通讯服务

- 第六届全国农民运动会特约其他服务机构

  ——为本次盛会提供亲情服务

联系方式(略)

相关链接四：

“同一个世界　同一个梦想”国际奥委会奥林匹克珍藏品中国巡展总体方案

国际奥委会奥林匹克珍藏品
IOC OLYMPIC TREASURE EXHIBITION CHINA TOUR
中 国 巡 展

同一个世界 · 同一个梦想

国际奥委会奥林匹克珍藏品中国巡展

发布者：刘清早教授　　巡展首席策划、巡展组委会副秘书长

国际奥委会奥林匹克珍藏品
中国巡展
国际奥委会奥林匹克博物馆珍藏品
首次从洛桑来到中国

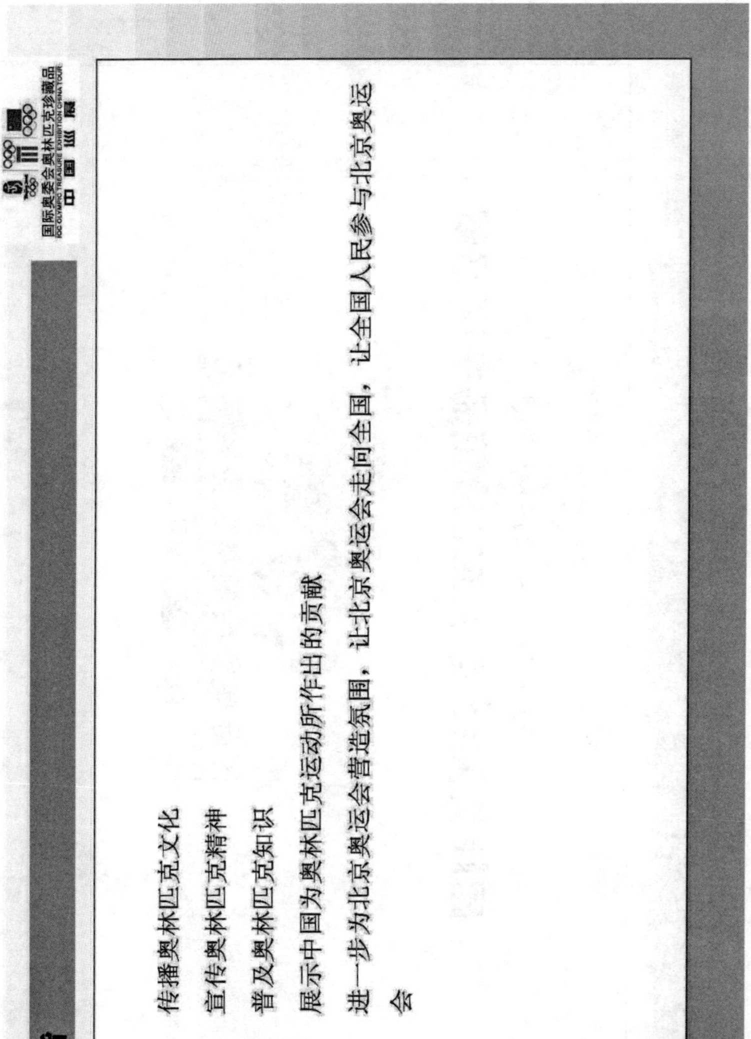
宗旨
国际奥委会奥林匹克珍藏品
IOC OLYMPIC TREASURE EXHIBITION CHINA TOUR
中国巡展
• 传播奥林匹克文化
• 宣传奥林匹克精神
• 普及奥林匹克知识
• 展示中国为奥林匹克运动所作出的贡献
• 进一步为北京奥运会营造氛围，让北京奥运会走向全国，让全国人民参与北京奥运会

标准名称及标准识别标志
国际奥委会奥林匹克珍藏品
IOC OLYMPIC TREASURE EXHIBITION CHINA TOUR
中国巡展
同一个世界 · 同一个梦想
国际奥委会奥林匹克珍藏品中国巡展
国际奥委会奥林匹克珍藏品
IOC OLYMPIC TREASURE EXHIBITION CHINA TOUR
中国巡展

组织机构

国际奥委会奥林匹克珍藏品
IOC OLYMPIC TREASURE EXHIBITION CHINA TOUR
中国巡展

- 主办单位：

国际奥林匹克委员会

第29届奥林匹克运动会组织委员会

中国奥林匹克委员会

INTERNATIONAL
OLYMPIC
COMMITTEE

Beijing 2008

组织机构

国际奥委会奥林匹克珍藏品
IOC OLYMPIC TREASURE EXHIBITION CHINA TOUR
中国巡展

- 承办单位：

国际奥委会奥林匹克博物馆

第29届奥林匹克运动会组织委员会新闻委员会

江苏东恒国际集团

OLYMPIC MUSEUM
LAUSANNE

Beijing 2008

东恒国际
EASTHIGH INT'L

6

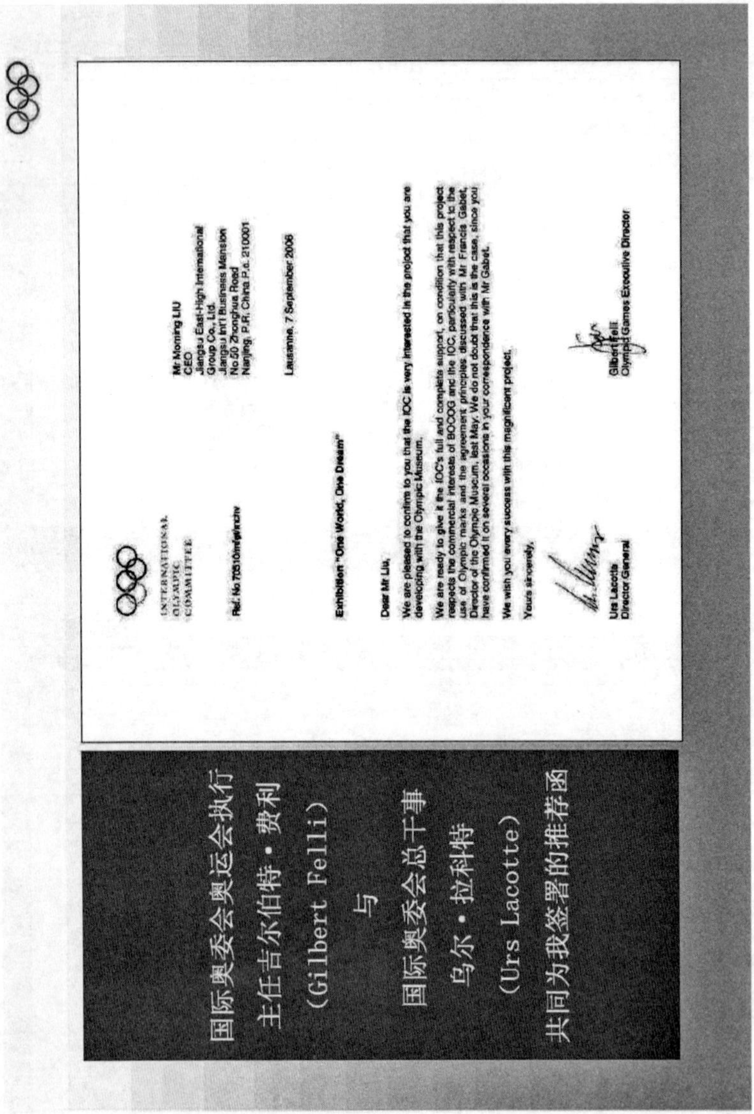
国际奥委会奥运会执行
主任吉尔伯特·费利
（Gilbert Felli）
与
国际奥委会总干事
乌尔·拉科特
（Urs Lacotte）
共同为我签署的推荐函
INTERNATIONAL OLYMPIC COMMITTEE
Ref. No 70510/mfg/nchv
Mr Morning LIU
CEO
Jiangsu East-High International Group Co., Ltd.
Jiangsu Int'l Business Mansion
No 50 Zhonghua Road
Nanjing, P.R. China P.c. 210001
Lausanne, 7 September 2006
Exhibition "One World, One Dream"
Dear Mr Liu,
We are pleased to confirm to you that the IOC is very interested in the project that you are developing with the Olympic Museum.
We are ready to give it the IOC's full and complete support, on condition that this project respects the commercial interests of BOCOG and the IOC, particularly with respect to the use of Olympic marks and the agreement principles discussed with Mr Francis Gabet, Director of the Olympic Museum, last May. We do not doubt that this is the case, since you have confirmed it on several occasions in your correspondence with Mr Gabet.
We wish you every success with this magnificent project.
Yours sincerely,
Urs Lacotte
Director General
Gilbert Felli
Olympic Games Executive Director

组织管理与实施
国际奥委会奥林匹克珍藏品
中国巡展
• 经北京奥组委批准，由主、承办单位组成巡展组委会，全程负责对巡展的组织领导
• 在巡展组委会领导下，由江苏东恒国际集团出资成立专业巡展项目管理公司（北京奥展文化传播有限公司）负责巡展项目的具体组织实施。
OlympPress
北京奥展文化传播有限公司
Beijing Olympress Cluture Company Limited

展览总体规划
国际奥委会奥林匹克珍藏品中国巡展
IOC OLYMPIC TREASURE EXHIBITION CHINA TOUR
● 展览总面积4000~5000平方米（根据巡展城市展馆具体情况决定）。
展览分两部分：
– 第一部分为珍藏品展区，2500~3000平方米；
– 第二部分为体验互动及奥运大家庭展示区，1000~1500平方米。
珍藏品展区示意图

1-1. 珍藏品展区—区域划分

国际奥委会奥林匹克珍藏品
IOC OLYMPIC TREASURE EXHIBITION CHINA TOUR
中国巡展

- □ 按照奥林匹克博物馆的设计要求及专家论证
- **珍藏品展区依照不同主题分为五个区域，分别为：**
  - “中国欢迎世界”区
  - “同一个世界”环形影院区
  - “同一个梦想”历届奥运题材区
  - “分享奥运理念”区
  - “奥林匹克与中国”区
- **每个区域由专业培训的解说员为公众提供专业讲解服务。**

1-2. 珍藏品展区－*展品分类*

国际奥委会奥林匹克珍藏品
IOC OLYMPIC TREASURE EXHIBITION CHINA TOUR
中国巡展

- **展出的国际奥委会珍藏品包括:**
  - 历届夏季奥运会全套火炬
  - 历届夏季奥运会全套奖牌
  - 吉祥物
  - 邮品、艺术品
  - 古代奥运会文物与资料
  - 珍贵奥运会历程图文、影像集锦
  - 中国珍藏的奥运会文物及展品
  - 北京奥组委珍藏品

1-3. 珍藏品展区—*展品目录*

国际奥委会奥林匹克珍藏品
IOC OLYMPIC TREASURE EXHIBITION CHINA TOUR
中国巡展

展品类别		展品数量	备注
来自洛桑奥林匹克博物馆的展品	奥林匹克会旗	2件	珍藏品展览的展品将以来自国际奥委会奥林匹克博物馆的展品为主体，结合部分来自中国体育博物馆以及首都博物馆的中国奥运题材的展品，包括历届奥运会金牌、火炬、吉祥物、艺术品、影像及图片资料、运动科技、纪念品，等。
	奥运典礼	60件	
	历届奥运会火炬	20件	
	历届奥运会奖牌	77件	
	奥运吉祥物	46件	
	古代奥运文物	9件	
	历届夏奥会各类集锦	105件	
	奥林匹克与和平	9件	
	顾拜旦	5件	
	奥运会运动装备	22件	
	奥林匹克价值	17件	
	夏季奥运会海报	25件	
	奥运会艺术品	16件	
	历届奥运会邮票	386件	
来自中国体育博物馆、首都体育博物馆的展品		一大批	
合计		约1200件	不含纪念品

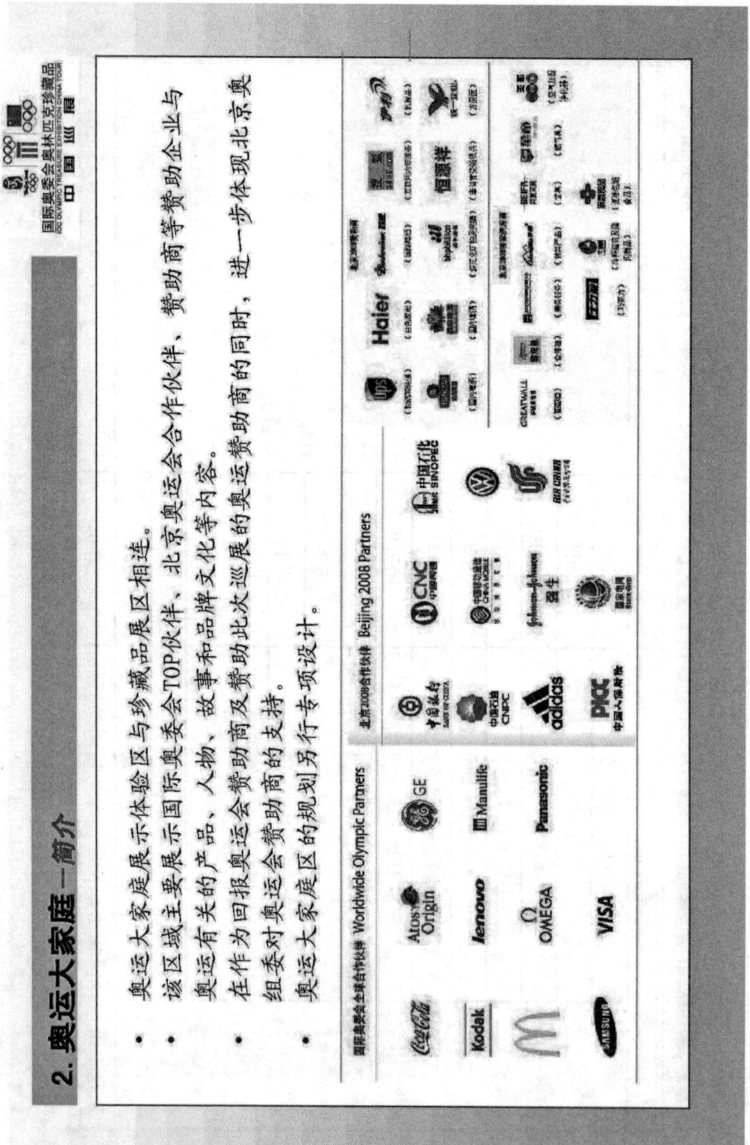
2. 奥运大家庭－简介
国际奥委会奥林匹克珍藏品 中国巡展
IOC OLYMPIC TREASURE EXHIBITION CHINA TOUR
• 奥运大家庭展示体验区与珍藏品展区相连。
• 该区域主要展示国际奥委会TOP伙伴、北京奥运会合作伙伴、赞助商等赞助企业与奥运有关的产品、人物、故事和品牌文化等内容。
• 在作为回报奥运会赞助商及赞助此次巡展的奥运赞助商的同时，进一步体现北京奥组委对奥运会赞助商的支持。
• 奥运大家庭区的规划另行专项设计。
国际奥委会全球合作伙伴 Worldwide Olympic Partners
北京2008合作伙伴 Beijing 2008 Partners

主题活动

（一）奥林匹克巡展讲解员选拔与培训活动

为了向公众准确传达奥林匹克文化和精神的内涵，宣传奥林匹克精神，提高本次展览活动的专业化水平，本次巡展将面向各巡展城市选拔专业服务于本次巡展的高素质的讲解员以及志愿者。

（二）奥林匹克文化宣传车万里行

为了扩大此次巡览的影响，提高关注度，使展览活动社会效益最大化，让广大中国民众参与北京奥运会相关活动，将在每站城市巡展期间，设计、制作有关本次巡展的图片和其他宣传物料，组织奥林匹克文化宣传车，走进巡展城市的市民广场、校园、社区、郊县和卫星城市，进行免费的公益图片展览宣传。

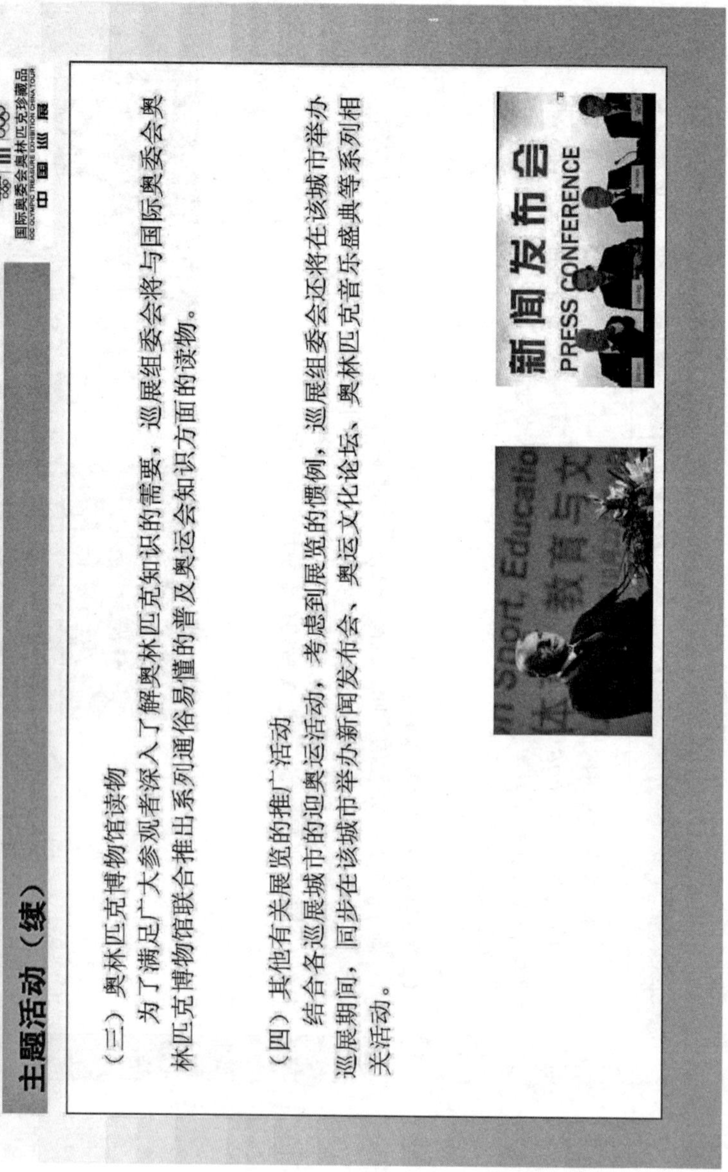
主题活动（续）
国际奥委会奥林匹克珍藏品
中国巡展
（三）奥林匹克博物馆读物
为了满足广大参观者深入了解奥林匹克知识的需要，巡展组委会将与国际奥委会奥林匹克博物馆联合推出系列通俗易懂的普及奥运会知识方面的读物。
（四）其他有关展览的推广活动
结合各巡展城市的迎奥运活动，考虑到展览的惯例，巡展组委会还将在该城市举办巡展期间，同步在该城市举办新闻发布会、奥运文化论坛、奥林匹克音乐盛典等系列相关活动。
新闻发布会
PRESS CONFERENCE

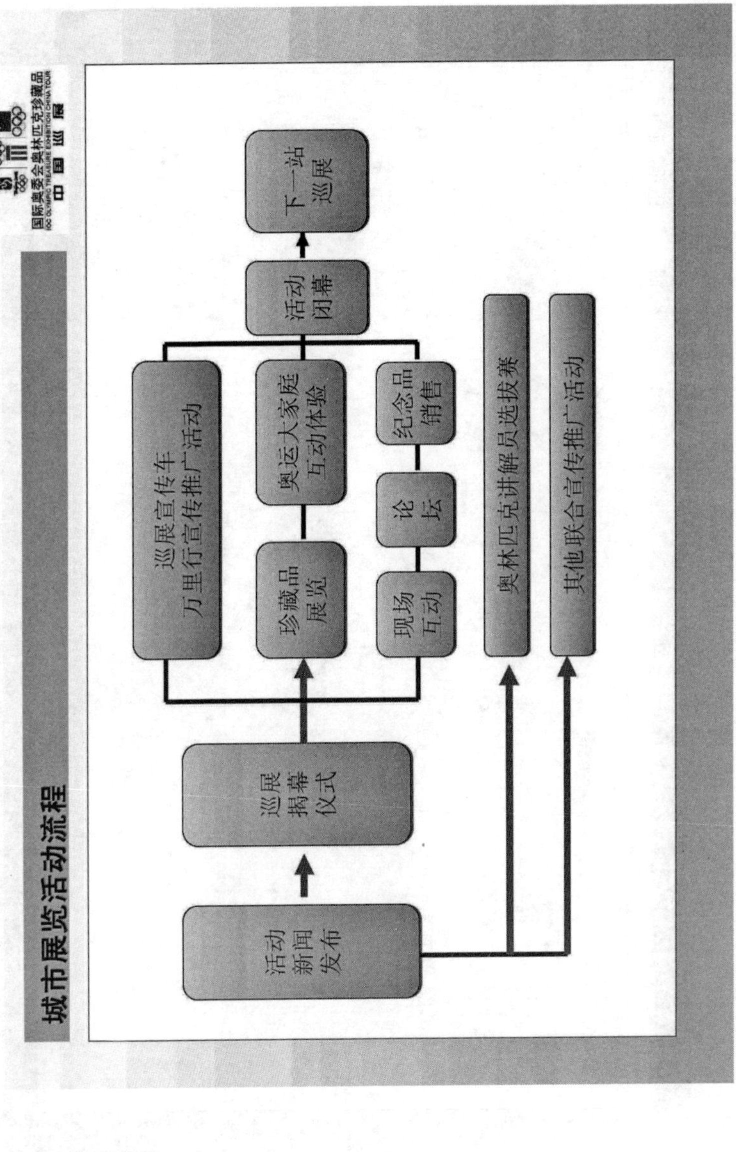
城市展览活动流程
国际奥委会奥林匹克珍藏品
IOC OLYMPIC TREASURE EXHIBITION CHINA TOUR
中国巡展
活动新闻发布
巡展揭幕仪式
巡展宣传车万里行宣传推广活动
珍藏品展览
奥运大家庭互动体验
现场互动
论坛
纪念品销售
活动闭幕
下一站巡展
奥林匹克讲解员选拔赛
其他联合宣传推广活动

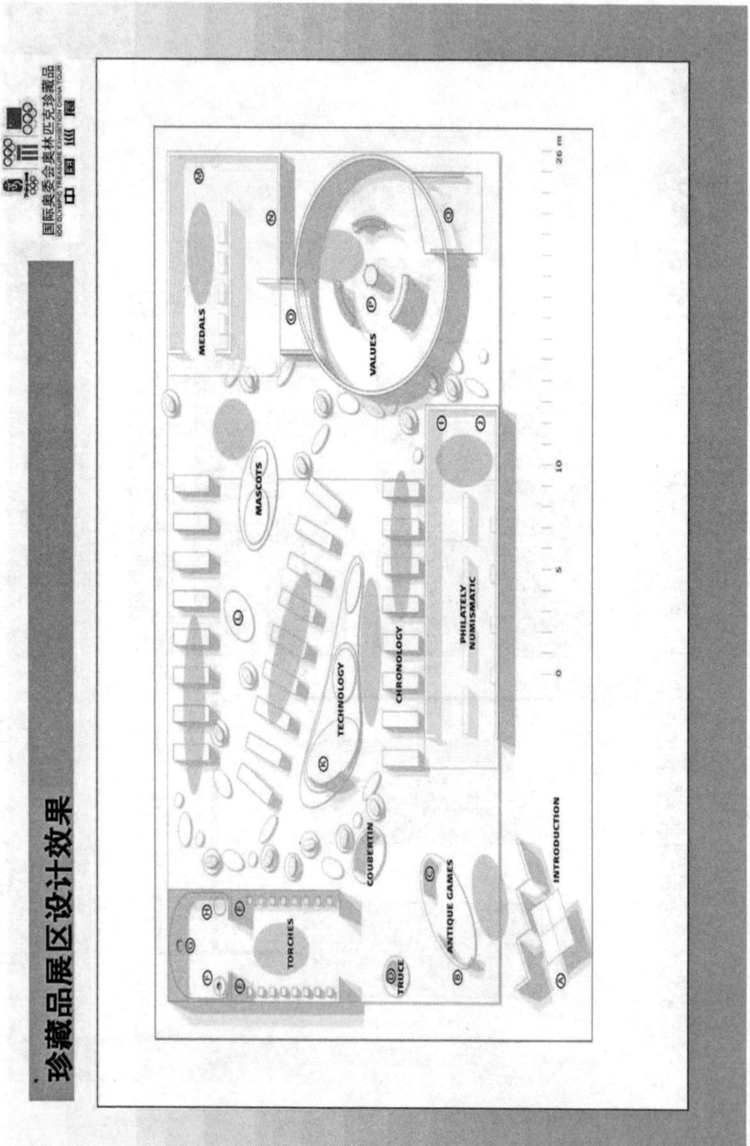
珍藏品展区设计效果
国际奥委会奥林匹克珍藏品
IOC OLYMPIC TREASURE EXHIBITION CHINA TOUR
中国巡展
MEDALS
VALUES
MASCOTS
TECHNOLOGY
CHRONOLOGY
PHILATELY
NUMISMATIC
COUBERTIN
ANTIQUE GAMES
INTRODUCTION
TORCHES
TRUCE
0
5
10
26 m

珍藏品展区设计效果——中国欢迎世界区

珍藏品展区设计效果——环形影院区

珍藏品展区设计效果——古代奥运区

珍藏品展区设计效果——奥林匹克与和平

珍藏品展区设计效果——现代奥运之父

珍藏品展区设计效果
——火炬与火炬接力

珍藏品展区设计效果——奥运邮票

珍藏品展区设计效果——夏季奥运会

珍藏品展区设计效果
——运动装备的演变

珍藏品展区设计效果——奥运艺术品

珍藏品展区设计效果
——历届奥运会奖牌

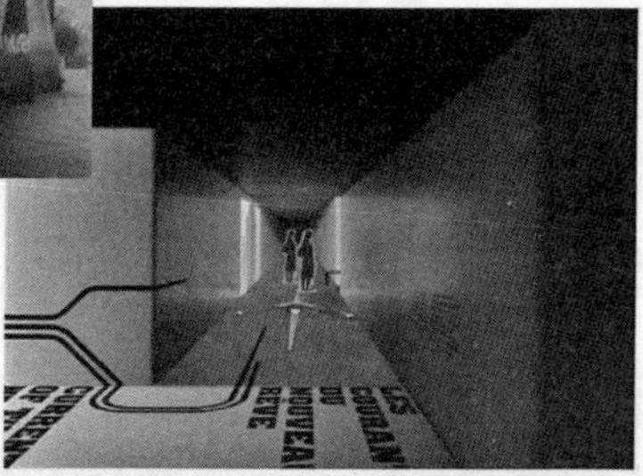

珍藏品展区设计效果
——奥林匹克价值观

第七节　体育赛事的总体策划

体育赛事的总体策划是指对整个体育赛事的筹备、组织、管理工作进行谋划、构思、设计的过程。体育赛事总体策划在赛事筹备工作中起着提纲挈领的作用，影响和指导着赛事的整体组织运作。这是因为体育赛事总体策划不仅明确了体育赛事运作管理的目标，并且指出了实现该目标的具体方法和途径。制定体育赛事总体策划是体育赛事整体筹备工作的基础性工作，是制定赛事各项工作方案、推进各方面筹备工作的重要依据。

一、总体策划的主要内容

策划，就是“策略、规划、计划”，是一种科学工具及手段，是一个科学决策及管理的方法，是一个分析背景条件、确定策略、选择方案、整合资源、制定执行计划的过程，是一种细致而艰苦的创作过程。在取得赛事申办权之后，赛事组织者要按照申办赛事时所进行的总体策划，进一步完善。总体策划主要包括：该项赛事的主题口号、会徽、吉祥物的征集、使用和维护，编制“视觉识别系统”，进一步明确办赛目标、构建赛事运作机制的方法，设计相关活动等内容。总之，就是要对该赛事进行全面的规划。

二、负责总体策划的组织机构

总体策划中的主题口号、会徽、吉祥物的设计、征集、使用和维护，由组委会新闻宣传部负责，通过向社会公开召集，然后组织专家评审，在评审的基础上，再委托专业公司进行修改设计；总体策划中的办赛目标、构建赛事运作机制的方法以及“视觉识别系统”的策划，则由组委会办公室负责，可采用组委会办公室的领导与专业公司合作的方式完成。“视觉识别系统”以及延伸设计则可以完全委托专业的公司来完成。相关活动设计由组委会大型活动部负责。

三、视觉识别系统

（一）体育赛事视觉识别系统的含义

视觉识别系统，是指组织向环境传递信息过程中视觉形式的标准化、统一化，简言之，即组织向环境展示的统一的、独特的、持久的视觉形象。视觉识别系统主要有文字和图案两部分，包含组织名称、标识、标准字体、标准色、固定造型、象征图形、标语口号等丰富的元素。

体育赛事视觉识别系统，即体育赛事所具有的各种视觉形象元素，其中最基本的元素是赛事标识（亦称会徽、会标）与吉祥物，它们是赛事核心理念表达的重要载体，是赛事独特个性的重要表现。体育赛事标识与吉祥物的用途主要集中在两大方面：一是用于体育赛事自身形象与品牌的营销，二是体育赛事的市场开发工作。

从体育赛事自身形象与品牌的营销角度而言，无论是赛事的新闻媒体宣传、景观工程建造、场馆环境布置、专题活动举行、官方网站建设，还是门票、邮品、纪念品、宣传册等的设计，都需要大量使用赛事的标识与吉祥物，通过统一的视觉形象，向公众传递赛事蕴含的理念及独特的文化。因此，建立包括赛事标识及吉祥物在内的赛事视觉识别系统，是进行体育赛事营销的必要条件之一，甚至其设计过程本身就是一次受社会关注的营销事件。例如，历届奥运会会徽、吉祥物的征集、评选与公布都会引起主办国乃至全世界的普遍关注。而赛事视觉识别系统能否广泛传播则是衡量赛事营销是否成功的重要标志之一。

体育赛事视觉识别系统除了具有营销功能之外，还是赛事市场开发的重要要素。体育赛事运作管理机构通过向企业出售标识及吉祥物使用权的形式，获得收入。这些收入是体育赛事筹办经费的重要来源之一。

（二）体育赛事视觉识别系统的建立与传播

体育赛事视觉识别系统的建立与传播，一般包括以下几部分工作。

1. 深入了解与把握体育赛事的历史、文化、理念，使视觉识别系统的设计能符合并反映独特的赛事内涵。尤其要注意赛事的标识、吉祥物应该简单、鲜明、引人注目，要综合考虑其在不同传播媒体上的应用效果。

2. 在视觉识别系统确定后，切忌要及时确定其版权归属。赛事运作管理机构应立即委托商标管理部门或知识产权公司，对赛事标准名称、标识、吉祥物等进行注册、登记，使之受到《中华人民共和国著作权法》《中华人民共和国商标法》《中华人民共和国专利法》《特殊标志管理条例》等法律、法规的保护。

3. 制定体育赛事视觉识别系统管理条例，规范赛事标识吉祥物及其他视觉形象的使用方法，明确相关各方在使用赛事视觉识别系统中各自的权利和义务。

4. 尽可能地运用媒体力量及赛事自身拥有的各种载体，传播赛事视觉形象系统，使赛事的视觉形象深入人心，帮助建立赛事的品牌，否则，赛事的视觉识别系统即使设计得十分完美精湛，也无法产生任何实际价值。

当然，体育赛事视觉识别系统建立与传播的具体程序和步骤会因具体情况而相差甚远。小型体育赛事一般委托专业设计公司或者运作管理机构内部的设计人员对赛事标识、吉祥物进行设计，而大型综合性体育赛事则常常面向全社会公开征集赛事标识及吉祥物。有一些体育赛事每一届都会设计不同的标识和吉祥物，如奥运会，而有些体育赛事却会一直沿用相同的标识和吉祥物。

第八节　组委会办公室工作实务

一、 筹备阶段组委会办公室工作的主要内容

（一）综合协调工作

按照赛事申办报告和总体工作计划，牵头组建组委会各职能部室，明确工作职责，建立工作机制，掌握各部门工作进程，严格检查监督各部门各阶段的工作情况，及时发现、解决问题，做好各部门及各专项工作之间的总体协调，协助相关部门组织开展各项重大活动并提出指导意见。

（二）制定规章、制度、规则

包括总体工作方案、各项规章制度，特别是关于公文运作的相关规范，从组委会层面制定本次赛事的主要工作规则，同时，审批各部室建立的相关工作规则。

（三）赛事管理文书

赛事运作各项工作都是按照一定的程序进行的，各类文件就是我们运作的规范。涉及组委会的各类文件草拟、周转、会签、

请示、审批、归档等一系列工作，统称为文书管理工作。均由办公室负责。

（四）组织各类会议

会议是构建体育赛事运作管理机制的重要方法。体育赛事全程通常会举行各类的会议，来商讨解决各阶段产生的各类问题。组委会办公室要组织召开工作例会，如年度、季度、月度工作会议及周会等，还要针对专项工作，如场馆建设、开闭幕式组织、票务工作、制证工作以及安全保卫、交通运输、医疗卫生、行政接待等保障性工作，召集相关部门参加的专题会议。具体会务工作包括草拟会议方案、落实会议地点、准备会议材料、印发会议通知、安排领导讲话、整理会议纪要等。

二、组委会办公室的地位及内设机构

体育赛事成立组委会初期即成立办公室，由办公室负责体育赛事的办公协调工作。办公室工作是在赛事组织管理过程中开展的组织、协调、监督、检查以及后勤保障等各项工作，其目标是高效统筹协调赛事各项工作，为赛事提供平衡和谐的工作环境，确保赛事总体工作的顺利开展。办公室既是组委会与组委会下设各部门沟通联系的纽带，又是组委会与外部各级部门联系的职能机构，处在上传下达、承上启下的枢纽位置。通常情况下，大型综合性运动会组委会办公室内设：综合处、秘书处、后勤处、档案处、文印室、总值班室等处（室）。单项体育赛事组委会办公室通常内设：综合处、秘书处、后勤处等处。

三、 组委会办公室工作示意图

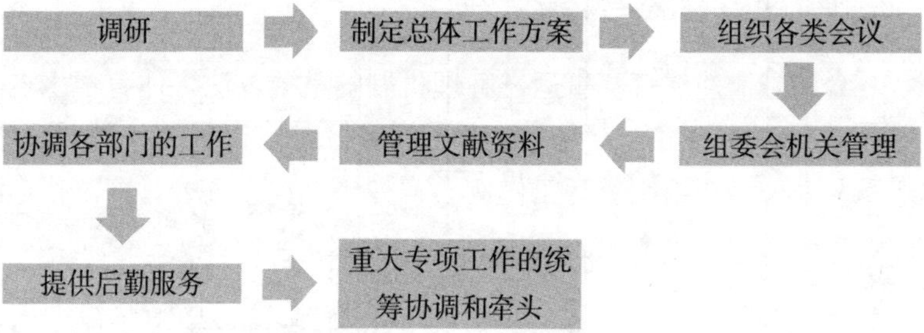

相关链接一：

第十一届全运会组委会筹备组织工作主要领导工作计划表
（2008 年 7 月—2009 年 11 月）

时间	组委会主要领导指导工作项目
2008 年 7 月	1. 出席奥运火炬传递在山东交接仪式及相关活动。 2. 审定第十一届全运会倒计时一周年系列活动工作方案。 3. 检查场馆建设与市场开发工作。 4. 出席第十一届全运会合作伙伴、赞助商签约仪式。
2008 年 8 月	1. 出席北京奥运会开、闭幕式，实地考察北京奥运会组织运行情况。 2. 检查倒计时一周年系列活动筹备工作进展情况。 3. 审定开幕式文艺表演总体方案。
2008 年 9 月	1. 视察新闻中心筹建情况。 2. 出席秘书长办公会议，全面落实倒计时一周年系列活动的各项筹备工作。
2008 年 10 月	1. 出席第十一届全运会组委会第三次全体会议，报告筹备工作进展情况。 2. 出席 10 月 10 日在北京举行的“第十一届全运会倒计时一周年新闻发布会”。 3. 出席 10 月 11 日在泉城广场举行的倒计时一周年启动仪式。 4. 出席 10 月 11 日在省体育中心举行的“第十一届全运会倒计时一周年大型文艺晚会”。 5. 出席倒计时一周年活动中举行的赞助、捐赠签约仪式。 6. 检查落实全部竞赛项目及印发《竞赛总规程》的工作。 7. 专题研究全运会先期决赛的项目筹备工作方案。 8. 应邀出席第六届全国农运会开幕式，并进行考察。

(续表)

时间	组委会主要领导指导工作项目
2008 年 11 月	1. 检查组委会二十个部、室领导及在编人员集中办公情况。 2. 审定闭幕式文艺表演总体方案。 3. 召开座谈会，听取分管领导及各部、室主要负责人对 2009 年筹备组织工作的意见和建议。 4. 视察群先会参观路线及参观点建设筹备工作。
2008 年 12 月	1. 出席组委会秘书长办公会议，研究 2008 年度总结表彰会议有关事项，部署 2009 年度工作，审定组委会春节期间活动方案。 2. 出席宣传画揭晓仪式。 3. 出席会歌揭晓仪式。 4. 向省委常委会专题报告筹备工作进展情况，提出需要省委、省政府层面需解决的问题。 5. 审定向国家体育总局上报的“2008 年总结及 2009 年工作安排意见”。 6. 审定邀请国家领导人及国内外贵宾出席开闭幕式建议名单的请示。
2009 年 1 月	1. 出席组委会年度总结表彰大会并讲话。 2. 出席“贺新春，迎全运”企业家春节团拜会暨赞助、捐赠答谢活动。 3. 赴北京走访国家体育总局及有关部委。 4. 慰问全运会场馆建设者。 5. 出席组委会春节联欢活动。 6. 听取组委会 2008 年度财务审计工作情况汇报。

（续表）

时间	组委会主要领导指导工作项目
2009 年 2 月	1. 参加部室联席会议，部署一季度筹备组织工作。 2. 专题听取办公室工作汇报，审定 2009 年组委会层面重大活动、主要会议安排。 3. 审定各赛区全运会筹备组织工作方案。 4. 审批 2009 年度财务预算。
2009 年 3 月	1. 出席秘书长办公会议，总结一季度工作，安排部署二季度工作。 2. “两会”举行期间，重点落实邀请中央领导出席开、闭幕式的工作。 3. 听取竞赛工作专题汇报，重点研究竞赛器材采购工作和组织测试赛有关工作。 4. 出席各赛区参加的群体工作会议。
2009 年 4 月	1. 出席秘书长办公会议，研究确定各项筹备工作方案。 2. 检查全运会新建场馆建设及老场馆改造情况。 3. 检查群先会筹备工作及参观点建设工作。 4. 听取竞赛部关于先期决赛的项目准备工作情况汇报，全面部署先期决赛项目的筹备工作。
2009 年 5 月	1. 出席各赛区负责人会议，部署全运会举办期的组织工作。 2. 检查中央领导、各部委领导、代表团团部、国内外贵宾、新闻记者、群先会代表接待宾馆的落实工作。 3. 视察全运会各项比赛的场馆建设、维修、改造工作。 4. 检查全运会先期决赛项目的组织工作。

(续表)

时间	组委会主要领导指导工作项目
2009 年 6 月	1. 参加秘书长办公会议，审定邀请中央领导、有关部委、奥运会官员及海内外嘉宾出席开闭幕式方案，审定国家领导人接见全国群先代表方案，审定全运会倒计时 100 天系列活动方案。 2. 专题听取群体部关于火炬传递活动的工作汇报。 3. 结合上半年工作总结，听取部分部室工作汇报。 4. 视察全运会举办城市，重点是济南市的城市主要道路建设改造情况。 5. 向省委常委会专题汇报全运会筹备工作进展情况。 6. 向国家体育总局专题汇报全运会筹备工作，协调举办期相关工作。
2009 年 7 月	1. 出席组委会倒计时 100 天动员誓师大会并作动员讲话。 2. 出席倒计时 100 天之际在奥体中心举行的大型主题晚会。 3. 出席全运会火炬传递活动的圣火采集仪式。 4. 出席志愿者授旗誓师大会。 5. 视察" 全运会测试赛" 组织工作。 6. 出席全国各代表团第一次联络员会议，接见代表并讲话。 7. 检查全运会开幕式联排工作，慰问参演人员。 8. 专题听取群体部在北京举行的全运会火炬传递活动的“点火" 起跑仪式筹备工作汇报。

(续表)

时间	组委会主要领导指导工作项目
2009年8月	1. 出席火炬传递活动–点火起跑仪式。 2. 审定国庆期间“庆祝建国60周年，迎接全运会”全民参与主题活动方案。 3. 检查全省服务行业开展“庆建国60周年，迎全运、微笑在山东”活动开展情况。 4. 召集省旅游局及有关部门专题研究全运会嘉宾旅游的组织工作。 5. 听取关于全运会农产品、食品、副食品生产、储藏、供应工作汇报。
2009年9月 1–15日	1. 出席秘书长会议，全面检查各部室工作方案的落实情况，部署筹备期全面转为举办期的相关工作。 2. 专题听取办公室关于全运会开幕式仪式、议程、领导讲话等方面的工作汇报。 3. 专题听取群先会筹备工作汇报。 4. 视察"一点三线"全民健身工作和农民体育健身工作。 5. 专题听取党和国家领导人及重要嘉宾的接待工作汇报。 6. 专题听取全运会举办期间尤其是开幕式安保工作汇报。 7. 出席第十一届全运会宣传工作会议。 8. 出席9月14日结合“中秋节”召开的企业家中秋茶话会。 9. 检查证件、票务工作的完成情况。 10. 接见中央媒体、省、市主流媒体到山东采风的记者并接受采访。

（续表）

时间	组委会主要领导指导工作项目
2009年9月16–25日	1. 参加秘书长办公会议，全面部署全运会举办期间工作。 2. 专题听取医疗卫生工作汇报，研究部署流行病、突发病控制及社会层面食品卫生控制工作，研究各类来宾伤病救治工作，研究突发性伤害事故预案。 3. 专题听取交通运输、安全保卫、电力保障、通信保障、气象保障工作汇报。 4. 专题听取开、闭幕式最后准备工作情况的汇报。 5. 专题听取竞赛部有关赛事准备情况汇报。 6. 专题听取关于出席全运会的宗教人士、少数民族代表、来宾在举办期“朝拜”“礼佛”工作的汇报。
2009年9月26日–10月3日	1. 参加组委会战前动员大会并作动员讲话。 2. 出席专题会议，听取接待国际奥委会、国际单项体育联合会领导、各国驻华使节，港、澳、台代表及主要的海外嘉宾工作汇报。 3. 视察先期决赛项目的运转情况。 4. 听取开幕式彩排，预演及开幕式仪式的工作汇报。 5. 为第十一届全运会会刊题写发刊辞，并正式发刊。 6. 检查“第十一届全运会组委会总值班室”值班与热线服务工作。 7. 审批组建“第十一届全运会组委会开、闭幕式”现场总指挥部（分别设在开、闭幕式现场）。 8. 出席从10月3日起正式启动的第一次“组委会零点会议”（即每晚22时由组委会领导召集，各部室领导参加的会议，各部、室要负责人报告每天工作完成情况，部署第二天的工作）。

(续表)

时间	组委会主要领导指导工作项目
2009 年 10 月 4–10 日	1. 参加秘书长办公会议，全面部署最后阶段的工作任务。 2. 出席 10 月 8 日开幕式预演，检查开幕式突发事件处置预案准备工作。 3. 视察开幕式主会场及总指挥部，听取会场准备工作汇报。 4. 出席全运会火炬汇聚仪式。 5. 出席 10 月 10 日举行的第十一届全运会组委会新闻发布会暨代表团团长会议。 6. 出席 10 月 10 日举行的“建国六十周年体育成就展”开幕式。 7. 出席“第十一届全运会科学论文报告会”开幕式。 8. 出席全运会赞助商及捐赠代表招待及答谢宴会。 9. 接受中央媒体、山东媒体专访，畅谈“和谐中国、全民全运”主题及全运会筹备工作。
2009 年 10 月 11 日	1. 参加组委会第四次全体会议暨代表团团长会议。 2. 迎接出席开幕式的党和国家领导人，汇报全运会筹备工作。 3. 陪同出席开幕式的党和国家领导人视察。 4. 陪同党和国家领导人接见群先会代表，合影留念。 5. 现场检查开幕式最后准备工作，听取现场副总指挥汇报。 6. 出席山东省人民政府、国家体育总局联合招待会。 7. 主持第十一届全运会开幕式。 8. 参加“零点会议”。

(续表)

时间	组委会主要领导指导工作项目
2009 年 10 月 12 日	1. 陪同出席开幕式的党和国家领导人视察并负责欢送。 2. 出席全国群先大会。 3. 给获得开幕后第一个项目获奖运动员颁奖。 4. 陪同国家体育总局领导到相关赛场观看比赛及参观。 5. 出席省政府特邀嘉宾招待宴会。 6. 参加“零点会议”。
2009 年 10 月 13 日	1. 陪同国家体育总局领导、各部委领导、特邀嘉宾观看比赛或参观主要景区。 2. 到群先会代表驻地看望群先会代表。 3. 到少数民族运动员餐厅看望少数民族运动员，检查就餐情况。 4. 专题听取闭幕式筹备工作的汇报。 5. 参加“零点会议”。
2009 年 10 月 14 日	1. 到各赛区、驻地视察并检查工作。 2. 到现场看望和慰问公安干警、武警官兵、志愿者。 3. 参加“零点会议”。
2009 年 10 月 15 日	1. 到各赛区、驻地视察并检查工作。 2. 接受港、澳、台及海外媒体专访，畅谈山东经济、社会发展形势，畅谈举办全运会成就，同时设宴款待。 3. 参加“零点会议”。

(续表)

时间	组委会主要领导指导工作项目
2009年10月16日	1. 出席闭幕式工作协调会，听取整个闭幕式准备情况汇报。 2. 到各赛区、驻地视察并检查工作。 3. 出席各省市媒体负责人招待宴会。 4. 参加“零点会议”。
2009年10月17日	1. 出席秘书长办公会议，听取开幕以来工作情况汇报，部署全运会最后阶段的工作。 2. 到各赛区及驻地视察和检查工作。 3. 参加“零点会议”。
2009年10月18日	1. 到西部和少数民族代表团团部及驻地看望和慰问。 2. 到港、澳、台代表团驻地看望和慰问。 3. 参加“零点会议”。
2009年10月19日	1. 出席各代表团联络员会议，部署闭幕式相关组织工作。 2. 参加“零点会议”。
2009年10月20日	1. 到全运会后期承担比赛任务的赛区视察并检查工作。 2. 参加闭幕式专题会议，听取接待出席闭幕式国家领导人准备工作情况汇报，研究闭幕式及代表离会工作。 3. 参加“零点会议”。

（续表）

时间	组委会主要领导指导工作项目
2009 年 10 月 21 日	1. 参加闭幕式彩排，结合彩排组织对突发事件的预演。 2. 审定闭幕式议程并检查闭幕式会场。 3. 检查接待出席闭幕式的国家领导人的准备工作。 4. 向国家体育总局主要领导汇报闭幕式准备工作及接待出席闭幕式国家领导人方案，完成工作协调。 5. 参加“零点会议”。
2009 年 10 月 22 日	1. 审定组委会全体会议暨代表团团长会议文件及"道德风尚奖""十佳"评审名单。 2. 到新闻中心看望新闻记者并表示慰问，对来自全国的新闻记者表示感谢。 3. 接受中央媒体、山东媒体专访，畅谈本届全运会的主要成就及闭幕式准备工作。 4. 参加“零点会议”。
2009 年 10 月 23 日	1. 迎接出席闭幕式的国家领导人，汇报全运会组织情况及闭幕式准备工作情况。 2. 出席 10 月 23 日上午举行的组委会新闻发布会，通报全运会举办情况和闭幕式准备情况。 3. 现场检查闭幕式最后的准备工作情况，听取现场副总指挥汇报，视察闭幕式现场指挥部。 4. 观看全运会最后一个项目的决赛，并给运动员颁奖。 5. 出席第十一届全运会组委会全体会议暨代表团团长会议，举行欢送组委会委员暨各代表团团长午宴。 6. 出席组委会欢送宴会，热烈欢送各位代表和嘉宾。 7. 出席并主持全运会闭幕式。 8. 参加“零点会议”。

(续表)

时间	组委会主要领导指导工作项目
2009 年 10 月 24 – 31 日	1. 24 日欢送出席闭幕式的国家领导人或陪同视察。 2. 24 日全面检查参会人员离会情况。 3. 负责欢送国家体育总局领导，欢送中央及各部委领导、省政府特邀嘉宾。 4. 26 日晚参加“零点会议”最后一次会议，听取人员离会情况汇报。10 月 27 号开始转入正常工作。 5. 审定第十一届全运会闭幕后总结、收尾工作总体方案。 6. 审定立功表彰人员名单。 7. 以省政府的名义向各有关单位发出感谢信。 8. 向赞助、捐赠企业、单位及个人发出感谢信。 9. 检查 10 月份财务审计工作，确保 11 月完成全运会全部审计工作，提交正式审计报告。 10. 接受山东媒体专访，回顾总结全运会工作。
2009 年 11 月	1. 审定《第十一届全运会总结报告》。 2. 审定《第十一届全运会审计工作报告》。 3. 以省政府名义向各承办市政府发出表彰令。 4. 以省政府的名义向全省人民发表感谢信。 5. 以省政府名义向各有关单位、个人发出表彰令。 6. 审批第十一届全运会国有资产、固定资产处置方案。 7. 出席第十一届全运会总结表彰大会。 8. 出席第十一届全运会组委会工作人员欢送大会和欢送宴会。

相关链接二：

第十一届全运会组委会分管办公室领导层面工作计划表

时间	主要工作
2008 年 7 月	1. 督促做好火炬传递、主题口号的评审、揭晓工作。 2. 检查各部室实施工作进度考核管理制度的情况和全面实施各部室工作“月结”机制的情况。 3. 主持召开部室联席会议，检查各单位工作进度表履行情况，部署当月工作。 4. 审定倒计时一周年系列活动方案，进入全面筹备阶段。
2008 年 8 月	1. 协助大型活动部做好开幕式仪式及文艺表演方案的审定工作。 2. 检查与奥组委协调联系，实地考察奥运会各项组织工作的准备情况。 3. 协助做好“第十一届全运会倒计时一周年新闻发布会”工作方案的审定工作。
2008 年 9 月	1. 检查有关部室完善倒计时一周年系列活动方案，并完成报批程序。 2. 协调有关部室做好倒计时一周年新闻发布会、文艺晚会等活动的筹备工作。 3. 主持召开秘书长办公会议，全面安排部署倒计时一周年系列活动的各项工作。
2008 年 10 月	1. 协调新闻宣传部做好“第十一届全运会倒计时一周年新闻发布会”相关工作。 2. 协调助新闻宣传部、市场开发部举行倒计时一周年系列活动和主题晚会。 3. 协调大型活动部做好全运会闭幕式文艺表演方案的审定工作。
2008 年 11 月	1. 主持召开部室联席会议，总结前段工作，部署年底前需完成的工作任务。 2. 检查起草年底向省委、省政府、国家体育总局的工作汇报准备工作，联系各部室汇总需集中解决的问题。

(续表)

时间	主要工作
2008 年 12 月	1. 审定第十一届全运会期间邀请党和国家领导人及相关国内外贵宾建议名单的请示报告。 2. 协调人事部组织各部门年度工作总结和考核。 3. 督促完成 2009 年度工作进度表的修订工作。 4. 主持召开秘书长办公会议，研究年度总结表彰会议有关事项，安排部署 2009 年工作。 5. 审定组委会向省委、省政府、国家体育总局的工作汇报。
2009 年 1 月	1. 协调人事部组织召开组委会年度总结表彰大会。 2. 组织陪同领导赴京走访国家体育总局及国家有关部委。 3. 主持召开部室联席会议，研究通过部室 2009 年各项工作方案。
2009 年 2 月	1. 主持召开部室联席会议，研究部署一季度各项筹备工作。 2. 协调群体部做好群先表彰大会牌匾、证书、证章制作方案的审定工作。 3. 协调群体部筹备召开火炬传递活动专项工作会议。 4. 督促检查各部门 2009 年度工作计划分解落实的情况。
2009 年 3 月	1. 主持秘书长办公会议，汇报总结一季度工作，安排部署二季度工作。 2. 审定召开各赛区负责人会议方案。 3. 审定开闭幕式和竞赛票务工作方案。
2009 年 4 月	1. 主持召开秘书长办公会议，研究行政接待部提出的中央领导、部委领导、奥委会官员、其他贵宾的初步邀请方案；研究审定群体部关于群先会筹备方案；审定大型活动部开幕式文艺表演联排工作方案；审定竞赛部全运会测试赛工作方案。 2. 核定开闭幕式、比赛门票使用场次及可使用的座位资源。

(续表)

时间	主要工作
2009 年 5 月	1. 主持召开部室联席会议，审定嘉宾、贵宾各类纪念品发放方案；审定倒计时 100 天活动方案。 2. 主持召开各赛区负责人会议，部署全运会举办期间的各项组织工作。 3. 检查组委会档案工作会议的筹备工作。 4. 审定向国家体育总局专题汇报材料。
2009 年 6 月	1. 主持召开秘书长办公会议，研究审定邀请中央领导、有关部委、奥委会官员及海内外嘉宾出席开闭幕式方案；审定国家领导人接见全国群先代表方案，研究部署近期有关工作。 2. 主持召开组委会档案工作会议。 3. 向国家体育总局提交筹备工作专题报告。 4. 审定“奥体中心落成及迎全运”主题文艺晚会门票使用方案，对开幕式门票分配进行预演。
2009 年 7 月	1. 主持召开组委会倒计时 100 天动员誓师大会。 2. 协调新闻宣传部做好倒计时 100 天系列宣传活动。 3. 主持召开全运会各代表团第一次联络员会议。 4. 主持召开部室联席会议，进一步审定各部室工作方案；审定各部室邀请嘉宾方案；研究部署全运会期间交通、安全、电力、气象等保障工作；部署下一阶段有关工作。 5. 协调群体部做好全运会火炬传递活动仪式的组织筹备工作。 6. 协调群体部举行全运火种采集仪式。 7. 审定对开幕式门票进行第一次分配方案，审定比赛门票分配方案。
2009 年 8 月	1. 主持召开部室联席会议，听取各部室筹备工作汇报；听取先期比赛项目筹备情况汇报；最后审定全运会举办期间主要工作方案。 2. 协调群体部做好火炬传递活动点火起跑仪式的组织工作。

（续表）

时间	主要工作
2009 年 9 月 1–15 日	1. 主持召开秘书长办公会议，全面检查各部室工作实施方案的落实情况，部署筹备期全面转为举办期的相关工作；研究全国群先会议的准备工作；研究有关票务及证件的分配发放问题。 2. 检查组建组委会总值班室，制定相关制度，落实人员、场所、设备的工作。 3. 会同竞赛部做好各代表团第二次联络员会议的筹备工作。 4. 检查落实参加开闭幕式党和国家领导人及贵宾名单的工作。
2009 年 9 月 16–25 日	1. 主持召开秘书长办公会议，进一步检查各部室工作进度及实施方案落实情况；审定开幕式观众礼品、纪念品发放方案；研究办赛期间各项保障措施落实情况；研究宗教人士、少数民族来宾接待（包括朝拜、礼佛）相关问题。 2. 检查总值班室开始运转的工作。 3. 检查已确定各类门票最终分配方案，开始销售门票。
2009 年 9 月 26 日–10 月 3 日	1. 主持召开部室联席会议，全面检查群先会准备情况；全面检查落实开幕式准备情况；确定开幕式现场指挥部的组成人员和各方面负责人；研究需要协调解决的重要问题。 2. 主持召开组委会战前动员大会。 3. 组织陪同领导全面检查各方面准备工作。 4. 全面检查开幕式现场总指挥部的场地、设备等准备工作落实情况。 5. 从 10 月 3 日起，主持召开组委会“零点会议”，总结当日工作，部署第二天工作。

（续表）

时间	主要工作
2009 年 10 月 4–10 日	1. 主持召开秘书长办公会议，各部室汇报各项工作临战准备情况，全面部署最后阶段的工作任务。 2. 主持召开代表团第一次团长会议。 3. 检查各代表团团长招待宴会、组委会第一次新闻发布会、主要媒体招待会的组织筹备工作。 4. 协调群体部做好国家领导人接见全国群先代表准备工作。 5. 协调群体部做好群先表彰大会及组织群先代表参观相关工作。 6. 在开幕式现场指挥部主持召开开幕式专项协调会，协调开幕式各项工作。 7. 检查 10 月 8 日开始的分送参加开幕式领导、贵宾请柬及嘉宾门票、车证的工作。 8. 10 月 10 日陪同领导出席“建国 60 周年体育成就展”。 9. 陪同领导出席“第十一届全国运动会科学论文报告会”开幕仪式。 10. 主持召开组委会“零点会议”，检查部署各项工作。
2009 年 10 月 11 日	1. 确定开幕式主席台就座的领导及嘉宾名单。 2. 陪同领导迎接出席开幕式的党和国家领导人。 3. 协调迎接各代表团团长、中央各部委领导、国际奥委会及单项体育组织贵宾、各国驻华使节的工作。 4. 主持召开组委会全体会议暨代表团团长会议。 5. 协调召开第十一届全运会新闻发布会。 6. 陪同领导出席群体部组织党和国家领导人接见全国群先代表的活动。 7. 视察开幕式现场指挥部，检查开幕式最后准备工作。 8. 检查开幕式期间现场总指挥部运转工作。 9. 主持召开“零点”工作会议，汇报当天各项工作执行情况，研究部署 10 月 12 日工作。

（续表）

时间	主要工作
2009年10月12日	1. 做好组委会领导陪同党和国家领导人视察和欢送有关工作。 2. 会同群体部组织召开全国群先表彰会。 3. 检查闭幕式票务分配工作。 4. 主持召开“零点会议”。
2009年10月13日	1. 陪同领导到少数民族运动员餐厅看望少数民族运动员。 2. 主持召开闭幕式专题汇报会。 3. 主持召开“零点会议”。
2009年10月14日	1. 陪同组委会领导到各赛区、驻地检查工作。 2. 审阅闭幕式工作流程及主要领导讲话材料。 3. 主持召开“零点会议”。
2009年10月15日	1. 陪同领导到各赛区、驻地检查工作。 2. 主持召开“零点会议”。
2009年10月16日	1. 会同行政接待部，拟定欢送酒会议程与领导欢送词。 2. 陪同领导到各赛区、驻地抽查。 3. 主持召开“零点会议”。
2009年10月17日	1. 主持召开组委会秘书长办公会议，听取各部、室开幕以来工作情况汇报，部署全运会最后阶段的工作。 2. 陪同领导到各赛区及驻地检查工作。 3. 主持召开“零点会议”。

（续表）

时间	主要工作
2009 年 10 月 23 日	1. 迎接出席闭幕式的国家领导人，并负责汇报第十一届全运会组织情况及闭幕式准备工作情况。 2. 协调新闻宣传部做好 10 月 23 日上午举行组委会新闻发布会。 3. 陪同领导现场检查闭幕式最后的准备工作情况。 4. 主持召开“第十一届全运会组委会最后一次全体会议暨代表团团长会议” 5. 主持召开“零点会议”。
2009 年 10 月 24–31 日	1. 欢送出席闭幕式的领导嘉宾。 2. 26 日晚召开组委会秘书长办公会暨最后一次“零点会议”，部署闭幕式后各项工作。10 月 27 号组委会开始转入正常工作状态。 3. 审定表彰人员名单并上报审批。 4. 审定以省政府的名义向省内各有关单位发出的感谢信。 5. 协调做好组委会领导接受山东媒体专访有关工作。 6. 协调人事部等，筹备“第十一届全运会总结表彰大会”。 7. 组织专人撰写《第十一届全运会总结报告》。
2009 年 11 月	1. 主持召开组委会全体人员会议，布置收尾阶段工作。 2. 审批第十一届全运会国有资产、固定资产处置方案并会同有关部门组织实施。 3. 审定《第十一届全运会总结报告》。 4. 检查以省政府名义向各承办市政府及各有关单位、个人发出表彰令和感谢信的工作。 5. 主持召开第十一届全运会组委会工作人员欢送大会和欢送宴会。

相关链接三：

第十一届全运会组委会分管人事工作领导层面工作计划表

时间	主要工作
2008年7月	1. 指导组委会工作人员人事和考核归档工作。 2. 审定组委会工作人员表彰奖励办法。 3. 审定编写人事部至开幕前各项主要工作方案。 4. 检查上半年工作总结，审定下半年工作计划。 5. 检查和指导各部室按计划和需要做好工作人员到岗工作。 6. 主持并指导有关部室做好工作人员招聘工作。
2008年8月	1. 审定各部、室申报需求计划，审定组委会最终抽调、聘用、借用人员计划。 2. 审定组委会工作人员年度考核办法。
2008年9月	1. 审定下发各部室人员配备进度计划表。 2. 检查新到岗人员进行综合知识培训的工作。
2008年10月	1. 对上个月各部室考勤情况汇总审核。 2. 审定本部门2009年度经费预算。
2008年11月	1. 检查各部、室补充、抽调人员汇总名单。协调各部室做好人员配备工作。 2. 检查上个月各部室考勤情况。 3. 检查各部门工作人员和党员汇总情况，审定组委会工作人员和党员花名册。 4. 出席“组委会干部管理、考核培训班”，部署组委会工作人员年度考核工作。 5. 审定上报本部门的2009年度经费预算报告。

（续表）

时间	主要工作
2008 年 12 月	1. 对上个月各部室考勤情况汇总审核。 2. 主持筹备组委会年度总结表彰大会，审定组委会先进单位、先进工作者名单。 3. 检查并督促所有部室完成组建工作，并集中办公。 4. 主持 2008 年的总结工作，审定 2009 年工作计划。
2009 年 1 月	1. 检查上个月各部室考勤情况。 2. 检查筹备召开“组委会党务、人事工作会议”的准备工作。 3. 主持召开组委会年度总结表彰大会。 4. 审定印发 2008 年度组委会先进单位、先进工作者表彰决定。
2009 年 2 月	1. 检查上月各部室考勤情况。 2. 主持召开组委会党务、人事工作会议，部署 2009 年组委会党务、组织人事工作。
2009 年 3 月	1. 协调各部室做好人员配备工作。 2. 检查上个月各部室考勤情况。 3. 主持对各部室党务和人事管理工作的检查。
2009 年 4 月	1. 审定大型活动部上报开幕式文艺表演联排人事调配方案。 2. 检查并指导各部室党支部加强党风廉政教育。 3. 检查有关部室人员培训工作。
2009 年 5 月	1. 检查组委会工作人员“赛事阶段”的综合培训工作。 2. 与国家体育总局协调，拟定全国体育系统先进表彰活动方案。 3. 检查国家体育总局集中办公人员安排的工作。 4. 审定并提交组委会工作人员奖励办法。

(续表)

时间	主要工作
2009 年 6 月	1. 主持组委会工作人员党风廉政教育。 2. 检查在党员中开展“我为全运做贡献”主题活动的工作。 3. 审定组委会工作人员表彰奖励办法并正式印发。 4. 做好上半年工作总结。
2009 年 7 月	1. 检查各部门上半年工作人员考核情况，将考核结果归档。
2009 年 8 月	1. 协调做好全国体育系统先进表彰活动相关工作。 2. 检查指导有关部室做好培训工作。
2009 年 9 月 1–15 日	1. 研究部署举办期间人事保障工作。
2009 年 9 月 16–25 日	1. 协调各部室做好人员补充配备工作。 2. 检查各部室领导及工作人员到位情况。 3. 指导各赛区组委会做好有关表彰奖励工作。 4. 根据组委会工作安排，全面部署本部门全运会举办期间工作。
2009 年 9 月 26 日– 10 月 3 日	1. 协调群体部做好全国群先表彰会有关筹备工作。
2009 年 10 月 4–10 日	1. 检查与人事部对口单位的接待工作。 2. 组织专门工作小组，到各部室了解组委会工作人员工作和到岗情况。 3. 协调做好全国体育系统先进表彰大会有关准备工作。

（续表）

时间	主要工作
2009年10月11日	1. 协调做好全国体育系统先进表彰大会召开有关工作。 2. 协调做好全国群先会代表参加开幕式有关工作。 3. 协调做好中央领导人接见全国体育系统先进代表有关工作。
2009年10月12日	1. 及时总结组委会先进典型事迹，刊登简报或提出即时表彰。 2.协调做好群先代表观看比赛有关工作。
2009年10月13日	1. 主持起草第十一届全运会组委会工作人员表彰方案。
2009年10月14日	1. 总结组委会工作人员中的先进典型事迹，刊登简报或提出即时表彰。 2. 督促完成领导交办的临时性工作及专项工作。
2009年10月15日	1. 汇报“第十一届全运会工作人员表彰方案”。 2. 安排第十一届全运会组委会工作人员人事档案整理及移交工作。 3. 督促设计“第十一届全运会组委会表彰奖励证书”。
2009年10月16日	1. 总结组委会工作人员中的先进典型事迹，刊登简报或提出即时表彰。
2009年10月17日	1. 督促筹备“第十一届全运会组委会表彰大会”。
2009年10月18日	1. 检查“第十一届全运会组委会表彰大会”筹备情况。

(续表)

时间	主要工作
2009 年 10 月 19 日	1. 检查“第十一届全运会组委会表彰大会”筹备情况。
2009 年 10 月 20 日	1. 协调做好闭幕式相关工作。
2009 年 10 月 21 日	1. 督促拟出本部门收尾工作方案。 2. 按照组委会批准的“第十一届全运会组委会工作人员表彰方案”，督促组成考核、表彰工作组。
2009 年 10 月 22 日	1. 协调办公室、大型活动部等部门做好闭幕式的相关工作。 2. 检查人事方面的收尾准备工作。
2009 年 10 月 23 日	1. 协调各部门关于闭幕式的临时用人需求。 2. 协调办公室、大型活动部等部门做好闭幕式的相关工作。
2009 年 10 月 24–31 日	1. 主持对组委会党员的考核、评优、表彰、鉴定工作。 2. 检查工作人员人事关系、考核档案整理工作。 3. 主持筹备“第十一届全运会总结表彰大会”。 4. 指定专人撰写本部门工作总结报告。
2009 年 11 月	1. 主持本部门人员进行总结，做好人员鉴定、评比工作。 2. 主持评选全运会工作的先进集体和个人。 3. 督促完成组委会全体人员书面鉴定工作。 4. 审定立功表彰人员名单并报批。 5. 主持召开“第十一届全运会总结表彰大会”。 6. 检查做好工作人员人事关系、考核档案、组织关系移交工作。 7. 审定上报人事部的总结报告。

相关链接四：

关于加强第十一届全运会筹备工作的报告

省委：

在十一运即将迎来倒计时200天这一关键节点之际，姜异康书记对做好十一运最后阶段筹备工作作出重要指示，要求面对十一运筹备工作时间日益紧迫、任务更加繁重的严峻形势，要加强组织领导、加大工作力度，全省动员、全力以赴，集中精力打好十一运最后阶段的攻坚战，夺取筹备工作全面胜利，确保举办一届富有特色、平安祥和、各方满意的全运盛会，向新中国成立60周年大庆献礼。接到姜异康书记指示精神后，黄胜同志立即召集会议，研究贯彻落实意见，并就当前急需做好的几项工作，形成了初步意见和建议。现将有关情况报告如下。

一、进一步加强十一运筹备工作领导力量。目前，十一运各项筹备工作正在按计划整体有序推进，但随着开幕时间的临近，筹备工作日渐复杂和繁重，涉及面越来越广，现有领导体系已不能完全适应新形势的需要。为此，建议参照北京奥运会和往届全运会的做法，在省委直接领导下，成立由书记亲自挂帅的“山东省十一运筹备工作领导小组”，建立高层次、高效率的筹备工作指挥领导体系。领导小组成员建议由省委、省人大、省政府、省政协、省纪委五大班子领导组成。领导小组下设专项工作组，对应一项重点筹备工作，每一组由一名领导同志任组长，具体负责协调有关筹备工作。领导小组设办公室，负责各项筹备工作的组织协调，主任由黄胜同志兼任。

二、召开迎全运倒计时200天动员誓师大会。3月25日，十一运将迎来倒计时200天。为了进一步动员全省各级各部门全力做好十一运最后阶段的筹备工作，圆满完成各项任务，拟于3月25日上午9时，在山东会堂召开“迎全运倒计时200天动员誓师大会”。拟请省五大班子、济南军区、省军区、省武警总队领导同志出席，省直各部门、中央驻鲁单位负责人，各市书记、市长、分管副市长，济南市各有关部门、单位负责人参加。其他市在分会场组织收听收看。会议拟由姜大明省长主持，黄胜副省长通报十一运筹备情况，有关方面代表发言，姜异康书记作重要讲话。山东电视台将向全省现场直播大会实况。全省各级各部门都要认真学习会议精神，层层发动，搞好贯彻落实。

三、加大社会舆论氛围营造力度。以倒计时200天为契机，广泛开展形式多样的宣传造势活动，掀起迎接十一运的新高潮。一是加强舆论宣传。拟在中央和省级电视、广播、报纸、网络等各大媒体，设置专栏、专题节目，播放公益广告，密集宣传报道，形成宣传声势；利用会徽、吉祥物、主题口号等十一运形象标识，制作宣传标语、宣传画，在各市交通要道、重要建筑物、机场车站、场馆内外等重要区域和位置悬挂张贴，并设立大型公益宣传广告和倒计时牌，大力渲染十一运会的节日氛围。二是广泛开展社会动员。全省迎全运誓师动员大会后，各级、各部门都要层层召开动员会议，发动全省上下、各条战线、工青妇、行业协会等社会各界，以社区、学校、企事业单位为重点，积极开展“人人都是东道主，我为全运做贡献”和“迎全运、讲文明、树新风”主题宣传教育活动，普及全运知识，提升公民素质，形成全民关心参与十一运的浓厚氛围。三是广泛开展全民健身活动。继续围绕“全民健身、共享全运”主题，开展具有地方特色、群众喜闻乐见的秧歌、长跑、登山、武术等各类活动，组织举办“百县篮球、千校乒乓球、万人象棋”比赛，做到“周周有活动，阶段有高潮”。

四、全面做好竞赛组织工作。4月3日，十一运冰上项目决赛将在青岛举行，各项测试赛、预赛也将陆续展开，十一运竞赛组织工作将全面进入实际运行阶段。为全力组织好各项比赛，将重点做好以下工作。一是做好赛事准备。协调国家体育总局，尽快确定十一运会竞赛日程安排，指导各赛区合理安排、科学推进各项筹备工作；倒排场馆建设和改造工期，按照体育工艺标准完善配套设施和服务功能，确保5月底优质按期完工。二是组织好各项先期决赛和测试比赛。当前尤其要全力做好青岛短道速滑和花样滑冰两个项目的赛事组织工作，力争打好省内十一运比赛“第一枪”。从4月份开始，陆续展开各新建场馆测试比赛,全面检验场馆运行和赛事筹备组织情况。三是进一步加强与国家体育总局及各项目管理中心的工作联系对接。3月下旬,国家体育总局肖天副局长将带领有关司局、项目管理中心负责同志,赴我省检查指导竞赛组织工作。我们将组织省内各单项竞委会人员,与总局工作组进行全面对接,并对发现的问题制定整改落实方案，进一步完善竞赛组织工作。

十一运组委会

二〇〇九年二月二十八日

相关链接五：

第十一届全运会2008年上半年工作总结和下半年工作意见

2008年是第十一届全运会全面转入综合筹备阶段、承上启下的关键一年。为了及时总结经验，更好地推进下一步筹备工作，按照组委会统一安排部署，各部室认真回顾总结了上半年工作，并在肯定成绩、吸取教训、查找不足基础上，结合本部室工作实际，提出了下半年工作计划和意见。现拟定上半年筹备工作情况和下半年工作意见如下。

一、上半年筹备工作进展情况

今年以来，在国家体育总局和省委、省政府的领导下，组委会及各赛区以科学发展观为指导，认真贯彻组委会第二次会议精神，以高度的责任感和使命感，发扬团结奋进的战斗精神，坚持高标准严要求，精心组织，科学安排，有序推进，圆满完成了上半年各项工作任务，筹备工作取得重要阶段性成果。

（一）组织体系、工作机制逐步完善。目前，组委会已有12个部室150余人集中办公，其余各部也进入组建内设机构、拟定方案阶段，部分赛区组委会开始集中办公。在组建组委会党委的基础上，有12个部室建立了支部委员会，各项党员活动有计划地展开。为了使筹备工作走上制度化、规范化的轨道，先后出台了党务、人事、财务、档案、监察审计、市场开发、新闻发布等19项管理规定，并组织专家编制了《筹备组织工作进度表》，按时间、按部室细化工作目标任务，层层落实工作责任。为了加强队伍建设，拟定了组委会培训工作指导意见，聘请专家讲座授课，开展了综合和专业知识培训，举办了廉政教育讲座，从而提高了人员的综合素质。不断完善秘书长办公会议、部室负责人联席会议及赛区负责人会议制度，进一步加强了筹备工作的督导和协调，使筹备工作科学有序地向前推进。

（二）场馆建设工作扎实推进。作为整个筹备工作的重中之重，今年以来，在各赛区及有关部室的努力下，加快了场馆设施建设与改造的工作进度。目前，42个新建场馆中7个已完工，8个即将完工，7个主体封顶，其余的正在加快施工中。其中，主赛场济南奥体中心“一场三馆”建设已完成主体和钢结构工程，正在进行金属屋面及外围护系统和内部安装、装饰施工，今年10月底基本竣工，年底前达到试运行要求；省建场馆和配套建设的信息中心和广电中心(IBC)工程进展迅速。为确保场馆符合全运会竞赛标准，邀请体育总局各方面专家对济南、青岛、滨州、枣庄赛区和省建9个场馆的体育工艺标准，进行了工艺指导、咨询论证和审查把关，避免了标准不统一、返工浪费等问题。

(三)全民健身设施建设积极推进。把全民健身体育活动与全运会赛事紧密结合，是这次筹备工作的一大特色和亮点。为此，在组委会的统一规划运筹下，各市积极组织实施，在全省范围内启动了“一点三线”全民健身工程和“农民体育健身工程”建设，以此带动群众体育事业加快发展。为搞好全民健身设施建设，四月份组织全省17市分管体育工作的副市长和体育局长，赴江苏、上海、浙江三省市，学习考察全民健身设施建设管理经验。目前，我省已建成183个全民健身工程、20000个农民体育健身工程。同时策划组织了以“全民健身、共享全运”为主题的系列全民健身活动，掀起了全民健身活动的热潮。

(四)竞赛组织和信息系统建设全面启动。竞赛组织工作是整个筹备工作的关键环节，有关部室着眼大局，早规划、早行动，力争为后期筹备工作打好基础。根据十一运会竞赛规程总则和单项竞赛规程，制定了各单项竞委会工作方案、竞赛工作组织计划及工作流程，并上报批准；组织体育总局9个大项20个小项的管理中心负责人，对各赛区承办能力和比赛场馆硬件设施作了调研评估，确定了比赛项目调整方案；根据赛事需要，拟定了比赛器材、兴奋剂血检仪器采购租赁预算和计划，并上报通过了复核；为提高赛事组织水平，与体育总局各项目管理中心、各赛区建立了专门信息网络；奖杯、奖牌和证书设计已开始拟定征集工作方案，以确保全运会赛事需要。

(五)吉祥物、主题口号、会歌等标识征集工作全面展开。吉祥物征集活动，共收到社会各界应征作品464件，经专家评审选出10件入围作品，正在作进一步修改完善；主题口号征集活动，共收到社会各界应征作品9729条，组织专家评审选出10条入围作品，确定了主选方案和备选方案；会歌征集活动已完成第一阶段工作，征集社会各界歌词549首，经专家评审选出5首入围歌词；火炬传递相关标识征集活动，共收到火炬传递口号应征作品4293件、采火形式应征作品195件，火炬式样征集作品80件，经专家评审各选出10件入围作品。

(六)开闭幕式创作组织工作有序展开。开幕式文艺表演方案征集活动圆满结束，共收到来自全国20多个省市的应征方案108件，经专家评审选出9件获奖作品，其中二等奖2件，三等奖2件，优秀奖5件。开幕式导演团队组建工作进展顺利，经考察和论证，初步确定了开幕式文艺表演总导演人选，并在调研的基础上，积极物色省内分场执行导演。开幕式文艺表演方案集中创作已顺利展开，由省内外知名专家组建创作班子，在认真学习借鉴历届奥运会、全运会开闭幕式资料的基础上，研究吸收十一运会开幕式应征方案有益元素，正集中力量，集中时间进行创作，目前已取得阶段性成果。

（七）市场开发工作进展顺利。面对北京奥运会、广州亚运会、十一运会几大赛事接连举行，市场竞争激烈的形势，市场开发部门立足全国、面向海外、注重创新，重点突破，积极争取社会各界的赞助支持。目前，在制定市场开发总体方案和相关政策的基础上，已确定36个大类、70个小类的资源开发计划，并与特步集团、中国重汽集团、中国人寿保险集团、齐鲁证券公司、山东航空集团、青岛英派斯集团等签订合作协议，筹措款物总额1.43亿元；与石化、通讯、汽车、电力、饮料等方面的企业及新加坡体育理事会、美国ESPN等公司，进行了深入洽谈，有的初步达成合作意向；与唐玛国际广告公司、通广传媒公司、山东高速广告公司签订了室外广告资源开发合作协议，共整合户外广告资源近亿元；同时全面启动了代理招商、特许经营和法律维权工作。

（八）城市软硬环境建设不断加强。为了给第十一届全运会创造良好的外部环境，各赛区对基础设施建设、城市环境改造、市民素质提升等工作统筹规划，全力推进，取得初步成效。济南市迎十一运90项综合整治项目已有88项开工，城市出入口、窗口部位、道路周边环境整治及亮化、绿化工程等进展顺利；80项重点建设工程已有64项开工，道路新建与改造、全民健身中心和特色标志区建设等全面展开；通过各新闻媒体开辟十一运会专栏，在市民中广泛开展“迎和谐全运、建美丽泉城”主题宣传教育活动，努力提升市民的文明素质，营造喜迎十一运的良好氛围。青岛、日照、烟台、滨州等赛区城市以承办工作为契机，集中开展环境综合整治，不断完善城市服务功能，市容市貌得到了明显改善。

尽管上半年筹备工作取得了显著成效，但工作中还存在一些问题和不足，主要是：部分赛区对筹备工作的重视程度还不高、工作力度还不够大；在全国上下迎接北京奥运会的强大宣传声势下，喜迎十一运的社会舆论氛围还不够浓厚；维修改造场馆进度还需要进一步加快；市场开发的潜力还需进一步挖掘;各项赛事服务保障工作启动缓慢;组委会与各赛区之间的工作联系还需进一步加强等。

二、下半年工作安排意见

2008年下半年筹备工作总的要求是:围绕国家体育总局和省委、省政府的总体部署,力量再集中,责任再落实,措施再强化,按照筹备工作总体方案,重点突破,整体推进,全面落实,以只争朝夕的拼搏精神,全面加快各项筹备工作,高水平完成阶段性工作任务。重点做好以下工作。

(一)加强组委会自身建设。以健全组织工作机构、完善目标责任考核体系为重点,年底前组委会和各赛区组委会工作机构全部健全并集中办公,招聘选调人员基本充实就位。北京奥运会结束后,完成组建各项目竞委会。部室党支部组建工作基本完成,党组织工作体系不断完善,进一步加强党员教育和管理,发挥好党组织战斗堡垒和党员干部模范带头作用。完善人事管理制度,明确工作标准,落实目标责任,健全各项规章制度,建立科学严格的考核约束机制,并通过各种形式的专业培训,提高工作人员的素质和战斗力。正式下发筹备工作各专项方案和工作流程,根据实际工作进展情况,修订筹备组织工作进度表和重点专项工作进度表,并编制印发筹备工作财务总预算和年度预算。

(二)基本完成场馆设施建设及改造维修任务。加大场馆建设督查力度,每月督查调度一次,及时解决工程质量和进度问题,确保年底前基本完成新建场馆和老场馆维修改造任务。做好场馆验收和与竞赛接轨准备工作,对已完成建设改造的场馆,争取多安排一些比赛项目,实际检验场馆运行情况,为承办全运会正式比赛做好充分准备。同时,大力推进全民健身体育设施建设,力争年底前再建设一批群体设施,初步选定群先代表参观线路和重点工程,并加快设施和环境的建设改造。

(三)全面做好竞赛组织工作。完成所有竞赛项目的调整落实工作,奖牌证书的征集创作工作基本完成。编制各竞赛项目的比赛日程表和测试赛工作计划。确定各竞赛技术官员、仲裁委员裁判员及竞赛辅助人员,并适时安排竞赛培训工作。着手兴奋剂检查站建设,做好各类比赛器材的购置、租借、安装和调试工作。加快竞赛信息系统建设,启动信息系统测试工作。做好冰上先期决赛项目的指导配合工作。

(四)全面加强新闻宣传工作。一是重点做好倒计时一周年宣传工作。调动全省各方力量,立足山东,面向全国,广造声势,举办一系列有特色、有影响的活动，努力营造喜迎十一运会的浓厚社会氛围。二是加大社会宣传的工作力度。精心组织策划好吉祥物、主题口号、会歌、宣传画的揭晓工作，启动建国60周年体育成就展、体育邮展、美展、摄影展等文化活动，组织“我与十一运会”征文活动和体育知识竞赛，全面启动户外广告宣传活动。三是充分发挥新闻媒体和网络的宣传作用。积极争取中央和省外主流媒体的支持，在省内外主要媒体开设十一运专栏和专题节目，适时开展好新闻评选工作，同时加强官方网站建设与管理，完成网站的升级改版工作。四是加快新闻中心和广播电视中心(IBC)建设，制定完成电视转播方案；适时召开新闻宣传工作会议，全面动员部署十一运会新闻宣传工作。

(五)认真做好大型活动的组织工作。一是完成开闭幕式文艺表演方案的创作，正式聘任开幕式总导演及顾问，组建开幕式编导团队，集中力量进行深度策划创作，全面做好开幕式文艺表演有关筹备工作；拟定闭幕式文艺表演主创人员，组建完成编导团队，启动闭幕式文艺表演方案创作。二是拟定火炬传递活动方案，基本确定火炬式样、传递口号和传递路线。三是拟定全国群先表彰大会工作方案，筹备好全民健身精品项目展示会等活动。

(六)基本完成市场资源开发目标任务。要很抓机遇，精心策划，深度挖掘，把握好工作重点和节奏。要以省外企业、大型企业开发为主，在中央企业合作招商工作上有新的突破。继续推进特许经营招商工作，力争开发更多的特许产品种类。要加强与央视、知名商业网站等媒体的合作，推进海内外电视版权和商业网站开发工作，拓宽融资渠道。同时，进一步完善配套政策，搞好法律维权工作，切实维护赞助商合法权益，激发各方面参与市场开发的积极性。

(七)做好赛事运行服务保障准备工作。以赛事组织为核心，着手制定赛区城市运行总体方案，年底前，在调查研究、摸清资源的基础上，拟定安全保卫、信息通讯、医疗、交通、电力、气象、行政接待等服务保障方案和应急预案。同时，搞好赛区城市接待服务设施建设和升级改造，大力开展环境综合整治和群众性文明创建活动，加强城市软硬环境建设，努力提高城市服务功能和市民文明素质。10月份正式启动全运会志愿者招募、选拔和培训工作。

二〇〇八年七月十七日

【案例一】

第十一届全运会开幕式前组委会层面需要重点落实的工作

序号	工作类别	工作内容	责任部门
1	开、闭幕式工作	1. 召开开、闭幕式总体工作协调会，按照时间和工作的先后顺序对整个开、闭幕式工作流程进行初步对接，为制定开、闭幕式方案打下基础。 要求：8 月 15 日之前完成。 2. 明确开、闭幕式每一个工作环节的责任人，在开、闭幕式总指挥部总体方案中明确，召集所有的责任人到奥体中心熟悉工作环境。 要求：8 月 20 日之前完成。	大型活动部、办公室牵头负责，有关部室配合
		3. 开、闭幕式合练、彩排、带机彩排方案 要求：合练做一份方案、彩排和带机彩排做专门的方案，按照彩排的时间组委会组织开、闭幕式整个工作流程的演练，9 月 1 日前审定完毕。	大型活动部、广电部负责
		4. 开、闭幕式总指挥部总体方案 要求：按照总指挥部领导层面、副总指挥分管工作层面、各专项工作组实施工作层面分别落实责任人，结合彩排和带机彩排组织演练，9 月 10 日前审定完毕。	大型活动部、办公室牵头负责，有关部室配合。
		5. 开、闭幕式次现场专项检查工作 要求：针对开、闭幕式表演的所有临时设施搭建和外挂灯光、音响及置景专项检查，做到牢固和防冲击；针对烟火燃放进行专项检查，确保不同气象及燃放条件下万无一失；针对火炬点火的关键环节进行专项演练，确保万无一失；针对升旗的关机环节，拟定电动、摇柄和手动三种方式同步实施方案，进行专项演练，确保万无一失；在最后一次带机彩排后再次进行专项检查。	大型活动部、安保部负责

（续表）

序号	工作类别	工作内容	责任部门
1	开、闭幕式工作	6. 开、闭幕式门票工作 要求：8 月 15 日前完成门票预分配，组织专题论证会，8 月 25 日前完成门票的最终分配方案，9 月 1 日起按方案进行分配或销售，9 月 15 日前完成开幕式门票的赠送和领取工作，9 月 25 日前完成闭幕式门票赠送和领取工作。	票务中心负责
		7. 10 月 16 日、28 日重点交通保障工作 要求：以开、闭幕式当日为重点，结合开、闭幕式彩排和带机彩排进行综合演练。	交通保障部负责
2	“群先”“双先”会议筹备工作	1. 对中央领导接见会议代表的交通运输、安保、接见场地、合影、讲话的全部流程进行现场检查 要求：8 月 15 日前第一次检查，9 月 6 日前第二次检查，9 月 10 日前完成最终的方案。 2. 会议代表参观点的检查和最终验收工作 要求：从代表乘车组织、行车路线、按参观点的先后顺序参观的项目和讲解等全程逐一检查落实，8 月 15 日前第一次检查，9 月 6 日前第二次检查，9 月 10 日前完成最终的方案。 3. 会场及会议准备工作 要求：从代表乘车组织、入场就座、会场设备、会议材料、会议议程、贵宾室、媒体报道、奖品等全部流程逐一检查。8 月 15 日前第一次检查，9 月 6 日前第二次检查，9 月 10 日前完成最终的方案。 4. 做好出席会议代表人员核定、证件制作、抵离信息、会议代表资料及文件准备、会议指南、食宿安排、接（送）机、接（送）站流程、交通运输等工作 要求：8 月 15 日前第一次检查，9 月 6 日前第二次检查，9 月 10 日前完成最终的方案。	群体部、人事部牵头负责，安保部、交通保障部、办公室等有关部室配合

（续表）

序号	工作类别	工作内容	责任部门
3	运动员村、媒体村工作	1. 完成家具摆放、家电安装、环境及道路、餐厅及服务区、停车场、访客区等建设及全部的硬件施工和安装 要求：9 月 1 日之前全面完成。进行竣工检查验收。 2. 总体运行方案、《食谱》、商业街运行方案、文化娱乐方案的审定 要求：8 月 15 日前完成。切实做好食谱的规范执行，良好的商业街有偿服务，活跃全运村尤其是运动员村的业余文化生活，努力营造“运动员之家”和“记者之家”的氛围。 3. 领导机构、管理团队、服务与保障团队组建 要求：8 月 15 日之前完成组建，8 月 25 日之前完成人员政审和体检。 4. 开村准备工作 要求：9 月 1–10 日间完成。管理团队与施工方的工作对接，对所有的硬件进行逐一检查；9 月 10–20 日间全运村领导、管理机构、服务保障机构熟悉工作环境，完成工作对接；9 月 20–23 日间召开全运村全体工作人员誓师动员大会、举行模拟入住 24 小时全方位演练；9 月 23–27 日，针对模拟入住演练中发现的问题逐一整改；9 月 28–29 日，完成代表队入村流程演练，对重点工作环节进行再次检查；9 月 30 日开始迎接入住。	济南赛区组委会、新闻宣传部负责
4	重要嘉宾及特殊对象的接待工作	1. 国际奥委会主席罗格接待准备 要求：组建专门团队、制定专门方案、对所有的接待和活动环节及地点、落实责任人并进行逐一检查，9 月 10 日前完成最终的方案和做好全部的准备工作。 2. 国际体育组织官员接待准备 要求：组建专门团队、制定专门方案、对所有的接待和活动环节及地点、落实责任人并进行逐一检查，9 月 10 日前完成最终的方案和做好全部的准备工作。	贵宾接待部牵头负责，行政接待部、交通保障部、安保部、办公室等部室配合

(续表)

序号	工作类别	工作内容	责任部门
4	重要嘉宾及特殊对象的接待工作	3. 国家体育总局嘉宾接待准备 要求：组建专门团队、制定专门方案、对所有的接待和活动环节及地点、落实责任人并进行逐一检查，9月10日前完成最终的方案和做好全部的准备工作。 4. 中央各部委嘉宾、省五套班子领导、退休的省领导接待准备 要求：分别组建专门团队、制定专门方案、对所有的接待和活动环节及地点、落实责任人并进行逐一检查，9月10日前完成最终的方案和做好全部的准备工作。 5. 团部接待准备 要求：组建专门的服务团队、制定专门方案、对团部接待的全程及车辆、证件等环节、落实责任人，选派"服务大使"作为专人跟踪接待各代表团团长并进行逐一检查，9月10日前完成最终的方案和做好全部的准备工作。	行政接待部牵头负责，交通保障部、安保部等有关部室配合
		6. 港、澳、台代表团及运动员和参观团接待准备 要求：由港、澳、台办派员共同组建专门团队、制定专门方案、对所有的接待和活动环节及地点、落实责任人并进行逐一检查，9月10日前完成最终的方案和做好全部的准备工作。	贵宾接待部牵头负责，行政接待部、交通保障部、安保部、办公室等部室配合
		7. 记者接待准备 要求：按境内、境外记者接待分别组建专门团队、制定专门方案、对所有的接待和活动环节及地点、落实责任人并进行逐一检查，9月10日前完成最终的方案和做好全部的准备工作。	新闻宣传部负责，有关部室配合
		8. 少数民族代表及运动员接待准备 要求：由民宗局派员会同济南赛区全运村共同组建专门团队、制定专门方案、对所有的接待和活动环节及地点、落实责任人并进行逐一检查，9月10日前完成最终的方案和做好全部的准备工作。	行政接待部负责

（续表）

序号	工作类别	工作内容	责任部门
4	重要嘉宾及特殊对象的接待工作	9. 山东省内各市党政领导、省直机关、各厅局领导出席开幕式接待准备 要求：分别组建专门团队、制定专门方案、落实门票、对所有的接待环节、落实责任人并进行逐一检查，9月10日前完成最终的方案和做好全部的准备工作。	办公室负责
		10. 观摩团接待准备 要求：由省旅游局组建专门团队、制定专门方案、核准人员信息，制定接待规范，设计合理的收费标准，制定接待和活动的安排表，落实责任人并进行逐一检查，9月10日前完成最终的方案和做好全部的准备工作。	行政接待部负责
5	信息汇总与发布工作	1. 组建组委会总值班室 要求：在组委会办公室下设总值班室，制度工作规范和流程，抽调专门的人员，配备相应的办公设备，公布专用电话号码，负责全运会各类信息，尤其是各代表团和各类嘉宾抵离信息、组委会各部、各赛区重要信息的汇总和及时发布，以及信息的专送和专报工作。各部室和各赛区组委会明确一名工作人员作为“信息员”，负责与总值班室实现信息对接。总值班室从9月1日开始运作，9月10日开始24小时值班。	办公室负责，各赛区组委会、组委会各部室配合
6	举办期服务保障工作	1. 组建安全保卫指挥中心 要求：在全运会举办期统筹管理驻地、赛场及重点对象保卫、道路交通管理和指挥、反恐、防爆、处突、社会层面控制等工作，完成省市层面与武警的协调和对接，完成与组委会领导层面的对接，8月31日前完成总体方案，9月1日起开始运作。	安保部负责

(续表)

序号	工作类别	工作内容	责任部门
6	举办期服务保障工作	2. 组建医疗救护指挥中心 要求：构建驻地医疗、赛场救治、指定医院、食品卫生监督、公共卫生防疫体系，实现统筹协调管理，8 月 31 日前完成总体方案，9 月 1 日起开始运作。	医疗卫生部负责
		3. 组建交通运输指挥调度中心 要求：构建举办期常态运输、特殊运输、临时运输体系，实现统一指挥和调度，实现与各部室及各赛区的统筹协调，落实跨市运输的对接，既要确保全运会需要还要确保城市市民出行的需要，8 月 31 日前完成总体方案，9 月 1 日起开始运作。	交通保障部负责
		4. 组建水、电、气、热抢修指挥中心 要求：全面整合上述四类供应和抢修资源，形成举办期统一指挥调度抢修工作机制，组建专门的团队，分工负责，8 月 31 日前完成总体方案，9 月 1 日起开始运作。	各赛区负责
7	风险处置工作	1. 组建风险处置总指挥部 要求：明确组委会、各赛区、各部室各一名主要领导及两级组委会办公室督查处，组建总指挥部，全面履行风险处置工作管理职能，在风险识别、等级评定的基础上由总指挥决定是否启动风险处置预案。8 月 15 日之前组建完毕，8 月 25 日前完成培训，9 月 1 日前完成模拟演练，在开幕式彩排中进行一次某一事件的应急实战预演，9 月 10 日正式开始运作。	办公室负责，各赛区组委会、组委会各部室参与

(续表)

序号	工作类别	工作内容	责任部门
8	招待宴会工作	1. 欢迎宴会工作 要求：以10月15日举行记者招待宴会、10月16日举行全运会招待宴会为目标，10月1日前制定包括宴会地点选定、食谱选定、宴会流程、主持领导及主持词、氛围布置、出席人员等全部工作环节的总体方案，10月10日前完成方案审批，全面启动各项准备工作，10月15日完成专项检查。 2. 欢送宴会工作 要求：按照代表团团部人员为主要欢送对象的要求，在10月28日举行欢送宴会，按照欢迎宴会工作要求组织实施。10月27日完成专项检查。	行政接待部负责
		3. 运动员欢迎和欢送宴会工作 要求：鉴于运动员抵离时间的不一致，组委会只在10月16日开幕当天和10月28日闭幕当天仍在赛区的运动员为招待对象，在自助餐的基础上采用，加强氛围布置，适当增加和突出主菜的方式，组织欢迎和欢送招待会。	各赛区负责
		4. 组委会全会暨代表团团长招待宴会 要求：根据会议举行的时间安排，在会议结束当时的中餐或晚餐时间举行招待宴会。	办公室、行政接待部负责
		5. 重要嘉宾的欢迎和欢送宴会 要求：按照此类人员的活动日程，个别安排宴会。 6. 国家体育总局欢迎宴会和欢送宴会 要求：欢迎宴会于10月16日与全运会组委会统一的欢迎宴会同步举行，欢送宴会安排在代表离会前日的晚餐进行	行政接待部负责

(续表)

序号	工作类别	工作内容	责任部门
8	招待宴会工作	7. “群先会”和“双先会”代表的欢迎和欢送宴会 要求：欢迎宴会于10月16日与全运会组委会统一的欢迎宴会同步举行，欢送宴会安排在代表离会前日的晚餐进行。	行政接待部牵头负责，群体部、人事部配合
9	新闻宣传工作	1. 新闻中心运行 要求：9月1日前完成所有的硬件设施建设和安装，组建服务保障团队，制定工作规范，完善相关制度，9月10日前完成试运行，9月30前进入使用状态，10月1日起全面投入使用。 2. 媒体村的运行 要求：组建媒体村委员会，明确媒体村管理及运行机构和责任人，8月15日之前完成总体运行方案、完成食谱审定，8月30日前完成与济南赛区全运村的全面对接，与全运村的运动员村运行同步组织实施。 3. 举办期宣传要点 要求：按照中宣部、国家体育总局、山东省委的总体要求，以突出山东为主要目标,9月1日前拟定本届全运会宣传工作要点,9月30日前召开全运会新闻宣传工作会议，全面部署举办期的宣传工作。 4. 举办期媒体在山东的重点“专访”和“专线”采访 要求：抓住媒体云集山东的机遇，组织媒体联合专访省委、省政府主要领导，设计山东经济、社会、文化等若干条专线，组织媒体在对全运会进行报道的同时，同步大力宣传山东改革开放的成就。 5. 境外媒体管理与接待 要求：请总局宣传司与省外宣办共同组建专门的团队，制定专项工作方案，专门负责管理和接待。	新闻宣传部负责

(续表)

序号	工作类别	工作内容	责任部门
9	新闻宣传工作	6. 建立组委会"新闻发言人"制度 要求：与总局协商后制定全运会新闻发言人制度，明确新闻发言人，拟定工作方案，明确专人组织实施。 7. 突发事件或负面报道控制工作 要求：明确专人负责，制定相关预案，设计若干可能发生的突发事件及负面报道情景，组织演练。 8. 记者食宿、证件、交通保障 要求：在核定记者准确信息的基础上，逐一落实每一名记者的食宿接待和证件，落实记者采访和报道的交通保障，制定好记者跨市采访的交通工作衔接，及时准确告知相关媒体。同时，充分考虑未报名记者来赛区采访的因素，做好相关接待和疏导。	新闻宣传部负责
10	重要会议组织工作	1. 举办期先后两次团长会议 要求：与总局办公厅协商后明确召开的准确日期和会议议程，落实专人负责做好会场、会议材料、会议通知、媒体报道、会议接待等各个工作环节，10月1日之前完成会议方案和材料准备。 2. 组委会全体会议 要求：与团长会议同步举行。 3. “群先会”和“两先会” 要求：按照会议总体方案组织实施。	群体部、人事部牵头负责，有关部室配合
		4. 组委会新闻发布会 要求：认真抓好10月15日以全运会全面筹备工作介绍为主题的组委会新闻发布会；认真抓好10月28日上午以全运会取得的主要成就为主题的新闻发布会；组织专人拟定方案，认真准备相关资料，分别于10月10日前和27日前全部准备完毕。	新闻宣传部负责

（续表）

序号	工作类别	工作内容	责任部门
10	重要会议组织工作	5. 全运会组委会倒计时三十天（冲刺阶段）誓师大会 要求：以全面实现全运会目标为主题，选择有代表性的部门发言，进一步鼓舞士气，筹备工作全面进入比赛状态。	办公室负责
11	食品、副食品保障工作	1. 运动员村、媒体村及指定接待单位食品、副食品供应基地 要求：以赛区和全运村为主体，按照食谱核定需求，协调做好食品检验，落实供应基地，召开专题会议，签订责任书，做好生产、检验、运输、储存以及价格等相关工作，确保货足、新鲜、质好、价优、卫生、运输顺畅。 2. 水果供应 要求：以赛区和指定宾馆为主体，按照食谱，充分考虑运动员的需求，协调做好食品检验，落实供应基地，召开专题会议，签订责任书，做好生产、检验、运输、储存以及价格等相关工作，确保货足、新鲜、质好、价优、卫生、运输顺畅。 3. 少数民族运动员食品、副食品供应工作 要求：严格按照《伊斯兰教义》的要求，充分尊重少数民族风俗习惯，在伊斯兰协会的指导下，落实生产与供应基地，召开专题会议，签订责任书，做好生产、检验、运输、储存以及价格等相关工作，确保货足、新鲜、质好、价优、卫生、运输顺畅。	全运村食品、副食品保障工作由济南赛区负责；指定宾馆由行政接待部负责，医疗卫生部配合
		4. 举办城市社会层面物价稳定工作 要求：充分考虑济南赛区运动员集中和部分食品、副食品、水果等需求集中的特点，预防这些食品在举办城市价格波动或者对举办城市社会层面物价和供应造成冲击的可能性，专题研究制定方案和预案，确保物价稳定，供应充足。	济南赛区负责

(续表)

序号	工作类别	工作内容	责任部门
12	城市氛围布置工作	1. 赛场氛围布置工作 要求：根据赛场条件，充分考虑赞助商广告发布条件，制定规范的赛场氛围布置方案，督促各赛区认真落实，做到“规范、美观、安全”。	省建场馆由省体育局负责，其他场馆由各赛区负责，组委会市场开发部配合
		2. 城市景观布置工作 要求：根据不同城市的具体情况和条件，按照"喜庆、规范、美观、安全、节约和突出全运盛会"的原则，做好主要道路、机场、车站、高速公路出入口的氛围布置与景观布置，举办城市的相关单位悬挂的标语必须规范。9 月 15 日前以赛区组委会为主体制定完成工作方案，10 月 12 日统一完成布置，并做好维护和更新工作，确保 11 月 1 日前完整和美观。	各赛区负责，组委会新闻宣传部、交通保障部配合
		3. 全运村与指定宾馆氛围布置工作 要求：以全运村和各指定接待宾馆为主体，参照赛场氛围布置的要求，全运村在 9 月 30 日前、各指定接待宾馆在来宾报到的前一天直至 11 月 1 日期间做好维护工作。	全运村由济南赛区负责；指定宾馆由行政接待部负责
13	旅游景点的管理工作	1. 向各类来宾提供旅游咨询服务 要求：以省旅游局为主体负责，在省内各主要旅游景点设立来宾旅游服务点，要做到标志明显、电话畅通、接待热情、认真服务。9 月 30 日之前完成。	由行政接待部协调省旅游局落实

（续表）

序号	工作类别	工作内容	责任部门
13	旅游景点的管理工作	2. 旅游景点投诉受理与处置 要求：以省旅游局为主体负责，在省内各主要旅游景点设立来宾旅游投诉接待点，要做到标志明显、电话畅通、接待热情、认真服务，及时妥善处置，杜绝旅游纠纷，打击强买强卖，确保有关免费措施的落实。9 月 30 日之前完成。 3. 旅游宣传工作 要求：抓住来宾集中、媒体集中的机遇，采取多种渠道和方式，大力宣传“好客山东”，大力推广山东旅游资源。	由行政接待部协调省旅游局落实
14	组委会管理工作	1. 建立专项工作责任人负责制 要求：梳理组委会层面重点专项工作，明确每一项重点专项工作的责任人，在此基础上，再进一步明确每一个工作环节的责任人，明确工作职责和每一项工作的"衔接点"，确保每一个责任人有职、有责、有权，由该责任人全权负责一抓到底。 2. 建立工作运行管理和协调机制 要求：从 10 月 10 日开始全面启动“零点会议”制度，做到每天工作及时完成，明天工作信息对称，统筹协调，确保落实。要进一步加强各部室尤其是跨部室工作的信息沟通和协调。 3. 开幕前重点专项工作检查 要求：分别于 8 月 20 日和 9 月 20 日组织对组委会层面各专项重点工作进行检查，从每一项工作的起点到终点，按照时间节点进行检查，不同工作环节进行衔接检查。	由行政接待部协调省旅游局落实

(续表)

序号	工作类别	工作内容	责任部门
14	组委会管理工作	4.考核、表彰、奖励工作 要求：9月1日前拟定工作方案，9月15日前完成审批并正式行文，组织好组委会内部的学习，形成良好的工作激励氛围。	人事部负责
		5. 党风廉政工作 要求：分别于9月1日前、10月1日前各举行一次专题学习，加强警示教育，加强监察和审计工作，加强临时性采购的管理工作，确保实现“干干净净全运会”的目标。	监察审计部负责
		6. 组委会机关后勤保障工作 要求：充分考虑举办期间工作人员劳动强度增大等特点，制定专门的机关后勤保障方案，在进一步提高机关饭堂服务水平的基础上，做好工作人员的福利工作，为组委会机关工作人员提供优质的服务。	办公室负责
15	赞助商回报与接待工作	1. 赞助商回报工作 要求：梳理与赞助商所签订的合同中规定的回报职责,落实项目经理负责制,按项目、合同条款逐一组织落实,确保赞助商权益的完整体现。 2. 维权工作 要求：组建专业执法队伍,发布维权公告,既要打击非法使用全运会标志的行为和非法营销行为,又要防止合法赞助商违规使用标志的行为。 3. 赞助商接待工作 要求：在梳理合同的基础上，认真制定赞助商接待计划，确保赞助商的人员证件、车辆证件、食宿接待、开闭幕式和比赛门票、相关活动、礼仪等各项工作的落实，确保赞助商满意。 4. 赞助服务及物资的管理工作 要求：落实专人确保各项赞助服务全部到位，及时和规范地使用服务权益，确保各项物资按时入库，规范管理，严格领用， 发挥各项服务和物资的作用，为全运会服务。	市场开发部负责，各赛区配合

(续表)

序号	工作类别	工作内容	责任部门
15	赞助商回报与接待工作	5. 现金到账工作 要求：认真复核合同，编制各项现金到账统计表，确保合同规定的赞助和捐赠的款项及时足额到账。	市场开发部负责，各赛区配合
16	山东省领导出席全运会活动的安排工作	1. 主要领导活动安排 要求：按照全运会的主要活动安排，按照全运会的惯例和来宾的规格，结合主要领导的工作安排，认真细致的制定主要领导出席全运会活动的计划，确保落实。 2. 省五套班子活动安排 要求：按照全运会的惯例和主要活动的安排，认真细致的制定省五套班子的各位领导出席全运会的活动计划，确保落实。 3. 各赛区主要领导及相关领导活动安排 要求：按照组委会统一部署和主要活动安排，结合赛区实际情况，指导各赛区制定好本赛区领导出席全运会有关活动的计划，确保落实。	办公室负责，各赛区配合
17	竞赛工作	1. 竞赛纠纷处置工作 要求：竞赛部与各单项竞委会建立竞赛纠纷处置机制，落实责任人，制定预案，及时妥善解决竞赛纠纷，严防竞赛纠纷事态扩大。 2. 裁判队伍教育与管理 要求：由竞赛部门牵头，加强裁判学习，严格裁判管理，确保严格公正执法。 3. 场地器材及裁判用具准备 要求：8 月、9 月分两次对举办阶段各场地、器材及裁判用具进行逐一检查，确保实现规范、足够、安全的目标。	竞赛部负责

【案例二】

大型综合性运动会省会城市赛区筹备阶段工作汇报

关于第十一届全运会济南赛区筹备工作情况汇报

十一运济南赛区组委会

(2009年5月28日)

今天，十一运组委会督查组的各位领导和同志来济南赛区检查指导工作，充分体现了十一运组委会对济南赛区筹备工作的重视和支持，是对我们极大的鼓舞和鞭策。下面，我根据这次督查的内容，汇报一下济南赛区筹备工作情况和需协调解决的问题。

一、筹备工作基本情况

1.组织领导体系不断完善。目前，赛区组委会内设机构“一室一村十六部”已经组建到位，各内设处的骨干人员已全部到岗，现有驻会工作人员400多名，集中在龙奥大厦办公。赛区组委会建立健全了人事管理制度、工作协调制度、督查考核制度，各部（室）村都明确了工作职责和目标，制订了工作推进计划，形成了规范有序的运行机制。

2.场馆建设与改造进展顺利。济南作为主赛区，承办16个大项、212个小项的比赛项目，负责组织新建与改造场馆9个。目前，“一场三馆”已移交给新组建的奥体中心，正在进行系统检测和试运行。章丘市体育馆、历城区体育馆、省交通学院(长清）体育馆、皇亭体育馆预计5月份将全部竣工验收，历城赛马场5月底完工。各场馆体育工艺验收已按照专家意见进行整改落实，各单项竞委会正与场馆业主陆续进行对接，场馆周边道路、广场、停车设施建设和环境整治美化等工程正按计划加快推进。规划建设的7项市级重点全民健身工程有6项正在加紧施工，有1项已竣工并对社会开放，7项市区内广场、公园新建改建全民健身工程大部分已投入使用。涉及全国群先代表考察的全民健身设施及有关参观点正按照十一运组委会的要求进行提升完善。

3.竞赛组织工作全面展开。圆满完成了5月13日至17日在奥体中心体育馆举行的体操项目测试赛暨预赛，受到参赛各方的一致好评。除拳击、蹦床项目外，其余9个项目测试赛类别及时间均已确定。各项目竞赛器材设备明细已核对完毕并分发至各竞委会，部分项目已开始按要求进行购置。

4.信息通讯系统建设顺利推进。目前，赛区场馆基础网络和通信设施建设已进入收尾阶段，各通信企业在市属场馆及周边地区的通信设施建设和室内分布系统建设已初步完成。根据十一运组委会信息技术部的部署，已从5月1日起进行单点测试和联调工作。初步拟定了《十一运济南赛区通信保障应急预案》和《济南网络信息安全网络应急预案》。

5.广播电视转播设施建设加快进行。按照《十一运组委会与各赛区组委会事权职责划分意见》要求，济南赛区负责皇亭体育馆、历城区赛马场（马术项目）、历城区体育馆、章丘体育馆的广播电视公共信号制作及传输任务。目前，已对四个比赛场馆进行了广播电视转播设施“预验收”，基本上达到了十一运广播电视转播技术要求。

6.新闻发布设施建设进展良好。根据《十一运组委会与各赛区组委会事权职责划分意见》要求，我们已确定主新闻中心场所并配备了必要的基础设施。各场馆记者接待功能用房和设施配备正按要求加快落实。

7.兴奋剂检查工作加快推进。已规划建设了体操、游泳（跳水）、田径、网球、摔跤、马术（速度赛马）、举重、拳击、排球、全运村共10个兴奋剂检查站，其中，拳击项目通过十一运组委会兴奋剂检查部验收，其他正在等待验收过程中。

8. 安全保卫工作全面启动。建立了安保指挥机构及运行机制，制定完成了103个安保工作分方案和预案。现场安保方面，各场馆安保功能用房已经确定，技防设施已经安装调试，场馆安保配套系统建设基本达到赛事安保要求。住地安保方面，自今年2月份起至年底在全市开展为期一年的旅馆业综合整治行动，截至目前，我市现有旅馆3400家，旅馆业治安管理信息系统推广率100%，入住登记率已上升到85%以上。住地安保总体方案和签约宾馆安保方案已经制定。消防安保方面，截至目前，20个场馆及配套工程除省建棒球场、垒球场2个场为室外项目未申报审核外，其余18个工程均已完成了工程消防设计审核工作。5月7日完成了济南奥体中心场馆及配套工程8个单体项目的消防联合验收工作。山东省交通学院（长清区）文体馆、省建十一运场馆、十一运信息中心等工程的消防初步验收工作已经完成。全运会场所全部19个比赛场馆灭火纸质预案编制任务已经结束。按照“全警全力、平安全运”围剿火灾隐患二号行动部署要求，济南消防支队会同省公安厅消防总队组成100个检查组，5月12—22日，开展了为期10天的火灾隐患排查治理专项行动。发现各类火灾隐患和消防违法行为14354处，填写《消防监督检查记录》7126份，查封单位25家。交通安保方面，研究制定了交通安保、路线警卫方案40多个。奥体中心周边停车场正昼夜施工加快建设，全运会交通指挥控制系统和交通标志、标线等设施建设正加快进行。

9.积极配合做好开闭幕式有关工作。专门成立了济南市支持和参与十一运会开闭幕式文艺表演工作领导小组。完成了济南赛区编导人员和演出队伍考察选拔任务。积极组织参加开幕式演出的5所学校近1600名小学生和教师的排练工作，并安排各区党委、政府和有关部门协调参演学校全面做好排练队伍的服务保障工作。

10.电力保障设施建设基本到位。特级重要单位进线电源目前是双电源供电，最终要实现四电源供电。自备应急电源还没有具备要求，目前正在积极实施。低压电源配置基本满足要求。特级重要单位均有保护配置且符合有关技术规范要求。通信与自动化系统正在实施。重要单位设备都符合技术规范标准。总配电室及重要区域分配电室目前还不具备符合要求的专职人员24小时值班，我们正积极采取措施达到值班要求。力争8月底形成完备的供电运行管理系统。

11.行政接待工作加紧筹备。初步拟定了《第十一届全运会济南赛区行政接待工作方案》。4月份，启动了《全运会济南赛区接待工作手册》的编印工作，预计8月份完成。

根据济南赛区来宾接待的需求情况，正在积极落实接待宾馆。同时，确定落实了少数民族接待场所和宗教活动接待服务场所。

12.医疗卫生保障工作不断加强。制定了由150辆救护车组成、分三个梯队的救护与保健保障方案。组建了卫生监督、医疗急救、疾病控制等专家队伍，成立了由85人组成的17支专业医疗卫生保障应急小组。从3月底开始，共举办了8期培训班，培训专业人员760余人。组织开展了多次医疗保障实战演练。整合全市卫生监督资源，组建了食品卫生、生活饮用水等多支卫生监督保障队伍。成立了济南市实验室生物安全管理工作领导小组，规范和健全了实验室管理的各项规章制度。对赛期可能发生的流行性传染病制定了有效的措施和应急方案。确定了首批十一运济南赛区医疗救治保健医院，并组织专家进行了验收。

13.交通保障成效显著。城市重点道路建设进展顺利，初步建成城市快速公交系统。完成了对赛区运力需求的调查摸底工作，制订了《济南赛区车辆和驾驶员管理办法》和《全运村—奥体场馆循环班车运行方案》。

14.气象保障工作有序进行。制定了《十一运会济南赛区气象服务保障方案》。完成了《十一运会济南赛区气象风险评估》及《十一运会济南赛区气象应急预案》。人工消（减）雨作业装备已检测完毕，并制定了作业预案。各体育场馆防雷工程审核与竣工验收情况良好。

15.积极配合十一运组委会搞好市场开发。对赛区道路、公交、交警等部门管辖的公益广告资源以及赛区场馆资源、全运村资源进行了全面梳理与整合。与省内外几百家企业进行广泛接触，进行了一系列市场营销活动，积极筹备《欢乐中国行》《同一首歌》等大型演唱会，积极促进赛区市场开发。

16.筹办经费正在落实。经过多次修改论证，目前赛区运营经费预算已经基本编制完成。按照“全面审计，突出重点”的方针，对全运会230多亿元概算的10个项目实施全程跟踪审计，截至4月份，累计审计建设资金108.44亿元，审减投资额4.64亿元。研究制定了《十一运会济南赛区组委会财务管理规定》《第十一届全运会济南赛区组委会资产管理规定》等一系列规章制度。建立了全运会项目政府采购工作绿色通道，研发了资产管理网络软件，目前资产登记入录、卡片粘贴等工作正在扎实有效进行。

二、需十一运组委会协调解决的问题及建议

以下内容略。

以上汇报不当之处，请批评指正。

【案例三】

第十一届全运会组委会信息工作方案

随着十一运开幕时间日益临近，各项筹办工作已进入决战状态。为全面反映筹办工作动态，向领导和赛区提供准确、快捷的信息服务，充分发挥信息的沟通、指导和借鉴作用，制定信息工作方案如下。

一、信息报送内容

1.主要筹办工作进展情况；

2.上级和组委会领导检查调研十一运筹办工作的情况，对筹办工作的批示、指示；

3.工作计划、总结及开展的常规性工作；

4.工作中形成的调研报告、考察报告、专题研究报告，筹办工作中的新经验、新措施、新成果；

5.组委会重要会议精神、重大活动、重要工作任务的贯彻落实情况；

6.影响筹办工作的重要问题及工作开展中需组委会协调解决的问题；

7.组委会立项督查任务的进展情况；

8.组委会分解的由各单位承担的重要工作和项目的进展情况；

9.十一运测试赛、预赛、决赛等赛事进展情况；

10.群众关心的十一运热点问题；

11.突发性事件；

12.其他需要报送的信息。

二、信息采编方式

由办公室根据报送信息内容，采取以下三种方式采编发送。

1.工作简报。主要是反映面上工作进展，特别是总结各部室、各赛区在筹办工作中一些好的经验、措施和做法。发送范围：国家体育总局、省委、省政府、省人大、省政协、省纪委、省筹办十一运工作领导小组，组委会各部室、各成员单位，各市委、市政府、赛区组委会等。

2.呈阅件。主要是反映重大筹办事项进展情况及问题建议，以及需向组委会领导反映的问题。呈送范围：组委会主任、执行主任、副主任、秘书长、常务副秘书长等。

3.十一运筹办信息。自倒计时100天起每天编发一期，全面反映各项筹办工作动态。发送范围：国家体育总局、省委、省政府、省人大、省政协、省纪委、省筹办十一运工作领导小组，组委会各部室、各成员单位，各市委、市政府、赛区组委会等。

三、信息工作措施

1.加强信息组织策划，准确把握筹备工作重点，把领导高度关注、急需了解的问题作为信息工作切入点，突出重点、顾及全面，发挥信息时效性和实用性；同时，根据筹办工作进展情况，及时向各部室、各赛区约稿、组稿。

2.完善信息工作机制。规范信息收集、报送、统计、归档、通报等工作流程，使信息策划、报送、编辑、审核、校对、印制、传发、统计等环节紧密衔接，运行更为流畅高效。

3.充实信息工作队伍。办公室拟配备专职工作人员3名，负责各部室、各赛区信息的采集、编写，另外安排两名志愿者负责文印和分发。各部室、各赛区组委会都要明确责任部门和信息员，及时报送信息，确保信息的准确性、时效性。

4.强化信息报送工作。提高信息传输速度，建立信息工作专用电子邮箱和信息工作人员QQ群，推行网上传送信息，实现当日信息当日编辑印发。同时，加强与省委、省政府办公厅的联系，利用其信息渠道分发十一运工作信息，确保各类信息当天完成分发。

5.严格信息工作考核。切实做好信息报送采用的统计工作，办公室对各部室信息报送和采用情况每周通报一次；对各赛区组委会建立通报制度，定期公布各赛区组委会信息报送及采用情况。对迟报、漏报、瞒报信息的，组委会给予通报批评。

第九节 竞赛工作实务

竞赛是体育赛事运作的核心工作，“一切以竞赛为中心”是体育赛事运作的主要理念，体育赛事的筹备工作必须围绕着竞赛工作来做。它既是赛事其他专项工作存在与运作的基础，又是赛事其他专项工作提供支持与服务的对象，同时也是衡量赛事运作是否成功的重要标准之一。体育赛事竞赛筹备工作的最根本目标是建立公开、公平、公正的竞争环境，为运动员提供提高与展示运动技术水平的平台，促进体育竞技水平的发展。

一、筹备阶段竞赛工作的主要内容

在体育赛事的筹备阶段，竞赛工作主要包括以下主要内容与任务。

（一）制定竞赛规程、竞赛秩序册和竞赛规则

1. 竞赛规程

竞赛规程是体育赛事竞赛管理的纲领性文件，俗称“体育赛事的基本法”，是竞赛组织者与参与者都必须遵循的法规。综合性运动会的竞赛规程包括竞赛规程总则（即总规程）和单项竞赛规程。单项赛事则只需制定单项竞赛规程。 竞赛规程一般由主办单位制定，并下发各参赛单位及承办单位征求意见，修订后由主办单位公布及下发。

竞赛规程主要内容是：(1) 赛事全称和简称；(2) 竞赛日期和地点；(3) 竞赛项目；(4) 参加单位；(5) 运动员的参赛资格；(6) 参赛办法；(7) 竞赛安排；(8) 兴奋剂检查和性别检查；(9) 录取与奖励办法；(10) 报名和报到；(11) 技术官员和仲裁委员会的组成；(12) 未尽事宜和规程解释权。

2. 竞赛秩序册

竞赛秩序册是竞赛组织工作的管理文件，是对竞赛项目进行总体编排后，保证竞赛秩序、实施竞赛计划的重要文件，竞赛秩序册正是竞赛编排工作的文字体现。综合性运动会在各单项竞赛

秩序册的编制基础上汇编总秩序册，单项赛事则只需编制单项竞赛秩序册。竞赛秩序册一般由竞赛承办单位的竞赛部门负责编制，由主办单位进行审定。

竞赛秩序册的主要内容是：(1) 比赛名称；(2) 竞赛日期和地点；(3) 主办单位；(4) 承办单位；(5) 竞赛组织结构图；(6) 竞赛规程和补充规定；(7) 组委会、各部室人员名单；(8) 竞委会和仲裁委员会组成、裁判员组成名单；(9) 参赛单位、运动员名单及号码；(10) 竞赛总日程表；(11) 单项竞赛日程表；(12) 竞赛相关活动日程表；(13) 竞赛分组；(14) 竞赛场馆分布示意图；(15) 该项赛事的世界、亚洲及全国纪录表等内容。

3. 竞赛规则

竞赛规则是对竞赛工作技术规范的约定，是对竞赛场地、器材条件的规定，是运动员竞赛行为的规范和裁判执法的依据。竞赛规则与竞赛规程共同构成对竞赛工作全过程的控制。

(二) 场馆的规划及竞赛设备、器材的准备

场馆、设备与器材是实现竞赛管理必备的物质条件。场馆包括竞赛场地、训练场地和备用场地。各类场馆必须符合竞赛规则所规定的标准。场馆的功能性设备主要包括指挥高度系统、比赛显示及控制系统、计时计分及比赛成绩处理系统、仲裁录像系统、网络与通信系统、计算机信息系统、现场录像采集及回放系统、消防报警系统、温控系统、安保监控系统等。对器材进行准备，要求制定器材规格、数量、品牌和型号方案以及备用器材计划，制定器材使用、保管、分配方案。

(三) 运动员报名、注册

运动员报名、注册是竞赛的基础性工作。报名工作的前期，

根据竞赛规程和报名工作的相关规定，制定报名表。注册是赛事对运动员取得参赛权的认定和标志。注册即资格审查，是对参加赛事各类人员资格的认定，是制证的依据。

（四）选派技术代表和技术官员

技术代表是主办单位派驻竞委会负责竞赛业务的高级代表，全权处理竞赛工作中的各种问题，领导仲裁委员会。技术官员包括仲裁委员、裁判员和辅助裁判员，是竞赛活动中的执法队伍与监督队伍，其工作是赛事顺利进行的重要保证。大型综合性体育赛事通常是在倒计时一周年时开始选拔技术代表和技术官员。单项体育赛事通常在比赛前一个月指定技术代表和技术官员。

（五）组织测试赛

在体育赛事的筹备阶段，体育赛事运作管理机构会按照竞赛规程和竞赛日程安排，对新建、改建的场馆或者没有举行过此类赛事的项目组织测试赛，以检验场馆硬件设施和竞委会各项准备工作。通过组织测试赛，既可以检验各比赛、训练场馆内场地器材、网络通讯系统、计时计分系统、成绩处理与传输系统、颁奖仪式等工作，还可以检验运动队的迎送接待、后勤保障工作等体育赛事的组织管理水平，相关部门能够及时发现问题并提出解决方案。大型综合性体育赛事通常会对从未举办过的体育比赛、组织难度较大的体育比赛、特殊的比赛（如体操、跳水等需要统一评分标准、进行主观性打分的比赛项目）进行测试赛。单项体育赛事如果首次在该地举办，为了确保比赛成功，也应组织模拟的测试赛。

二、组织机构

建立竞赛管理组织机构是竞赛筹备工作的关键环节。竞赛管理组织机构没有固定的模式，与竞赛的规模、规格、复杂程度、历史传统及主办单位的要求有关，也与承办单位所拥有的人力、物力及财力资源情况有关。但无论采取何种形式的竞赛管理组织机构，都要以精简、统一、高效为原则，机构设置要合理，职能划分要明确，人员安排要专业，信息沟通要顺畅。

大型综合性体育赛事通常设立赛事组委会竞赛部及各场馆和项目竞赛委员会（以下简称“竞委会”）来负责竞赛的筹备组织工作。竞赛部是组委会中竞赛工作的统筹机构，主要任务是负责制定、管理和实施竞赛工作的规划、计划、方案，指导、管理竞委会和场馆的竞赛组织工作。各场馆和项目竞委会则是具体负责各场馆、某单项比赛筹备及竞赛组织的部门。竞赛部及竞委会可以根据竞赛需要完成的各项任务，依职能设置内部部门和处室。一般来说，竞赛部下设综合处、竞赛组织处、场地器材处及颁奖礼仪处（具体的处室设置因实际情况而有所不同），并由竞赛部对各场馆及单项竞委会的工作进行直接指导和管理。竞赛部及竞委会工作人员配置要以竞赛工作计划和工作进度为依据，同时竞赛管理工作是专业性很强的工作，要求工作人员经验丰富、业务熟练、能力全面。

单项赛事的竞赛管理组织机构设置相对来说较为简单，一般采取单一型组织结构形式，即在组委会内部设置竞赛部，部门内部不再另设处室。工作人员直接由部门主管管理，受其领导，向其负责。

三、竞赛工作示意图

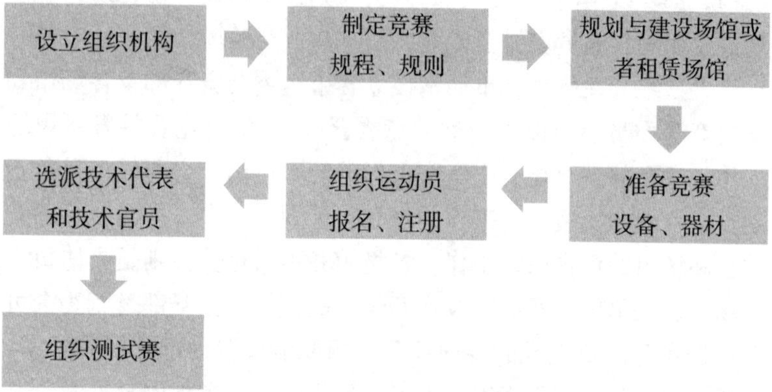
设立组织机构
制定竞赛
规程、规则
规划与建设场馆或
者租赁场馆
准备竞赛
设备、器材
组织运动员
报名、注册
选派技术代表
和技术官员
组织测试赛

相关链接一：

第十一届全运会筹备组织工作竞赛工作领导层面工作计划表

时间	主要工作
2008 年 7 月	1. 审定各单项竞委会组建方案，建立各单项竞委会筹备工作小组及单项竞委会承办协议文件。竞委会联络员适时集中办公。 2. 确定比赛器材购置目录，组织购置全运会竞赛器材。 3. 组织对比赛训练场馆第一次检查。 4. 编写本部门至全运会开幕前各项主要工作方案。 5. 总结上半年工作，制定下半年工作计划。 6. 拟定裁判员、裁判长选派方案。 7. 拟定颁奖礼仪人员的培训方案并报批。 8. 开始与国家体育总局协调，落实全部的竞赛项目布局和《竞赛总规程》。
2008 年 8 月	1. 会同场馆建设部检查奥体中心比赛场地建设情况。 2. 拟出全运会举办前本部门需要国家体育总局解决的问题清单。 3. 拟定先期决赛项目筹备工作方案并报批。
2008 年 9 月	1. 督促单项竞赛日程安排的编制。 2. 组织各赛区竞赛工作人员专业培训。 3. 协调国家体育总局印发全运会运动员资格审查办法、最佳赛区评选办法。 4. 组织对竞赛器材到位情况进行专项检查。
2008 年 10 月	1. 与国家体育总局竞体司协商确定“速滑”“花样滑冰”等冰上项目举行时间、地点，明确相关部门的职责和工作任务。 2. 根据国家体育总局下发的《竞赛总规程》编制各单项竞赛日程表。 3. 制定本部门 2009 年度经费预算。

(续表)

时间	主要工作
2008 年 11 月	1. 审定各单项竞委会组成方案。 2. 确定比赛场馆、器材及竞赛时间安排。 3. 开始编制《竞赛工作手册》及竞赛总日程表。 4. 审核上报本部门 2009 年度经费预算。 5. 邀请国家体育总局竞体司及各项目中心领导来山东检查场馆建设、竞赛准备工作，并指导单项竞委会工作。 6. 准备向国家体育总局专题汇报竞赛组织工作的材料。
2008 年 12 月	1. 成立各单项竞委会，签订竞赛承办协议。 2. 配齐竞赛保障器材并组织验收。 3. 完成第一次竞赛报名工作（接受远程注册报名）。 4. 上报本部门在 2009 年将要举办的所有活动与会议清单。 5. 经人事部批准，抽调补充人员到位。 6. 总结 2008 年的工作，制定 2009 年工作计划。
2009 年 1 月	1. 落实各比赛场地及器材使用方案；指导拟制各单项竞委会经费预算。 2. 指导编制单项竞赛秩序册、竞赛总秩序册、竞赛指南。 3. 结合 2009 年全国比赛，拟定全运会测试赛工作方案。 4. 各单项竞委会上报倒计时工作计划，并与相关部门协调。 5. 拟写竞赛工作专题工作会议方案。 6. 补充抽调人员全部到岗并进行培训。 7. 将 2009 年工作进度表规定的各项工作任务分解落实到人。

(续表)

时间	主要工作
2009 年 2 月	1. 制定竞赛组织所需志愿者工作计划。 2. 落实奖杯、奖牌、奖状和非标准竞赛器材。 3. 组织筹备组委会竞赛工作会议。
2009 年 3 月	1. 确定各竞委会组成人员、仲裁人员及各项目裁判长、副裁判长和裁判员。 2. 协调确定兴奋剂检测室等各赛场训练场地配套设施、功能用房。 3. 确定各竞赛项目训练场地。 4. 启动竞赛管理人员培训计划。 5. 落实竞赛成绩发布办法。 6. 与信息技术部协调竞赛成绩管理系统集成工作。 7. 启动第十一届全运会测试赛。 8. 审定单项秩序册和成绩册设计方案。 9. 召开竞赛工作专题工作会议。
2009 年 4 月	1. 上报国家体育总局审定奖杯、奖牌、奖品样式及种类。 2. 上报国家体育总局审定总秩序册、成绩册、竞赛指南及分发方案。 3. 与市场开发部协调，完成裁判员、技术官员、礼仪人员服装数量统计与设计方案。 4. 启动各单项竞赛电子编排工作。 5. 确定颁奖曲。 6. 汇总审核单项抽签编排方案。 7. 启动先期决赛项目的筹备组织工作。

(续表)

时间	主要工作
2009 年 5 月	1. 组织编印《竞赛指南》《竞赛总秩序册》《竞赛工作手册》，印发《单项竞委会组建方案和工作职责》《颁奖工作方案》。 2. 检查各比赛场馆设施运行，裁判设施、裁判与技术官员用房及供水供电保障情况。 3. 督促各项目竞赛器材及时到位并进入安装、调试阶段。 4. 提供竞赛类人员身份证信息，供制证部门制证。 5. 组织竞赛抽签工作试运行。
2009 年 6 月	1. 审定各代表团第一次联络员会议有关竞赛工作报告材料。 2. 完成代表团注册准备工作。 3. 拟定运动队入场式的彩排计划（时间、次数等），落实开幕式裁判员、运动员宣誓代表及誓词。 4. 组织颁奖礼仪人员选拔工作。 5. 召开各单项编排裁判长会议。 6. 组织对各训练比赛场馆第二次检查。 7. 全面落实裁判员装备、裁判器材。 8. 做好上半年工作总结。
2009 年 7 月	1. 接受运动队报名（第二次），对所报名单进行审核、汇总、统计并上报。 2. 最后确定裁判员、技术官员抽调方案。 3. 完成《第十一届全运会秩序册》审定。 4. 组织全运会测试赛。 5. 检查落实各场馆器材设施及功能用房布置情况。 6. 收集各代表团、运动队、裁判员及技术官员名单和照片，办理制证。 7. 颁奖礼仪人员选拔工作完成，开始集中培训工作。 8. 组织主办单位对竞赛工作的正式验收。 9. 会同办公室等部门召开各代表团联络员会议，介绍竞赛筹备组织工作。

（续表）

时间	主要工作
2009 年 8 月	1. 督促先期组建的各竞赛项目单项竞委会集中办公，全力准备前期决赛项目的准备工作。 2. 落实各单项仲裁委员、技术代表名单。全面落实相关设备及各项目辅助裁判员调用计划。 3. 组织对各赛区的竞赛组织工作进行全面检查。 4. 最后一次检查先期决赛场馆准备工作，与场馆管理机构完成工作对接。 5. 组织颁奖礼仪人员、工作人员培训。 6. 组织先期决赛项目比赛。 7. 召开各单项编排裁判长会议和决定抽签编排方案同步进行。 8. 裁判员、技术官员、礼仪人员服装的制作全部完成，适时下发。 9. 完成所有项目竞赛技术官员、裁判员培训。
2009 年 9 月 1–15 日	1. 拟定组委会领导对开幕后第一块金牌颁奖组织工作方案。 2. 组织对所有比赛场馆、器材进行全面检查。 3. 竞赛部及各单项竞委会筹备工作全部就绪。 4. 做好先期决赛项目各项竞赛组织工作。
2009 年 9 月 16–25 日	1. 组织对所有比赛场地、器材再次进行检查。 2. 举办先期决赛项目的比赛。 3. 向组委会领导专题汇报竞赛准备工作。 4. 做好各赛区竞赛组织协调工作。

(续表)

时间	主要工作
2009年 9月26日– 10月3日	1. 组织对各单项竞委会准备工作进行专项抽查。 2. 竞赛部全部工作人员到岗。 3. 与财务部协调裁判员、技术官员旅费报销及劳务费领取工作。 4. 举办先期决赛项目的比赛。 5. 拟定开幕式运动员、裁判员的入场及"宣誓"工作方案，并报批。 6. 组织召开各赛区负责人会议，部署举办期相关竞赛组织工作。
2009年 10月4–10日	1. 再次检查所有比赛场地和器材，组织裁判综合实习。 2. 完成闭幕式运动员、裁判员进、退场仪式的工作方案并报批。 3. 组织召开开幕式运动员、裁判员的入场工作准备会议。 4. 做好代表团及裁判员、技术官员报到工作。 5. 召开各代表团联络员会议，发放证件，通报情况变化，确定各代表团到达赛区时间。 6. 主持召开裁判员、运动员及裁判长、教练员联席会议。 7. 安排好报到的各代表团赛前训练工作。 8. 完成颁奖礼仪小姐的现场演练。 9. 完成竞赛专业志愿者与裁判员、技术官员现场演练。 10. 完成竞赛成绩管理系统现场测试。 11. 发放裁判、技术官员服装及装备。 12. 报销裁判员、技术官员差旅费并预定返程票。 13. 与大型活动部、场馆部等部门协调，确保开幕式当晚完成表演设施的拆除工作

相关链接二：

第十一届全运会组委会筹备阶段分管兴奋剂检测工作领导层面工作计划表

时间	主要工作
2008 年 7 月	1. 协调竞赛部、场馆部、财务部，落实兴奋剂检查功能用房，组织施工或改造。 2. 考察各兴奋剂检测仪器及相关设备供应厂家。 3. 学习组委会工作进度表，拟出本部门细化的工作进度表，将各项工作分解落实到人。 4. 编写本部至全运会开幕前各项主要工作的工作方案。 5. 总结上半年工作，制定下半年工作计划。 6. 拟定全运会兴奋剂检查的操作流程。 7. 拟定兴奋剂检查功能用房的设备清单，与财务部、监察审计部沟通，报批后进行专项定点采购。
2008 年 8 月	1. 拟定兴奋剂检测工作管理制度及工作流程并报批。 2. 完成兴奋剂检查设备、仪器预算的审批程序，开始专项定点采购。
2008 年 9 月	1. 与选定的兴奋剂相关检测设备、仪器生产厂家签订合同。 2. 督促检查各场馆兴奋剂检查站功能房建设装修工程进展情况。
2008 年 10 月	1. 检查各场馆兴奋剂检查站的建设装修情况，完成全部装修工程。 2. 制定本部门 2009 年度的财务预算。 3. 制定本部门需要国家体育总局、国家及省药监局解决的问题清单。
2008 年 11 月	1. 购置设备到位，并进行调试。 2. 上报各检查站站长名单。 3. 审核上报本部门的 2009 年度经费预算报告。
2008 年 12 月	1. 上报本部门需要国家体育总局、国家及省药监局解决的问题清单。 2. 经人事部批准，正式抽调补充人员到位。 3. 总结 2008 年的工作，制定 2009 年工作计划。

(续表)

时间	主要工作
2009 年 1 月	1. 与国家体育总局及相关部门协调，拟制兴奋剂检测工作方案，并确定检测工作流程。 2. 将 2009 年工作进度表规定的各项工作任务分解落实到人。 3. 补充抽调人员全部到岗并进行培训。
2009 年 2 月	1. 制定印发兴奋剂检查工作实施方案。 2. 组织对各检查站站长进行重点培训。
2009 年 3 月	1. 拟定先期决赛兴奋剂检查工作方案。 2. 与交通部沟通，落实兴奋剂检查工作的专用车辆。 3. 与安保部沟通，落实兴奋剂检查样本采集与保存场地的安保工作。
2009 年 4 月	1. 检查验收兴奋剂检查站装修及设备、仪器安装工作。 2. 召开兴奋剂检查工作协调会议，全面协调测试赛、先期决赛、正式比赛的兴奋剂检测工作。
2009 年 5 月	1. 落实兴奋剂检查需要补充的设备器材。 2. 对测试赛、先期决赛进行兴奋剂检测，结合比赛对兴奋剂检测工作演练。 3. 与各赛区城市实现工作对接，做好全运会期间的兴奋剂检测工作的协调。 4. 完成兴奋剂检查站的试运行工作，工作人员实现“定岗、定人、定责”。
2009 年 6 月	1. 结合测试赛对兴奋剂检查站进行试运行。 2. 拟定《第十一届全运会反兴奋剂专题工作会议》方案并报批。 3. 补充采购的设备、仪器全部到位。 4. 做好上半年工作总结。
2009 年 7 月	1. 结合测试赛，培训兴奋剂检查站的工作人员，进行试运行演练。 2. 参加各代表团联络员会议报告兴奋剂检查相关工作。 3. 全面检查场馆兴奋剂检查站。

（续表）

时间	主要工作
2009 年 8 月	1. 做好兴奋剂检查工作，确保实现“严谨、规范、无误”的工作目标。 2. 补充采购的设备、仪器全部调试完毕。
2009 年 9 月 1–15 日	1. 全力组织对先期决赛项目进行兴奋剂检测。
2009 年 9 月 16–25 日	1. 做好先期决赛项目兴奋剂检测工作。
2009 年 9 月 26 日– 10 月 3 日	1. 组织对先期决赛项目的比赛进行兴奋剂检查工作。 2. 与国家体育总局、组委会新闻宣传部协调确定兴奋剂检查阳性案例发布形式与程序。 3. 从 10 月 3 日起，本部领导参加的“零点会议”，报告当天工作完成情况，听取领导部署第二天的工作。
2009 年 10 月 4–10 日	1. 最后一次对兴奋剂检查站人员、设备、仪器及工作流程、后勤保障等工作进行全面检查。 2. 本部门领导参加“零点会议”全面汇报本部门的筹备工作情况，听取领导部署第二天的工作。

相关链接三:

第十一届全运会先期决赛工作有关情况

(2009年8月8日)

竞赛部

按照组委会要求，现将十一运会先期决赛工作情况总结汇报如下:

一、先期决赛工作概况

根据第十一届全运会竞赛总日程安排，在山东境内进行的短道速度滑冰(4月3—5日)、花样滑冰（4月9—12日)、网球团体（7月18—27日）和男子足球甲组（7月22—8月1日）4项先期决赛已经陆续结束。先期决赛的4个项目共有66支代表队的628名运动员、141 名教练员报名参赛，有258名裁判员参与了比赛执裁工作，共产生14枚金牌；有41名运动员、16名裁判员和18支代表队被授予体育道德风尚奖。

在国家体育总局和组委会的领导下，先期决赛项目涉及的青岛、济南、淄博、泰安4个赛区组委会和相关项目竞委会，严格要求，精心组织，总体上看，除男子足球甲组在泰安赛区出现的天津队运动员追打裁判违纪事件外，先期进行的4项决赛，整体竞赛组织工作顺利有序，信息编排和成绩公报及时准确，场地器材保障到位，颁奖服务严密规范。同时也积累了不少有益的工作经验,如冰上项目的奥运水准运行团队的保障模式;网球团体决赛有效应对大雨天气,避免赛程的延误;男子足球项目多队伍多轮次的安全顺利转场等，都得到了国家体育总局和项目管理中心的认可和肯定。总之，山东境内先期决赛项目的顺利举办，为后续决赛项目的有序进行打下了坚实基础。

二、竞赛组织工作情况

组委会竞赛部按照工作职责要求，坚持以竞赛组织为核心，建立和实行了项目责任人制度，对所有比赛项目分工到人，从计划制定、竞赛组织、器材配置、赛事保障到赛后总结等各个环节，加强对各赛区和项目竞委会的指导和协调。

一是加强对先期决赛项目的督察指导。赛前，按照决赛要求，指导相关赛区和项目竞委会组织了先期决赛项目测试赛和试运行，为决赛的顺利进行提供了有力的保障。在先期决赛工作中，相关部长和业务处长带领项目责任人盯靠在赛场一线，监督指导各赛区、各竞委会严格按照项目竞赛组织工作规范和要求，审定场馆运行计划和总体工作方案，认真抓好各赛区场馆和器材的标准化运行，加强有关赛区及单项竞委会竞赛组织工作的协调指导，构建起配合密切、衔接顺畅、运转高效的竞赛组织服务保障工作体系。

二是努力实现竞赛编排和信息工作"零差错"。赛前，主动了解赛区比赛成绩统计及传输系统工作落实情况；及时为赛区提供准确的竞赛规程总则、单项规程、体育道德风尚奖评选办法和各项目单元竞赛日程安排文本；认真审核项目秩序册编制内容和格式，督导秩序册的印制和发放；与信息技术部共同把好网络报名关，及时指导网球团体比赛不符合报名要求的参赛单位进行规范补报。赛中，安排专人值班，设置了24小时值班电话，保持与赛区联络畅通，及时了解赛事进展情况，做好每天赛事成绩统计汇总工作，第一时间向领导和有关部门报送成绩公告。同时，根据总局和组委会领导的指示精神，及时印发先期决赛《竞赛工作信息》9期。赛后，认真审核并督导印制、发放先期决赛项目成绩册，对各代表团奖牌榜、总分榜进行及时统计公布。

三是强化器材保障力度。我们遵照组委会关于竞赛器材配置既要满足赛事需求、又要体现节俭办全运的原则，狠抓了先期决赛项目的器材保障工作。如采取租用短道速滑电动计时器、花样滑冰裁判打分系统的方式，节约了器材购置资金。赛前，严格按照组委会器材配置要求，保证配发各赛区、各项目竞委会的竞赛器材在测试赛前15天全部到位。同时，监督指导各赛区、各项目竞委会严格按照组委会要求，按时、保质地完成自制、自备器材的配备工作。赛中，安排项目负责人全程盯靠在赛场，严格按照国家体育总局及组委会要求，现场指导厂家工作人员按照合同要求对比赛器材进行现场维护和保障，确保了各类器材在比赛中的有效使用，保证了比赛的正常进行。赛后，及时做好场地器材的回收、清点、整理工作，提高了器材的回收利用率。先期决赛项目的实战检验表明，由组委会配备的器材设备能够满足各项赛事的比赛需要，运转良好，可操作性强，国家体育总局相关项目管理中心和各赛区对所配器材设备均表示满意。

四是有序实施颁奖仪式。与志愿者工作部密切配合，参照奥运礼仪志愿者培训模式，对颁奖礼仪志愿者进行了为期一个月的集中强化培训，为先期决赛的网球团体和男子足球决赛的颁奖工作打下了基础。严格按照《第十一届全运会决赛项目颁奖组织方案》要求，确定了奖牌、颁奖嘉宾、礼仪引导员、颁奖音乐、颁奖鲜花、颁奖台等11个颁奖要素，明确了工作和颁奖流程，并深入颁奖工作一线，督导网球、足球两个项目竞委会做好颁奖组织和实施工作，确保了颁奖过程的顺利进行。

三、先期决赛工作反映出的问题与不足

总体上看，先期决赛的4个项目进行得比较圆满顺利，不仅赢得了国家体育总局和各参赛队伍的认可，也充分展示了山东人民的热情好客和全运盛会的魅力。但同时也暴露出竞赛组织工作存在的一些问题和不足，需要我们在今后的工作中加以解决、改进和完善。

一是在预防和控制赛场突发事件方面还存有差距。虽然对热点项目、涉及出线晋级的关键场次比赛有所预判，也指导有关赛区和项目竞委会制定了应急事件处置预案，加大了安保措施和防控力度，但泰安赛区还是出现了天津男足队员追打裁判员的严重违纪违规行为，造成了极坏的社会影响。这其中固然有当事裁判员突然脱离现场警力保护而被追上推倒的客观原因，但也暴露出我们在应对类似突发事件方面的缺乏经验和有针对性措施。国家体育总局和中国足协对此高度重视，对违反赛风赛纪的相关责任人进行了严肃处理。我们更要从中吸取教训，认真贯彻国家体育总局领导在第一次代表团团长会议上有关加强赛风赛纪工作的讲话精神，结合赛区和项目实际，进一步完善各项突发事件应急预案，全方位加强赛事控制，确保比赛的顺利进行。特别要充分利用召开项目领队、技术代表会议和裁判员工作会议的机会，加强与各参赛队伍和裁判员的沟通，落实总局赛风赛纪要求，教育引导广大参赛运动员尊重裁判、尊重对手、尊重观众，并统一裁判员的执裁尺度，提高控制比赛的能力，共同防范赛场突发事件的发生。

二是网球团体决赛时竞赛运行团队使用的无线对讲机信号质量不够稳定，对话高峰时相互干扰较大。建议有关部门在其他项目决赛前及时对无线通讯设备的调试和保障，确保通话质量和信息传输。

三是网球附属场地走廊在赛事期间存有秩序较乱情况。建议相关赛区及项目竞委会进一步合理规划场馆区域布局和流线安排，加强区域管理、人员引导和秩序维护。

四是在竞赛组织细节方面还存在一些不足。如男子足球甲组淄博赛区在更换运动员现场播报不够及时，比赛场地草皮质量需进一步提高，赛场周边的球童专业素质不高，组委会配发的工作证件一度不能顺利使用等。对此，我们已经协调赛区抓紧进行改进和完善。

五是项目负责人的服务意识和对竞赛项目的理解及驾驭能力有待进一步增强。特别是项目器材负责人要加强与竞委会管理人员的协调沟通，严格按与厂家协议的保障要求，对先期决赛中反映出的足球换人牌的轻化改进、网球裁判椅的刚性紧固、网球发球测速仪应小于5秒显示等问题，及时督促相关厂家落实改进措施，同时要积极协调各相关赛区进一步抓好自备器材的保障工作。

四、下一步工作打算

从9月9日开始，其他项目决赛将全面展开，下一步的竞赛组织工作时间安排紧、决赛项目多、赛区分布广，竞赛部将一如既往地贯彻落实组委会的安排部署，在国家体育总局竞技体育司的具体指导下，把握正确的竞赛组织工作方向和政策尺度，进一步规范各项竞赛组织工作行为，全力以赴，争分夺秒，扎扎实实做好各项竞赛组织工作。

一是切实抓好整改，完善各项筹备工作。先期决赛后，竞赛部及时总结出现的问题，有针对性地制定措施和完善意见，切实抓好各项整改工作。全体工作人员根据各自职责分工，通过先期决赛认真总结自己的工作，完善细化工作职责，进一步提高工作能力和水平。针对尚未决赛的项目，对照先期决赛项目查找各个环节工作中的不足与差距，尽快加以解决完善，同时强化责任追究，确保把工作落到实处。

二是坚持深入赛区一线，加强督查指导。竞赛部将继续加强与组委会相关部室、各赛区及各单项竞委会的联系，协同作战，保证各项决赛顺利进行。针对近期部分项目的测试赛和9月份开始举行的项目决赛，分管部长和有关处长及项目负责人将继续深入赛区一线，盯靠在比赛现场，与赛场工作人员同吃、同住、同工作，全面做好协调组织、督查指导工作。对重点项目、薄弱环节要做到重点盯靠。要牢固树立“大赛无小事”的思想，继续加强对竞赛组织工作细节的研究，对在测试演练过程中发现的问题，督促各赛区和单项竞委会全力抓好整改落实，力求每一个环节都不出现纰漏。对所有可能出现的问题预先设计好解决方案，精益求精地把各项筹办工作做深、做细、做扎实。

三是进一步强化全体竞赛组织人员的大局观念和责任意识，狠抓工作人员的办事效率和工作质量。竞赛部将继续加强内部管理，严格组织纪律，制定科学合理的工作计划，要求全体工作人员发扬艰苦奋斗的优良传统，牢记办赛宗旨，增强服务意识，进一步增强工作的自觉性和主动性，舍小家、顾大家，把困难留给自己，把方便让给全运会，埋头苦干，扎实工作，紧密团结，通力合作，全力以赴为后续项目决赛做好全方位准备工作。

根据竞赛部在部分赛区和比赛现场了解到的情况，对下一阶段的工作提几点建议。一是根据部分比赛项目（如网球）结束时间具有不确定性的特点，更加机动灵活地安排往返赛场和驻地的车辆班次，确保赛事需求；二是进一步规范和加强赛场志愿者的使用和管理，特别是看台志愿者的培训和管理；三是进一步简化贵宾证件的申领、发放程序，以便于各代表团官员观摩有关赛事；四是进一步加大赛事宣传力度，适当确定门票价位，以吸引更多的观众走进全运赛场，营造浓厚的赛场氛围。

【案例】

大型综合性运动会第一次代表团团长会议竞赛工作汇报

竞赛部

为加强与各代表团的协调沟通，了解掌握各代表团的工作需求，根据主办单位办公会会议精神，拟于×月×日召开第一次代表团团长会议，通报运动会筹备工作情况，同时对运动会预赛进行总结，对决赛赛风赛纪和反兴奋剂工作提出要求。会议筹备工作方案已经主办单位职能部门审核后正报主办单位领导审定。现将工作方案有关情况汇报如下。

一、时间地点

××××年×月×日（星期×），在×××召开，会期一天。

二、参加人员

1. 主办单位领导及有关职能部门负责人；

2. 组委会领导及各部室负责人；

3. 运动会各代表团团长 1 人，联络员 1 人；各省、自治区、直辖市体育局相关职能处负责人。

三、会议内容

1. 通报运动会筹备工作情况及下一步工作安排；

2. 总结运动会预赛工作，对各代表团的决赛工作提出要求；

3. 通报运动会竞赛筹备工作情况及安排；

4. 通报运动会代表团、运动队食宿接待、餐饮、制证、车辆、票务、信息发布、新闻宣传、开幕式入场等工作方案，并征求各代表团意见；

5. 对决赛报名工作提出要求，并进行专项培训；

6. 察看代表团团部驻地和部分项目比赛场馆等；

7. 对运动会火炬传递活动进行安排部署；

8. 其他相关工作。

四、日程安排

×月×日，17：00 前报到。

×月×日，9:00，召开全体大会。由主办单位领导主持会议。具体内容如下。

第一项：承办单位领导通报运动会筹备工作情况及下一步工作安排。

第二项：主办单位领导对运动会预赛工作进行总结。

第三项：主办单位领导对运动会会决赛工作提出要求，重点强调赛风赛纪治理和反兴奋剂工作方面的要求。

×月×日，14：00，分别召开代表团联络员会议和运动会火炬传递工作会议，同时组织参观部分比赛场馆及代表团驻地、组委会驻地等。

1. 召开代表团联络员会议，由主办单位竞赛管理部门负责人主持会议。具体内容如下。

第一项：组委会通报运动会竞赛筹备工作情况。

第二项：组委会通报代表团团部、运动队食宿接待、餐饮、制证、车辆、票务、信息发布、新闻宣传、开幕式入场等工作方案，并征求代表团意见。

第三项：主办单位竞赛管理部门负责人对代表团报名工作提出具体要求，并进行专项培训。

第四项：答疑。

2. 召开运动会会火炬传递工作会议，由主办单位相关职能部门负责人主持会议。

3. 组织各代表团团长参观部分比赛场馆及代表团驻地、组委会驻地等。

×月×日，离会。

五、相关费用

食宿接待费由组委会负责，差旅费自理。

六、会议筹备

由办公室牵头组织，各有关部室按照职责分工进行准备。拟成立会务、材料、接待、联络四个工作组，具体做好如下筹备工作。

1. 会务工作

会议通知由办公室协调主办单位下发；会场和接待宾馆由行政接待部协调落实；会场布置由办公室和竞赛部负责。

2. 材料准备

组委会筹备工作汇报稿由办公室负责起草；运动会预赛总结、决赛工作部署、竞赛筹备工作情况通报由主办单位竞赛管理部门起草；运动会代表团、运动队食宿接待、证件制作、车辆服务、票务安排、信息发布、新闻宣传、火炬传递、开幕式入场等专项工作方案，分别由行政接待部、安保部、交通保障部、办公室、信息技术部、新闻宣传部、信息技术部、大型活动部制定，报办公室审定；会议指南编辑印发由行政接待部负责。

3.接待工作

参会人员的报到、食宿、迎送、票务、车辆等工作，由办公室、行政接待部和交通保障部负责；比赛场馆观摩活动由场馆建设部和行政接待部负责。

4.联络组

与主办单位的沟通协调，包括主办单位出席会议领导和部门负责人名单落实等工作，由办公室、竞赛部负责。

第十节　开闭幕式工作实务

体育赛事开幕式和闭幕式是体育赛事最重要的活动，是体育赛事开幕及圆满结束的标志性事件，这使得开幕式和闭幕式成为展示赛事运作水平和整体形象的最佳载体之一。体育赛事运作管理机构应当邀请赛事相关公众的代表参加开幕式或闭幕式，向他们传递赛事的正面信息，赢得他们对赛事的正面评价。赛事开幕式或闭幕式邀请的嘉宾通常包括党政机关有关负责人、知名运动员或体育界官员、媒体记者、赞助商代表、相关社会团体成员、友好城市代表等。开幕式或闭幕式仪式和表演的组织水平、现场氛围、媒体传播以及现场管理，直接体现了赛事运作管理工作的水平。

开幕式主要是由仪式和表演组成，标志着体育赛事正式开始，也是各参赛单位的集中展示，通过体育赛事惯例的议程，体现体育的特征，通过具有承办地文化特色的表演，欢迎参赛的嘉宾，用文艺表演的形式款待出席体育赛事的选手和嘉宾。

闭幕式主要是由仪式、颁奖和文艺表演组成，标志着体育赛事正式闭幕。通过体育赛事惯例的议程，体现体育赛事结束的特征，通过颁奖来体现对优胜者的褒奖，通过文艺表演的形式来体现赛事组织者欢送参赛选手和嘉宾，欢庆体育赛事圆满成功。

一、筹备阶段开幕式工作的主要内容

1. 组建组委会开闭幕式工作部门
2. 创编开幕式文艺表演创意大纲
3. 组建开幕式主创团队
4. 创作开幕式文艺表演文学剧本和执行剧本
5. 组织开幕式文艺表演的排练
6. 按照体育赛事惯例的议程，组织仪式部分的排练
7. 确定出席和主持仪式的领导和代表
8. 为开幕式的顺利举行构建保障团队

二、筹备阶段闭幕式工作的主要内容

1. 组建组委会闭幕式工作团队
2. 组建闭幕式导演团队
3. 创作闭幕式文艺表演文学剧本和执行剧本
4. 组织闭幕式文艺表演的排练
5. 按照体育赛事惯例的议程，组织仪式部分的排练
6. 按照体育赛事惯例的议程，组织颁奖部分的排练
7. 确定出席和主持仪式的领导和代表
8. 为闭幕式的顺利举行构建保障团队

相关链接一：

第十一届全运会组委会筹备阶段分管开闭幕式工作领导层面工作计划表

时间	主要工作
2008 年 7 月	1. 拟定考察北京奥运会开、闭幕式活动方案。 2. 学习组委会工作进度表，将各项工作分解落实到人。 3. 编写开幕前各项主要工作方案或预案。 4. 总结上半年工作，制定下半年工作计划。 5. 筹建开幕式文艺表演编导主创人员团队。 6. 正式启动闭幕式文艺表演筹备组织工作。 7. 协同有关部门做好场馆建设中预留文艺表演场地的调研论证工作。 8. 筹备到北京考察奥运会开、闭幕式相关工作。 9. 形成 1~2 套相对成熟的开幕式文艺表演方案，做好汇报准备工作。
2008 年 8 月	1. 确定开幕式文艺表演总体方案，并报批审定。 2. 组建闭幕式文艺表演编导组，物色主创人员。 3. 继续做好场馆建设中预留文艺表演场地和配套设施的论证工作。 4. 实地学习考察北京奥运会开幕式组织实施经验。 5. 完成本部门倒计时一周年活动最终方案。 6. 制定学习考察第六届全国农运会开、闭幕式工作方案。
2008 年 9 月	1. 启动开幕式文艺表演方案的加工完善和深度创作。 2. 确定总导演及导演、制作团队并做好各项签约准备工作。 3. 确定开幕式文艺表演省内编导主创人员名单。 4. 物色开幕式文艺表演重点演员、专业技术人员及相关演出队伍。 5. 组织创作开幕式运动员入场仪式方案。 6. 做好考察第六届全国农民运动会开、闭幕式的准备工作。 7. 启动垫场演出筹备工作。 10. 落实开幕式所需车辆及外地演出人员住宿宾馆。

（续表）

时间	主要工作
2008 年 10 月	1. 成立开幕式文艺表演编导主创人员团队，召开第一次主创人员工作会议。 2. 组织创作垫场演出方案。 3. 实地考察第六届全国农民运动会开、闭幕式文艺表演的组织工作，学习相关经验。 4. 制定本部门 2009 年度财务预算，协同有关部门制定开幕式财务预算。 5. 形成 1~2 套相对成熟的闭幕式文艺表演方案，做好汇报准备工作。
2008 年 11 月	1. 经省委、省政府和国家体育总局批准后，确定闭幕式文艺表演方案。 2. 协同有关部门做好开幕式文艺表演灯光、音响、服装、道具、焰火等舞美项目政府采购招标准备工作。 3. 确定开幕式文艺表演排练实施方案。 4. 制定开幕式群众演员遴选方案并与演出单位沟通。 5. 启动闭幕式文艺表演方案的深度创作。 6. 审核上报本部门 2009 年度财务预算报告和开幕式财务预算报告。
2008 年 12 月	1. 完善开幕式文艺表演的深度创作，确定重点演员及相关演出队伍，并与管理单位签订合同。 2. 确定开幕式文艺表演各制作团队，签订合同。 3. 提出运动员入场式初步创意方案，并在一定范围内座谈论证。 4. 协同有关部门制定闭幕式财务预算。 5. 继续做好群众演员的遴选工作。 6. 上报本部门需省有关单位及驻鲁部队支持解决的相关工作条目清单。 7. 总结 2008 年的工作，制定 2009 年工作计划。
2009 年 1 月	1. 与开幕式各参演单位签订协议，编制演员花名册、建立演员组织管理机构。 2. 对参加开幕式文艺表演的群众演员进行业务培训。 3. 全面展开开、闭幕式大型文艺表演作曲、舞美、灯光、音响、服装、道具等设计创作工作。 4. 将 2009 年工作进度规定的各项工作任务分解落实到人。 5. 协调落实开、闭幕式排练场地。 6. 补充抽调人员全部到岗并进行培训。

(续表)

时间	主要工作
2009 年 2 月	1. 开幕式文艺表演进入正式排练阶段，启动各篇章分场排练。 2. 物色闭幕式重点演员、专业技术人员及相关演出队伍。 3. 继续对开幕式表演排练脚本进行细化创作。 4. 确定垫场演出实施方案。 5. 开、闭幕式音乐出小样，开、闭幕式舞美、灯光、音响、服装、道具出设计草图。 6. 对垫场演出队伍进行业务培训，并组织学习相关制度。 7. 制定开、闭幕式排练及演出后勤保障方案。
2009 年 3 月	1. 与闭幕式、垫场演出各参演单位签订协议，启动垫场演出排练。 2. 全面启动开幕式文艺表演灯光、音响、服装、道具、火焰等舞美项目政府采购招标。 3. 与场馆建设部及有关单位协调，落实开、闭幕式各排练场地。 4. 与分章节排练涉及到的场馆协调完毕。 5. 做好编导主创人员团队与舞美、灯光、音响等制作团队的协调。 6. 召开参演人员及参演单位负责人会议。 7. 与交通保障部协调，确定合练、彩排、开幕式演员队伍交通运输保障方案；与医疗卫生部协调，落实排练期间医疗卫生现场保障工作；与财务部、监察审计部协调，落实相关补助及经费支出工作；与安保部协调，做好现场安保工作。 8. 建立起开、闭幕式排练后勤保障机制，专人负责，跟踪落实。
2009 年 4 月	1. 进行闭幕式文艺表演灯光、音响、服装、道具、焰火等舞美项目政府采购招标。 2. 完成闭幕式文艺表演方案的深度创作，确定重点演员、专业技术人员及相关演出队伍。 3. 确定运动员入场式设计方案。 4. 物色运动员入场式演职员和导引员。 5. 主持召开开幕式演出排练工作协调会，同时进行排练总动员。 6. 开、闭幕式音乐进棚制作，舞美、灯光、音响、服装、道具设计交图，舞美、服装、道具制作开始，舞美、服装、道具跟踪监制及质量抽查开始。 7. 拟定开幕式文艺表演联合排练及彩排、预演方案。 8. 研究制定开幕式模拟演出场地及舞台搭建工作方案。

(续表)

时间	主要工作
2009 年 5 月	1. 完成开幕式文艺表演分章节排练。 2. 闭幕式文艺表演进入正式排练阶段。 3. 启动运动员入场式排练工作。 4. 制作开幕式三维演示片，以备各级领导检查工作之用。 5. 上报开幕式文艺表演联合排练方案。
2009 年 6 月	1. 完成开、闭幕式分场编导工作，向组委会汇报编导方案及开幕式三维演示片，报领导最后审定。 2. 开幕式文艺表演进入篇章合成排练阶段。 3. 落实开幕式模拟演出场地并搭建舞台。 4. 开、闭幕式音乐局部修改、定稿、出带。 5. 组织落实开幕式文艺表演联排工作。 6. 研究制定闭幕式模拟演出场地及舞台搭建工作方案。
2009 年 7 月	1. 制定开、闭幕式文艺表演突发事件处置预案。 2. 向组委会领导汇报开、闭幕式文艺表演总体方案。 3. 开幕式舞蹈场面初排 (分场导演负责，总导演审看、修改)。 4. 最终确定开幕式演出单位，确定闭幕式舞美、灯光、音响、布景制作单位并正式签订合同。 5. 拟定本部门全运会来宾报到开始至离会期间需要组委会层面解决的问题清单。 6. 组织实施开幕式文艺表演联排工作。 7. 全面启动开幕式联排工作，组织慰问参演人员。 8. 召开舞美、场地布置、灯光、音响等单位与总导演及参演团队的协调会议。 9. 舞美施工队进入奥体中心体育场搭建开幕式文艺表演舞台。

（续表）

时间	主要工作
2009 年 8 月	1. 开幕式文艺表演队伍、垫场演出队伍、运动员入场式队伍分头进入模拟演出场地进行局部合成排练。 2. 落实闭幕式模拟演出场地并搭建舞台。 3. 组织开幕式文艺表演突发事件应急预案演练。 4. 确定闭幕式文艺表演突发事件应急预案演练。 5. 与场馆建设部做好闭幕式排练、装台工作的准备与协调。 6. 组织筹备开、闭幕式文艺表演联排工作。 7. 拟定开幕式主火炬点火方案，并上报。 8. 开幕式各参演队伍进入奥体中心体育场进行实地排练。
2009 年 9 月 1–15 日	1. 审查开幕式大型文艺表演排练情况。 2. 开幕式文艺表演队伍在奥体中心体育场进行合成排练。 3. 开幕式运动员入场式模拟队伍进入奥体中心体育场模拟排练。 4. 开幕式灯光、音响器材验收；灯光、舞美、音响装台。 5. 完成开幕式节目单设计、审查并开始印制。 6. 提出开幕式点燃主火炬的火炬手建议名单，报组委会批准。 7. 按照开幕式主火炬点火方案，进行技术准备。 8. 结合开幕式排练进行开幕式应急预案演练。 9. 闭幕式文艺表演队伍进入闭幕式模拟演出场地进行合成排练。 10. 召开闭幕式专项协调会，完成导演组与闭幕式表演单位及相关工作协调，形成最终方案。
2009 年 9 月 16–25 日	1. 开幕式各参演队伍在奥体中心体育场进行总合成排练（含垫场演出、运动员入场式，下同）。 2. 开幕式表演演员试穿正式演出服装。 3. 闭幕式演出队伍在模拟场地进行总合成排练。 4. 全面检查奥体中心主火炬塔设备、燃料和维护工作。 5. 组织开幕式主火炬手现场培训。 6. 对开幕式正式的文艺表演工作沿着时间节点，依次形成工作方案，排出工作流程。 7. 与有关部门进行协调，全面落实开幕式仪式与文艺表演部分的衔接。 10. 向组委会领导专题汇报闭幕式文艺表演最后确定的方案。

（续表）

时间	主要工作
2009 年 9 月 26 日– 10 月 3 日	1. 对各类演出物资设备总检查。 2. 会同竞赛部组织开幕式仪式部分彩排。 3. 召开开幕式参演单位负责人会议，协调正式演出的相关工作。 4. 闭幕式节目单设计、审查并开始印制。 5. 在奥体中心体育场进行开幕式文艺表演第一次彩排。 6. 与票务部门协调解决开幕式彩排或预演门票，赠送参演单位和演员亲属。 7. 在奥体中心体育场进行开幕式文艺表演第二次彩排。 8. 从 10 月 3 日起，本部领导参加“零点会议”，报告当天工作完成情况，听取领导部署第二天的工作。
2009 年 10 月 4–10 日	1. 10 月 4 日、5 日，开幕式在奥体中心体育场作调整性排练。 2. 10 月 6 日在奥体中心体育场完成开幕式文艺表演第三次彩排。 3. 10 月 8 日开幕式举行带观众预演，向组委会领导汇报演出，电视台录备播带。 4. 10 月 9 日、10 日开幕式彩排调整；开幕式场内冷焰火安装；开幕式广场高空焰火安装。 5. 接收火种盒并做好主火炬试点火工作。 6. 本部门领导参加“零点会议”，全面汇报本部门的筹备工作情况，听取领导部署第二天的工作。
2009 年 10 月11 日	1. 组织开幕式文艺表演。 2. 主火炬手及备选主火炬手按时到达开幕式现场。 3. 开幕式上点燃主火炬。 4. 会同有关部门，当晚完成开幕式表演设备拆除搬运工作。 5. 参加“零点会议”。

相关链接二：

第十一届全运会开闭幕式总指挥部方案

开闭幕式是第十一届全运会的整个筹办工作重中之重，也是一项环节多、涉及广、复杂的系统工程。为确保十一运开闭幕式圆满成功，特制定总指挥部方案如下。

一、指导思想

在国家体育总局和省委、省政府的统一领导下，以“和谐中国、全民全运”为主题，以“指挥有力、运行顺畅、确保安全、精彩圆满”为目标，精心策划、精心组织，调动各方力量，整合有效资源，组建统一指挥、统一号令、高度集中、协调一致的十一运开闭幕式总指挥部，形成全方位的开闭幕式指挥、运行、保障体系，全力以赴做好开闭幕式各项筹办工作，为举办一届富有特色、平安祥和、人民满意的全运盛会增光添彩。

二、建立开闭幕式总指挥部

借鉴以往国内大型综合性运动会开闭幕式成功经验，结合我省实际，确定在省委、省政府直接领导下，组建十一运开闭幕式总指挥部，全权负责开闭幕式的指挥调度、运行保障工作。总指挥部由十一运组委会和济南赛区组委会相关负责同志组成，并吸收省市有关部门参加，实行高度集中、分工明确、责任到人的扁平化管理。总指挥部拟建立三个层次的指挥运作体系，设总指挥1人，下设统筹接待组、仪式表演组、安全保卫组、综合保障组四个大组，每组由1名副总指挥分工负责并担任组长，大组根据实际需要设若干个工作组，并明确工作组负责人和工作职责。总指挥部具体职责分工如下：

（一）总指挥（建议由省委、省政府1名领导同志担任）

负责开幕式各项筹办工作的总决策、总指挥、总协调、总调度，并直接对省委、省政府负责。

（二）各组（副总指挥）职责分工

1.统筹接待组（建议由省委或省政府1名副秘书长担任副总指挥及组长），另设副组长、成员若干人。主要职责：

(1) 负责开闭幕式总指挥部的统筹协调工作，制定开闭幕式总体方案和总流程。

(2) 制定开闭幕式主席台及贵宾（嘉宾）座位安排方案，拟制领导讲稿、主持词。

(3) 负责协调落实保安、警务人员、引路志愿者、贵宾休息室、主席台服务人员，做好主席台区、贵宾席的茶水、毛巾、接待、引导和安保等服务工作。

(4) 负责做好中央、省领导，各省代表团团长、贵宾（嘉宾）等引导进场就座和离场工作。

2.仪式表演组（建议由×××同志担任副总指挥及组长）另设副组长、成员若干人。主要职责：

(1) 负责协调落实中央电视台开闭幕式直播有关事项，协调落实直播工作所需电力保障车。

(2) 负责场内舞美、灯光、广告、焰火、标语等宣传氛围布置，负责会场布置、话筒、音响调试维护、负责与综合保障组对接，做好应急音响、场地照明、电子屏幕和电力供应等设施维护、场馆运行保障工作。

(3) 负责协调落实开闭幕式仪式所需电视宣传片，制作十一运筹备工作情况电视专题片，供开幕前播放；负责收集、编辑介绍各代表团的录像片，供开闭幕式各代表团入场时播放。

(4) 负责开闭幕式总流程方案仪式与表演部分的组织实施，包括负责与开闭幕式团队协调与对接，组织垫场表演，仪仗队、运动员、裁判员入场，升旗、奏歌、火炬点燃、火炬熄灭等仪式，负责场内外焰火燃放、音响灯光配合、观众互动组织。负责运动员代表、裁判员代表宣誓，开闭幕式仪式与表演之间的串联、衔接。

(5) 负责协调安全保卫组做好高空焰火燃放安全工作，与竞赛部共同组织好参加开闭幕式入场仪式运动员的引导、集中与疏散工作，做好入场式的演练和实施工作。

(6) 负责演出结束后拆除舞台等设施工作，确保开幕后比赛需要。

3.安全保卫组（建议由×××同志担任副总指挥及组长）另设副组长、成员若干人。主要职责：

(1) 负责场内外消防、安检、搜排爆、防恐处突、交通组织、安全保卫等工作。

(2) 负责引导和疏导观众、制定会场纪律和观众注意事项，负责现场调度播音员广播。

(3) 负责主席台区域就座领导、贵宾（嘉宾）安保警卫工作。负责奥体中心体育场（馆）各出入口、电梯口、贵宾室门口安全检查及现场控制工作。

(4) 负责奥体中心各停车场管理及高空焰火燃放安全工作。

(5) 负责反恐、防火、防爆、防盗及防踩踏、防突发事件的应急预案、预演和实施工作。

(6) 负责协调综合保障组，做好奥体中心小卖部、企业展示区及场内外变电站、输电线、变电箱、通信、电视直播设备的保卫工作。

4.综合保障组（建议由济南市负责同志担任副总指挥及组长）另设副组长、成员若干人。主要职责：

(1) 负责做好开闭幕式期间奥体中心特别是体育场的供水、供电、信息通信保障及环境保洁、绿化工作；负责提供演员休息室、化妆室、安保执勤指挥室等工作用房；配合仪式表演组做好场内外宣传广告、标语、升旗等氛围营造，做好电视直播、插播及灯光、音响布置的电力保障和配合工作；负责演出结束后配合拆除舞台等设施；负责落实总指挥部成员在开闭幕式当天晚餐及饮水保障，

(2) 负责协调做好奥体中心周边道路绿化、环卫和停车场各种标识及照明灯光设置，配套一定数量的流动厕所，并在奥体中心四周路口制作全运会开闭幕式场馆专用路标、指示牌。

(3) 负责配合做好开闭幕式观众礼品包的发放和管理工作，并在会场外设立全运会吉祥物、纪念品、邮品展销点和全运会企业产品展示区。

(4) 负责落实开闭幕式现场指挥部成员的通信保障，确定通信应急保障车停放点，确保会场通信网络的畅通。

(5) 负责落实开闭幕式参会人员运输接送工作方案，确保与会观众按规定时间、路线起运、停车，有序通过安检门进入场地；负责现场交通指挥、疏导及散场车辆调度；对公交专线的线路、班次、起运地点及停车场地（包括自驾车的停车场所）通过媒体提前向社会公告。

(6) 负责培训验票人员，做好观众进场验票工作。

(7) 负责引导观众从不同停车场，按规定的安检门和体育场入口有序进入相应看台，同时按原线路退场；配合统筹接待组引导领导、重要贵宾（嘉宾）进入开闭幕式主席台、贵宾区，同时负责贵宾通道、主席台通道的服务引导；配合仪式表演组在各代表团运动员、教练员停车场，组织志愿者引导参加开闭幕式入场仪式的运动队到指定地点集中、入场，并引导不参加入场式的其他运动员、教练员直接到场内就座；负责引导裁判员、记者、观摩人员、观众从规定的停车场通过安检门，到相应看台就座，有序进出场；负责制作各类观众引导牌，组织志愿者在自驾车停车场、公交专线停靠站，采取

接力方式引导零散观众通过安检门进场；组织志愿者协助进行安检和检票，并维持现场秩序；组织志愿者在场内引导观众进入看台就座和如厕等，并负责开闭幕式演出期间引导现场观众互动。

(8) 负责开闭幕式场内医疗救护点和急救中心设置，做好现场医疗保障服务和医疗突发事件应急预案准备；负责贵宾室的卫生检测、医疗点设立，并派驻医护人员。

(9) 负责开闭幕式气象保障工作，在场馆现场设立气象观测站，并视气候情况适时开展人工影响作业。

三、开闭幕式总指挥部的筹备和实施

在时间紧、任务重的情况下，为全面做好开闭幕式各项筹办工作，本着科学安排、有序推进的原则，拟将总指挥部工作分为三个阶段。

(一) 组建阶段（8月20日—9月1日）

主要工作：

1.明确1名省级领导同志牵头负责开闭幕式总指挥部组建工作。

2.总指挥部下设的4个组，分别明确1名负责同志牵头负责本组工作机构的组建工作，并根据需要落实相关人员。

3.起草各组工作方案和各专项工作方案，明确各工作机构职责范围和人员分工。

(二) 准备阶段（9月2日—10月10日）

主要工作：

1.完善开闭幕式总体方案，编制开闭幕式工作流程图。

2.明确各组及各专项工作责任人，最终形成总指挥部指挥联络图。

3.完成各组之间专项工作的协调与对接，形成各组工作流程图。

4.结合开闭幕式合练、彩排、预演进行磨合与演练，不断完善工作方案、工作流程和应急预案。

(三) 实施阶段（10月11—28日）

主要工作：按照开闭幕式总体方案和总流程图，对开闭幕式各项工作进行现场指挥和实施。

附：第十一届全运会开闭幕式总指挥部机构及通讯保障系统示意图

第十一届全运会开闭幕式工作流程表

二〇〇九年八月十五日

附件 1：

第十一届全运会开闭幕式总指挥部机构及通讯保障系统示意图

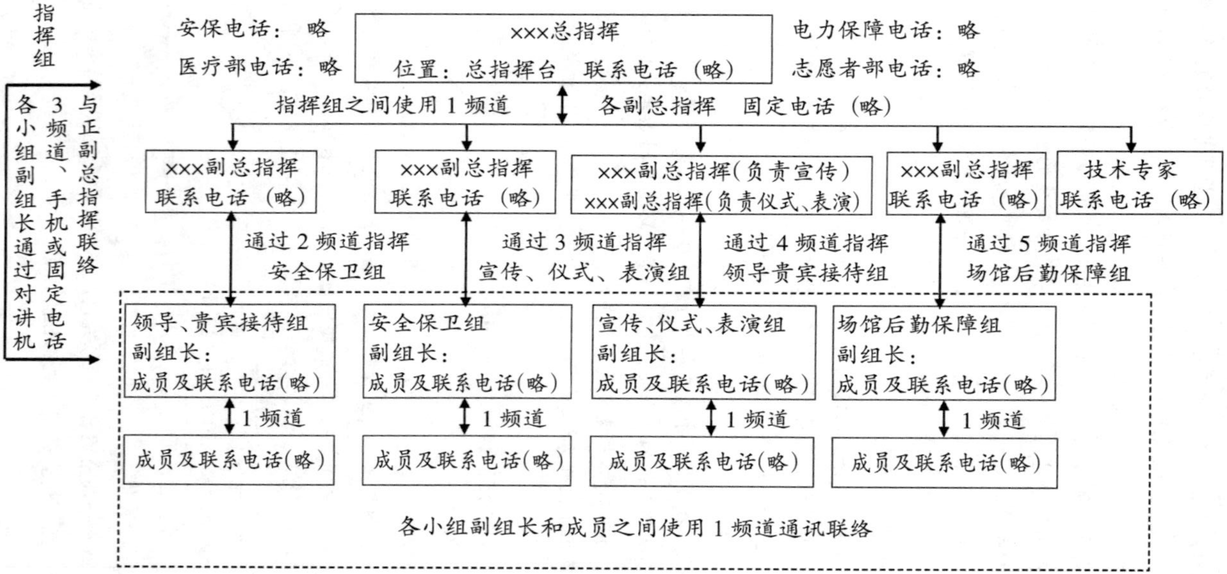

附件2：

第十一届全运会开闭幕式工作流程表

10月15日

时间	工作内容	责任部门	备注
15日上午	1. 检查主席台座位安排、卫生、茶水、音响、电源、桌椅安排及贵宾室准备情况；	统筹、贵宾接待组	
	2. 检查奥体中心内外场氛围布置；	仪式、表演组	
	3. 检查各代表团参加入场式的旗手、领队、40名运动员人员选派和集结、代表团团旗准备、场地准备；	仪式、表演组	
	4. 检查开幕式升旗仪式有关旗帜、音乐、武警仪仗队、升旗、护旗人员、火炬设备及供气的准备；	仪式、表演组	
	5. 检查现场总指挥部、电视直播现场总指挥室、电视直播解说间、开幕式广播直播间、开幕式总导演指挥调度室及其它功能房的设备准备；	综合保障组	
	6. 电视直播、转播，场内外大屏幕、新闻中心、通信信息保障各项设备运行、信号传输的检查；	仪式、表演组	
	7. 对主席台、贵宾区、休息室、观众区进行清洁；	综合保障组	
	8. 检查贵宾室配套物品、厕所标识、卫生间必备物品、工作用房的准备情况；	综合保障组	
	9. 检查开幕式医疗点、急救中心、救护车的落实情况；	综合保障组	
	10.落实贵宾室服务员、引导员等有关保障人员的准备工作；	综合保障组	
15日下午	1. 15：00前，开幕式观众礼品包等所有需要送进体育场的物品，必须全部运送并存放到体育场房间及指定地点，以便搜爆检查；	各组	
	2. 15：00–16：00，对搬进体育场的礼品等物品和体育场内可关闭的房间进行搜爆和封闭；	安全保卫组	

（续表）

时间	工作内容	责任部门	备 注
15日下午	3. 检查主席台、贵宾休息室、电梯有关责任单位的服务、引导、工作人员是否落实到位；	统筹、贵宾接待组	
	4. 16:00–18:00 前最后确定重要领导、贵宾参加开幕式主席台座次；完成领导座位牌制作和主席台的布置；	统筹、贵宾接待组	
	5. 检查各类保障车辆到位情况；	综合保障组	
	6. 检查电梯、安检门、验票机以及有关信息网络等技术设备的运行情况；	综合保障组	
	7. 检查停车场等各类标识和通信保障情况；	综合保障组	
	8. 检查舞台设施安全和焰火燃放实施情况；	综合保障组	
	9. 检查落实保安、警务人员、引路志愿者、贵宾休息室服务员、主席台工作人员及水、电、毛巾、接待、保洁等工作；	综合保障组	
	10. 检查体育场内的供水、供电、信息通信保障及全日保洁、环境绿化工作；	综合保障组	
	11. 检查场外氛围营造情况，包括环境卫生、奥体中心周边道路绿化、美化、亮化、停车场氛围营造情况；并配套一定数量的流动厕所；	综合保障组	
	12. 检查开幕式观众礼品的发放和全运会纪念品、展示品、赞助企业产品展示区；	综合保障组	
	13. 做好电视直播、插播及灯光、音响布置的电力保障和沟通、协调、配合工作；	综合保障组	
	14. 22：00 对奥体中心实行封闭进行“搜排爆”检查，启用开幕式专场附加证出入。	安全保卫组	

10月16日

时间	工作内容	责任部门	备　注
9：00	检查仪式、演出设施、设备、供电设施情况；	仪式、表演组	
9：00–10：00	对奥体中心体育场外围墙以内进行清场和警戒，全面实施“开幕式专场附加证”；	安全保卫组	
11：00	1. 体育场彻底清扫和整理完毕，清理与开幕无关的物品，保证场内没有垃圾和乱堆乱放的杂异物；	综合保障组	
	2. 奥体中心赞助企业展销区现场食品、礼品、邮品销售区的货物、观众礼品包等全部摆放完毕，进入作业状态；	综合保障组	
14：30	1. 开幕式现场各类工作人员全部到位，逐级报告到位情况；	各组	
	2. 总指挥部三级领导到达会场，召开开幕前最后一次会议部署工作，联调对讲设备；	各组	
15：00	1. 主席台桌签摆放完毕，并检查音响、话筒等设备是否能正常使用，座椅是否安全牢固，茶具、茶叶、茶水等是否配备齐全；	统筹、贵宾接待组	
	2. 所有经交警部门同意确需停放在的各种特种车辆和生活保障车进场完毕，并按指定区域停放；	安全保卫组	
	3. 前往奥体中心的道路开始实施管制；		
	4. 总指挥部各组组长对所分工管理的工作现场进行最后一次检查，并报告检查结果。	安全保卫组	

（续表）

时间	工作内容	责任部门	备 注
15：00–16：00	对进入奥体中心的电视转播车、电力应急车、救护车、移动厕所等工作用车和周边的停车场及焰火燃放设备进行搜爆安全检查；	安全保卫组	
16：00	1. 群众演员到位，更换服装、化妆；	仪式、表演组	
	2. 仪式及演出设备终检完毕；	仪式、表演组	
	3. 武警及巡特支队专业排爆人员到达现场适当位置备勤，随时准备处置可疑危险物品和突发情况；	安全保卫组	
16：30	开幕式前工作人员就餐完毕，进入工作位置；		
17：00	1. 观众开始入场，做好观众验票、引导进场及疏导工作，现场广播员广播《观众须知》；	安全保卫组； 仪式、表演组	
	2. 观众食品、礼品、纪念品、邮品等现场商业服务开始供应；	综合保障组	
	3. 参加开幕式表演的演员就餐完毕；		
	4. 各代表队、裁判员、技术官员招待宴会开始；	组委会	
17：30	各代表团团部、贵宾招待宴会开始；	组委会	
17：00–20：00	做好参加开幕式人员分类分批运输、车辆引导、道路交通管制和停车场安保工作。	安全保卫组	
18：00	1. 各代表队、裁判员、技术官员招待宴会完毕，分头乘车前往奥体中心；	组委会	
	2. 大屏幕开始反复播放专题片。	仪式、表演组	

（续表）

时间	工作内容	责任部门	备 注
18：30	1. 开幕式入场式队伍抵达体育场外热身场，按次序列队候场；	仪式、表演组	
	2. 暖场演职人员候场；		
	3. 参加开幕式的各代表队（住在运动员村的除外）、裁判员、技术官员、“群先会”“双先会”代表、观摩团从驻地乘车前往奥体中心体育场	统筹、贵宾接待组	
18：30–19：00	1. 观众入场完毕；	安全保卫组	
	2. 做好参加开幕式的各代表队、裁判员、技术官员、“群先会”“双先会”代表、观摩团的车辆运输、停车和进场的安保及人员引导工作；	安全保卫组	
	3. 中央电视台、山东电视台、济南电视台转播人员全部到位；	仪式、表演组	
	4. 协调升旗、奏歌、运动员宣誓、裁判员宣誓，火炬手开始候场并按计划、时间实施。	仪式、表演组	
19：00	1. 组织观众互动排练；	仪式、表演组	
	2. 各代表团成员、“双先会”“群先会”代表、观摩团就座完毕；	统筹、贵宾接待组	
	3. 参加开幕式入场仪式的各代表团集结；	统筹、贵宾接待组	
	4. 暖场表演开始；	仪式、表演组	
	5. 做好主席台的领导主持、发言和中央首长宣布开幕以及运动员、裁判员宣誓的文字稿件准备。	统筹、贵宾接待组	
19：30	各代表团团长和特邀嘉宾入座完毕	仪式、表演组	
19：45	党和国家领导人、重要贵宾到达贵宾室	统筹、贵宾接待组	

(续表)

时间	工作内容	责任部门	备注
19：59	党和国家领导人、重要贵宾到主席台就座	统筹、贵宾接待组	
20：00	开幕式开始		
20：00–22：00	1. 按开幕式仪式流程设计，确保开幕式各项仪式、表演按部就班进行；	仪式、表演组	
	2. 做好领导讲话时礼仪小姐的引导工作；	统筹、贵宾接待组	
	3. 做好开幕式期间主席台就座领导、贵宾的茶水和卫生间引导等服务工作；	统筹、贵宾接待组	
	4. 做好开幕式期间主席台就座的领导、贵宾的安保工作；	安全保卫组	
	5. 场内安保人员要严密注意场内观众人员动向，场外安保人员严密控制人员、车辆动向；	安全保卫组	
	6. 随时做好防恐、防火、防爆等突发事件应急准备；	安全保卫组	
	7. 随时做好开幕式场地医疗点应急处置的准备；	综合保障组	
	8. 做好奥体中心场内外变电站、输电线、变电箱、应急供电等电力设施及气象、通信设备等的保障工作。	综合保障组	
	9. 负责奥体中心体育场各出、入口、电梯口、贵宾室门口安保工作；	安全保卫组	
	10. 随时联络各组保障状态是否良好的情况，及时向总指挥报告。	各组	
	11. 21：30–22：00 检查领导、贵宾离退场路口、电梯、楼道等的通行情况。	统筹、贵宾接待组	
22：00	开幕式仪式及大型文艺表演结束。	统筹、贵宾接待组	
22:00–22:15	引导党和国家领导、重要贵宾乘电梯、乘车返回驻地。	统筹、贵宾接待组	

（续表）

时间	工作内容	责任部门	备　注
22：15	1. 引导其他各级领导、嘉宾离场、返回驻地；	统筹、贵宾接待组	
	2. 安排工作人员、志愿者引导观众有序退场，回到指定停车场乘车返回；	统筹、贵宾接待组	
	3. 观众退场时，广播、播放退场安全注意事项；	仪式、表演组	
	4. 领导、嘉宾、观众全部撤离后，安排演职人员、电视直播、各类保障用车及相关工作人员乘车返回，同时，留二部机动车收容找不到车回去的观众和工作人员，确保所有观众和工作人员安全返回；	统筹、贵宾接待组	
	5. 做好人员退场后运输车辆调度安排，各停车场运输车辆的引导和各条道路交通疏导工作。	安全保卫组	
23：00	全部工作结束后，总指挥下达开幕式工作完成指令	总指挥	

相关链接三：

第十一届全运会开闭幕式仪式工作

开闭幕式筹备工作目前已进入攻坚冲刺阶段，各项工作正在紧张有序进行。

开闭幕式仪式涉及党和国家领导人活动安排，政治性要求高，工作程序严谨，是一项全局性工作。根据组委会职责分工，组委会办公室“负责开闭幕式仪式和其他重要活动的组织实施”；大型活动部“协助办公室做好开闭幕式仪式的有关工作”。我部根据职责分工，结合开闭幕式文艺表演方案的创作实施，着重就开闭幕式演出所涉及的仪式工作进行了精心筹备。组委会将召开开闭幕式仪式工作协调会，邀请中共中央办公厅、国家体育总局有关人员出席，省委、省政府有关部门和组委会有关部室负责人参加，进一步明确任务职责，细化工作分工，研究制定有关工作方案，确定开闭幕式仪式程序、出席领导和细节设计等一系列重要问题，确保开闭幕式仪式工作取得圆满成功。

附：

开闭幕式仪式工作任务分工表

主要工作	涉及具体事项		完成时限	责任部门
仪式工作方案最终确定仪式表演方案	主创团队提出，组委会研究确定		8月中旬（须报送省委省政府和总局批准）	办公室负责
确定出席领导	开幕式	主持人、致开幕辞领导、致欢迎词领导宣布开幕的领导。	8月底（因出席领导层面较多，须报送省委省政府、总局乃至中央办公厅、国务院办公厅批准）	办公室负责，大型活动部协助
	闭幕式	主持人、宣布竞赛成绩的领导、颁发奖牌前12名的领导、颁发总分前12名的领导、宣布授予创超世界纪录奖决定的领导、颁发创超世界纪录奖的领导、宣布体育道德风尚奖的领导、颁发体育道德风尚奖的领导、宣布参赛纪念奖的领导、颁发参赛纪念奖的领导、赠送和接受纪念品的领导、闭幕式致辞的领导、致闭幕辞的领导、宣布闭幕的领导、交接会旗的领导。		
领导接待引领工作	出席开闭幕式的领导包括党和国家领导、国家部委局领导、各省市领导，需要做好的工作有：（1）安全保卫；（2）接待保障（3）引领服务；（4）主席台服务；（5）主席台物品摆放。		8月底（因出席领导级别多，须拿出专门方案并报送省委省政府、总局乃至中办、国办批准）	行政接待部负责，办公室、交通保障部、大型活动部共同负责

(续表)

主要工作	涉及具体事项		完成时限	责任部门
文字材料	开幕式	主持词、欢迎辞、开幕辞	8月中旬（材料须报送体育总局、省委省政府等领导审阅）	办公室负责
	闭幕式	主持词、闭幕式致辞、闭幕辞		
国旗、会旗、国歌、会歌	1. 国旗、全运会会旗、十一运会会旗的制作；2. 各代表团团旗杆设计、制作;3. 升旗时,主持人宣布奏唱国歌;4. 举办闭幕式的体育馆没有旗杆,采用横杆悬挂升国旗方式升旗。		9月中旬	办公室负责，竞赛部、大型活动部协助
仪式志愿者	1. 仪式志愿者包括代表团引导员、嘉宾引导员、主席台礼仪人员、座席看台区引导礼仪人员。		8月底（9月1日后，代表团引导员、嘉宾引导员还要做好与文艺表演的合练工作）	办公室、行政接待部负责
	2. 仪式志愿者的培训。代表团引导员、嘉宾引导员培训涉及培训机构、经费、师资、训练服装、化妆机构等工作。			办公室负责,大型活动部协助
	3.主席台礼仪人员、座席看台区引导礼仪人员培训。			由行政接待部负责
仪仗人员	1. 仪仗人员由武警总队担任升旗任务。 2. 确定仪仗队人员数量,尽早给武警部队下达任务。		8月上旬	办公室负责大型活动部协助
召开联络员会议	1. 对各代表团人数、服装、候场、专职联络员、注意事项等工作提出要求； 2. 组织好开闭幕式当日代表团的入场工作。		9月底	大型活动部负责，竞赛部协助

（续表）

主要工作	涉及具体事项	完成时限	责任部门
宣誓工作	1. 确定宣誓运动员代表；2. 确定宣誓裁判员代表；3. 确定宣誓词	9月底	竞赛部负责，大型活动部协助
解说员	1. 确定开闭幕式解说员；2. 确定解说词内容；3. 与开幕式主创团队结合，排练解说词	8月中旬	办公室、大型活动部共同负责
火炬入场传递	1. 确定场内传递路线；2. 确定传递人员；3. 确定点燃主火炬人员；	9月底	群体部负责
主火炬点燃	1. 确定点燃人选；2. 制作主火炬；3. 设计并上报批准点燃方案	9月底	办公室、大型活动部负责
入场工作	1. 做好代表团从驻地到体育场的交通安保联络等工作	9月底	安保部、交通保障部负责
	2. 确定参加入场的裁判员队伍，统一服装；3. 与各代表团的联络沟通，确保准时参加入场；4. 引导牌、引导员服装设计制作；5. 候场期间的饮水、服务等保障工作	9月底	办公室、竞赛部、大型活动部负责
志愿者表彰	1. 增设志愿者表彰奖项； 2. 志愿者表彰评选办法、表彰方案、颁奖领导等相关工作	8月底	志愿者部、办公室、大型活动部负责
闭幕式颁奖	1. 颁奖奖项；2. 确定颁奖领导；3. 奖品制作；4. 颁奖礼仪人员培训；5. 颁奖筹备与演练；6. 现场组织协调	9月底	竞赛部负责，大型活动部协助

（续表）

主要工作	涉及具体事项	完成时限	责任部门
志愿者使用	1. 使用武警部队 40 名战士，担任与各代表团的联络沟通工作；2. 需要的其他志愿者	8 月底	办公室负责，大型活动部、志愿者部协助
增项	1. 进一步核实开闭幕式仪式程序，确保不漏项。	8 月底	办公室、大型活动部负责
其他	待补充		

第十一节 市场开发工作实务

体育赛事本身就有许多有价值的资源，通过开发与经营可以产生经济效益。如何识别、整合、推广这些资源并采用合适的方法经营这些资源十分重要。本节重点介绍体育赛事市场开发的相关知识，并穿插体育赛事市场开发的相关案例，进一步加深认识。我们所讲的体育赛事市场开发的主要对象是赞助商，是向赞助商营销体育赛事资源的过程。从体育营销的视角看市场开发，就是指营销赞助商。

体育赛事市场开发的直接目的是为举办赛事提供办赛经费、设备和服务等产品，总体目标是更好地树立、发展、维护赛事品牌形象，同时为赞助商提供营销平台，实际共赢局面。具体目标包括：为赛事筹集资金；为赛事提供符合竞赛要求的竞赛器材和信息系统设备的生产商；为赛事提供物资、技术和服务；树立、维护、发展赛事品牌形象，保护与使用赛事的形象品牌体系，包括赛事名称、标识、会徽、会歌、主题口号、宣传口号、吉祥物、宣传画等；为赛事赞助商提供合同规定的回报权益。

一、 体育赛事市场开发概要

（一）体育赛事市场开发总体介绍

体育赛事市场开发，用最简单直接的语言来说，就是体育赛事运作管理机构立足于赛事所拥有的各种资源，通过市场交换行为，尽一切可能增加赛事收入的过程。

体育赛事市场营销以满足体育赛事相关利益个人或群体需求

为目标，而体育赛事市场开发则以赢得赛事收入为目标。体育赛事市场营销的对象包括政府、运动员、赞助商、媒体、观众、供应商以及其他相关利益个人或群体，而体育赛事市场开发的对象则是可能为赛事带来直接收入的个人或群体。体育赛事市场营销主要是一个花费资金的过程，而体育赛事市场开发则是一个赢得收入的过程。但另一方面，体育赛事市场营销和市场开发又是紧密联系、密不可分的两个概念。体育赛事市场开发需要运用市场营销方式去开展，而对赛事进行市场营销的目的之一也是为了促进市场开发。对于商业性的体育赛事而言，体育赛事的市场营销更是紧密围绕市场开发，以赢得赛事收入为最终目标。

体育赛事市场开发收入的最主要来源于商业赞助、门票销售、电视转播权销售、特许经营、社会捐赠。收入来源不同，赛事市场开发的对象、内容和方法自然也各不相同。但无论是针对何种对象，实施何种内容，采用何种方法，赛事的市场开发都必须以赛事所拥有的可供开发的市场资源为基础。

（二）体育赛事市场开发的定义

1. 市场开发的英文为：marketing.韦伯大字典里 marketing 的解释为：

> the act or process of selling or purchasing in a market ;

> the process or technique of promoting, selling, and distributing a product or service ; an aggregate of functions involved in moving goods from producer to consumer。

2. 中文定义

体育赛事的各种资源在特定的市场背景下，在一定的理论指导下，通过市场进行开发和经营并产生经济效益的过程。

为了便于理解，我们将体育赛事市场开发、体育赛事营销和体育赞助的相关概念作一个对比分析，找出它们之间的异同点。

体育赛事营销通常是指体育部门或中介组织在不断变化的体育赛事市场环境中，以体育赛事市场为出发点，以满足体育赛事赞助者和政府组织的需要为中心，开展的一系列整体活动。它涵盖体育赛事的全过程。体育赞助是指一种商业关系，它存在于资源供给者与体育事件（活动）或组织之间，资源供给者提供资金、资源和服务，体育事件（活动）或组织便授予一些权利以及其他可获商业利益的要素作为回报。

体育赛事市场开发所强调的是：赛事的组织者主动使用赛事所拥有的各种资源，通过与企业之间的市场交换行为，尽可能地增加赛事收入的过程。体育赛事营销强调的是："以体育赛事及其相关服务为载体，以满足体育赛事相关利益个人或群体需求为目标的运作管理过程。"体育赛事赞助所强调的是：商业机构（企业）向赛事资源的拥有者购买赛事资源的行为。

（三）体育赛事市场开发的发展

赛事的组织者、承办城市以及赞助商通过体育赛事市场开发所获得的效益从单一的经济方式已经发展到政治、经济、文化和社会生活方面的综合效益。

1. 体育赛事资源开发与经营优势

体育赛事资源的开发与经营与其他产品相比，主要有以下优势。

(1) 体育赛事的商业广告效果自然，其公益性是其他广告手段所不能代替的，广告的商业性及功利性不像其他类别的广告那么明显，所以易于接受。

(2) 体育赛事传播与沟通受众面广，客户人群有针对性，在重大赛事的现场，观众成千上万，再加上通过电视等媒体关注赛事的人群更是不计其数，其他广告所具有的传播效应，体育广告传播也可以达到。

(3) 体育赛事相关活动的参与性、震撼性、公益性等特点突出。

2. 体育赛事资源开发与经营劣势

体育赛事资源的开发与经营与其他产品相比，主要有以下劣势。

(1) 体育赛事商业广告的传播周期较短，延续性有限。

(2) 体育赛事的商业广告主要是“植入性”，广告的强度有限，企业产品的“体验营销”手段实现有一定的难度。

(3) 企业介入体育赛事的成本较高，企业一次性投入的资金往往多于其他营销方式。

（四）我国目前与体育赛事市场开发相关的主要法律与法规简介

1.《中华人民共和国体育法》

为了发展体育事业，增强人民体质，提高体育运动水平，促进社会主义物质文明和精神文明建设，根据宪法，制定本法。本法中规定了：体育工作坚持以开展全民健身活动为基础，实行普及与提高相结合，促进各类体育协调发展。国务院体育行政部门主管全国体育工作。国务院其他有关部门在各自的职权范围内管理体育工作。县级以上地方各级人民政府体育行政部门或者本级人民政府授权的机构主管本行政区域内的体育工作。同时，还就社会体育、学校体育、竞技体育、体育社团的管理与工作的开展作了一定的规范性约束。

2.《中华人民共和国经济合同法》

为保障社会主义市场经济的健康发展，保护经济合同当事人的合法权益，维护社会经济秩序，促进社会主义现代化建设，制定本法。本法适用于平等民事主体的法人、其他经济组织、个体工商户、农村承包经营户相互之间，为实现一定经济目的，明确相互权利义务关系而订立的合同。

经济合同，除即时清结者外，应当采用书面形式。当事人协商同意的有关修改合同的文书、电报和图表，也是合同的组成部分。订立经济合同，必须遵守法律和行政法规。任何单位和个人不得利用合同进行违法活动，扰乱社会经济秩序，损害国家利益和社会公共利益，牟取非法收入。经济合同依法成立，即具有法律约束力，当事人必须全面履行合同规定的义务，任何一方不得擅自变更或解除合同。

同时，本法还就经济合同的订立履行、经济合同的变更和解除、违反经济合同的责任、经济合同纠纷的调解和仲裁、经济合同的管理等事务提出了规范性的操作意见。并就购销、建设工程承包、加工承揽、货物运输、供用电、仓储保管、财产租赁、借款、财产保险以及其他经济合同内容、成立条件等各方面事务作了规定。

3. 知识产权保护法

我国有关知识产权保护的法律法规有不少，涉及体育赛事市场开发方面的法律主要有《中华人民共和国商标法》《中华人民共和国商标法实施条例》《计算机软件保护条例》《奥林匹克标志保护条例》《中华人民共和国合同法》《中华人民共和国担保法》《中华人民共和国反不正当竞争法》。

(1)《中华人民共和国商标法》

为了加强商标管理，保护商标专用权，促使生产、经营者保证商品和服务质量，维护商标信誉，以保障消费者和生产、经营者的利益，促进社会主义市场经济的发展，特制定本法。国务院工商行政管理部门商标局主管全国商标注册和管理的工作。国务院工商行政管理部门设立商标评审委员会，负责处理商标争议事宜。经商标局核准注册的商标为注册商标，包括商品商标、服务商标和集体商标、证明商标；商标注册人享有商标专用权，受法律保护。并且对商标注册的申请、检查和核准、注册商标的续展、转让和使用许可、注册商标争议的裁定等操作程序作了明确的规定。

（2）《奥林匹克标志保护条例》

为了加强对奥林匹克标志的保护，保障奥林匹克标志权利人的合法权益，维护奥林匹克运动的尊严，制定本条例。此条例中规定：所称奥林匹克标志权利人是指国际奥林匹克委员会、中国奥林匹克委员会和第29届奥林匹克运动会组织委员会。未经奥林匹克标志权利人许可，任何人不得为商业目的（含潜在商业目的，下同）使用奥林匹克标志。并详细列明了标志的指示对象，以及申请、使用、维护奥林匹克标志使用权的相关规定。

3.《中华人民共和国反不正当竞争法》

为保障社会主义市场经济健康发展，鼓励和保护公平竞争，制止不正当竞争行为，保护经营者和消费者的合法权益，制定本法。该法中规定：经营者在市场交易中，应当遵循自愿、平等、公平、诚实信用的原则，遵守公认的商业道德。本法所称的不正当竞争，是指经营者违反本法规定，损害其他经营物合法权益，扰乱社会经济秩序的行为。本法所称的经营者，是指从事商品经营或者营利性服务（以下所称商品包括服务）的法人、其他经济组织和个人。各级人民政府应当采取措施，制止不正当竞争行为，为公平竞争创造良好的环境和条件。县级以上人民政府工商行政管理部门对不正当竞争行为进行监督检查；法律、行政法规规定由其他部门监督检查的依照其规定。本法中就不正当竞争行为进行了列举，并提出了相应的监督检查措施。

4.《中华人民共和国公益事业捐赠法》

为了鼓励捐赠，规范捐赠和受赠行为，保护捐赠人、受赠人和受益人的合法权益，促进公益事业的发展，制定本法。本法中规定：捐赠应当是自愿和无偿的，禁止强行摊派或者变相摊派，不得以捐赠为名从事营利活动。捐赠财产的使用应当尊重捐赠人的意愿，符合公益目的，不得将捐赠财产挪作他用。捐赠应当遵守法律、法规，不得违背社会公德，不得损害公共利益和其他公民的合法权益。公益性社会团体受赠的财产及其增值为社会公共财产，受国家法律保护，任何单位和个人不得侵占、挪用和损毁。并就公益事业、捐赠和受赠、捐赠财产的使用和管理、相关优惠措施、法律责任进行了明确的界定和规范。

二、体育赛事相关利益者的需求分析

体育赛事的相关利益者包括：政府、企业、媒体、观众、运动员、专业机构。

（一）政府对体育赛事的基本需求

(1) 安全:确保社会、经济、财务和组织安全。

(2) 政治:有利于提高举办地的关注度、知名度、美誉度。

(3) 效益:有利于体育事业等公共事业的可持续发展，增强投资者信心，促进举办城市基础建设和环境的改善，促进“政治文明，精神文明，物质文明”建设。

我国举办赛事的各级政府对体育赛事市场开发的目标：(1) 政府少花钱；(2) 市场筹大钱；(3) 不向百姓摊派一分钱。

（二）企业对体育赛事的基本需求

不同企业对体育赛事的需求不同，同一企业在不同时期对同一体育赛事的需求也不同，因此，必须不断地创新。

项　目	策　略
突出企业及品牌	提升企业知名度及正面形象
营销目标	增加产品销售量从而达到盈利最终目的
媒体目标	通过媒体力量有效接触销售目标市场

（三）媒体对体育赛事的基本需求

1. 有新闻价值
2. 赛事精彩，公正，媒体传播成本较低而传播价值较大
3. “出得去，到得了，访得到，发得出”

（四）观众对体育赛事的基本需求

1. 精彩、公正
2. 票价可以承受
3. 赛事现场的服务良好
4. 便捷与安全

（五）运动员对体育赛事的基本需求

1. 可以实现训练计划，有利于提高运动成绩，同时获得参赛资格、获取名誉与利益
2. 公正的判罚
3. 良好的竞赛保障与服务保障

（六）专业机构对体育赛事的基本需求

1. 有利于本机构品牌的推广，并与同档次机构合作
2. 现场可以实现其性能与技术指标
3. 有一定利润

三、体育赛事市场开发的主要资源及其整合、定价与营销方法

（一）体育赛事市场开发的主要资源

体育赛事可供市场开发的资源，从一般意义上可以分为以下几种。

1. 有形资产资源

(1) 有形资产资源的概念

有形资产资源，是指体育赛事筹办全过程涉及到的由有形物质组成并可以通过经营创造经济效益的资源。

(2) 有形资产资源的主要内容

体育赛事有形资产资源，包括但不限于：特许经营授予权(纪念币、纪念钞、纪念牌、纪念邮品、纪念衫等的特许经营)；电视转播权；比赛场馆广告资源；比赛印刷品广告资源（宣传画册、票证、秩序册、成绩册、竞赛指南、记者手册、导游手册、纪念册等印刷品广告)；开幕式、闭幕式及比赛门票。

2. 无形资产资源

(1) 无形资产资源的概念

无形资产资源是相对于有形资产资源来说的，是指没有实物形态的资产或者经济资源。只要运作科学，无形资产资源可以产生巨大效益，并以货币或实物数量或者有价无偿的服务来体现这种经济效益，同时还可产生良好的社会效益。

(2) 无形资产资源的主要内容

体育赛事无形资产资源，包括但不限于：排他性营销权；视觉识别系统使用许可权（赛事名称、会徽及吉祥物等)；赛事比赛项目冠名权；奖杯奖项冠名权；赛事相关活动冠名权；赛事专用产品专有权；赛事比赛场馆冠名权；赛事组委会名誉职位；赛事合作伙伴、各等级赞助商、供应商、服务商的授予权。

3. 政府资源

(1) 政府资源的概念

政府资源是指政府对社会资源的控制与分配权。当用于体育赛事时，政府资源是非常重要的资源，这一类资源可以是有形的，也可以是无形的。

(2) 政府资源的主要表现形式

此类资源通常通过政府文件、政府对公共资源的控制权、政府的公信力等形式体现。

（二）体育赛事市场开发主要资源的整合

1. 体育赛事市场开发资源整合的原则

(1) 各方有利的原则

(2) 可行性的原则

(3) 可控制的原则

2. 体育赛事市场开发资源整合的方式

(1) 各项有形资产资源之间的整合

(2) 各项无形资产资源之间的整合

(3) 有形资产资源与无形资产资源之间的整合

(4) 有形资产资源与政府资源的整合

(5) 无形资产资源与政府资源的整合

(6) 有形资产资源、无形资产资源与政府资源的整合

3. 体育赛事市场开发资源整合的特点

体育赛事有形资产资源、无形资产资源与政府资源的整合通常是通过无形资产资源体现，通过有形资产资源产生效益。在现在的体育赛事市场开发中往往采用多种资源整合的方式。

4. 体育赛事市场开发资源整合中要注意的问题

(1) 更新观念，敢于创新，努力挖掘赛事资源的核心价值。

(2) “公正”与“各方有利”的原则。

(3) 以资源获得者的利益为最大利益，创新与服务是永恒的宗旨。

(4) 注意体育赛事市场开发资源的两个特性：时效性和价值相对不确定性。

(5) 这是一项专业技术工作，应由专业技术人员来运作。

（三）体育赛事市场开发主要资源的定价

1. 在实践中采用的方法

(1) 历史水平定价法。即参照赛事历史价格，根据实际经济、政治、社会环境定价。

(2) 增量成本定价法。即根据履行回报将会增加的成本，加上根据市场水平所拟定的预期利润比例，进行定价。

2. 制定价格的参考依据

制定价格的参考依据主要是：以前同类赛事的定价、赛事类别、规模、受众面和政府支持的力度因素、运作成本（主要是取得资源和合作的成本）、资源使用及回报成本、代理费、不可预见支出、预期利润、其他赛事与活动对本次赛事的影响。

3. 价格调整的参考依据

价格调整的参考依据是市场反馈、营销进度、资源重组、其他因素。

4. 定价的类别

定价的类别主要以现金、物质计价、有价无偿服务以及其他形式。

5. 定价应遵循的原则

定价应遵循的主要原则是：市场影响原则、灵活多样性原则、可操作性原则（各方有利）、合理利润原则。

（四）体育赛事市场开发主要资源的营销方法

认识资源、挖掘整合资源和营销都是为了使资源产生效益，在这个环节中，选择一种合适的营销方法十分重要。体育赛事市场开发主要资源营销的几种主要方法如下。

1. 整体买断（卖断）式（利弊对比分析）

在主（承）办者层面		在中介机构层面	
利	弊	利	弊
1. 在筹备初期，即可获得一笔可观的资金，也无需再组织人力、财力作分项策划、营销和执行 2. 可集中管理一家中介机构，管理的跨度较小	1. 往往购买价较大幅度地低于评估价，且随着筹备工作深入，其资源升值后，不可以再获得新的效益 2. 在执行中尤其是资源升值后容易与中介机构发生矛盾 3. 中介机构不容易融于筹备工作人员中，筹备工作与资源开发工作往往不协调	1. 可以用较低的价位，取得本次赛事的全部资源 2. 可以集中挖掘、整合新的资源，使知名度提高可以对成本进行较准确控制	1. 风险独立承担 2. 前期投入较大 3. 主办方及相关部门协调与沟通的工作量较大 4. 不易在回报执行中得到相关部门的支持

2. 分项代理

在完成资源整合并确定了营销规则后，将资源分类列项，同时做好竞赛项目的资源配置。将这些项目分别委托给相应的中介代理机构的方式，也就是将整个资源中的一项或几项资源买断（卖断）的方式。分项代理的利弊对比分析如下。

在主（承）办者层面		在中介机构层面	
利	弊	利	弊
1. 可以最大限度地获得利益 2. 可以规避营销风险 3. 与中介机构的协调难度小	1. 容易浪费资源 2. 管理跨度较大 3. 需承担风险	1. 可以与已有客户做良好的资源配置 2. 投资成本小，风险小 3. 无须承担回报成本和合同的风险	1. 不容易取得优势资源 2. 如果运作不成功，有经济与名誉损失 3. 主办单位变数较大 4. 承担来自客户对回报执行中的责任 5. 总体利益较小

3. 直接营销（利弊对比分析）

在主（承）办者层面	
利	弊
1. 可以有效地控制和整合资源 2. 可以使利益最大化 3. 可以规避运作风险 4. 可以有效地实现内部协调 5. 可以较好地执行回报	1. 前期要有资金投入，而不能立即产生效益 2. 专业技术人员不足，需要引进人才 3. 经验不足容易走弯路 4. 权利集中、资源集中容易滋生腐败

4. 合作开发经营方式

合作开发经营方式是指由中介机构与赛事的组委会签订合作协议，让中介机构成为组委会的工作人员，两者紧密合作，共同开发，利益被捆绑到一起。这一种赛事市场开发资源的营销方法还在探索中，并有了成功的案例，在市场开发营销实践中较为容易被赛事组织接受。

对上述几种主要营销方法的几点说明：

(1) 除上述几种方式外，在实际营销中往往有许多方法同时运用、交叉采用。

(2) 无论何种方法都要坚持管严、管好“资源的统筹权、规则的制定颁布权及合同签订合同履行、钱物到账”等关键环节。必须坚持符合竞赛规程，遵守赛事规则，服从统一领导，为体育赛事服务，作为赞助（捐赠）企业服务的原则要求。

四、体育赛事市场开发的策划

（一）体育赛事市场开发中策划的含义

一般是指通过激发创意，有效地配置和运用自身有限的资源、制定可行的营销方案的过程。目的是吸引赞助商参与，进而实现赛事预定的赛事营销目标。策划需要知识、经验、信息。

（二）体育赛事市场开发策划的内容

通俗地讲，体育赛事市场开发策划案写作的总原则如下。

1. 我是谁，我有什么，我能为赞助商做什么
2. 赞助商有什么利益，希望赞助商给什么
3. 联系方式

（三）体育赛事市场开发策划中应注意的问题

1. 充分了解赛事

只有充分地了解赛事才能最大限度地掌握资源，也才能够为赞助商提供优质的“赞助产品”。了解内容包括但不限于：赛事的性质，赛事的主办方、承办方，赛事的举办地，赛事的规模，赛事举办地的政治、经济、文化等社会背景，赛事进行中举办或者可以举办哪些重大活动等。对赛事了解的信息量越大、越准确，赛事营销的策划就相应会越全面，二者是成正比关系的。

2. 充分了解客户需求

客户的需求是赛事市场开发策划需要首先考虑的重要因素，也是策划的导向。只有千方百计地满足客户的需求、投其所好，才能实现赛事市场开发的成功。因此，需要找到企业需求与赛事资源的最佳契合点。

3. 策划本身

⑴ 创意性，是指策划要新颖独特，提炼赛事的核心价值，通过创意能够提升赛事的规格和品牌，而不是让人觉得赛事就是一场简单的体育比赛。

⑵ 可行性，是指策划的构想有实现的可能，能够充分考虑到企业的人力、物力、财力以及赛事组织者能够实现策划的各种

构想，能够落实到实处。

(3) 效益性，是指对赛事进行策划后，赛事资源能够产生理想的效益，而不是收益与支出相抵甚至亏损。

五、体育赛事市场开发的推广

体育赛事可供营销的资源需要全方位的包装和推广，赛事组织者和赞助商都要进行大力度的包装和推广。

(一) 体育赛事市场开发推广的前期准备

这是一项系统而复杂的专业技术工作，主要包括如下内容。

1. 对体育赛事和活动进行全面了解
2. 认真研究如何提升体育赛事的档次和提出赛事核心价值
3. 对赛事规程及工作方案进行研究
4. 项目评估
5. 取得资源的可行性，指的是一种资格，即你有没有资格来做这项体育赛事市场开发的工作
6. 人力资源的配置
7. 有效的运作项目的时间
8. 财务分析

(二) 体育赛事市场开发推广的路径与方式

1. 新闻发布会
2. 中介组织与经纪人
3. 自主营销
4. 刊登广告

（三）寻找赛事赞助商

1. 寻找赛事赞助商的范围

通常有以下主要行业和生产厂商。

⑴ 快速消费品行业，如食品、饮料、通信产品等

⑵ 人民生活和工作用品行业

⑶ 新创立品牌，急于树立品牌的企业，一般这类企业是潜在的赞助商

⑷ 要进入赛事举办地市场的知名品牌企业

⑸ 有公益回报倾向的企业或个人

2. 寻找赞助商的步骤

⑴ 要分析体育赛事赞助费用与企业每年的广告投入比例

⑵ 体育赛事载体与企业理念的结合度

⑶ 体育赛事与企业推广方式的结合度

⑷ 在体育赛事的举办地寻找企业的竞争对手

⑸ 认真制作和设计推广方案

⑹ 全力以赴建立营销的“桥头堡”

3. 寻找赞助商过程中需要注意的问题

⑴ 利益交换是根本的纽带

在市场开发中利益就是基础。

⑵ 千方百计满足客户的需求

这一点通常是市场营销制胜的法宝。

⑶ 及时兑现给客户的利益

这是继续和扩大合作的前提。

相关链接一：

第十一届全运会组委会分管市场开发工作领导层面工作计划表

时间	组委会主要领导指导工作项目
2008 年 7 月	1. 与中央电视台、海外电视台洽谈电视转播权合作计划。 2. 学习组委会工作进度表，拟出本部门细化的工作进度表，将各项工作分解落实到人。 3. 协调组委会有关部门落实火炬传递冠名赞助商权益回报方案。 4. 编写本部门至全运会开幕前各项主要工作方案。 5. 总结上半年工作，制定下半年工作计划。 6. 在前期营销基础上，加强与省内重点企业的沟通，争取达成新的合作伙伴意向。 7. 全力筹备倒计时一周年主题文艺晚会，做好赞助商推广工作。 8. 全面梳理省内外代理商工作，调整代理工作。 9. 筹备倒计时一周年活动赞助、捐赠仪式。 10. 拟出电视转播权合作方案并报批。 11. 拟定全运会举办期间各类有市场资源的开发方案并积极组织营销。 12. 协调有关部门落实火炬传递冠名赞助商权益回报方案。 13. 召开各分赛区市场开发工作会议，启动分赛区市场开发工作。
2008 年 8 月	1. 完成省内重点企业（合作伙伴级）洽谈和签约。 2. 全面梳理市场开发资源，确定赞助等级，进一步明确责任人；拟定奥运会结束后启动的市场开发计划。 3. 全面清理、调整省内外代理商。 4. 协调有关部室落实火炬传递冠名赞助商权益回报方案。 5. 拟定倒计时一周年赞助、捐赠签约仪式及资源推介会方案。 6. 牵头拟定倒计时一周年大型主题文艺晚会筹备工作方案，组织筹备主题晚会。 7. 落实倒计时一周年主题晚会的赞助商。 8. 全面启动供应商市场开发计划。

(续表)

时间	组委会主要领导指导工作项目
2008 年 9 月	1. 全面启动维权工作，维护赞助商合法权益。 2. 协调有关部室，与第十一届全运会电视转播合作机构签约。 3. 全力做好倒计时一周年大型主题文艺晚会筹备及赞助商签约工作。 4. 协调组委会有关部门落实火炬传递冠名赞助商权益回报方案。
2008 年 10 月	1. 组织第十一届全运会赞助商捐赠单位暨资源推介会（济南）签约仪式。 2. 做好倒计时一周年新闻发布会市场资源推介工作。 3. 完成 2～3 个合作伙伴签约。 4. 完成 4～6 个赞助商签约。 5. 完成 3/5 的供应商签约。 6. 完成捐赠额 1000 万元任务。 7. 制定本部门 2009 年度的财务预算。 8. 制定本部门需要国家体育总局市场开发领导小组解决的问题清单。 9. 结合倒计时一周年活动，举行火炬传递活动总冠名赞助签约仪式。 10. 确定火炬、火种盒、采火器、火炬手服装等赞助生产厂家。
2008 年 11 月	1. 召开各赛区市场开发专题会议，协调、指导、推进各赛区的市场开发工作。 2. 审核上报本部门的 2009 年度经费预算报告。 3. 拟定“贺新春，迎全运”企业家春节团拜会暨赞助、捐赠活动方案。
2008 年 12 月	1. 策划报批春节期间相关市场开发主题活动，并组织实施。 2. 协助财务部及审计机构对“资源开发公司”进行年终审计。 3. 筹备组织“贺新春，迎全运”企业家春节团拜会。 4. 总结 2008 年的工作，制定 2009 年工作计划。

(续表)

时间	组委会主要领导指导工作项目
2009 年 1 月	1. 确定在奥体中心建设捐赠赞助芳名录碑的碑址。 2. 到本月为止，完成 8 个合作伙伴开发，12 个赞助商开发，完成 4/5 供应商开发。 3. 确定竞赛项目市场开发冠名赞助单位。 4. 完成到账金额 3 亿元的任务。 5. 完成明信片及系列邮品开发阶段性工作。 6. 组织对赞助商回访，向捐赠赞助企业和个人寄送贺年卡。 7. 协助各赛区筹资办举行赞助、捐赠颁奖、授牌仪式。 8. 组织"贺新春，迎全运"企业家春节团拜会及赞助、捐赠仪式活动。 9. 补充抽调人员全部到岗并进行培训。 10. 将 2009 年工作进度表规定的各项工作任务分解落实到人。
2009 年 2 月	1. 审定在奥体中心建设的捐赠赞助芳名录碑设计方案。 2. 协调行政接待部做好礼品、纪念品、标志产品开发工作。 3. 开始组织编写《第十一届全运会指南》。
2009 年 3 月	1. 开始策划倒计时 100 天活动的市场开发工作。 2. 组织在奥体中心的捐赠赞助芳名录碑动工建设。 3. 在全面熟悉场地的基础上，拟定开幕式现场赞助商回报工作方案。 4. 拟定测试赛市场开发工作方案。 5. 与新闻宣传部共同组织"和谐山东，特色全运"——刘鲁才艺展示大赛。 6. 做好裁判服装、组委会官员服装、志愿者服装的市场开发工作。

(续表)

时间	组委会主要领导指导工作项目
2009年4月	1. 拟定门票销售、代理方案及门票广告设计工作方案并报批。 2. 建立回报维权网络体系，全面开展维权工作。 3. 编制全运会场馆现场广告平面布局图。 4. 做好测试赛营销工作。 5. 全面启动以倒计时100天为重点的市场开发工作。 6. 启动先期决赛项目的赞助商回报工作。 7. 协调各有关部室及有关赞助企业，编写全运会指南，完成初稿。
2009年5月	1. 组织迎全运大型募捐活动。 2. 完成捐赠到账1000万元任务。 3. 重点做好回报客户与维权工作，发布赞助、捐赠鸣谢公告。 4. 制定倒计时100天活动的赞助商回报工作方案，组织倒计时100天各类营销活动。 5. 全面启动先期决赛项目的市场开发工作。 6. 落实 “奥体中心落成典礼暨庆全运50周年，迎十一运全运会” 文艺晚会的赞助商。 7. 完成《第十一届全运会指南》的编审、报批和印制。
2009年6月	1. 组织召开市场开发专题工作会议（各赛区分管领导参加），检查并布署最后阶段市场开发工作及赞助商回报工作。 2. 督促完成捐赠赞助芳名录碑建设。 3. 继续全面推动社会捐赠活动。 4. 联合相关部门组织策划义演、义卖等活动。 5. 全面筹备倒计时100天活动赞助商回报工作。 6. 全面筹备“奥体中心落成典礼暨庆全运50周年，迎十一运”大型主题文艺晚会。 7. 做好上半年工作总结。

（续表）

时间	组委会主要领导指导工作项目
2009 年 7 月	1. 全面清理项目代理商，本月后终止代理营销工作。 2. 核定礼品、纪念品、邮品销售计划，落实销售方式、地点及组织工作。 3. 落实先期举行比赛的赞助商回报方案，落实负责人。 4. 结合倒计时 100 天系列活动，负责组织赞助商联合签约仪式。 5. 完成 1～2 个合作伙伴开发，完成 2～3 年赞助商开发，完成全部供应商开发。 6. 拟出 9 月 14 日“中秋节”前后召开企业家中秋茶话会，举行赞助、捐赠的方案。 7. 会同新闻宣传部、广电部做好在奥体中心举办“奥体中心落成典礼暨庆全运 50 周年，迎十一运”为主题的大型晚会的组织工作和赞助回报、维权工作。 8. 参加各代表团联络员会议，通报有关工作。
2009 年 8 月	1. 审定各类门票的设计方案和门票销售代理方案。 2. 拟定举办期间赞助回报的总体计划，完成赛场广告布置、分配工作。 3. 落实各类印刷品广告制作。 4. 落实电视、网络、纸质媒体回报计划。 5. 开展《全运会指南》《全运会竞赛册》等广告回报专项维权与打假行动。 6. 组织筹备 9 月 14 日“中秋节”前后召开企业家中秋茶话会。 7. 完成市场开发资金到账额 4 亿元。
2009 年 9 月 1—15 日	1. 会同办公室做好开、闭幕式赞助商门票及单项比赛门票核实工作，做好门票销售工作。 2. 制定开幕式赞助商接待工作计划。 3. 基本完成赞助商市场开发任务。 4. 加强专项维权与打假工作。 5. 举行赞助商颁发荣誉证书仪式。 6. 开始投放赞助、捐赠企业电视公益广告。 7. 落实赞助企业、捐赠嘉宾出席开、闭幕式及观摩竞赛人员名单；落实嘉宾接待宾馆接待负责人及交通保障工作。 8. 结合 9 月 14 日“中秋节”前后召开的企业家中秋茶话会，举行赞助、捐赠仪式。

(续表)

时间	组委会主要领导指导工作项目
2009 年 9 月 16–25 日	1. 进一步做好赞助商回报、服务、维权工作及赞助、捐赠人员接待工作。 2. 确定广告制作与发布、维护机构，开始制作。 3. 检查供应商及代理商礼品、纪念品、邮品销售工作。 4. 落实电台、电视专访（赞助商）、电视公益广告回报。 5. 全部结束代理商工作。 6. 确定开幕式观众礼品、纪念品发放方案。 7. 拟定开幕式现场赞助商回报执行方案。 8. 组织开幕前最后一次赞助、捐赠仪式。全部结束赞助、捐赠工作。 9. 完成全运会市场开发到帐额 4.5 亿元任务。 10. 本部人员全部转入回报、维权与赞助商接待工作。 11. 按照组委会各类门票最终分配方案，指定专人负责各类门票的销售。
2009 年 9 月 26 日 – 10 月 3 日	1. 组织分批制作各赛场广告，落实运输、摆放、维护、撤场等工作及责任人。 2. 落实电台、电视专访（赞助商）、电视公益广告回报。 3. 落实开幕式现场赞助商回报执行方案。 4. 奥体中心捐赠芳名录碑完工，并举行揭幕仪式。 5. 做好赞助商回报执行情况各类资料搜集工作，直至比赛全部结束。 6. 从 10 月 3 日起，本部领导参加的“零点会议”，报告当天工作完成情况，听取领导部署第二天的工作。
2009 年 10 月 4—10 日	1. 10 月 10 日举行赞助商、捐赠代表答谢招待会。 2. 10 月 8 日前主要道路、赛场、驻地等地点公益广告与商业广告布置完毕。 3. 基本结束开幕式门票销售工作，启动闭幕式门票销售工作。 4. 做好开幕式闭幕式赞助商回报工作。 5. 本部门领导参加“零点会议”全面汇报本部门的筹备工作情况，听取领导部署第二天的工作。

(续表)

时间	组委会主要领导指导工作项目
2009 年 10 月 11 日	1. 检查各指定地点广告发布落实情况。 2. 做好赞助商、捐赠代表接待及参加招待宴会、出席开幕式有关工作。 3. 组织第十一届全运会赞助商维权大检查。 4. 组织做好开幕式现场邮品、礼品、纪念品销售工作。 5. 做好开幕式观众纪念品及赞助商宣传资料等的摆放工作。 6. 会同有关部门，做好开幕式后广告撤场工作。 7. 做好闭幕式的门票销售工作。 8. 参加“零点会议”。
2009 年 10 月 12 日	1. 全面检查赛场广告发布情况、赞助商维权情况等。 2. 开始制作闭幕式现场广告。 3. 搜集、整理赞助商回报执行情况的各类资料，编撰合作伙伴、赞助商《回报执行报告》。 4. 参加“零点会议”。
2009 年 10 月 13 日	1. 全面检查赛场广告发布、赞助商维权情况等。 2. 参加“零点会议”。
2009 年 10 月 14 日	1. 全面检查赛场广告发布、赞助商维权情况等。 2. 参加“零点会议”。
2009 年 10 月 15 日	1. 全面检查赛场广告发布、赞助商维权情况等。 2. 部领导审核合作伙伴、赞助商《回报执行报告》初稿。 3. 参加“零点会议”。
2009 年 10 月 16 日	1. 全面检查赛场广告发布、赞助商维权情况等。 2. 组织十一运资源开发公司财务决算。 3. 参加“零点会议”。

(续表)

时间	组委会主要领导指导工作项目
2009年10月17日	1. 全面检查赛场广告发布、赞助商维权情况等。 2. 完成市场开发《回报执行报告》。 3. 参加“零点会议”。
2009年10月18日	1. 全面检查赛场广告发布情况、赞助商合同履行情况、赞助商维权情况等。 2. 做好赞助商、捐赠代表接待及参观工作。 3. 拟定赞助商出席闭幕式接待工作。 4. 本部领导参加“零点会议”，报告当天工作完成情况，听取领导部署第二天的工作。
2009年10月19日	1. 全面检查赛场广告发布情况、赞助商合同履行情况、赞助商维权情况等。 2. 做好赞助商、捐赠代表接待及参观工作。 3. 本部领导参加“零点会议”，报告当天工作完成情况，听取领导部署第二天的工作。
2009年10月20日	1. 全面检查赛场广告发布情况、赞助商合同履行情况、赞助商维权情况等。 2. 做好资源开发公司财务决算与审计工作。 3. 参加“零点会议”，报告本部当天工作完成情况，听取领导部署第二天的工作。
2009年10月21日	1. 全面检查赛场广告发布情况、赞助商合同履行情况、赞助商维权情况等。 2. 做好对“资源开发公司”的审计配合工作。 3. 准备赞助商回报执行报告。 4. 参加“零点会议”，报告本部每天工作完成情况，提出需要组委会解决的问题清单。
2009年10月22日	1. 做好赞助商回报执行报告。 2. 参加“零点会议”，报告本部每天工作完成情况，提出需要组委会解决的问题清单。
2009年10月23日	1. 闭幕式场地广告制作、摆放完毕。 2. 做好赞助商、捐赠代表出席闭幕式的接待工作。 3. 做好闭幕式广告撤场工作。 4. 参加“零点会议”，报告本部当天工作完成情况，听取领导部署第二天的工作。

（续表）

时间	组委会主要领导指导工作项目
2009 年 10 月 24—31 日	1. 完成《回报执行报告》的编撰、印刷工作并回访所有客户。 2. 指定专人撰写本部门工作总结报告。
2009 年 11 月	1. 组织本部门人员进行总结，做好人员鉴定、评比工作。 2. 回访赞助商、主要捐赠者等工作。 3. 负责组成专门小组做好赞助、捐赠款物清收扫尾工作。 4. 上交档案资料、各类固定资产及办公用品。 5. 在报纸上发布鸣谢公告。 6. 上报市场开发部工作总结。 7. 到本部门工作人员所在单位向领导表示感谢，提交感谢信。

相关链接二：

举行第十一届全运会赞助商俱乐部成立仪式暨联谊酒会的有关情况

市场开发部

目前，十一运市场开发工作基本进入尾声，已签约合作伙伴××家，赞助商×家，独家供应商×家。

为进一步做好赞助商回报工作，经与赞助商沟通，拟在倒计时100天成立赞助商俱乐部。这是为赞助企业提供服务的一种尝试,也是全运史上的创新之举，旨在为赞助企业提供交流平台，加强组委会与赞助企业之间的沟通与合作，最终实现赞助商市场开发权益回报的最大化。俱乐部成立后，将定期或不定期组织开展有关活动，通报十一运筹备工作情况，听取赞助企业意见和建议，协商解决有关问题。此外，还将举办联谊活动，加强俱乐部会员之间的沟通联系。市场开发部已制定了俱乐部章程，拟定了人员组成名单，各项准备工作正有序进行。现将有关情况汇报如下。

一、时间地点

拟于2009年7月10日（星期五）下午至11日（星期六）上午，在山东大厦金色大厅举行。

二、出席人员

国家体育总局领导及有关司局负责同志；组委会领导及有关部室负责同志；十一运合作伙伴、赞助商、独家供应商负责人。

三、会议议程

（一）7月10日（星期五）

14:00–16:30，参观济南奥体中心。

17:00–19:30，举行十一运赞助商俱乐部成立仪式暨联谊酒会。议程如下：

主持：山东电视台主持人

1. 简要通报十一运筹备工作情况；

2. 向赞助商推介十一运相关资源；

3. 表决通过十一运赞助商俱乐部章程、组织机构人员组成名单；

4. 国家体育总局和组委会领导为赞助商俱乐部揭牌；

5. 赞助商代表发言；

6. 国家体育总局领导讲话；

7. 黄胜副省长讲话。

仪式结束后，举行联谊酒会。

(二) 7月11日（星期六）

上午，举行联谊活动。根据赞助商报名情况，举行网球、高尔夫球友谊比赛或组织参观旅游。

附：

赞助商俱乐部章程

第一章　总则

第一条　俱乐部名称：中华人民共和国第十一届运动会赞助商俱乐部(以下简称俱乐部)。

第二条　俱乐部宗旨

1. 成为十一运会创办的让社会和赞助商公认的特色一流的俱乐部；

2. 为会员提供一种分享学习、生活与生意、友谊更有益的社交方式；

3. 成为会员之间相互帮助、相互信任、相互欣赏、相互尊重的商务、经验和信息的交流与合作的平台；

第三条　俱乐部性质

本俱乐部隶属十一运会组委会，是十一运会确定的唯一的赞助商联谊组织，本组织在十一运会组委会的监督与领导下，为实现会员共同意愿，按照俱乐部章程开展活动的非盈利性组织。

第二章　会员

第四条　会员组成

1. 十一运会组委会有关领导；

2. 十一运会合作伙伴、赞助商、独家供应商负责人。

3. 经俱乐部认可的特殊邀请的社会知名人士。

第五条　组织机构

本俱乐部设名誉会长一名，由国家体育总局领导担任，会长一名，由山东省副省长、十一运会组委会秘书长担任。执行会长一名，由山东省政府副秘书长、十一运会组委会副秘书长兼市场开发部部长担任，副会长若干名，由会长指派或通过选举产生；常务理事若干名，通过邀请、推荐、自荐申请三种方式产生。本俱乐部设秘书处执行俱乐部的有关决议，处理日常运作事务。秘书处设秘书长一名，副秘书长若干名。

第六条　入会方式

按照自愿的原则，十一运会合作伙伴、赞助商、独家供应商自动获得会员资格，其他采用邀请、推荐、申请三种方式。

第七条　入会程序

1. 会员加入本会必须认真填写《十一运会赞助商俱乐部入会申请表》；

2. 经秘书处资格审核，由俱乐部正式接受为俱乐部会员，颁发会员证书。

第八条　会员的权利

(一) 会员享有的权利

1. 在十一运会有关信息媒体上发布会员信息；

2. 享受为会员提供的各种服务；

3. 有权获得俱乐部其他会员可公开的信息；

4. 有权参加俱乐部各项活动；

5. 有权以俱乐部会员名义进行商务活动；

6. 有权要求俱乐部帮助联系会员之间的定向交流活动；

7. 有权对俱乐部的建设、发展提出意见和建议。

第九条　会员的义务

(一) 会员承担义务

1. 承认并遵守本章程；

2. 关心支持俱乐部工作，积极参加俱乐部组织的各项活动；

3. 关心支持俱乐部的发展，促进信息交流；

4. 创造会员聚会的机会，提供聚会的条件；

5. 确保提交的资料真实、准确、合法，并承诺有变化时及时更新；

6. 在俱乐部进行调研时，有义务提供调查问卷中的详细资料，并确保所提供信息的真实、准确、合法；

7. 诚信、保守商业秘密；

8. 以俱乐部名义进行商务活动时，维护俱乐部声誉和团结。

第十条　会籍的延续及取消

1. 凡忠实履行会员义务即可延续会员资格。

2. 会员如有严重违反本章程的行为，经理事会或常务理事会表决通过，予以除名。

第三章　组织机构

第十一条　本俱乐部的最高权力机构是会员大会，其职如下。

1. 选举和更换副会长、常务理事；

2. 审议批准理事会的工作报告；

3. 对俱乐部解散、清算等事项作出决议：

4. 修改章程；

5. 决定其他重大事宜。

第十二条　会员大会须有1/2以上的会员出席方能召开，其决议须经到会会员半数以上表决方能生效。

第十三条　会员大会不定期召开，时间由理事会决定；必要时，由俱乐部理事会决定提前或延期。

第十四条　会员大会由理事会召集，由理事会会长主持。会长因故不能履行职务时，由执行会长或指定的副会长主持。

第十五条　理事会的职权

1. 决定会员的吸收或者除名：

2. 决定设立办事机构、分支机构、代表机构和实体机构；

3. 领导本俱乐部各机构开展工作：

4. 制定内部管理制度：

5. 对外代表本俱乐部：

6. 执行会员大会的决议，决定其他重大事项。

第十六条　本俱乐部设秘书处，负责落实理事会的各项决议、决定，承担俱乐部的日常工作，具体行使下列职权。

1. 受理会员入会申请；

2. 开展日常工作，组织实施工作计划；

3. 与会员间进行日常的联系沟通，及时收集处理会员反馈信息、不断改善服务；

4. 按规定定期向会员提供发送各类信息产品、推荐项目和需求信息；

5. 定期组织俱乐部活动，为会员的沟通和交流提供机会，发送相关资料；

6. 及时通知会员参加俱乐部活动；

7. 建立和保管会员档案。

第四章　章程的修改和程序

第十七条　对本俱乐部章程的修改，须经1/2以上的会员表决通过。

第五章　终止程序

第十八条　本俱乐部完成宗旨或自行解散或由于分立、合并等原因需要注销的，由理事会提出终止会议。

第六章　附则

第十九条　十一运会结束后，经全体会员大会表决同意，该俱乐部如需改名或存续，按照有关程序办理。

第二十条　本章程的解释权属于本俱乐部理事会。

相关链接三：

关于第十一届全运会赞助商回报服务和维权工作的有关情况

市场开发部

在组委会的正确领导下，市场开发工作进展顺利。截至目前，已有××家国内外知名企业与十一运会签订了供应商以上级别的合作协议，其中合作伙伴××家、赞助商×家、独家供应商×家、供应商××家、特别支持单位×家，支持单位×家，合同签约额超过×亿元。另外，还签订特许生产企业××家，特许产品多达×××余种。

目前，市场开发工作已从招商工作为主全面转入赞助商权益维权和回报阶段。从先期举行的决赛项目看，进展较为顺利，得到了赞助商的好评，现将有关情况汇报如下。

一、关于回报服务和维权工作

赞助商回报服务和维权工作的优劣，直接决定着十一运赞助资金、实物和服务的最终到位情况。组委会领导对赞助商的回报服务和维权工作高度重视，多次召开会议进行专题研究，黄省长多次要求我们，要树立“赞助商至上”的理念，全力做好对赞助商的回报服务和维权工作，最大限度地宣传企业，最大限度地提高赞助商的满意度。根据组委会领导要求，我们在对赞助商的回报服务和维权工作方面主要做了以下工作。

（一）建立健全保障运行机制。一是成立了赞助商回报服务和维权领导小组，下设赞助商回报服务和维权办公室，根据职能划分为现场回报组、宣传回报组、接待回报组、维权回报组。根据工作分工将人员和资源进行了优化组合，全力搞好回报服务和维权工作。二是实行项目经理责任制和客户服务代表制度。按照在招商谈判中与每个赞助企业对接情况，明确由一名项目经理具体负责该企业，同时请企业明确一名负责人进行对接，实行“一对一”的贴心服务，做到信息沟通顺畅，协调问题快捷。

（二）制定详细的回报工作方案。一是制定了赞助商回报服务工作总体执行方案。我们把近×××多家赞助商的合同进行了系统梳理，把近1500多条15000余款合同条款按照性质进行汇总，绘制出赞助商回报权益一览表，经赞助商逐一确认，做成回报明细表，然后再根据工作性质进行分解，明确时间节点和责任人，做成详细的赞助商回报服务执行方案。二是做好单项比赛冠名企业的个性化方案。根据合同约定，冠名企业的权益十分丰富。我们专门给冠名企业做了个性化方案，包括权益回报表、现场广告、权益沟通、赛时跟进、维权处理、应急处理等。

（三）完善赞助商回报制度体系。一是召开会议专门部署。先后召开了2次市场开发工作和赞助商回报服务会议，传达学习了组委会关于市场开发的一系列文件，统一了思想，明确了工作思路和工作任务。二是组织各分赛区到比赛现场观摩学习赞助商回报服务工作。在×月××举行的速度滑冰、花样滑冰比赛期间，组织分赛区市场开发部工作人员现场观摩学习，通过现场观摩、交流，熟悉了工作流程，避免了工作失误。三是下发规范市场开发和赛场广告设置的指导性文件，进一步明确了各赛区参与十一运资源开发的权限、开发的行业和产品类别、赛场广告设置、可供开发的其他广告资源等，指导各赛区有序开展工作，既调动了分赛区的工作积极性，又保障了赞助商的权益。

（四）建立良好的外部沟通协调机制。建立了与各赛区、各部室、各赞助商企业之间的外部沟通协调机制。根据赞助商回报服务和维权方案，把涉及各赛区、各单项竞委会、各部室需要协助完成的工作汇总，包括赞助商现场广告回报工作、票务工作、接待工作、媒体宣传工作等，做到了及时沟通衔接，得到了各单位的大力支持。成立了赞助商俱乐部，举办了赞助商联谊会。

（五）切实做好知识产权保护工作。在省内外有关媒体发布了《关于规范使用十一运会特殊标志的公告》，编印了《十一运会商用标识使用规范》，明确了使用的范围、规则、程序，规范了十一运会特殊标志的使用行为。严厉打击隐性营销，严肃查处特殊标志非法使用行为，联合工商执法部门取缔非法制造、销售十一运会特许商品企业××家，撤销未经许可擅自设立的广告牌××余块，清理了决赛现场未经许可、与赞助企业产品冲突的销售点，维护了赞助企业的权益。

二、存在的问题

随着开幕式的临近和舆论宣传的升温，社会上出现了违规和违法使用十一运会特殊标志和侵犯赞助商合法权益的事件。一是违法使用全运会的会徽、吉祥物、口号、名称等；二是打着组委会名义招商和营销；三是非合作企业以全运会名义营销和宣传；四是比赛现场出现违规广告，摆放与赞助商排他的同行业的产品；五是分赛区违规与组委会排他性企业签订合作协议，出现了非赞助商产品展示和销售等。

截至目前，共收到赞助商书面和口头投诉××余件，因为侵权行为的发生，追缴欠款和物资难度加大，维权工作任务艰巨。为此，需组委会各部室、各赛区、各竞委会等给予全力支持配合，做好相关工作。

三、下一步工作打算

1. 召开赞助商回报服务动员大会。为全面做好赞助商回报服务工作，拟以组委会名义召开十一运会赞助商回报服务动员大会并下发《关于进一步加强赞助商回报服务工作的意见》。

2. 成立十一运会维权执法大队。建议由组委会市场开发部、安保部、新闻宣传部与公安、工商部门组成联合执法机构，做好日常和赛时期间的维权工作，查处侵犯赞助商合法权益事件，保护十一运会知识产权。

3. 做好特许商品销售工作。截至目前，已签约特许商品生产企业××家，已开发特许产品××大类××个品种。组建了特许商品营销中心，搭建了生产商、销售商之间的合作平台。设立了××多家特许商品旗舰店、专卖店，同××家企业签署了特许商品加盟店协议。下一步将加大工作力度，让特许产品进广场、进宾馆，全面做好销售工作。

四、需要组委会协调的几个问题

1. 增配工作用车。十一运会市场开发维权回报工作已全面展开，市场开发部全体工作人员将陆续奔赴各赛区落实有关回报事项。主要工作，一是协调分赛区组委会落实赞助商各项回报权益，二是到各赛区进行十一运会知识产权保护以及打假工作。由于涉及赛场多，出差人数多，到各赛区活动多，因此需要车辆多，现有车辆远远满足不了工作基本需要。特申请工作用别克商务车、新君威轿车各一辆（含司机）。

2. 赞助物资、服务交接。为保证十一运会办赛需要，最大限度地节省开支，市场开发部针对组委会需要开发了部分赞助物资以及赞助服务。为做好赞助物资、服务计价以及交接问题，减少交接时间和环节，就赞助物资、服务交接问题，市场开发部拟定了初步交接方案。

3. 回报赞助商门票、证件问题。市场开发部自××××年×月份成立以来，在借鉴北京奥运会、往届全运会的基础上，制订了赞助招商方案，将整个十一运会资源进行了整合，包括无形资产使用权、赛场内外广告、VIP招待计划等，在与赞助商谈判过程中，这些回报都已写入合同之中，是组委会必须履行的义务。在先期进行的决赛项目中，对于合同规定的回报给赞助商的门票，存在以下问题：一是承诺的VIP门票没有兑现，二是合同规定的普通门票没有满足赞助商要求。建议组委会协调票务中心，今后合同规定的赞助商门票需求（包括开闭幕式门票）都要满足，赞助商需要购买的赛事门票、开闭幕式门票优先满足。

4. 户外媒体资源问题。在赞助商合同约定中，给予赞助商车体和单立柱广告回报，需要济南市有关部门同意批准。建议协调济南市予以支持配合。

附件：

关于加强十一运赞助商回报服务工作的意见

十一运会市场开发工作已由赞助招商全面转入维权回报阶段。认真做好赞助商的回报服务和权益保护工作，是组委会下一阶段的一项重要工作。现就加强赞助商回报服务工作提出以下意见。

一、充分认识做好赞助商回报服务工作的重要意义

做好赞助商回报服务工作是展示山东良好形象的有力助推。十一运是庆祝新中国60华诞的一次献礼盛会，也是山东科学发展、和谐发展、率先发展成果的一次集中展示。认真做好赞助商回报服务工作，向国内外赞助商和消费者展示和谐山东、诚信山东、好客山东的良好形象，对于提高山东的知名度和美誉度，扩大十一运会的品牌影响，实现十一运会资源开发的巨大社会效益具有十分重要的意义。

做好赞助商回报服务工作是十一运会筹备工作的重要一环。十一运会赞助商是十一运会市场开发的主体，赞助商所提供的资金、物资、技术和服务，是十一运会成功举办的坚实保障。认真做好赞助商回报服务工作，是保障赛事顺利运行和实现市场开发成果，充分调动赞助商及各方面的力量，全面参与十一运会筹办工作，确保十一运会圆满成功的重要工作内容之一。

做好赞助商回报服务工作是履行好合同规定的应有义务。做好赞助商回报服务是组委会全面履行合同义务的起点，是组委会应尽的义务和责任。做好赞助商回报服务工作，全面履行合同条款，是圆满实现市场开发目标的重要体现。

二、做好赞助商回报服务工作的总体要求和基本原则

赞助商回报服务工作总体要求是：围绕“创一流水平，促和谐发展”的总体目标，坚持“合作共赢”理念，按照“统一开发，统一签约，统一回报”的总体要求，明确职责，统筹安排，协作分工，以落实赞助商权益回报为中心，以抓好维权回报工作为重点，全面履行赞助合同，巩固市场开发成果，全力提升赞助商企业产品品牌形象，圆满完成十一运会市场开发的工作目标。

三、进一步明确组委会各部门服务回报赞助商工作职责

赞助商回报服务工作涉及组委会各部门、各分赛区，关联度高、节点性强，需要各方面共同参与。各相关部室、各分赛区要高度重视，将这项工作纳入整体工作方案，明确应承担的任务和职责，统筹安排，工作到位。市场开发部是组委会授权统筹管理、经营十一运会资源的职能部门，也是赞助商服务回报工作的牵头部门。要进一步完善回报服务方案和计划，对签订的合同条款进行全面系统梳理，对每一项任务进行详细分解，明确目标任务、工作标准、工作时限、责任单位和责任人，加强过程督导，确保全面履行合同

条款。

要进一步加大媒体宣传服务回报工作力度。宣传回报是各级赞助商十分关注的一项权益，组委会办公室、新闻宣传部、竞赛部要对涉及赞助商的授予官方荣誉、召开新闻发布会、官方网站宣传、媒体宣传、各类手册广告发布及运动员颁奖等各项回报工作，切实按合同进行落实。

要进一步加大赞助商服务工作力度。行政接待部、安全保卫部、交通保障部、群体工作部、票务中心要对涉及赞助商接待、交通、证件、火炬接力及票务工作等，制定详细的工作计划，逐项抓好落实。

组委会各部室、各赛区组委会、各单项竞委会在安排工作或组织活动时，要统筹考虑赞助企业的各项权益，主要包括：授予十一运会组委会名誉委员称号；安排十一运会相关活动的主席台门票、贵宾证件、纪念品、车辆通行证等；落实新闻发布会背景板广告、门票广告、证件广告、总秩序册广告、宣传册广告、门票广告、吉祥物模型基座广告、赛场外拱门气球广告、销售专区等。要统筹考虑赞助企业的单项赛事冠名权益，主要包括：授予单项竞委会名誉主任称号；安排为获奖运动员颁奖的赞助企业负责人；落实主席台横幅、领奖台广告、发奖区背景板企业或产品商标组合广告、场地地面广告、现场播音广告、显示屏广告、运动员号码布广告、单项赛事秩序册广告、竞赛指南广告、现场广告等。

四、各赛区要切实做好赞助商回报服务工作

各赛区要按照“统一开发，统一回报”的总体要求，服从组委会市场开发部统一安排，全面做好赞助商服务的各项工作。

要协助做好资源整合与工作实施，根据《十一运会各赛区市场开发管理办法》，组委会市场开发部有权无偿征用所有比赛场馆内外区域及组委会安排的赞助企业销售和接待专区（包括贵宾包厢）。各赛区要按照组委会市场开发部的实施细则，确定赛场内广告位的数量、规格，落实赛场周边企业展示区域的位置、面积及拱门、气球的放置位置，对场馆内和周边可开发的特殊广告位、景观广告进行统计梳理，确保组委会签约企业赛时现场广告的发布和各项权益的落实。

要及时清理赛场广告，保证赞助商的排他权益。赛场资源是组委会回报企业的主要内容之一，赛场维权是整体维权工作的核心环节。各赛区组委会要按组委会市场开发部的统一部署，及时清洁赛场，做好赛场属地范围内的维权监控，严格执行排他原则，并在组委会市场开发部的指导下，有序开展赛场广告的二次开发。

要认真做好赞助商赛时接待服务工作。?赞助商赛时阶段接待工作是十一运会组委会给予赞助商的重要回报方式，是赞助商服务工作的重要组成部分。认真做好赞助商接待服务工作，不忽视、不遗漏每一个环节，让赞助商充分感受到尊重和礼遇。要加强与赞助商的联络沟通，建立良好的公共关系，及时了解赞助商的诉求，作出权威解释，抓好落实。

要做好十一运会特许商品的销售管理工作。特许商品是传播全运文化十分有效的载体，各赛区组委会要协助组委会市场开发部落实好在各竞赛场馆、接待宾馆等地的特许商品销售场所，并做好特许商品销售及特许商品市场的监控工作。

五、高度重视十一运会知识产权保护，加大对侵权行为的监控与查处力度

做好十一运会知识产权和赞助商的权益维护工作，事关维护十一运会的社会声誉和市场开发收益。各有关方面要充分认识维权工作的重要性和严肃性，树立全局观念，切实把维权工作抓好抓实。

要高度重视十一运会知识产权的保护，加大对侵权行为的监控力度。十一运会会徽、吉祥物和主题口号等有关十一运会知识产权受法律保护，有明确的使用管理办法。各赛区要根据《国务院特殊标志管理条例》《中华人民共和国第十一届运动会特殊标志保护及使用管理规定》，加强对十一运会资源市场的监控，切实维护十一运会知识产权不受侵犯。要严格遵守组委会有关市场开发工作的各项规定，严格区分公益性和商业性的界线，对那些非赞助企业因商业目的而使用十一运会特殊标志的推广行为，一经发现，要迅速报请当地工商行政管理部门进行查处。要严格监控各类商业性活动，防止隐形营销。对十一运会特许商品市场进行有效监控，未经组委会市场开发部授权，不得擅自使用特殊标志开发产品或授权第三方开发权益。

为做好十一运会赞助企业的权益维护工作，组委会将联合工商部门成立十一运会维权执法大队，各赛区组委会也要相应抽调得力人员，专职从事维权执法工作。组委会将实行维权通告制度，定期或不定期地发布赞助企业维权通告，告知各部门需要配合的具体事项。组委会所有机构增强维护赞助企业权益意识，将权益维护工作落到实处。

七、加强对赞助商回报服务工作的领导和组织

?加强对赞助商回报服务工作，是十一运会组委会的一项重要工作。各部门各赛区要把这项工作摆上重要议事日程，加强领导，建立目标责任制，切实把这项工作抓紧抓好、抓出成效。各部室各赛区主要负责同志要亲自抓，分管的领导要具体抓，明确责任人和联络人。

要树立大局意识，服从统一安排。赞助商回报服务工作点多线长、面、广，情况复杂，各部门各赛区要按照“统一开发，统一回报”的总体要求，牢固树立一盘棋思想和全局观念，服从组委会统一安排，建立高效联动工作机制，以落实赞助商权益回报为中心、赛时服务接待工作为重点，及时沟通信息，协同作战，密切配合，全面做好赞助商的服务各项工作。

要建立回报维权工作机制。立足于“维权是资源开发的生命线”，实施全过程维权。各部门在进行商务谈判、签订合同的过程中，就要高度重视维权工作，严格遵循排他权的要求。在合同的执行过程中，及时将回报信息通报各比赛场馆和组委会相关部门，使对赞助企业的回报得到有序落实。赛会期间，要安排专人进行督查、维权，整理、搜集、检测有关数据和比赛报道，确保赞助企业的各项权益不受侵犯。建立完善的维权责任机制和监控机制，尤其对赞助企业享有排他权益的行业进行重点保护和排查，确保赞助商合法权益的顺利兑现。

第十二节　场馆建设实务

《竞赛总规程》的规定和明确竞赛项目布局是进行场馆建设工作的前提和依据。国家体育总局颁布的《体育场馆规范》是这项工作的标准。场馆建设工作主要指赛事运作机构新建或维修或改造场馆，为举办赛事提供必要的硬件设施，包括满足竞赛要求的场馆以及相关建筑、场所和区域。场馆建设对承办地体育硬件设施的完善和体育事业的发展具有巨大的推动作用。场馆建设是否能如期、按标准、保质完成，决定了体育赛事能否按时、顺利、安全进行。通常情况下，场馆的建设与维修、改造都要按照

提前6个月竣工，提前3个月组织测试赛与活动，提前1个月达到使用状态，即“6·3·1”节点做好相关准备工作。如果是采用租赁场馆的方式组织赛事，则需要按照国家体育总局的标准对所租赁的场馆及设施、设备进行检查和验收，同时要签订正式的场馆租赁合同。

一、筹备阶段场馆建设工作的主要内容

（一）场馆的规划与设计

场馆建设工作开展的初期，由组委会场馆建设部与政府相关城市建设部门共同协商制定总体规划，报当地政府批准。列入到政府计划之中。场馆的规划要兼顾举办地城市的整体建设规划，使场馆建设与举办地经济、社会等各项事业协调发展，要注重利用举办地自然资源，注意保护生态环境，还要最大限度地利用原有场馆资源，用改造原有场馆取代新建场馆的方式，尽可能降低场馆建设费用。同时还要方便举办期的管理。

场馆的设计首先要确保能够满足比赛需要，还要充分考虑赛后的利用，合理规划场馆功能，并严格按照主办单位提出的各竞赛项目场馆建设的标准进行设计，同时还要合理安排固定和临时设施的比例。

（二）场馆建设的筹备与管理

场馆建设的筹备工作是场馆建设前必须要做好的准备性工作。主要包括：采用招投标的方式或者采用“招商引资”的方式确定具体负责勘查、设计、施工、监理的单位，这是保证场馆建设规范化的重要前提；主办单位向各建设单位提供各竞赛项目场馆建设的标准，由场馆建设部监管、检查各建设项目是否按照标

准进行设计和施工；在建设初期对各建设项目场馆的基本情况进行调查，以了解各比赛场馆的基本情况，方便组委会场馆建设部的管理，加快推进场馆的建设。

场馆建设的管理工作主要包括：制定场馆建设检查工作制度，定期检查场馆建设的质量并对建设进度进行有效控制；做好场馆周边的交通、市政配套以及环境整治工作，这是承办体育赛事的必要条件；场馆建设竣工验收与交付。这是对建设投资、进度和质量进行审查认可的关键环节；场馆的交接，由场馆建设部负责协助组委会相关部门、各项目竞委会进驻各场馆；财务管理工作，包括场馆建设经费的拨付和决算审计工作。

（三）测试赛保障

在体育赛事的筹备阶段，体育赛事承办者会按照竞赛规程和竞赛日程安排，对新建、改建的场馆或者没有举行过此类赛事的项目组织测试赛。

组织测试赛是检验场馆硬件设施和竞委会各项准备的一项重要工作，为了尽早发现场馆设施存在的问题并及时进行整改，场馆建设部应积极协助竞赛部、各竞委会做好测试赛的保障工作，并按照要求完成相关建设整改工作。

（四）场馆建设工作的宣传活动

场馆建设工作在体育赛事的筹备阶段是一项耗资巨大、耗时较长、关注度较高且非常重要的硬件设施保障工作。在场馆建设前期筹备阶段对其进行宣传，可以吸引更多的建筑单位参与招投标工作；在建设期间进行宣传可以凸显体育设施建设对城市建设的进程的推动作用，提升整个体育赛事的关注度；在竣工交付使用后进行宣传，可以使社会大众对体育赛事场馆有整体的认识。由新闻宣传部配合具体的宣传事宜。

（五）体育赛事信息系统建设

体育赛事信息系统是以竞赛组织为中心的现代化赛事运作管理工具，是赛事运作顺利进行的不可或缺的部分。体育赛事信息系统，是体育赛事电子信息服务系统的简称，包括基础网络系统和应用服务系统，其中基础网络系统包括骨干网络系统、本地网络系统、场馆网络系统和枢纽工程建设；应用服务系统包括人员注册系统、计时计分系统、现场成绩处理系统、综合成绩处理系统、数据通信系统、综合查询系统、竞赛信息系统、仲裁录像系统、指挥调度系统、通信服务系统以及多媒体查询系统、办公系统、电子商务系统等方面。信息系统保障工作的主要内容包括保证赛事信息系统运行通畅和保证赛事信息系统的安全。使用现代化信息技术，建立和维护体育赛事信息系统，确保各场馆、驻地、新闻中心、组委会办公区信息网络的技术实现，一方面有利于提高赛事运作效率，一方面也能提高赛事运作质量。

二、组织机构

场馆建设工作由承办单位负责，包括新建、维修与改造场馆，以为体育赛事提供合乎标准的、功能齐备的各类场馆。主办单位制定各项目比赛和训练场馆建设的标准，组委会成立场馆建设部，主要负责体育赛事场馆建设工作的组织、策划、协调与管理，组委会以招投标的方式确定的勘查、设计、施工、监理的单位负责各场馆的工程建设工作。组委会新闻宣传部配合场馆建设的宣传活动。监察审计部负责对场馆进行财务审核、审计。根据体育赛事的需要，组委会一般会设立信息系统管理部门，如“信息技术部”或者在场馆建设部内设“信息技术处”，负责信息系统的建设与保障。

三、场馆建设工作示意图

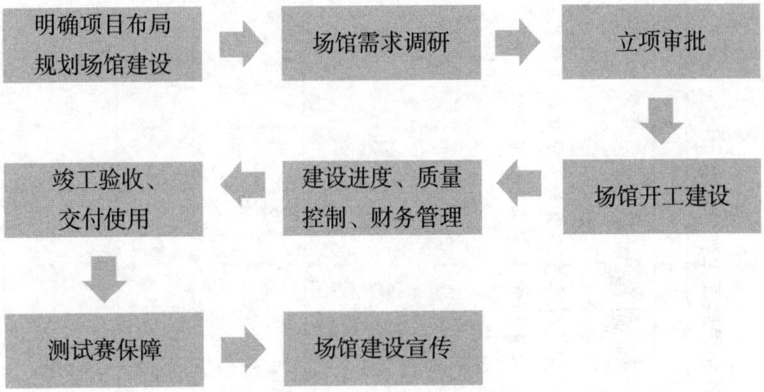
明确项目布局
规划场馆建设
场馆需求调研
立项审批
场馆开工建设
建设进度、质量
控制、财务管理
竣工验收、
交付使用
测试赛保障
场馆建设宣传

相关链接一：

第十一届全运会组委会分管场馆建设工作领导层面工作计划表

时间	主要工作
2008年7月	1. 学习组委会工作进度表，拟出本部门细化的工作进度表，将各项工作分解落实到人。 2. 编写本部门至全运会开幕前各项主要工作方案。 3. 组织比赛场馆体育工艺标准培训，邀请国家体育总局相关管理中心有关专家前来授课指导。 4. 联系国家体育总局相关管理中心，协调竞赛部，进行比赛场馆体育工艺标准论证工作。 5. 协助信息技术部完成比赛场馆信息系统方案制定。 6. 结合前期制定的评选优秀场馆方案收集相关工程资料。 7. 总结上半年工作，制定下半年工作计划。 8. 督查新建及维修改造场馆工程进度。 9. 协调新闻宣传部对新闻中心筹备方案进行论证。
2008年8月	1. 与竞赛部协调，拟出场馆试运行工作总体方案并报批。 2. 协调相关赛区做好倒计时一周年系列活动场馆保障工作。 3. 按职责分工督查新建及维修改造场馆工程进度。
2008年9月	1. 督查新建及维修改造场馆工程进度。 2. 落实比赛场馆体育工艺标准论证有关工作。
2008年10月	1. 协助群体部督查“两大工程”建设情况。 2. 制定本部门2009年度的财务预算。 3. 对已开始试运行的新建场馆，跟踪检查运行情况。

（续表）

时间	主要工作
2008 年 11 月	1. 与相关部门协调，落实场馆设施的特殊功能配置。 2. 审核上报本部门的 2009 年度经费预算报告。 3. 筹备场馆建设工程竣工验收检查工作。 4. 对已开始试运行的场馆，跟踪检查运行情况。 5. 协助群体部督查群体设施“两大工程”建设情况。
2008 年 12 月	1. 督促检查场馆周边环境整治工作。 2. 协助群体部核实群体“两大工程”完成情况。 3. 上报本部门需要省政府有关部门解决的问题清单。 4. 对已开始试运行的场馆，跟踪检查运行情况。 5. 总结 2008 年的工作，制定 2009 年工作计划。
2009 年 1 月	1. 进行新建及维修改造场馆工程竣工验收专项检查工作。 2. 将 2009 年工作进度表规定的各项工作任务分解落实到人。 3. 补充抽调人员全部到岗并进行培训。 4. 对已开始试运行的场馆，跟踪检查运行及赛事承办情况。 5. 组织全省优秀场馆建设工程评选活动专项培训，督促赛区备齐相关资料。 6. 会同竞赛部，组织赛区做好迎接国家体育总局对比赛场馆检查验收的准备工作。

(续表)

时间	主要工作
2009 年 2 月	1. 督促各赛区抓紧场馆周边环境整治检查工作。 2. 对已开始试运行的场馆，跟踪检查运行情况。 3. 筹备制作十一运会场馆建设宣传图册。
2009 年 3 月	1. 协调组织比赛场馆验收工作，各比赛训练场馆全部交付使用 2. 协助安保部完成各赛区各比赛场馆消防安全检查工作。 3. 拟定开幕式场馆保障工作方案。
2009 年 4 月	1. 组织对各比赛场馆周边进行环境整治工作，进行专项检查。 2. 协调组委会相关部门，组织各赛区编写全运会比赛场馆服务保障工作手册。 3. 协调赛区拟定开幕式文艺表演联排场馆保障方案。 4. 会同新闻宣传部检查新闻中心及附属设施建设工作。 5. 组织比赛训练场馆资料管理专项培训。
2009 年 5 月	1. 会同竞赛部检查各比赛场馆设施运行和供水供电保障情况。 2. 配合总局及组委会相关部门，协调组织全省比赛训练场馆运行培训。 3. 结合全运会预赛、年度比赛、测试赛，跟踪检查场馆运行情况，做好优秀场馆评选前期准备工作。 4. 开始与各赛区城市实现工作对接，做好场馆管理与使用的协调工作。 5. 全面启动先期决赛项目的场馆保障工作。 6. 检查新闻中心建设及运营工作。 7. 组织十一运会场馆建设成就新闻发布和宣传工作。

（续表）

时间	主要工作
2009 年 6 月	1. 督促完成各场馆周边延伸部分环境整治任务。 2. 落实倒计时 100 天活动的场馆保障工作。 3. 做好上半年工作总结。
2009 年 7 月	1. 参加各代表团联络员会议，报告全运会场馆工作筹备情况。 2. 结合比赛，跟踪检查场馆运行情况，做好优秀场馆评选前期准备工作。 3. 做好全在奥体中心举行的“奥体中心落成典礼暨庆全运 50 周年，迎十一运”大型主题文艺晚会场馆保障工作。
2009 年 8 月	1. 结合比赛，跟踪检查场馆运行情况，做好优秀场馆评选前期准备工作。 2. 各比赛训练场馆调试完毕，设备达到使用状态。 3. 督促各场馆全面实现规范化管理，熟悉本场馆承担竞赛项目管理流程。 4. 组委会各部门结合先期或承担比赛举办进行实战演练工作，在满负荷状态下对场馆功能进行测试并及时总结和维修。
2009 年 9 月 1—15 日	1. 协调各部门和赛区，为先期决赛项目的比赛提供场馆保障。
2009 年 9 月 16–25 日	1. 组织对各场馆设施进行最后检测。 2. 督促落实场馆设备供应商现场值班人员，及时应对突发事件。 3. 协助做好开幕式文艺表演联排场馆保障工作。 4. 为先期决赛项目的比赛提供场馆保障。

（续表）

时间	主要工作
2009年9月26日—10月3日	1. 协调落实各场馆的值班制度。 2. 为先期决赛项目的比赛提供场馆保障。
2009年10月4—10日	1. 协调各部门对新建场馆设施、设备运行及操作情况进行全面检查测试。
2009年10月11日	1. 协调组委会各部门和赛区，做好场馆保障工作。 2. 会同有关部门，当晚完成开幕式表演设备拆除搬运工作。
2009年10月12日	1. 协调组委会各部门和赛区，做好比赛场馆保障工作。
2009年10月13日	1. 协调组委会各部门和赛区，做好比赛场馆保障工作。
2009年10月14日	1. 协调组委会各部门和赛区，做好比赛场馆保障工作。
2009年10月15日	1. 协调组委会各部门和赛区，做好比赛场馆保障工作。
2009年10月16日	1. 协调组委会各部门和赛区，做好比赛场馆保障工作。 2. 协调大型活动部、安全保卫部等部门检查闭幕式场馆。
2009年10月17日	1. 协调组委会各部门和赛区，做好比赛场馆保障工作。
2009年10月18日	1. 协调组委会各部门和赛区，做好比赛场馆保障。

(续表)

时间	主要工作
2009年 10月19日	1. 协调组委会各部门和赛区，做好比赛场馆保障。
2009年 10月20日	1. 协调组委会各部门和赛区，做好比赛场馆保障。
2009年 10月21日	1. 协调组委会各部门和赛区，做好比赛场馆保障。 2. 做好闭幕式场馆的检查工作。
2009年 10月22日	1. 做好最后阶段比赛场馆、闭幕式场馆保障工作。
2009年 10月23日	1. 做好闭幕式场馆最后的准备工作。
2009年10月 24–31日	1. 指定专人撰写本部门工作总结报告。
2009年11月	1. 组织本部门人员进行总结，做好人员鉴定、评比工作。 2. 评选优秀场馆建设工程。 3. 上报场馆建设部工作总结。 4. 到本部门工作人员所在单位向领导表示感谢，提交感谢信。 5. 组织出版第十一届全运会场馆建设成就资料汇编及图集。

相关链接二：

第十一届全运会组委会分管信息技术工作领导层面工作计划表

时间	主要工作
2008年7月	1. 制定场馆信息化建设实施标准及实施方案。 1. 组织对全运会信息技术与通信保障工作进行调研。 2. 完成信息大厦弱电建设方案制定和评审。 3. 与相关部门协调，完成竞赛场馆网络系统集成方案并报审。 4. 完成各竞赛场馆信息技术功能用房方案。 5. 协调市场开发部，落实网络和通讯服务商及施工单位。 6. 完成全运会网络系统技术功能需求说明、合同及网络建设集成技术实施方案并签约。 7. 完成全运会视频监控系统技术功能需求说明、合同及视频监控系统技术实施方案并签约。 8. 完成全运会视像会议系统技术功能需求说明、合同及视像会议系统技术实施方案并签约。 9. 完成全运会竞赛软件工程技术功能需求说明、合同及竞赛软件功能技术实施方案并签约。 10. 完成全运会电视转播字幕项目功能需求说明、合同及电视转播字幕技术实施方案并签约。 11. 拟定全运会办公软件项目功能需求说明、合同及技术实施方案并签约。 12. 完成各代表团远程注册报表并上报审批。 13. 编写本部门至全运会开幕前各项主要工作方案。 14. 总结上半年工作，制定下半年工作计划。所签署的项目全面施工。 15. 所签署的项目全面施工。 16. 与安保部协调注册制证有关问题（ACR手册、远程注册报名与注册制证的数据交换）。 17. 与新闻宣传部协调新闻中心和各场馆分新闻中心信息技术建设方案。 18. 与竞赛部协调有关计时记分项目的数据连接等问题。 19. 起草开、闭幕式通信及现场信息技术保障方案。 20. 协助市场开发部做好信息技术与通信赞助商的市场开发。

(续表)

时间	主要工作
2008 年 8 月	1. 全面组织信息技术及通信保障工程建设。 2. 制定购置（赞助、租赁）设备的检验安装计划。 3. 完成本部门技术工作与工作流程方案并报批。 4. 上报并确定无线对讲机分配方案。
2008 年 9 月	1. 落实硬件配置有关工作。 2. 编制《第十一届全运会电子信息服务与通信服务手册》。 3. 启动信息大厦和各场馆网络集成工程。 4. 启动中心机房工作与系统集成建设。 5. 启动注册、制证、指挥和新闻中心系统集成建设。 6. 启动竞赛信息系统软件开发与测试工作。
2008 年 10 月	1. 编制完成《第十一届全运会电子信息服务与通信手册》。 2. 制定本部门需要国家体育总局、省信息产业厅协调解决的问题清单。
2008 年 11 月	1. 启动基础网络工程及中心机房的集成建设工程。 2. 花样滑冰、短道速滑、速度滑冰、自由式滑雪等比赛项目进入集成测试期。 3. 会同市场开发部完成与通信赞助商的洽谈与签约。
2008 年 12 月	1. 上报本部门需要国家体育总局、省信息产业厅解决的问题清单。 2. 信息大厦设备开始安装测试等项工作。 3. 总结 2008 年的工作，制定 2009 年工作计划。

（续表）

时间	主要工作
2009 年 1 月	1. 做好各场馆网络系统集成工程。 2. 做好中心机房系统集成工程建设、设备安装调试工作。 3. 数据中心、集成实验室交付验收并投入使用。 4. 冬季 4 个项目网络系统运行。 5. 指导做好各场馆局域网建设（比赛场馆局域网由场馆负责建设）。 6. 补充抽调人员全部到岗并进行培训。 7. 将 2009 年工作进度表规定的各项工作任务分解落实到人。 8. 信息大厦机房、数据中心设备安装调试。
2009 年 2 月	1. 继续督促检查各项目的工作进度，做好工程监理工作。
2009 年 3 月	1. 完成场馆网络系统集成建设，加紧与各场馆的协调。 2. 继续编制竞赛成绩管理系统软件。 3. 拟定测试赛信息技术、通信保障工作方案。 4. 远程注册软件安装测试。
2009 年 4 月	1. 远程注册系统、注册网站、官方网站集成及测试。 2. 组织对各比赛场馆局域网建设情况进行检查、验收。 3. 启动通讯网络信息系统调试。 4. 拟定开幕式文艺表演联排信息技术与通信保障方案。 5. 上报测试赛信息技术与通信保障方案。

(续表)

时间	主要工作
2009 年 5 月	1. 5 月 15 日召开全国代表团注册工作会议。 2. 5 月 18 日注册网站正式开通，举行开通仪式。 3. 完成举办期信息技术保障工作方案并上报。 4. 完成开幕式文艺表演联排信息技术与通信保障方案并上报。 5. 制定倒计时 100 天活动信息技术与通信保障工作方案。 6. 开始对各项目进行集成测试（本月进行 15 个项目测试）。 7. 开始与各赛区相关部门实现工作对接，做好信息技术与通信保障工作的协调工作。 8. 全面启动全运会先期决赛项目的组织工作，做好本部门负责的信息技术与通信保障工作。 9. 明确全运会举办期各类信息技术、通信保障责任人、工程技术人员，完成“定岗、定人、定职责”工作。
2009 年 6 月	1. 完成代表团远程注册系统与制证系统的数据连接。 2. 数据处理中心开通使用。 3. 进行各项目集成测试（本月完成 15 个项目）。 4. 在全运会测试赛中，试运行竞赛成绩电子处理系统。 5. 实现中心机房、数据中心与各场馆的网络连接。 6. 落实倒计时 100 天活动的信息技术与通信保障工作。 7. 做好开幕式文艺表演联排信息技术与通信保障工作。 8. 做好上半年工作总结。

(续表)

时间	主要工作
2009年7月	1. 进行各项目集成测试（本月完成10个项目）。 2. 编制信息系统联调方案。 3. 建立无线通信系统。 4. 指导做好济南赛区及各比赛场馆联调工作。 5. 组织竞赛成绩信息处理系统试运行。 6. 做好开幕式文艺表演联排通信保障工作。
2009年8月	1. 对计时计分系统进行联调。 2. 进行信息系统第一次联调。 3. 中心成绩处理系统配合INFO2009与官方网站间的联调。 4. INFO2009系统与官方网站调试连接。 5. 负责协调重点场馆进行模拟演练的检查与培训。 6. 认真做好第二次系统联调的准备工作。 7. 做好开幕式文艺表演联排信息技术与通信保障工作。
2009年9月 1—15日	1. 9月10日进行由竞赛部和各场馆参加第二次联调。 2. 保障先期决赛项目比赛期间的通信畅通，结合比赛测试通信网络的承载能力。 3. 做好开幕式文艺表演联排信息技术与通信保障工作。 4. 新闻中心开通使用。 5. 落实开、闭幕式现场总指挥部信息技术与通信保障服务设施布置。

(续表)

时间	主要工作
2009 年 9 月 16—25 日	1. 全面做好维护工作，确保信息网络畅通。 2. 确保竞赛成绩电子处理系统正常运行。 3. 做好开幕式文艺表演联排通信保障工作。 4. 各种信息技术系统开通运行，保障先期决赛项目举行。 5. 检查开、闭幕式现场总指挥部的信息与通信保障设施。 6. 确定开、闭幕式相关活动的通信保障方案。 7. 全运会举办期间，实行信息技术与通信保障服务总值班员工作制度，24 小时电话值班。
2009 年 9 月 26 日—10 月 3 日	1. 全面做好维护工作，确保信息网络畅通。 2. 确保竞赛信息系统正常运行。 3. 做好开幕式文艺表演联排通信保障工作。 4. 为先期决赛项目提供信息技术、通信保障服务。 5. 保障赛事期间系统的安全高效运行。
2009 年 10 月 4—10 日	1. 全面检查开幕式现场、群先会现场、新闻发布会现场信息技术与通信保障设备。同时为开幕式彩排、预演提供信息技术与通信保障服务。 2. 从 10 月 5 日开始，要求信息技术与通信设备供应商的技术人员及“设备、零件备份”24 小时值班，做到随时应答、随时保障设备运作正常。
2009 年 10 月 11 日	1. 全力做好开幕式现场通信基站调配工作。 2. 全力保障开幕式现场信息技术服务。 3. 做好组委会新闻发布会现场信息技术与通信保障服务。 4. 做好各竞赛项目成绩处理、综合成绩处理和信息查询服务工作。

(续表)

时间	主要工作
2009年10月12日	1. 做好信息查询、各竞赛项目成绩处理、综合成绩处理工作。 2. 做好群先表彰会现场的信息技术与通信保障服务工作。 3. 确保赛事期间信息通信设备系统正常运行。
2009年10月13日	1. 全力确保赛事期间各类信息通信设备正常运行。
2009年10月14日	1. 全力确保赛事期间各类信息通信设备正常运行。
2009年10月15日	1. 全力确保赛事期间各类信息技术及通信设备正常运行。
2009年10月16日	1. 全力确保赛事期间各类信息技术和通信设备正常运行。
2009年10月17日	1. 全力确保赛事期间各类信息技术及通信设备正常运行。
2009年10月18日	1. 做好信息查询、各竞赛项目成绩处理、综合成绩处理工作。 2. 确保赛事期间各类信息技术及通信设备正常运行。
2009年10月19日	1. 做好信息查询、各竞赛项目成绩处理、综合成绩处理工作。 2. 全力确保赛事期间各类信息技术及通信设备正常运行。 3. 拟定闭幕式现场信息技术与通信保障服务工作方案，并组织实施。
2009年10月20日	1. 做好信息查询、各竞赛项目成绩处理、综合成绩处理工作。 2. 确保赛事期间通信设备正常运行。

（续表）

时间	主要工作
2009 年 10 月 21 日	1. 做好信息查询、各竞赛项目成绩处理、综合成绩处理工作。 2. 全面检查落实闭幕式现场指挥部信息技术、通信保障工作。 3. 确保赛事期间各类信息技术及通信设备正常运行。
2009 年 10 月 22 日	1. 做好信息查询、各竞赛项目成绩处理、综合成绩处理工作。 2. 全面检查闭幕式现场通信技术、通信保障服务落实情况。 3. 全力确保赛事期间各类信息技术及通信设备正常运行。
2009 年 10 月 23 日	1. 做好信息查询、各竞赛项目成绩处理、综合成绩处理工作，全力为竞赛部统计成绩服务。 2. 全力做好落实闭幕式现场信息技术与通信保障工作。 3. 本部领导参加“零点会议”，报告当天工作完成情况，听取领导部署第二天的工作。
2009 年 10 月 24—31 日	1. 全面清点信息技术和通讯设施设备，做好回收工作。 2. 指定专人撰写本部门工作总结报告。
2009 年 11 月	1. 组织本部门人员进行总结，做好人员鉴定、评比工作。 2. 上报信息技术部工作总结。 3. 到本部门工作人员所在单位向领导表示感谢，提交感谢信。

第十三节 新闻宣传工作实务

体育赛事筹备阶段的宣传工作是指体育赛事运作管理机构通过宣传报道来为赛事集聚人气，增强赛事影响力，树立赛事品牌形象，在创作赛事社会效益的同时，为赛事创造更好的经济效益。主要目标是组织、管理、运用媒体，发挥媒体的作用，从而提升社会对赛事的关注度与参与度。主要目标具体包括以下几个方面：使举办赛事的气氛逐渐升温；建立完整的赛事品牌形象体系，做好与之相关的配套工作（如专有权、著作权保护，市场开发宣传，形象宣传等）；利用重要时间节点和重大事件提升赛事的影响力；加强赛事运作管理机构与外界的沟通，对媒体进行正面引导，创造良好的舆论范围，通过宣传进一步提高市民素质。

一、筹备阶段新闻宣传工作的主要内容

体育赛事筹备阶段，宣传工作一般包括以下内容。

（一）制定赛事宣传报道总体工作计划和阶段性工作实施方案

赛事基础筹备阶段初期，拟定筹备阶段宣传报道工作总体计划——→赛事全面筹备阶段，按照总体计划拟定并调整宣传报道工作方案，着重细化媒体记者接待方案及赛事新闻中心设置方案——→赛事测试赛阶段，拟定赛事运行阶段宣传报道工作方案(含应急预案)。

（二）设计、推广统一的赛事品牌形象系统

在体育赛事的筹备阶段，新闻宣传工作的主要任务是：拟定

赛事品牌形象管理办法；开展会徽、吉祥物、主题口号、会歌、宣传画等赛事品牌形象标志物的征集、评审、注册等工作；将赛事品牌形象宣传与市场开发工作结合起来；注重赛事品牌形象标志的著作权、专有权维护。

（三）制定赛事倒计时系列活动、主题活动宣传工作方案并组织实施

在体育赛事筹备阶段的重要时间节点，体育赛事运作管理机构通常会组织倒计时系列活动，迎接赛事举办期的到来，为赛事宣传造势。赛事倒计时系列活动主要包括倒计时两周年、倒计时一周年、倒计时 100 天、倒计时 30 天活动。另外通常赛事运作机构还会组织一些主题活动，如火炬传递活动、志愿者招募与选拔等活动，新闻宣传部都要制定相应的工作方案并组织实施。

（四）收集并汇总媒体记者报名信息

参与赛事报道的媒体记者通常分为两类，一类是受赛事运作管理机构邀请而来的媒体，一类是主动申请参与赛事报道的媒体。收集并汇总报名媒体记者的信息是做好食宿、交通等接待服务的前提。媒体记者的信息主要包括姓名、性别、单位、所属媒体形式、交通工具、抵离时间、返程票务、数量等，收集之后进行分类汇总，提交给行政接待部安排食宿，提交给安全保卫部制作证件。

（五）新闻中心与广播电视中心的建设

新闻中心是赛事运作管理机构对外发布新闻的窗口，是与媒体进行沟通的桥梁，是赛事期间文字和摄影媒体记者工作的大本营。新闻中心的主要职能是：定期举办新闻发布会；提供赛事筹备工作信息，提供各类媒体宣传素材；举办媒体记者参观采访赛

事及联谊活动；为媒体记者提供采访所需各种设备，实施一站式服务。新闻中心通常设置在赛事举办主体育场馆内。一般需设新闻发布室、记者工作室、记者休息室及其他提供相关服务的房间，并配备相应的电视、电脑、网络等设施、设备（有的赛事也会在记者驻地宾馆设立一间记者工作室）。如果是大型综合性体育赛事，比赛通常在多个场馆进行，需要建立主新闻中心和多个分新闻中心。此种情况下，主新闻中心可以设在主体育场馆内或是宾馆内，设在宾馆内，需要保证与比赛场馆之间的交通方便，与新闻报道工作相关的配套设施齐全。第十一届全运会组委会在济南奥体中心建成了总面积达 2 万平方米的主新闻中心和国际广播电视中心，其他新建和改造场馆的新闻设施也全部配套、形成了覆盖全省 17 市比赛场馆的信息发布和信号传播体系，实现了信息畅通和信号全覆盖。

对体育赛事进行广播电视转播已成为大型体育赛事必不可少的组成部分，已经成为赛事管理者进行赛事宣传的重要手段和途径。通过广播、电视来播出及报道赛事，不仅仅是对赛事进行媒体宣传的绝佳方式，而且随着赛事价值的增加，广播电视版权的有偿转让也将成为赛事运作管理机构获取经济效益的重要渠道之一。在发达的西方体育赛事市场，电视转播权实际上已成为大多数品牌赛事最主要的收入来源。因此，广播电视工作是体育赛事运作管理机构必须协调相关媒体做好的重要专项工作。正是因为体育广播、电视在体育赛事媒体宣传中占有非常重要地位，因而重大国际、国内赛事都会设立广播电视中心（Broadcast Center）,即给各广播、电视机构提供转播、收录制作和编辑赛事内容的场所。

新闻中心和广播电视中心的建设大致都需要经过以下几个步骤。

一是需求及技术调研。这是进行建设的前期准备工作，主要是对媒体记者数量、类别及各自的需求进行调查统计，并对技术进行可行性分析。

二是方案设计，是指在需求及技术调研的基础上，对新闻中心与广播电视中心的选址、构造、布局进行总体计划。

三是实体建设，是指新闻中心与广播电视中心的选址、场地建设、改造及装修。

四是设备采购或租借。根据新闻中心和广播电视中心的整体方案，列出详细的清单，包括桌椅、讲台、背景板、摄影台灯办公家具，电话、电脑、传真机、复印机、扫描仪等办公设备，以及电视、音响、麦克风、投影仪等音频视频设备等。设备的配置要遵循实用、节俭的原则，结合采购、租赁及调用等多种方式，不可一味贪多、贪大、贪新。

五是设备的安装与调试。设备安装完毕后，要对所有的技术环节进行测试，确保设备正常运行。同时应该对新闻中心与广播电视中心的整体运作进行试运行。

六是制度建设。制度建设的目的在于使新闻中心与广播电视中心的运作规范化，包括建立《新闻中心管理制度》《新闻中心新闻发布会制度》《新闻中心运作与服务指南》《新闻中心应急预案》《广播电视中心管理制度》《广播电视中心运作与服务指南》《广播电视中心应急预案》等。

七是人员培训。包括对新闻中心与广播电视中心管理人员的培训、技术人员的培训、一般工作人员及志愿者的培训。

八是运作监控。一旦新闻中心与广播电视中心进入赛事举行阶段，就必须保障平稳顺畅地运作，如果出现任何疏忽或者失误都可能带来很大的负面影响。因此，对新闻中心与广播电视中心的运作需要保持监控。

（六）媒体记者证件、宣传报道材料准备

证件是媒体记者进入各比赛场馆、活动现场进行赛事报道的身份证明及有效凭证。新闻宣传部将制作证件的相关信息提交给安全保卫部，由安全保卫部负责证件的制作，制作完毕后，到安全保卫部领取，并检查证件的准确性及数量，若需修改，及时告知安全保卫部做出修改。媒体记者证件由新闻宣传部负责保管，在记者报到时发放给各位记者。

向各类新闻媒体记者提供赛事的一些宣传报道材料，是赛事运作管理机构与媒体进行正式沟通的载体。向媒体记者提供的宣传报道材料主要分为三个方面：一是赛事的基本资料，包括赛事的发展历史、组织机构、项目设置、场馆的分布、志愿者数量、赞助商等；二是竞赛资料，包括竞赛规程、竞赛规则、日程安排、各代表团情况以及比赛结果、奖惩情况、奖牌数量与排行；三是赛事举办期的主要活动与会议安排，包括开闭幕式、新闻发布会、组委会会议、各代表团联络员会议、招待宴会等活动的时间、地点、主题、议程、出席人员名单等信息及新闻通稿，必要时提供发言人的讲话稿。

（七）编制《媒体记者工作手册》

《媒体记者工作手册》是将媒体记者接待的规则、报到指南、食宿与交通安排、各场馆工作环境指南、新闻中心指南等有助于报道工作的信息汇编,供媒体记者查阅使用的小册子。目前,有些体育赛事也会把赛事的基本材料、竞赛规程、竞赛规则、举办期主要活动与会议安排等宣传报道材料编入该册子,方便记者使用。

（八）氛围营造工作

在体育赛事筹备阶段的后期，开展氛围营造工作。营造浓郁

的体育赛事举办氛围，对于体育赛事以及举办地都会起到非常重要的宣传作用，也能提高举办地人民的关注度和参与度。开展氛围营造工作的地点主要是举办地的主要交通道路、大型公共场所、各比赛场馆及各来宾驻地等。氛围布置的形式一般为刀旗、空飘、横幅、易拉宝、LED 电子屏等，内容多为体育赛事的会徽、吉祥物、主题口号、赞助商的广告等。

（九）官方网站的建设与管理

官方网站是由体育赛事运作机构组织成立的站点，是最具权威、最具公信力且唯一指定使用的网站。该网站主要用于宣传、发布该赛事的信息，便于赛事参与者或是其他社会群体通过网络获取赛事最权威、最准确、最及时的信息。官方网站一般是由专业网站设计人员进行建设，经运作机构领导审定而最终确定的。其内容主要包括赛事概况、组委会机构、公告、新闻、赛程、比赛项目、场馆、主要活动、代表团介绍、比赛结果等重要信息。官方网站的管理要注意及时更新信息，并确保信息准确、全面。

二、组织机构

体育赛事筹备阶段，新闻宣传工作主要由组委会新闻宣传部负责，新闻宣传部内部通常设立新闻宣传处、社会宣传处、新闻中心管理处。新闻宣传处负责工作方案的制定与组织实施、官方网站的建设与管理等；设立社会宣传处负责会徽、吉祥物、主题口号、会歌等的征集、评审、注册，主题宣传活动以及氛围布置、倒计时系列活动等工作；新闻中心的建设、管理与服务由新闻宣传部新闻中心管理处负责。另外，这些工作也需要办公室、竞赛部、市场开发部、场馆建设部、综合保障部、志愿者部、财务部等部门的协助与配合。编制《媒体记者工作手册》所需的资料以及宣传报道的材料由竞赛部、办公室、开闭幕式工作部、志愿者工作部、场地器材部等相关部室提供，由新闻宣传部与其他部门沟通获取并汇总编制。另外，新闻宣传部负责收集并确认到会媒体记者信息，由安全保卫部负责媒体记者的证件制作。

三、 新闻宣传工作示意图

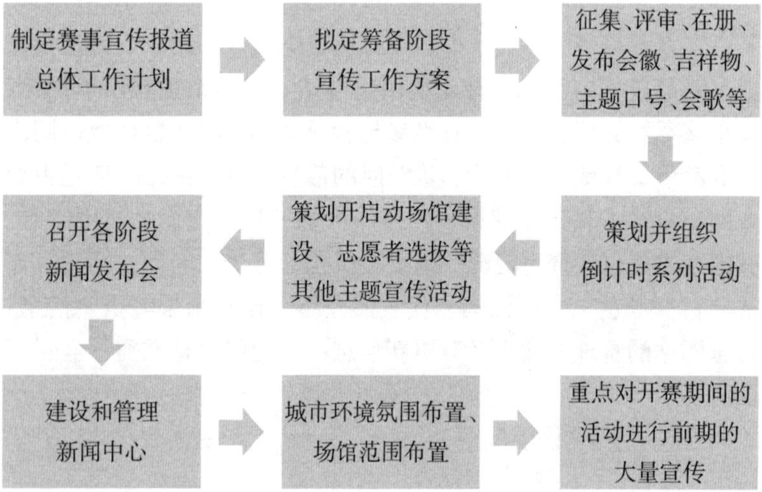

相关链接一：

第十一届全运会组委会分管新闻宣传工作领导层面工作计划表

时间	主要工作
2008 年 7 月	1. 评选揭晓全运会主题口号并举行发布仪式。 2. 协助群体部做好全民健身系列活动宣传工作。 3. 拟定全运会新闻中心筹建方案并报批。 4. 学习组委会工作进度表，拟出本部门细化的工作进度表，将各项工作分解落实到人。 5. 拟定第十一届全运会倒计时一周年新闻发布会工作方案。 6. 编写本部门至全运会开幕前各项主要工作方案。 7. 总结上半年工作，制定下半年工作计划。 8. 组建倒计时一周年系列活动工作组，全面推进倒计时一周年活动。 9. 拟定建国 60 周年体育成就展等方案。 10. 做好“庆奥运，迎全运”系列宣传活动的筹备和组织工作。 11. 配合市场开发部筹备倒计时一周年主题文艺晚会。 12. 修订完善倒计时一周年新闻发布会方案并报批。 13. 协助市场开发部做好社会捐赠仪式宣传报道工作。 14. 会同市场开发部制定各赛区城市高速路口、机场、车站及主要道路的公益广告牌的设置方案并报批。
2008 年 8 月	1. 积极筹备倒计时一周年系列宣传活动。 2. 拟定全运会宣传画册出版方案。 3. 拟定社会环境宣传工作方案。 4. 征集第十一届全运会会歌截稿。

(续表)

时间	主要工作
2008 年 8 月	5. 协助群体部拟定群先表彰大会全民健身宣传片及画册制作方案。 6. 拟定“第十一届全运会倒计时一周年新闻发布会”方案并报批。 7. 会同市场开发部拟定倒计时一周年主题晚会的新闻宣传方案。 8. 组织专家对第十一届全运会整体形象进行宣传定位，编制“和谐中国、全民全运”宣传总体方案，并组织实施。
2008 年 9 月	1. 全面筹备倒计时一周年系列活动。 2. 协助群体部拟定迎全运全民健身“好新闻、好图片”评选方案。 3. 拟定邀请省及中央媒体宣传报道倒计时一周年活动方案并做好组织协调工作。 4. 会同市场开发部启动各赛区城市高速路口、机场、车站及主要道路公益广告牌设置工作。 5. 会同有关部室拟定媒体公益宣传广告方案，并与媒体进行沟通。
2008 年 10 月	1. 组织实施倒计时一周年系列活动。 2. 组织好省及中央媒体对倒计时一周年活动的宣传报道工作。 3. 协助市场开发部做好倒计时一周年主题文艺晚会的新闻宣传工作。 4. 启动央视第十一届全运会专题宣传活动。 5. 启动新闻中心筹建工作。 6. 拟定本部门 2009 年度的财务预算。 7. 组织召开第十一届全运会倒计时一周年新闻发布会。 8. 组织媒体对全运会进行新闻采风活动。 9. 公开征集第十一届全运会宣传画。

（续表）

时间	主要工作
2008 年 11 月	1. 召开新闻发布会，公开征集体育邮展、美展、摄影展等作品。 2. 审核上报本部门的 2009 年度经费预算报告。 3. 配合市场开发部做好市场推广、代理营销及捐赠活动的推广与宣传工作。
2008 年 12 月	1. 组织体育知识竞赛与“我与十一运会”征文活动。 2. 上报本部门需要中宣部、中央主要媒体及省委省政府主管部门解决的问题清单。 3. 评选揭晓第十一届全运会会歌并举行发布仪式。 4. 举行宣传画揭晓仪式。 5. 总结 2008 年的工作，制定 2009 年工作计划。
2009 年 1 月	1. 组织场馆设施建设专题宣传报道。 2. 配合市场开发部，协调省旅游局成立“儒家文化节与全运会同行”活动筹委会，启动相关筹备工作。 3. 春节期间组织开展以全运为主题的各种宣传、文化活动。 4. 落实第十一届全运会画册承办单位。 5. 与群体部、广电部协调拟定火炬传递活动新闻宣传方案。 6. 积极配合市场开发部做好“贺新春 迎全运”企业家春节团拜会暨赞助、捐赠活动的宣传报道。 7. 补充抽调人员全部到岗并进行培训。 8. 将 2009 年工作进度表规定的各项工作任务分解落实到人。
2009 年 2 月	1. 推出第一批第十一届全运会各类媒体公益广告。 2. 配合市场开发部，启动“儒家文化节与全运会同行”活动，并组织相关报道。 3. 协调相关部门制定新闻中心功能配置方案。 4. 启动“十一运在我心中”系列活动。 5. 拟定第十一届全运会电视宣传专题片拍摄方案并报批。

（续表）

时间	主要工作
2009 年 3 月	1. 拟定第十一届全运会新闻中心运转方案。 2. 拟定开幕式新闻宣传工作方案。 3. 拟定测试赛新闻宣传方案。 4. 拟定第十一届全运会记者接待方案，并报组委会审批。 5. 协助群体部举办火炬传递新闻发布会。 6. 汇总本部门需要其他部门协调、配合的工作清单，抓好协调。
2009 年 4 月	1. 配合市场开发部、广电部拟定第十一届全运会电视转播方案。 2. 拟制《第十一届全运会新闻记者手册》。 3. 拟制记者报名与接待工作方案。 4. 启动第十一届全运会电视宣传专题片拍摄。 5. 制定火炬传递新闻宣传方案。 6. 检查新闻中心工程进度情况，拟定新闻中心管理机构，落实管理人员。 7. 启动先期决赛项目的宣传报道工作。
2009 年 5 月	1. 配合市场开发部拟制倒计时 100 天举行的“奥体中心落成典礼暨庆全运 50 周年，迎十一运会”文艺晚会方案，并启动筹备工作。 2. 拟制并审定倒计时 100 天系列活动宣传方案。 3. 拟制《第十一届全运会新闻记者手册》。 4. 协助群体部做好全民健身“好新闻，好图片”评审工作。 5. 开始培训各赛区新闻宣传工作人员。 6. 检查新闻中心建设工作，落实新闻中心的管理机构及人员。 7. 启动先期决赛项目的宣传报道工作。 8. 拟定召开“第十一届全运会新闻宣传工作会议”方案并报批。

(续表)

时间	主要工作
2009年5月	9. 协助群体部、广电部，拟定火炬传递活动宣传报道方案。 10. 协助志愿者部做好志愿者授旗仪式新闻宣传工作。 11. 与中宣部协调，就做好“和谐中国，全民全运”为主题的宣传工作。 12. 协助群体部制作群先表彰大会全民健身宣传片、画册。
2009年6月	1. 审定倒计时100天活动的宣传报道方案。 2. 审定“庆国庆，迎全运”的系列活动方案。 3. 组织全国网络媒体“迎全运山东行”活动。 4. 举行“我与十一运会征文”评选结果揭晓仪式。 5. 选定全国体育集邮、美术、摄影等参赛作品，落实展馆及布展机构。 6. 做好“第十一届全运会新闻宣传工作会议”筹备工作。 7. 与市场开发部配合，做好倒计时100天举办“奥体中心落成典礼暨庆全运50周年，迎十一运”主题文艺晚会筹备工作。 8. 做好上半年工作总结。
2009年7月	1. 组织新闻记者第一次报名。 2. 推出第二批全运会媒体公益广告、户外公益广告。 3. 做好在奥体中心举办的“奥体中心落成典礼暨庆全运五十周年，迎十一运”主题大型文艺晚会的组织和宣传报道工作。 4. 开展“活力山东迎全运，道德新风伴我行”系列迎全运宣传活动。 5. 组织省及中央媒体报道全运会倒计时100天系列活动。 6. 省主要媒体开辟专栏、专刊、专题，全面介绍第十一届全运会相关信息。 7. 官方网站全面改版，实现与信息部、竞赛部竞赛信息查询、成绩发布工作对接。 8. 参加各代表团联络员会议，通报新闻宣传有关工作。

(续表)

时间	主要工作
2009 年 7 月	9. 与省交通厅、省高速公路管理部门协调，落实 10 月 10 日—10 月 28 日期间在举办城市高速公路跨路天桥悬挂宣传横幅与公益广告事宜。 10. 组织筹备“庆祝建国 60 周年、迎接全运会”主题宣传活动。 11. 拟定十佳运动员、教练员评选办法。 12. 配合群体部做好火炬传递活动采火仪式的宣传报道工作。
2009 年 8 月	1. 做好新闻记者第二次报名工作，并落实新闻记者接待工作。 2. 主新闻中心建成，并开始试运行。配合广电部拟定电视信号网络传输直播及现场广播直播方案。 3. 做好火炬传递点火起跑仪式及火炬传递活动有关宣传报道的筹备工作。 4. 督促拟定记者报到的工作方案。 5. 全面组织筹备“庆祝建国 60 周年、迎接全运会”全民参与的主题宣传活动。 6. 组织检查公益广告牌的维护、更新工作。 7. 积极筹备中央、各省（直辖市、自治区）主流媒体到山东采风工作。 8. 落实先期决赛的新闻媒体的接待工作。 9. 积极做好市场开发部赞助、捐赠的宣传报道工作。 10. 拟制“好新闻”评比奖励方案。
2009 年 9 月 1—15 日	1. 组织中央、各省（市、自治区）主流媒体到山东采风，对第十一届全运会筹备工作集中采访报道。 2. 做好新闻记者名单汇总及证件制作工作。 3. 全国体育邮展、美展、摄影展布展开始。 4. 做好全运会火炬传递汇聚仪式有关宣传报道工作。 5. 组织筹备全国体育科学论文报告会。 6. 新闻中心正式启动试运行。 7. 协助拟定“体育道德风尚奖”评奖方案。 8. 分阶段在央视综合、国际、新闻频道投放第十一届全运会宣传片。 9. 拟定召开新闻宣传主编、总监工作座谈会议方案。

（续表）

时间	主要工作
2009年9月1—15日	10. 全面协调新闻记者接机、接站和食宿安排工作。 11. 与财务部、监审部协调，确定新闻记者补助费的发放标准。 12. 组织召开第十一届全运会新闻宣传工作暨山东省媒体动员大会。 13. 启动“全运好新闻”评选活动。
2009年9月16—25日	1. 组织省属媒体对各市筹备工作进行全面报道。 2. 做好开幕式大型文艺表演彩排、预演的宣传报道工作。 3. 做好第十一届全运会官方网站全面升级、改版工作。 4. 做好先期决赛项目的新闻报道工作。 5. 与行政接待部等部门协调，落实好新闻记者报到接待的有关工作。 6. 拟定组委会主要领导接受新闻传媒专访的工作方案，准备相关背景材料。
2009年9月26日—10月3日	1. 组织检查新闻记者接待服务工作。 2. 联系并落实各有关媒体公益宣传广告，检查所有公益广告运作情况。 3. 全省各城市道路灯柱广告开始使用。 4. 做好先期决赛项目的新闻报道工作。 5. 召开新闻媒体主编、总监座谈会，检查新闻中心运行情况。 6. 拟好山东省省长发表“当好东道主，热情迎嘉宾”的电视讲话稿，落实播发版面、时段。 7. 拟定举行中央主流媒体记者招待宴会方案。 8. 拟定各省、市、区媒体记者、境外媒体招待宴会方案。 9. 举行第十一届全运会科学大会论文报告会开幕仪式。 10. 全运会会刊正式发刊。 11. 完成全运会宣传画册编印工作。

(续表)

时间	主要工作
2009 年 10 月 4—10 日	1. 10 月 7 日山东主要媒体刊播山东省省长关于“当好东道主，热情迎嘉宾”的讲话，号召全省人民立即行动起来，积极支持参与全运会。 2. 筹备第十一届全运会组委会新闻发布会。 3. 组织电视台录制开幕式大型文体表演彩排（10 月 6 日）、预演（10 月 8 日）。 4. 各赛区城市主要路口、各单位挂好第十一届全运会相关标语，各主要迎宾通道环境布置完毕。 5. 做好开幕式新闻宣传报道记者区的准备工作。 6. 组织 10 月 10 日“建国六十周年体育成就展”开幕式，并做好新闻宣传工作。 7. 做好各代表团报到的宣传报道工作。 8. 落实新闻宣传部负责的媒体及记者礼品。 9. 负责组织并邀请组委会主要领导接受媒体专访，畅谈“和谐山东、全民全运”特色及全运会筹备工作，并做好宣传工作。 10. 会同有关部门全面检查主新闻中心的设备运行情况。 11. 做好火炬汇火新闻宣传工作。
2009 年 10 月 11 日	1. 组织召开“第十一届全运会新闻发布会”。 2. 做好开幕式记者的接待工作。 3. 做好出席开幕式的党和国家领导人及各方嘉宾的新闻报道工作。 4. 做好党和国家领导人接见群先代表的新闻报道工作。 5. 做好开幕式的新闻宣传报道工作。
2009 年 10 月 12 日	1. 做好党和国家领导人视察山东的新闻报道工作。 2. 做好群先表彰会的新闻报道工作。 3. 全方位做好赛事新闻报道工作。 4. 收集各类媒体报道，引导舆论导向。

（续表）

时间	主要工作
2009 年 10 月 13 日	1. 做好赛事的全方位报道工作。 2. 做好“畅谈山东经济、社会发展形势和全运会举办成就”媒体采访组委会领导的邀请工作。 3. 做好群先会代表活动跟踪新闻宣传报道工作。 4. 做好赞助商、捐赠者回报宣传工作。
2009 年 10 月 14 日	1. 起草“畅谈山东经济、社会发展形势和全运会举办成就”媒体采访组委会领导讲话稿。 2. 做好赛事的全方位报道工作。
2009 年 10 月 15 日	1. 做好赛事的全方位报道工作。 2. 协调安排组委会领导接受港澳台及海外媒体采访。
2009 年 10 月 16 日	1. 做好赛事的全方位报道工作。 2. 宴请各省区市新闻采访团的负责人。
2009 年 10 月 17 日	1. 做好赛事的全方位报道工作。 2. 做好赞助商等新闻宣传工作。 3. 拟定组委会新闻发布会新闻稿。
2009 年 10 月 18 日	1. 做好赛事的全方位报道工作。
2009 年 10 月 19 日	1. 做好赛事的全方位报道工作。
2009 年 10 月 20 日	1. 做好赛事的全方位报道工作。

(续表)

时间	主要工作
2009年10月21日	1. 做好赛事的全方位报道工作。 2. 做好闭幕式排练及准备工作的新闻宣传工作。 3. 做好组委会领导接受媒体采访的相关工作。
2009年10月22日	1. 做好赛事的全方位报道工作。 2. 全面检查闭幕式新闻媒体工作与媒体接待工作。 3. 组织安排组委会领导接受中央、各省、区、市媒体专访活动的新闻报道工作。 4. 组织安排组委会新闻发布会的新闻报道。
2009年10月23日	1. 组织10月23日上午举行的闭幕式前的新闻发布会。 2. 做好赛事的全方位报道工作。 3. 做好出席闭幕式的国家领导人的新闻宣传工作。 4. 做好组委会领导接受媒体采访的组织和报道工作。 5. 做好闭幕式的新闻宣传工作。
2009年10月24—31日	1. 做好各代表团离会返程的新闻报道。 2. 全面检查新闻宣传单位、记者人员离会情况。 3. 组织组委会领导接受媒体专访，回顾总结全运会组织工作。 4. 指定专人撰写本部门工作总结报告。
2009年11月	1. 组织本部门人员进行总结，做好人员鉴定、评比工作。 2. 组织发布“第十一届全运会好新闻”评选结果仪式。 3. 组织省直媒体登载组委会致全省人民感谢信。 4. 上报新闻宣传部工作总结。 5. 到本部门工作人员所在单位向领导表示感谢，提交感谢信。

相关链接二：

第十一届全运会组委会分管群体工作领导层面工作计划表

时间	主要工作
2008 年 7 月	1. 拟定倒计时一周年全民健身活动方案。 2. 拟定 2008 年度“一点三线”群体设施补充建设方案，并编制经费预算。 3. 总结上半年工作，制定下半年工作计划。 4. 组织各赛区开展 2008 年“全民健身与奥运全运同行”围棋比赛等活动。 5. 拟定第十一届全运会火炬传递方案。 6. 组织创作团队，对火炬传递主题口号、采火形式、火炬式样进行再创作。 7. 拟定全运会举办期间全民健身精品项目展及群体活动方案。 8. 编写本部门至全运会开幕式前各项主要工作方案。 9. 组织专家对火炬传递主题口号、采火形式、火炬式样应征作品进行评审。 10. 会同有关部门做好“全民健身与奥运全运同行”新闻发布会筹备工作。 11. 上报国家体育总局火炬传递总体方案。
2008 年 8 月	1. 组织各赛区落实 2008 年“全民健身 共享全运”跆拳道表演等活动。 2. 对全国群先代表参观路线综合考察，提出初步方案。 3. 向组委会汇报火炬传递主题口号、采火形式、火炬式样评审结果及再创作情况。 4. 按组委会要求，做好“庆奥运、迎全运”相关活动。 5. 督查 “一点三线”工程实施情况。

(续表)

时间	主要工作
2008年9月	1. 筹备迎全运倒计时一周年健身球表演等全民健身系列群体活动。 2. 向国家体育总局报送火炬传递方案。 3. 制定下发“全民健身 共享全运”系列全民健身活动方案。 4. 拟定迎全运全民健身“好新闻、好图片”评选方案。
2008年10月	1. 组织迎全运倒计时一周年“全民健身 共享全运”街舞、太极拳表演等系列群体活动。 2. 制定本部门2009年度的财务预算。 3. 召开群体部工作会议，研究部署2009年有关筹备工作。 4. 拟定全国群先表彰方案。 5. 拟定群先表彰大会健身宣传片、画册制作方案。 6. 配合市场开发部确定火炬、火种盒、采火器、火炬手服装等赞助生产厂家。 7. 督查“两大工程”建设情况。
2008年11月	1. 组织选拔全省全民健身精品项目。 2. 配合行政接待部，拟定全国群先表彰大会举办地点。 3. 上报国家体育总局全国群先代表表彰总体方案。 4. 由组委会会同国家体育总局正式邀请党和国家领导人出席在北京举办的全运会火炬点火起跑仪式。

（续表）

时间	主要工作
2008 年 12 月	1. 上报本部门需要国家体育局、省有关单位解决的问题清单。 2. 经人事部批准，抽调补充人员到位。 3. 检查“两大工程”完成情况。 4. 总结 2008 年的工作，制定 2009 年工作计划。
2009 年 1 月	1. 将 2009 年工作进度表规定的各项工作任务分解落实到人。 2. 拟定火炬传递活动专项工作会议方案并报批。 3. 补充抽调人员全部到岗并进行培训。 4. 组织 2009 年元旦期间各赛区“全民健身 共享全运”系列健身活动。
2009 年 2 月	1. 组织筹备火炬传递活动专项工作会议。 2. 筹备各赛区群体工作会议。 3. 组织“全民健身 共享全运”系列全民健身活动。
2009 年 3 月	1. 召开各赛区群体工作会议，布置迎全运各项群体工作任务。 2. 与行政接待部、安保、交通、卫生等部门沟通后，上报审批群先代表接待服务方案。 3. 召开火炬传递新闻发布会。

(续表)

时间	主要工作
2009 年 4 月	1. 筹备圣火火种采集工作。 2. 制定倒计时 100 天全民健身活动方案。 3. 配合国家体育总局组织群先代表推荐工作。 4. 拟定党和国家领导人接见群先会代表工作方案。 5. 会同市场开发部、新闻宣传部、广电部，举行“第十一届全运会火炬传递活动总冠名赞助商签约仪式”。 6. 配合新闻宣传部制定火炬传递宣传方案，确定火炬传递新闻宣传、电视转播等有关事宜。
2009 年 5 月	1. 召开火炬传递联络员会议，部署火炬传递工作。 2. 组织全民健身“好新闻、好图片”评选。 3. 制作群先表彰大会全民健身宣传片、画册。 4. 制作全国群先表彰大会先进集体、先进个人的牌匾、证书。 5. 制定倒计时 100 天群体工作方案并报批。 6. 组织举行山东省全民健身月活动启动仪式。 7. 与各赛区城市实现工作对接，做好全民健身、群体设施、火炬传递等工作的协调。 8. 检查验收群先代表参观路线、参观点。
2009 年 6 月	1. 对火炬传递活动圣火采集仪式及火种保存工作进行全面检查。 2. 审定在北京举行火炬传递活动的起跑仪式方案。

(续表)

时间	主要工作
2009 年 7 月	1. 组织火炬传递圣火火种采集仪式。 2. 做好火种保存工作。 3. 组织全运会倒计时 100 天全民健身活动。 4. 送审党和国家领导人接见群先代表详细方案。 5. 全面筹备在北京举行火炬传递的点火起跑仪式。 6. 送审群先表彰大会宣传片、画册样片和样本。 7. 参加各代表团联络员会议。
2009 年 8 月	1. 组织火炬传递点火起跑仪式。 2. 协调做好火炬传递活动。 3. 检查党和国家领导人接见群先代表地点及合影留念准备工作、群体代表接待宾馆、表彰会场、观摩参观点。 4. 确认群先代表名单，协调落实开幕式门票及纪念品。 5. 检查全运会举办期间全民健身活动方案落实情况，修改完善方案。
2009 年 9 月 1—15 日	1. 组织好火炬传递山东起跑仪式和在山东的传递工作。 2. 会同有关部门检查党和国家领导人接见全国群先代表地点。 3. 会同有关领导第二次检查群先会参观路线及参观点各项筹备工作。 4. 上报审批群先代表出席开、闭幕式相关活动方案。 5. 落实群先代表证件和开幕式门票。 6. 火炬传递活动 -- 火炬汇火仪式彩排。

(续表)

时间	主要工作
2009年9月16–25日	1. 召开全国群先表彰大会联络员会议。 2. 会同有关部门确定参加中央领导接见群先会代表活动的媒体工作人员。 3. 做好十一运火炬在山东的传递工作。
2009年9月26日–10月3日	1. 并会同有关部门检查群先代表接待宾馆。 2. 会同有关部门第二次检查党和国家领导接见群先代表场地及群先会会场。 3. 从10月3日起，本部负责人参加正式启动“零点会议”，汇报当天工作完成情况，听取领导部署第二天的工作。
2009年10月4—10日	1. 举行火炬汇火仪式。 2. 将火种盒移交给大型活动部，由大型活动部负责开幕式主火炬点燃仪式。 3. 会同有关部门做好群先代表的接待工作，发放证件及开幕式门票。 4. 核定群先代表返程机票、车票。 5. 第三次检查党和国家领导人接见全国群先代表地点和群先会会场。 6. 与相关部室协调，确定党和国家领导人接见群先会代表程序和群先会会议议程。 7. 举行全国群先代表欢迎晚宴。 8. 本部门领导参加“零点会议”全面汇报本部门的筹备工作情况，听取领导部署第二天的工作。 9. 召开第二次群先大会联络员会议。 10. 进一步检查落实赛时期间全民健身活动的筹备工作。

（续表）

时间	主要工作
2009 年 10 月 21 日	1. 组织全民健身精品项目活动展示。 2. 组织优秀运动员进社区、进学校、进工厂、进军营参与群众健身活动。 3. 本部领导参加“零点会议”，报告当天工作完成情况，听取领导部署第二天的工作。
2009 年 10 月 22 日	1. 组织全民健身精品项目活动展示。 2. 组织优秀运动员进社区、进学校、进工厂、进军营参与群众健身活动。 3. 本部领导参加“零点会议”，报告当天工作完成情况，听取领导部署第二天的工作。
2009 年 10 月 23 日	1. 组织全民健身精品项目活动展示。 2. 组织优秀运动员进社区、进学校、进工厂、进军营参与群众健身活动。 3. 本部领导参加“零点会议”，报告当天工作完成情况，听取领导部署第二天的工作。
2009 年 10 月 24—31 日	1. 协助有关部门做好有关来宾离会返程工作。 2. 指定专人撰写本部门工作总结报告。
2009 年 11 月	1. 组织本部门人员进行总结，做好人员鉴定、评比工作。 2 上报本部工作总结。 3. 上交档案资料、各类固定资产及办公用品。 4. 到本部门工作人员所在单位向领导表示感谢，提交感谢信。

相关链接三：

第十一届全运会倒计时一周年系列活动方案

北京奥运会结束后，今年10月份将迎来十一运会倒计时一周年。这是整个筹备工作的重要节点，也是全面提升十一运会影响力、激发全国人民广泛关注的大好时机。为搞好倒计时一周年系列活动，制定方案如下。

一、指导思想

借北京奥运会成功举办之势，以“和谐中国、全民全运”为主题，以扩大十一运影响力为目标，采取上下结合、内外联动方式，统筹安排，精心组织，分步实施，开展一系列有特色、有影响的活动，在全省乃至全国掀起关注全运、支持全运、参与全运的热潮，为做好筹备工作创造浓厚社会氛围。

二、活动内容

拟举办的活动主要包括五个方面。

一是召开组委会第三次全体会议，对筹办好十一运会进行再部署、再动员；

二是省领导发表文章和接受访谈，以引起全社会的关注和支持；

三是在倒计时一周年时间节点举办系列活动，包括新闻发布会、文艺晚会、系列活动启动仪式等，掀起喜迎全运的庆祝热潮；

四是从10 月份开始陆续展开形式多样的社会公益活动，如全民健身大赛、全运知识进社区、向地震灾区和革命老区捐建体育健身园等，在时间上、空间上不断拓展十一运会影响力；

五是在各类媒体设立专栏，在重要公共场所设立倒计时显示、公益广告牌，进一步加大宣传造势力度。

三、活动安排

(一) 召开组委会第三次全体会议

10月11日上午10时，在山东大厦举行（在17市设电视会议分会场)，主要通报前一阶段筹备工作进展情况，对下一步筹备工作进行再动员、再部署。会议请姜异康书记出席并作重要讲话。请国家体育总局领导、省政府主要领导、组委会各成员单位主要负责同志、各市政府主要负责同志、组委会各部室负责同志及集中办公的全体工作人员参加。由办公室负责组织筹备。

（二）省领导发表文章和接受访谈

1. 10月11日，在《人民日报》《求是》杂志刊发姜大明省长署名文章，全面阐述山东举省办全运的创新理念和筹备工作开展情况，省内各大报刊同时转载。由办公室、新闻宣传部负责。

2. 10月11日前后，在中央电视台《新闻会客厅》或其他专题栏目，播出省政府主要领导同志或分管领导同志关于十一运会筹备工作的访谈节目。由办公室、新闻宣传部负责。

（三）倒计时一周年节点活动

1. 10月9日上午，在北京人民大会堂召开“第十一届全运会倒计时一周年新闻发布会”，邀请国家体育总局领导、有关部委领导、组委会主要领导及相关领导出席，中央各新闻媒体、港澳媒体、国外驻京媒体、省内主要媒体参加，全面介绍十一运会筹备工作进展情况及倒计时一周年活动安排。由新闻宣传部、办公室负责组织筹备。

2. 10月9日上午，新闻发布会之后，在北京人民大会堂举行组委会与中央电视台十一运合作伙伴签约仪式，邀请国家体育总局、中央电视台、组委会领导出席，中央各新闻媒体、省内主要媒体参加。由新闻宣传部、广电部和市场开发部提前做好与中央电视台洽谈工作，并负责组织筹备。

3. 10月10日下午，在济南召开中央媒体、港澳媒体及省内媒体座谈会，邀请中央主要媒体负责人、港澳媒体记者、省内媒体负责人参加。座谈会结合采访报道北京奥运会的经验体会，为十一运会宣传报道及筹办工作建言献策。由新闻宣传部负责组织。

4. 10月10日晚，在省体育中心体育馆举办“第十一届全运会吉祥物、主题口号揭晓文艺晚会”，邀请国家体育总局、省五大班子、济南军区、省军区领导，省直有关部门负责人、各赛区负责人、全运会合作伙伴及赞助商代表出席。晚会内容：（1）十一届全运会吉祥物正式揭晓；（2）十一届全运会主题口号正式揭晓；（3）十一届全运会会歌评选入围作品首唱；（4）十一届全运会社会捐助（赞助）启动仪式；（5）文艺表演，邀请山东籍著名演员及国内、港澳演艺明星参加演出。由新闻宣传部会同市场开发部、广电部负责组织筹备，委托山东电视台或知名文化演艺公司具体策划组织，并请中央电视台5频道录播、山东卫视现场直播。

5. 10月11日上午9时，在济南泉城广场举行“第十一届全运会倒计时一周年系列活动启动仪式”，请姜大明省长出席并致辞，邀请国家体育总局、组委会及济南赛区负责同志出席，组织济南大专院校、驻济企事业单位、社区群众及赞助企业代表参加。在现场举行“全省百千万全民健身展演大赛”“和谐中国·志愿全运”大型志愿者招募推广启动仪式、“全运走近你”知识挂图展示和设立全省“公共健身场馆免费开放日”活动。其他16个赛区城市同时启动相关活动，并开展各具特色的庆祝活动。由办公室落实相关领导和总协调，新闻宣传部、群体工作部、志愿者工作部、市场开发部具体组织筹备。

（四）社会公益活动

1.10 月 11 日起，在济南市四个社区及部分城市开展全民健身活动暨“全省百千万全民健身展演大赛”。由群体工作部负责组织。

2. 10月 11 日起，启动“全运走近你”知识挂图进学校、进社区活动。由市场开发部协调北京迪思公司组织实施。

3. 10月起，在全省设立“公共场馆免费开放日”，第一批拟在 17 市选择 30 家左右体育健身场馆，每周六全天面对不同人群免费开放。由群体工作部组织实施。

4. 10 月 11—17 日，在鲁信、新世纪、嘉年华影城举办体育电影展映周活动，拟放 9 部体育题材电影。由新闻宣传部组织实施。

5. 10 月中旬，启动“2008 山东运动魅力之星大赛”，在全省17 市设分赛区，分报名、选拔赛、决赛三个阶段，2009 年 3月结束。由市场开发部组织实施。

6. 10 月中旬，启动“全运同行 健康同在”活力大比拼活动，轮流在 17 市开展面向广大群众的趣味健身竞赛。由市场开发部协调北京迪思公司组织实施。

7. 10 月中旬，启动“和谐中国 全民全运”公益广告作品大奖赛。由市场开发部组织实施。

8. 10 月下旬，启动“赤诚热土 祝福中国”十一运和谐之旅活动，在全国、省内选择 10 个地震灾区、革命老区，每一地区捐建一至两个“十一运健身园”（提供健身器材），同时进行采集圣土、纪念石、栽种祝福树活动。此活动将持续至全运会开幕前。由市场开发部协调北京迪思公司组织实施。

（五）宣传造势活动

1. 从10月11日开始，在中央电视台一、四、五频道播放“第十一届全运会电视宣传片”，连续播出一周左右。10月11日，在中央主要媒体（人民日报、经济日报、中国日报、光明日报、中国体育报）和部分港澳媒体（香港文汇报、澳门日报），集中刊登十一运倒计时一周年贺词。由新闻宣传部、广电部负责。

2. 从10月10日至全运会闭幕，在省内主要媒体（大众日报、齐鲁晚报、山东电台、山东电视台和各市报纸、电台、电视台等）全方位展开十一运报道工作。（1）开设倒计时公告栏；（2）设置专栏或专题跟踪报道十一运筹备工作和赛时情况；（3）电台、电视台主要频道播出十一运公益广告片。由新闻宣传部、广电部负责组织。

3. 10月11日，在17城市机场、车站、中心区域及重点景区，增设十一运倒计时一周年显示牌。由新闻宣传部会同市场开发部负责组织。

4. 自10月1日起，在济南机场、火车站、汽车站、市中心区域，设置大型公益广告牌约30块，在其他16城市各设公益广告牌约10块，渲染十一运会气氛。由新闻宣传部负责设计，市场开发部负责协调广告公司制作安装。

四、组织实施

1. 认真制定实施方案。总体方案经组委会和省委、省政府领导同志审定后，由责任部室组织专门班子拟定各项活动的实施方案，于8月15日前报办公室，提交组委会领导审定。

2. 坚持统筹安排，分头实施。各项方案经组委会审定后，各责任部室要抓紧落实到分管部室负责人、责任处室和责任人，排出时间表，明确工作要求，认真组织实施。

3. 加强配合协作。办公室负责活动的整体协调，适时召开工作协调会，及时调度进展情况，解决工作中的问题。

各部室都要以高度负责的精神，扎扎实实抓好组织实施工作，确保各项工作顺利举办，圆满成功。

十一运组委会办公室

二〇〇八年八月六日

相关链接四:

第十一届全运会倒计时100天活动方案

7月8日，是十一运倒计时100天。为进一步提升十一运影响力，激发人民群众关注、支持、参与十一运，组委会拟组织倒计时100天系列活动。制定方案如下。

一、指导思想

以“和谐中国、全民全运”为主题，以扩大十一运影响力为目标，本着“突出特色、注重结合、立足山东、面向全国”的原则，统筹安排，精心组织，分步实施，全方位、多形式、有亮点地开展一系列活动，为筹办好十一运营造浓厚办赛氛围。

二、活动内容及安排

拟举办的活动主要包括六个方面。

(一) 新闻发布会及省领导访谈、慰问活动

1. 拟于7月初，在北京或济南召开“第十一届全运会倒计时100天新闻发布会”，国家体育总局和组委会有关领导参加，介绍十一运筹备进展情况、下一步工作安排。

2. 倒计时100天前，请×××省长做客中央电视台《新闻会客厅》，接受现场采访，主要介绍十一运会筹备工作，并于7月8日在央视播出。

3. 邀请人民日报、新华社、中央电视台、大众日报等中央和省级主要媒体，集体采访×××省长，在倒计时100天前后刊发。

4. 请×××省长、××副书记视察山东备战参赛情况，并看望慰问运动员、教练员。

(二) 文艺晚会

1. 倒计时100天庆祝晚会（待定）。晚会由十一运组委会主办，北京友联世纪体育文化传播有限公司承办，拟于倒计时100天当晚，在北京电视台演播室举行。届时北京电视台将联合全国25家省市电视台进行现场直播。拟请国家体育总局和省委、省政府领导同志出席。

2. “同一首歌”文艺晚会（待定）。拟于7月11日，在济南市奥体中心体育场举办。晚会除按惯例安排的节目外，突出十一运元素：一是拟请国家体育总局和省委、省政府领导同志出席；二是邀请部分奥运和全运冠军现场

接受采访或参加互动节目；三是如果条件具备，举行十一运会歌揭晓仪式，并请晚会歌手演唱。

（三）全民健身及公益活动

1.“全民健步迎全运”活动。拟于7月4日或5日，在全省十七市组织开展“全民健步迎全运”活动，在济南设主会场。其它市设分会场，由各赛区组委会组织好各自活动。

2.“和谐之旅”活动。拟以“赤诚热土 祝福中国”为主题，选择11个具有代表性的城市（依次为临沂、井冈山、嘉兴、延安、六安、遵义、丽江、百色、大庆、平山、济南），采集具有象征意义的热土，向所到地捐建“十一运健身苑”，并通过央视等媒体作专题宣传，扩大十一运在全国的影响。由中国人寿总冠名，北京迪思公司组织实施。

（四）宣传造势活动

1.“我们准备好了”——十一运会倒计时100天大型电视直播活动。拟于7月8日7时至19时，在山东卫视做一档大型直播节目，以全省倒计时100天活动为主线，串联起系列庆祝活动。期间将滚动播出省领导讲话短片、17市市长致辞、“百万人徒步走”等群体活动现场实况，穿插播出筹备工作情况、场馆情况、竞赛安排等，介绍各地人文风貌。另外还有记者连线、插播短片、短信互动、全程游码字幕等。

2. 新闻媒体“齐鲁行”活动。拟于6月下旬至7月初，邀请中央主要媒体、港澳媒体负责人及记者，赴山东各赛区采风。重点采访报道十一运筹备工作取得的成果、山东经济社会发展成就以及山东人文风貌，并在倒计时100天前后集中播发。

3. 全国广播电台联播活动。拟于倒计时100天，组织全国主要省、市、自治区进行有关十一运题材的广播电台联播。

4. 全国主流网站媒体“山东行”活动。拟于倒计时100天组织全国主要网络媒体记者，进行有关十一运题材的集中采访，并在网络播发。

5. 山东主要新闻媒体宣传报道。拟于倒计时100天期间，组织省内主要报刊等平面媒体集中报道十一运筹办工作成果。

（五）社会氛围营造

1. 在重要公共场所特别是全省重要旅游景点、党委政府机关，增设倒计时显示牌、公益广告牌，进一步加大宣传造势力度。

2. 在承办城市倒计时100天活动场所、主要街道、广场统一设计制作宣传横幅、刀旗等，营造十一运热烈欢庆的氛围。

3. 自倒计时100天，各承办城市进一步加大环境综合整治力度，深入开展“人人都是东道主、我为全运做贡献”社会宣传教育活动，大力提升市民综合素质。

（六）其他相关活动

1. 赞助商联谊活动。拟于倒计时100天前后，邀请所有十一运独家供应商以上级别的赞助商企业负责人举行座谈会，通报回报方案并请赞助企业提出回报要求，同时组织十一运赞助商网球、羽毛球、乒乓球、高尔夫球联谊活动。

2. 志愿者服务总队成立仪式及志愿者集中服务日活动。拟于2009年7月8日，在山东交通学院体育馆举行十一运志愿者服务总队成立仪式。拟请省领导授旗、致词，参加人员为赛会志愿者、城市志愿者、社会志愿者代表共约1000人。同时组织全省各赛区十一运志愿者，开展“志愿全运 拥抱齐鲁”志愿者集中服务日活动，在志愿者形象大使的带领下走上街头、走进社区开展文明乘车、清洁城市环境、社区服务等志愿服务活动，营造良好的全运氛围。

3. “十一运会指定接待宾馆饭店”授牌仪式。7月初，在南郊宾馆举行“十一运会指定接待宾馆饭店” 授牌仪式，拟请组委会领导为宾馆饭店代表授牌。

三、组织实施

1. 认真制定实施方案。总体方案经省委、省政府和组委会领导同志审定后，由责任部室组织专门班子拟定各项活动的实施方案，提交组委会审定。

2. 坚持统筹安排，分头实施。各项实施方案经组委会审定后，各责任部室要抓紧落实到分管部室负责人、责任处室和责任人，排出时间表，明确工作要求，认真组织实施。

3. 加强配合协作。办公室负责活动的整体协调，及时下发通知督促各赛区组织好倒计时100天相关活动，适时召开工作协调会，及时调度进展情况，解决工作中的问题。

活动方案审定后报国家体育总局批准，并邀请总局领导出席相关活动。

二〇〇九年六月十五日

相关链接五：

第十一届全运会火炬传递活动有关工作情况

2009年5月26日，国家体育总局批复同意了十一运火炬传递活动有关方案，要求我们按照十一运火炬传递活动总体工作部署和进度安排，加强与国家体育总局相关职能部门联系和沟通，保证十一运会火炬传递活动圆满成功。按照上述要求，拟于7月底8月初在泰山采集圣火火种，8月中旬在北京举行点火起跑仪式，随后各省（区、市）和香港、澳门特别行政区依次进行火炬传递，9月中旬开始在我省进行传递活动。与省外传递相比，省内的接力传递活动头绪多、影响大、涉及方方面面，需要组委会多个部室和17个赛区组委会密切配合，保证各项筹备工作落实到位。

一、成立山东省十一运会火炬传递工作领导小组

为加强十一运会火炬传递工作的组织领导，根据火炬传递总体方案要求，建议成立山东省十一运火炬传递工作领导小组。领导小组下设办公室，与组委会群体部火炬传递办公室合署办公。建议名单如下。

领导小组组长：

组委会副主任兼秘书长、山东省副省长

副组长：

组委会群体部部长、国家体育总局群体司司长

组委会常务副秘书长兼办公室主任、山东省政府副秘书长

成员：

组委会群体部副部长、国家体育总局群体司副司长

组委会群体部副部长、山东省体育局副局长

组委会群体部副部长、中华全国体育总会山东分会副主席

组委会信息技术部、新闻宣传部、广播电视部、大型活动部、市场开发部、财务部、志愿者工作部、安全保卫部、医疗卫生部、交通保障部、气象保障部负责人各1名

各赛区组委会负责火炬传递工作的领导同志各1名

领导小组办公室主任：

执行主任：

副主任：

二、组委会各部室火炬传递职责分工

（一）办公室

1. 负责火炬传递活动各重大节点有关领导邀请和接待事宜。

2. 负责审定组委会领导同志讲话稿、主持辞。

（二）信息技术部

为火炬传递活动提供通信信道，确保通讯畅通。

（三）新闻宣传部

1. 制定火炬传递活动新闻宣传方案，统筹做好火炬传递活动的新闻宣传工作。

2. 制定火炬传递活动运行期间突发新闻事件的应急预案。

3. 在十一运官方网站开辟火炬传递专栏，发布火炬传递新闻稿、新闻图片等相关信息。

4. 收集火炬手信息资料，通过新闻媒体宣传报道火炬手及有关情况。

5. 提供十一运会歌光盘。

（四）广播电视部

1. 安排山东电视台按时创作完成圣火火种采集方案。

2. 协调中央电视台、山东电视台做好圣火采集和省内火炬传递活动的直播或录播工作。

3. 与各省（区、市）和特别行政区指定电视台联系，收集、保存各地火炬传递影像资料。

（五）大型活动部

确定十一运开幕式所需火炬手数量，及传递活动与开幕式的衔接工作。

（六）市场开发部

1. 提供火炬传递运行团队所需车辆；落实参加火炬传递活动的赞助商花车；与十一运用车赞助商协调落实火种灯专用存放车改装，7 月 20 日前交火炬办。

2. 督促中山华帝燃具股份有限公司及时完成火炬、火种灯、火盆等相关器材生产，6 月 20 日前交火炬办。

3. 火炬手、护跑手服装7月10日前交火炬办。

4. 负责落实火炬传递所需宣传旗帜的赞助生产。

(七) 志愿者工作部

根据火炬传递重要节点活动需要，安排志愿者协助做好相关工作。

(八) 安全保卫部

1. 制定火炬传递活动安全保卫工作方案。

2. 制定突发事件应急预案，保障火炬传递活动顺利进行。

3. 负责火炬运行团队的安全教育工作。

4. 负责火炬手、护跑手安全背景审查工作。

5. 协助选拔、培训火种护卫人员。7月20日前到岗参加火炬传递活动。

6. 负责落实火炬器材装备仓库，并做好保卫工作。

7. 协助做好前期准备工作，特别是对全省17市仪式、驻地、火种存放等场所实地勘查。

8. 保障运行团队人员、财产安全。为团队住宿休息场所配备警力，负责外围警戒。圣火护卫队员负责内部警戒，防止圣火失窃。

9. 设立安保先遣组，在火炬接力传递前出发，对沿途及休息点的各项安保措施进行最后检查。

10. 统一协调指挥火炬运行团队的转场安保工作，指导各市间的安保衔接工作，安排警车开道，加强沿线交通安全管控。

(九) 医疗卫生部

1. 制定火炬传递活动医疗卫生保障工作方案，为火炬传递活动有关人员提供紧急医疗保障。

2. 各市选择一家二级甲等以上医院作为火炬传递活动定点医院，并组建医疗急救小分队，做好现场急救工作。

3. 在火炬传递运行团队所住宾馆配备医务人员及应急药品。

4. 对火炬传递活动所涉及的公共场所加强管理和监督，确保在火炬传递活动期间，不发生重大传染疾病。

5. 对火炬传递运行团队的用餐场所和食品配送企业严格监督检查，确保无食物中毒事件发生。

6. 按照省里统一要求，做好甲型H1N1流感的防范工作。

(十) 交通保障部

1. 协调机场、铁路、公路等部门，确保火炬、火种灯等器材顺利运往全国及全省各市。

2. 协调省内高速公路管理部门，保障火炬传递运行团队顺利转场。

3. 协助做好全国联络员会议与会人员返程机票、车票预定工作。

4. 协助做好泰安采火仪式、北京点火仪式交通保障工作。

（十一）气象保障部

1. 协调泰安气象部门，提前对举行泰山采火仪式期间的天气情况进行预测，提出应对措施。

2. 指导协调各传递城市气象部门，对火炬接力传递期间可能出现的天气情况提前预测，并提出应对措施。

三、召开全省十一运火炬传递工作会议

建议6月下旬在济南召开全省十一运火炬传递活动工作会议，安排部署省内的火炬传递工作。会议方案如下。

（一）会议时间、地点

2009年6月下旬在济南召开。

（二）出席领导和与会人员

组委会副主任兼秘书长、山东省副省长

组委会常务副秘书长、山东省政府副秘书长

组委会群体部副部长、国家体育总局群体司副司长

组委会群体部副部长、山东省体育局副局长

组委会群体部副部长、中华全国体育总会山东分会副主席

组委会群体部副部长、山东省教育厅副巡视员

组委会办公室、信息技术部、新闻宣传部、广播电视部、市场开发部、志愿者工作部、安全保卫部、医疗卫生部、交通保障部、气象保障部负责人各1名；

各赛区组委会分管火炬传递工作的领导、联络员和工作人员各1名。

（四）会议议程

主持人：

1. 部署省内十一运火炬传递工作；

2. 新闻宣传部、广播电视部、安全保卫部负责同志分别提出工作要求；

3. 副省长作重要讲话。

下午由火炬办与各赛区联络员、工作人员进行工作对接。

【案例一】

第十一届全运会倒计时100天系列活动筹备情况

一、倒计时100天晚会进展情况

从去年下半年开始，北京友联世纪体育文化传播有限公司与组委会联系，拟以中国体育世纪十佳评选活动（体育总局宣传司批准）为契机，结合十一运会倒计时100天举行“再攀高峰——继往开来的第十一届全运会”倒计时100天庆祝晚会（暂定名）。经过多次沟通，今年5月初，组委会正式授权×××公司负责此项活动的承办和招商工作，并签订了协议。

目前，晚会节目的初步策划方案已经完成，定于7月5日下午3：30在北京电视台演播室举行，时间为90分钟，7月9日晚8：00在全国25家省市电视台同时播出。晚会内容将突出历史感和仪式感，分“拓峰”“攀峰”“巅峰”以及“再攀高峰”四个篇章，主要内容是回望中国体育百年历史，将中国体育杰出人物的精神内涵进行解读和歌颂，体现山东省筹备十一运会的各项工作，展示中国体育继往开来的雄心壮志。现在晚会即将进入确定演员、嘉宾、拍摄和视频制作阶段。

鉴于以上情况，我部提出如下建议。

1.从市场开发部和北京公司了解的情况看，在北京制作完成本台晚会，最低经费约为×××万元，市场开发部建议组委会给予晚会招商适当的政策支持，使承办单位能够完成招商目标。

2. 此项活动是组委会倒计时100天的主要活动，建议继续进行运作，并组织力量协助承办单位对晚会节目进行策划和完善。

3. 如果筹集经费差额较大，无法保证完成本台晚会，建议按照协议取消本台晚会。

二、倒计时100天新闻宣传安排

1. 在倒计时100天前（7月6日），在组委会三楼会议室召开十一运会倒计时100天新闻发布会，通报倒计时100天主要活动安排。

2. 在倒计时100天前，组织省主要新闻媒体采访组委会有关领导，并在倒计时100天时进行宣传报道。

3. 协调省内所有新闻媒体，从倒计时100天开始都要在头版或首页显著位置刊播十一运会倒计时牌，集中刊播十一运公益广告，并逐步加大密度。省主要媒体开始推出系列评论文章和深度报道，并组织省内其他媒体转载。配合有关媒体推出倒计时100天特刊。

4. 山东电视台、山东广播电台在倒计时100天当日，分别进行倒计时100天直播活动，对全省各地的庆祝活动进行全面报道。

5. 协调中央主要新闻媒体做好倒计时100天活动的宣传报道。

三、济南赛区“同一首歌”文艺晚会情况

“同一首歌”文艺晚会由济南赛区组委会市场开发部具体负责运作，中央电视台已经专题研究过晚会方案，济南赛区也已经与中央电视台签订了合同。此前，因为与开幕式排练冲突，大型活动部要求济南赛区取消该晚会。6月11日，济南赛区给组委会正式来函，表示希望7月11日晚在奥体中心体育场如期举行晚会。

【案例二】

第十一届全运会倒计时100天山东省“百万人徒步迎全运”活动的筹备情况

（2009年6月14日）

倒计时100天是十一运开幕前的重要节点。根据组委会对全民健身活动的总体部署，按照省领导提出的“突出特色、突出全民参与、突出氛围营造”的要求，拟于7月8日在全省17市，统一组织倒计时100天山东省“百万人徒步迎全运”活动，这将是十一运筹备以来，我省规模最大的群众体育活动。考虑到这项活动涉及面广、参与人数多、社会关注度高，需统筹谋划、精心组织、密切配合。现将有关情况汇报如下。

一、活动主题

和谐中国 全民全运

二、活动时间

2009年7月8日上午9时

三、活动形式

在济南设主会场，由十一运组委会和济南赛区组委会共同组织。其他16市设分会场，由各赛区组委会按照十一运组委会的统一要求组织“百万人徒步迎全运”活动。

四、济南主会场活动方案

(一) 启动仪式。拟在济南奥体中心体育场举行山东省暨济南市“百万人徒步迎全运”启动仪式，邀请省五大班子领导、驻军领导、十一运组委会领导、济南市及赛区组委会有关负责人出席。

仪式议程如下：

请十一运组委会副主任兼秘书长、副省长主持；

请十一运组委会执行主任、省长讲话；

请省委书记、省人大常委会主任宣布活动开始。

(二) 参加范围。省级领导，驻鲁部队官兵，十一运组委会在济办公的全体工作人员，济南市级领导及济南赛区组委会全体人员，省、市机关和企事业单位干部职工，大中小学学生，市民及残疾人代表等，约11万人。具体分配如下。

1. 省直各机关及事业单位、大中专院校组队参加， 共20000人；

2. 济南市市直各机关及企事业单位、各区级机关和街道办事处及辖区小学校组队参加，共30000人；

3. 山东籍奥运冠军5人；

4. 全国、省、市级劳动模范、有突出贡献专家和拔尖人才、新长征突击手、巾帼建功等英模代表60人；

5. 驻济部队官兵5000人。

6. 残疾人代表20人。

7. 市民5~6万人。请济南赛区组委会负责组织，可因地制宜，就近在各景区、公园内开展丰富多彩的徒步健身活动。

(三) 活动路线。

路线一：从体育场北入口出发，向右拐沿经十东路向东，绕奥体中心北侧、东侧、南侧至“海尔绿城.全运村”，在长度分别为60米（寓意国庆60华诞）、56米（寓意56个民族大团结）、11米（寓意第十一届全运会成功）并印有“2009山东省百万人徒步迎全运”条幅上签名后，活动结束。

路线二：从体育场北入口出发，向左拐绕奥体中心西侧向南至旅游路，过开元隧道至千佛山公园南门或鱼翅皇宫签名后结束。

五、组委会各部室职责分工

（一）办公室

1. 审定下发在全省开展徒步走活动通知；

2. 负责审定省领导及组委会领导讲话稿、主持辞；

3. 协调落实军区首长及部队官兵参与徒步走活动事宜。

（二）新闻宣传部

1. 加大新闻媒体对活动的宣传力度，进一步扩大十一运影响，提高民众徒步健身意识。

2. 拟定宣传口号，如“和谐中国、精彩体育、全民全运”“走的健康、走的快乐”“喜迎十一运、祖国更辉煌”“我徒步、我健身、我快乐”“拥抱全运，我们准备好了”等。

（三）广播电视部

1. 建议山东卫视对全省17市组织的山东省“百万人徒步迎全运”活动联合直播。

2. 配合电视直播，确定老人、妇女儿童、残疾人等各类人群以及代表家庭作为直播采访对象。

（四）市场开发部

1. 建议采取市场化运作，争取海尔绿城等企业对活动冠名赞助。

2. 可在徒步走沿途及一些公园、景区设置一些站点，发放全运帽、T恤衫等纪念品及健身宣传资料。

（五）志愿者工作部

需要组织100名志愿者，提供徒步走活动期间的志愿服务。

（六）安全保卫部

1. 做好徒步走活动现场、沿途的安保工作。

2. 制作活动所需记者证、车辆通行证、工作证、贵宾证、救护车专用通行证等证件。

（七）医疗卫生部

1. 做好活动现场应急医疗救护等工作。

2. 组织医护人员开展现场健康咨询。

（八）交通保障部

协调有关方面，确保徒步走活动期间交通顺畅。

（九）气象保障部

提前对活动当天天气情况进行预测，提出应对措施。

（十）济南赛区组委会

1. 负责落实参加徒步走活动的济南市领导邀请和接待事宜。

2. 负责组织本市市直机关、企事业单位及各区级机关、办事处和小学等单位人员参加徒步走活动。

六、几点建议

1. 在活动举办日，全省各级党政机关、企事业单位干部职工，凡参加徒步走活动或正常上班者，提倡在3公里范围内，应徒步到达目的地，既强体健身，又体现了节俭办全运宗旨。

2. 在活动举办日，全省所有体育场馆、公园、景区免费开放1天，为人民群众就近参与徒步走活动提供便利，大力营造“体育的盛会、人民的节日”和“全民健身、共享全运”喜庆氛围。

【案例三】

第十一届全运会主赛区环境氛围营造工作实施方案和媒体公益广告宣传工作方案

为给第十一届全运会营造良好的社会舆论环境氛围提供支持和保障，新闻宣传部根据十一运会总体方案，起草了《第十一届全国运动会主赛区环境氛围营造工作实施方案》和《第十一届全国运动会媒体公益广告宣传工作方案》。现将有关情况汇报如下：

一、指导思想

总的指导思想是：围绕突出“和谐中国·全民全运”的主题精神，树立全运会品牌形象，弘扬齐鲁文化，展示山东整体形象，以十一运会开幕倒计时100天、30天、全运会开幕等重要节点和举办阶段为时间分段，通过各种宣传形式和手段，全面营造第十一届全国运动会的社会环境氛围。

具体有以下几点考虑：一是通过各种户外宣传形式和媒体公益广告形式，努力营造主赛区的社会舆论氛围，对于进一步扩大十一运会的社会影响，动员全社会关注全运会、支持全运会，具有重要的促进作用。二是济南市主赛区和铁路、机场、高速等窗口行业社会舆论氛围营造得如何，直接关系到第十一届全运会环境氛围的营造和十一运会宣传工作的大局，由于营造环境氛围，刊登媒体公益广告，需要占用有关宣传载体的大量资源，利用其进行全运会公益宣传活动，需要从组委会层面作出具体安排，以便协调济南赛区、有关窗口单位和有关媒体 ，做好舆论氛围营造。三是制定主赛区环境氛围营造和媒体公益广告宣传工作方案，可以为各分赛区提供借鉴的蓝本。我部于4月份在全省十一运会宣传工作调度会上对社会舆论宣传已进行了部署， 进一步下发工作方案，可以让其他赛区参照执行。

二、《第十一届全国运动会主赛区环境氛围营造工作实施方案》主要内容

（一）设计元素和载体

1. 设计元素：第十一届全国运动会会徽、吉祥物、宣传画、宣传口号；《中华人民共和国第十一届运动会视觉形象系统管理手册》中所包含的基础元素和媒体及景观规划系统等内容；体现赛区城市特色、文化特色、赛事特色有关的元素；结合各行业特征的宣传口号。

2. 载体：会徽、吉祥物造型、宣传画、城市雕塑、户外广告牌、电子屏、道旗、飘旗、过街彩旗、横幅、标语、拱门、气球、立柱、工地围墙、公交车身广告、社区板报、宣传册页、宣传橱窗、宣传栏、标语牌、城市灯光和一些新型的宣传载体等

（二）工作要求

1. 突出重点，科学布局。按照组委会确定的时间节点和工作重点，确定重点项目，突出特色和亮点，科学布局，整体推进，逐步升温，确保取得实效。

2. 分工协作，各负其责。主赛区环境营造工作由组委会新闻宣传部负责统一规划，统一部署，由济南赛区组委会、济南铁路局、山东省交通厅、山东省公路局、山东高速集团有限公司和山东机场有限公司负责具体实施。建立联络人制度，及时与组委会新闻宣传部沟通。有关单位和济南赛区要根

据各自管辖的范围，责任到人，按方案的要求按时按量完成布置任务；对各种宣传载体和内容，由相关责任单位进行维护、完善。

3. 统一设计，突出特色。环境氛围布置主要画面设计、主干道道旗设计、公益广告宣传片、宣传画由组委会新闻宣传部提供；其他环境布置设计或由市场开发的广告设计，应根据全运形象手册进行整体设计，设计方案由组委会新闻宣传部审定后方可实施，确保十一运会环境氛围整体形象协调一致。

4. 统一规范，制作精良。环境氛围布置应统一化、系统化、规范化，对于会徽、吉祥物、核心图形、宣传画及色彩的使用应遵循全运会形象手册中规定的使用规范，不得随意更改，力求达到画面规范统一、视觉冲击力强的宣传效果。各种宣传形式制作要精良。在印刷制作中以不褪色、较强的耐久性为制作原则，选用耐光性好、不易变色的油墨进行印制。

5. 主赛区在环境氛围营造所需费用。以市场开发为主，组委会根据工作开展情况，事后给予适当奖励。

（三）工作安排

整个环境氛围布置要有计划、有步骤、分区域、按阶段地逐步实施，最后形成整体统一、层次分明、效果强烈的社会宣传氛围。

第一阶段：整体布局，重点突出节点形象（目前—倒计时 100 天前）

第一阶段的工作重点是在城市及各交通环节的重要节点进行布置。主要是机场、火车站、汽车站、城市出入口、中心广场、省际高速接口、城市迎宾大道、由火车站、机场、汽车站通往比赛场馆的要道等，要求在各重要节点的显著位置至少设置一块全运内容的大型广告牌，在城市重要路段布置灯杆道旗，总体确立全运视觉形象，初步营造主会场的全运氛围。

第一阶段的环境氛围布置总计约占市区广告总量的 30%以上。

第二阶段：全面展开，形成整体氛围（倒计时 100 天—9 月 30 日）

要充分利用各种媒体、进一步加大宣传力度，逐步构建全方位整体氛围，形成强大的社会宣传声势和显著的宣传效果。主要在比赛场馆及周边、城市广场、风景区、城市主要交通干道、指定接待宾馆、大型购物商场、繁华地段、标志性建筑、过街天桥、城市高架桥、社区、机关、学校、医院、全民健身场所、政务公开场所、面向群众的办事机构等要充分利用各种载体，进一步加氛围营造力度。

第二阶段的环境氛围布置总计约占市区广告总量的40%

第三阶段：加大密度，形成高潮(2009年10月)

要加大氛围营造密度和力度，同时还要对前期工作进行深入细致的全面检查，要求各类全运公益广告全面整饰翻新，确保十一运召开前与召开期间环境氛围布置工作全部到位。

这几个阶段都对济南市、高速公路区域、机场及周边区域、火车站周边区域提出了具体营造氛围的要求。

三、《第十一届全国运动会媒体公益广告宣传工作方案》的主要内容

(一)刊发媒体

1. 报纸：大众日报、齐鲁晚报、生活日报、山东商报、山东广播电视报、济南日报、济南时报。

2. 电台：山东人民广播电台及其各专业频道，济南人民广播电台及其各专业频道。

3. 电视台：山东卫视、山东电视台全运频道、公共频道及其各专业频道，济南电视台及其全运频道和各专业频道。

4. 期刊：山东画报、走向世界、新航空、齐鲁周刊、旅游世界、视周刊。

5. 分赛区所在地主要报纸、期刊、电台、电视台。

(二)工作要求

1. 各媒体要按本宣传工作方案的要求及时足量地刊登第十一运会的公益广告。

2. 第十一届全国运动会平面公益广告由组委会新闻宣传部组织设计主图形，各媒体也可以根据统一形象元素设计公益广告，但须事先经组委会新闻宣传部审定后方可刊登。

3. 第十一届全国运动会公益电视宣传片和动漫宣传片由组委会新闻宣传部统一组织拍摄制作，由各电视台安排播出。

4. 第十一届全国运动会广播公益广告，由各电台根据主题口号等设计元素自行创作播出。

5. 公益广告设计元素包括：第十一届全国运动会会徽、吉祥物、宣传画、主题口号，《中华人民共和国第十一届运动会视觉形象系统管理手册》中所包含的基础元素和媒体及景观规划系统等内容，体现各分赛区城市特色、文化特色、赛事特色有关的元素。

6. 主赛区媒体公益广告刊发由各媒体主管、主办单位负责组织落实；十一运会组委会新闻宣传部负责媒体刊发公益广告的督促检查，并根据各媒体刊发公益广告工作情况，对各媒体和创作的优秀公益广告作品予以奖励。

7. 各分赛区的媒体公益广告，由各分赛区组委会参照主赛区媒体公益广告宣传方案制定实施方案并负责组织实施。

(三) 具体安排

第一阶段：（十一运会开幕倒计时100天前）

对报纸、广播、电视、期刊的刊登和播放公益广告的次数进行了要求。报纸每10天刊登一次公益广告，版式以三分之一为主，全运会倒计时100天当天在报纸刊登整版广告；广播每套每天不少10次；电视主要频道每天不少于8次，全运频道不少于12次，其他频道不少于5次，全运会倒计时100天时，要增加黄金时段的播出密度；期刊每期刊登一个单页公益广告。

第二阶段：（倒计时100天至9月16日）

报纸每周刊登一次十一运公益广告，大报以三分之一版为主，小报以半版为主，全运会倒计时30天当天在以上报纸刊登整版广告；广播每套每天不少15次；电视主要频道每天不少于12次，全运频道不少于15次，其他频道不少于8次，全运会倒计时30天时，要增加黄金时段的播出密度；期刊每期刊登一个单页公益广告。

第三阶段：（9月17日至全运会开幕）

报纸每周刊登三次十一运公益广告，为保证宣传效果，每天都有媒体刊登公益广告，刊登具体时间由组委会编制了《9月17日至10月16日有关报纸刊登公益广告安排表》。公益广告版式为半版。在全运会开幕式当天与闭幕式当天在以上报纸刊登整版公益广告；广播每套每天不少20次；电视主要频道每天不少于15次，全运频道不少于20次，其他频道不少于10次，全运会举办期间要增加黄金时段的播出密度；期刊每期在黄金版面刊登一个单页公益广告。

第十四节　接待服务工作实务

体育赛事的接待服务是指为参加、参与赛事的各类相关人员提供住宿、餐饮、交通一系列服务的集合。接待服务工作是一项庞大的系统工程，是赛事组织者必须提供和必须做好的保障工作。它全部是由量化指标和具体行为构成的。如同竞赛一样，它的优劣将会很清楚地显现出来，是这届体育赛事和这个城市组织工作成败的标志。而且接待与服务工作的对象是人，构成了人与人、人与物、人与事的特殊关系，因此是矛盾的始发点。一般情况下，体育赛事的接待对象主要包括以下 7 类：运动员、教练员、裁判员、技术官员；各代表团团部人员；各级领导、特邀嘉宾；媒体记者；赞助商代表；观摩人员。

一、筹备阶段接待服务工作的主要内容

（一）食宿安排

住宿服务主要包括确定需要提供住宿宾馆的对象类别；结合各类接待对象的数量、规格、抵离时间确定接待宾馆；依照接待对象对住宿时间、地点、竞赛项目的需求分配接待宾馆；编制接待宾馆的服务标准，包括《宾馆接待工作规范》《服务人员着装、行为、语言行为规范》等下发到各接待宾馆；组织开始对宾馆相关人员的培训工作；对各接待宾馆进行周边环境布置等。

提供优质餐饮服务的前提是了解各类接待对象的餐饮需求，即确定各类接待对象的用餐类别、用餐时间及饮食习惯。用餐类别包括固定用餐和非固定用餐。固定用餐又分为宾馆接待用餐点

和场馆固定用餐点。非固定用餐包括快餐、食品及饮品。用餐时间也需要根据不同接待对象加以区别，比如一般需要向记者提供夜宵服务，运动员用餐时间则应与竞赛安排结合起来。饮食习惯则与接待对象的种族、民族、宗教、区域、个人喜欢等等诸多因素有关，应事先对接待对象的饮食习惯进行征询，尤其要注意不同接待对象的饮食禁忌。

（二）交通服务

交通服务是指为接待对象提供交通便利，主要包括：制定交通服务运作计划；组织开展赛事运作管理机构用车征集工作；借调或招募驾驶员，制定《驾驶员工作服务手册》，开展驾驶员培训工作；依据接待对象分类分配工作用车、服务用车；制定用车的相关规定及车辆运行路线。

（三）接（送）机（站）准备

接（送）机（站）服务又称“迎送服务”，要求制定详细的迎送工作方案，方案的内容一般包括迎送对象、抵离时间、站点设置、迎送团队、交通保障、迎送路线、迎接与欢送的要求等。迎送服务的首要前提是信息的准确，即必须准确获取各类接待对象抵离的时间、地点、车次、班次、人数等信息。行政接待部在本举办地及临近地市设立接、送机（站）接待站，站长由接待部领导、祝临近地市办主任和举办地直属部门领导担任，成员由站长选派。接待站实行接待站站长负责制。

（四）证件、《接待工作手册》等相关材料的准备

证件和《接待工作手册》是接待服务工作部门在接待对象入住宾馆之后必须首先向其提供的重要物件。证件是接待对象通往其活动区域唯一有效重要凭证。《接待工作手册》中需明确接待对象的食宿安排、竞赛日程安排、竞赛场地、食宿收费标准、承办城市主要旅游景点、购物场所等与竞赛对象工作和生活密切相关的重要信息，是接待对象在承办城市期间工作与生活的依据。

（五）宴会筹备

体育赛事举办期间，通常会分别在开闭幕的当天举办开幕欢迎宴会（招待宴会）、闭幕招待宴会（欢送宴会），以对各位来宾的到来表示欢迎或欢送。因为来宾数量较多，很难实现同时在同一宾馆就餐，因此，体育赛事承办单位通常采用设立主宴会和分宴会的形式，参加主宴会的人员主要有主办单位主要领导、特邀嘉宾、各代表团团长、赞助商高级代表等，其余人员全部在各自驻地宾馆参加分宴会，承办单位派出相应的领导出席、主持、陪同。

（六）接待站管理、对口接待单位的协调管理

行政接待部在指定酒店和相关机场、车站设立接待站作为派出机构，接受行政接待部直接领导，按组委会的接待规定全权负责定点酒店和接、送机（站）的所有接待工作。接待站遇到规定外的特殊接待事项，应由接待站站长直接向行政接待部报告，并按行政接待部的意见处理。接待裁判员、运动员的定点接待酒店接待站，在接受行政接待部直接领导的同时，还必须接受项目竞委会的业务指导。项目竞委会接待处主要负责定点酒店之外的竞赛场地的后勤接待工作，项目竞委会在定点酒店所需的接待事项，由项目竞委会接待处事先与接待站站长协调，并协助接待站站长落实接待事项。驻地宾馆接待站由站长、副站长、安保、财务、车辆调度、医疗卫生、卫生监督、志愿者以及来宾全程陪同人员组成，上述人员由组委会相关部（室）选派。接待站实行接

待站站长负责制，接待站所有工作人员按业务规定履行好各自职责。接（送）机（站）接待站实行站长负责制，接待站所有工作人员接受站长的统一领导。

各级领导、各代表团团部人员和特邀嘉宾实行对口单位接待工作机制。对口接待单位实行单位主要领导负责制。对口的接待单位成立以主要领导为组长的接待工作小组，负责接待对象的全程陪同服务工作。

（七）旅游、购物、观光活动的安排

各类来宾抵达体育赛事举办地，除了有参加开闭幕式、观看比赛的共同需求外，通常还会有一些个性化的需求，如旅游、购物、观光等。一般情况下，各驻地宾馆接待站不提供宾馆之外的导游、购物服务，但可以详细介绍和做好推介。通常在前厅总台设置旅游服务咨询台，提供咨询电话。了解并尽可能熟练掌握举办地的旅游、购物、观光等资源，搜集相关资料，是必须要做好的准备工作。

二、组织机构

接待服务作为赛事筹备组织工作的一项保障性工作，一般情况下，由赛事组委会行政接待部赛事举行期间的行政接待工作。同时需要相关部门的协助。由单项竞委会管理运动员、教练员、裁判员、技术官员及随队工作人员，由新闻宣传部管理媒体记者，市场开发部管理赞助商代表，其余人员由行政接待部与办公室负责接待和管理。行政接待部实施接待工作的统筹管理。

三、接待服务工作示意图

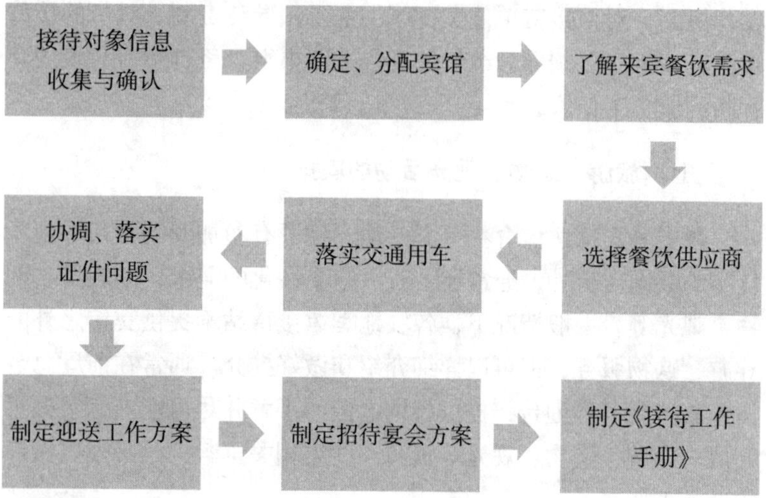
接待对象信息收集与确认
确定、分配宾馆
了解来宾餐饮需求
选择餐饮供应商
落实交通用车
协调、落实证件问题
制定迎送工作方案
制定招待宴会方案
制定《接待工作手册》

相关链接一：

第十一届全运会组委会筹备阶段分管接待服务工作领导层面工作计划表

时间	主要工作
2008 年 7 月	1. 核实承办城市接待工作所需的各类资源（餐位、座位、车位、床位）和主要工作时间节点。 2. 制定各类接待工作规范及程序。起草《接待工作手册》《对口接待单位手册》。 3. 学习组委会工作进度表，拟出本部门细化的工作进度表，将各项工作分解落实到人。 4. 编写本部门至全运会开幕前各项主要工作方案。 5. 总结上半年工作，制定下半年工作计划。 6. 编制超编人员、观摩人员、旅游人员接待方案与办法并报批。 7. 开始拟定贵宾、嘉宾接待工作方案。
2008 年 8 月	1. 总结各地举办运动会行政接待工作的经验。
2008 年 9 月	1. 完善行政接待专项工作方案。
2008 年 10 月	1. 制定本部门 2009 年度的财务预算。 2. 制定本部门需要省委办公厅、省政府办公厅解决的问题清单。
2008 年 11 月	1. 审核上报本部门的 2009 年度经费预算报告。 2. 拟定全国群先表彰大会举办地点。
2008 年 12 月	1. 拟定 2009 年指定接待单位培训计划。 2. 上报本部门需要省委办公厅、省政府办公厅协调解决的问题清单。 3. 经人事部批准，抽调补充人员到位。 4. 总结 2008 年的工作，制定 2009 年工作计划。

（续表）

时间	主要工作
2009 年 1 月	1. 拟定观摩团接待工作方案。 2. 拟定代表团团部、国际奥委会、国际单项体育联合会、各国驻华使节、海外华人华侨、港澳台嘉宾、特邀嘉宾接待方案。 3. 初步确定媒体记者、单项竞委会、群先代表接待宾馆，形成方案上报。 4. 确定接待宾馆酒店的改造计划。 5. 将 2009 年工作进度表规定的各项工作任务分解落实到人。 6. 补充抽调人员全部到岗并进行培训。
2009 年 2 月	1. 会同办公室、市场开发部、财务部拟定第十一届全运会贵宾、嘉宾礼品、纪念品工作方案。 2. 开始编制《接待工作手册》，组织对指定接待宾馆进行标准化作业培训。
2009 年 3 月	1. 拟定“精彩全运·微笑山东”优质服务方案，组建专项工作领导小组。 2. 拟定各地嘉宾抵离承办地的接待工作流程。 3. 与省有关部门沟通，拟定全运会举办期奶、蛋、肉类、蔬菜、水果等副食品生产供货渠道，提出方案报组委会。 4. 拟定开幕式贵宾、嘉宾接待方案。 5. 拟定测试赛的接待方案。 6. 完善《接待工作手册》《对口接待单位手册》。
2009 年 4 月	1. 修改完善《接待单位手册》《对口接待单位手册》。 1. 在全面调查接待资源的基础上，确定接待宾馆，实施部分接待宾馆的维修改造工作。 2. 召开接待宾馆负责人会议，签订服务协议。 3. 拟定海外嘉宾邀请及接待方案。 4. 拟定中央领导及省部级领导接待方案。

(续表)

时间	主要工作
2009 年 4 月	5. 拟定各类人员接待工作管理与超编人员收费办法。 6. 拟定先进接待宾馆评比办法。 7. 拟定接待工作各类人员培训方案。 8. 完成接待工作总体方案并上报。 9. 拟定各地嘉宾抵离山东接送工作流程。 10. 确定全运会食品、副食品、水果等供货基地。 11. 拟定全省服务行业“迎全运、微笑在山东”活动方案并报批。
2009 年 5 月	1. 修订《接待工作手册》《对口接待单位工作手册》并报批。 2. 拟定机场、火车站接待及交通返程票务方案,落实机场、火车站、高速公路入口接待工作流程与地点。 3. 落实全部接待站及接待单位并签订服务协议。 4. 与各赛区城市实现行政接待工作协调对接。 5. 重点检查中央领导、中央各部委领导、代表团团部、新闻记者、群先会、少数民族及西部地区接待宾馆的准备工作。 6. 落实外宾接待宾馆的各项准备工作。 7. 全面启动全运会先期决赛项目的行政接待工作。 8. 拟定接待宾馆验收方案并举行接待宾馆挂牌仪式。 9. 全面启动对口接待单位、接站站长的培训工作。 10. 与财务部协调，拟定各类人员收费办法及接待宾馆结算办法。

(续表)

时间	主要工作
2009年6月	1. 拟定机场及火车站接待服务方案。 2. 与交通运输部协调，落实接待服务车辆。 3. 做好联络员会议会务准备工作。 4. 完成接待站点安保、食品卫生、医疗、志愿者等相关人员配置方案。 5. 做好全运会测试赛的接待工作。 6. 组织筹备全省服务行业开展的“庆建国60周年，迎全运、微笑在山东”活动。 7. 开始印刷《接待工作手册》《对口单位接待手册》。 8. 与省民族宗教事务局协调，落实少数民族专家驻会指导工作。 9. 做好上半年工作总结。
2009年7月	1. 组织召开对口接待单位负责人、接待站点负责人动员大会。 2. 组织做好接待单位负责人及接待人员培训工作。 3. 牵头拟制礼品分配方案。 4. 专项检查食品、副食品尤其是少数民族食品生产、储备工作。 5. 完成指定接待宾馆培训考核工作和维修、改造验收工作。 6. 审定各指定接待宾馆内收费项目及标准，报批后向各代表团联络员会议代表公布。 7. 参加各代表团联络员会议，汇报行政接待工作的筹备情况。 8. 做好各代表团联络员会议接待工作。 9. 组织全省服务行业开展“庆建国60周年，迎全运、微笑在山东”活动。 10. 专项培训少数民族代表接待人员。 11. 专项检查少数民族代表接待宾馆、餐厅及工作流程。

（续表）

时间	主要工作
2009年8月	1. 召开专题会议研究少数民族代表接待工作。 2. 检查机场、车站接待站接送及返程票务准备工作。 3. 设计制作先进接待宾馆牌匾。 4. 按各代表团报名人数、相关部门上报的接待人数，核定接待车位、餐位、床位。 5. 礼品、纪念品落实到位。 6. 拟定各类突发事件预案工作方案并报批。 7. 启用《接待工作手册》《接待单位工作手册》。 8. 召开接待宾馆内组委会驻会工作人员协调会。 9. 制定嘉宾每日“菜单”，下发至各接待宾馆。 10. 召开食品、副食品供应基地与各接待宾馆协调会议。 11. 对中央领导、重要嘉宾接待工作人员进行政审。
2009年9月1—15日	1. 牵头拟定第十一届全运会组委会招待酒会方案。 2. 牵头检查落实少数民族代表食品供应工作。 3. 组织对各代表团团部驻地接待情况进行检查。 4. 做好先期决赛项目的接待工作。 5. 组织对接待工作流程的演练。 6. 所有接待站点工作人员到岗到位。 7. 确定全运会举办期接待各类嘉宾的每日菜单，检查各接待宾馆落实情况。 8. 统计嘉宾回复邀请情况，形成最终方案，并落实接待宾馆。 9. 发给代表团的礼品、证件、印刷品准备完毕。 10. 确定开、闭幕式相关活动的接待方案。 11. 会同财务部与接待宾馆协调，明确结算工作流程。 12. 专题研究中央领导，重要嘉宾接待工作，形成最终方案。 13. 拟出宗教人士、少数民族来宾在举办期“朝拜”“礼佛”工作方案，落实相关场所。

(续表)

时间	主要工作
2009年9月16–25日	1. 再次核定所有接待单位的车位、餐位、床位、座位。 2. 按嘉宾接待方案，全面检查嘉宾接待工作。 3. 按记者接待方案，全面检查记者接待工作。 4. 将发给各代表团的礼品、纪念品全部集中，按代表团分类集中。 5. 组织接待工作试运转。 6. 做好先期决赛项目的行政接待工作。 7. 全面检查接待中央领导、重要嘉宾的各项准备工作。 8. 再次发出嘉宾邀请函，最后确认嘉宾出席情况。
2009年9月26日–10月3日	1. 负责协调旅游部门编制全运会旅游专线，并提供相关服务。 2. 检查各接待站（点）、各对口接待单位工作落实情况。 3. 组织对中央、省部级领导驻地及各代表团团部驻地、新闻记者驻地、特邀嘉宾驻地、港澳台代表驻地进行专项检查。 4. 做好各代表团联络员会议及先期到达的人员接待准备工作。 5. 召开各接待站点、各对口接待单位负责人工作协调会议。 6. 做好先期决赛项目的行政接待工作。 7. 研究部署少数民族代表接待工作。 8. 落实出席开、闭幕式的中央领导及随行人员的各项安排。 9. 做好媒体记者、重要嘉宾、组委会工作人员的夜宵供应工作。 10. 从10月3日起，本部领导参加的“零点会议”，报告当天工作完成情况，听取领导部署第二天的工作。

（续表）

时间	主要工作
2009 年 10 月 4—10 日	1. 在机场、火车站、高速公路口及各主要商场、银行、医院开通“嘉宾通道”。 2. 指导各联络员做好代表团的礼品、证件分发工作。 3. 接待站工作最后一次综合演练性大检查。 4. 做好全民健身系列活动展示表演人员的接待服务工作。 5. 召开各代表团对口接待单位负责人会议。 6. 做好接待各代表团和各方面来宾的工作。 7. 召开各接待站点、宾馆负责人会议。 8. 做好群先会代表招待宴会的服务工作。 9. 全面检查中央领导、重要嘉宾接待工作。 10. 本部门领导参加“零点会议”全面汇报本部门的筹备工作情况，听取领导部署第二天的工作。

相关链接二：

第十一届全运会组委会筹备阶段分管交通保障工作领导层面工作计划表

时间	主要工作
2008 年 7 月	1. 学习组委会工作进度表，拟出本部们细化的工作进度表，将各项工作分解落实到人。 2. 按照统一部署拟出倒计时一周年活动交通保障方案。 3. 赴武汉学习考察六城会交通保障工作经验。 4. 编写本部门至全运会开幕前各项主要工作方案。 5. 总结上半年工作，制定下半年工作计划。 6. 修改完善交通保障工作方案。 7. 抽调部分车辆满足组委会各部室工作需要。

(续表)

时间	主要工作
2008 年 8 月	1. 实地考察青岛奥帆赛交通保障工作。 2. 与行政接待部沟通，了解接待宾馆分布情况及道路、停车情况。 3. 与竞赛部沟通，了解比赛项目布局及参赛人员用车、返程用票情况。 4. 做好倒计时一周年主题活动的交通保障准备工作。
2008 年 9 月	1. 修改完善全运会举办期间交通运输保障工作方案。 2. 拟定倒计时一周年交通运输保障工作方案并报批。
2008 年 10 月	1. 做好倒计时一周年系列活动的交通保障工作。
2008 年 11 月	1. 审核上报本部门的 2009 年度经费预算报告。
2008 年 12 月	1. 经人事部批准，抽调补充人员到位。 2. 上报本部门需要铁道部、交通部、民航局及省相关部门解决的问题清单。 3. 总结 2008 年的工作，制定 2009 年工作计划。
2009 年 1 月	1. 熟悉各部室工作方案及对交通保障的要求，草拟交通保障工作总体方案。 2. 补充抽调人员全部到岗并进行培训。 3. 将 2009 年工作进度表规定的各项工作任务分解落实到人。
2009 年 2 月	1. 全面考察各赛区城市道路交通情况。 2. 对重点接待宾馆、停车场、加油站、修理厂进行考察。

（续表）

时间	主要工作
2009年3月	1. 组织对全省承办城市运力、驾驶员情况进行摸底，提出征调车辆总体方案。 2. 组织对全运会举办期间，车辆运行线路，私家车、外地车控制行驶进行论证。 3. 拟出全运会车辆高速路免费通行、各停车场免费停车办法，报组委会审批。 4. 全面征求各部室全运会举办期使用车辆计划。 5. 与民航、铁路进行沟通，商讨专列、包机有关事宜。 6. 拟定先期决赛项目、测试赛用车计划。 7. 与安保部沟通，拟制专用车证、车牌及通行办法。
2009年4月	1. 会同安保部拟制专用车车证和车牌管理、车辆通行办法并报批。 2. 与行政接待部协调，落实驾驶员食、宿宾馆及交通运输工作运作流程。
2009年5月	1. 落实征调车辆的渠道、数量、车牌号、驾驶员等信息，编制工作方案。 2. 与各赛区城市协调后，着手编制《第十一届全运会交通运输手册》。 3. 起草拟于7月份召开的“第十一届全运会交通运输工作会议”文件。 4. 拟定倒计时100天系列活动交通保障方案。 5. 拟定先期决赛项目交通保障方案。 6. 协助安保部制作专用车证、车牌工作。
2009年6月	1. 与有关部门协调，制定全运会期间车辆使用管理规定。 2. 组委会交通车辆、交通标识陆续投入使用。 3. 拟定第一次联络员会议有关交通保障工作的报告材料。 4. 征调车辆信息及驾驶员名册送相关部门审查。 5. 筹备召开“第十一届全运会交通保障工作会议”。 6. 组织对城市公共交通运输车辆、设施进行整治、更新与维修。

(续表)

时间	主要工作
2009 年 6 月	7. 编制《第十一届全运会交通保障手册》。 8. 与停车场、加油站、修理厂洽谈并签订协议。 9. 与机场、火车站、汽车站签订停车协议。 10. 与有关部室协调，拟出开幕前交通保障工作清单。 11. 做好 “奥体中心落成典礼暨庆全运 50 周年，迎十一运全运会”大型主题文艺晚会的交通保障工作。 12. 做好上半年工作总结。
2009 年 7 月	1. 开始组织对征集的车辆进行专项检验，并做好先期决赛中承担运输工作的驾驶员培训工作。 2. 制定车辆分配方案，拟定嘉宾乘公交车免费办法。 3. 做好先期决赛的项目交通保障工作和返程票务。 4. 按计划抽调配备组委会各部室用车。 5. 做好倒计时 100 天系列活动的交通保障工作。 6. 召开交通保障专题工作会议。 7. 出席各代表团联络员会议，介绍全运会交通保障工作。 8. 下达全部所需车辆、司机征集通知，并与相关单位签订合同与责任书。 9. 召开驾驶员动员誓师大会。 10. 开始向各代表团征询返程火车用票计划。 11. 为开幕式文艺表演联排提供交通保障直到全运会开幕。 12. 协助安保部做好的车证陆续发放及管理工作。

（续表）

时间	主要工作
2009年8月	1. 完成《交通运输服务手册》报批，并开始印制。 2. 做好火炬传递工作交通保障工作。 3. 与财务部协调租用车辆租金支付办法。 4. 与市场开发部协调赞助车辆使用与调度工作。 5. 落实车辆集结地点，驾驶员住宿宾馆及食宿工作。 6. 确定加油站，落实专用车辆加油及结算工作流程。 7. 确定专用车维修、保养的汽车修理厂，明确车辆修理及结算工作流程。 8. 与机场、民航、公路运输部门协调，落实集中设点现场办理票务工作。 9. 做好先期决赛项目交通保障及返程票务工作。 10. 与铁路部门协调10月24日左右济南—北京、上海、广州、成都、西安、武汉的火车卧铺票保障计划。
2009年9月 1—15日	1. 按组委会批准的方案下达调车计划，落实车辆征集、分配工作。 2. 做好先期决赛项目的交通保障及返程票务工作。 3. 确定高速路进入济南最后一个收费站装饰，美化工作方案并组织实施。 4. 确定火车站、机场、长途客运站绿色通道并进行美化。 5. 编制循环班车运行图，明确车型、路线、时间、乘车地点等。印发给各部室、各代表团。 6. 编制并正式印发《第十一届全运会交通保障手册》。 7. 拟定交通保障突发事件预案。 8. 拟定开幕式当天交通保障细化工作方案。

（续表）

时间	主要工作
2009 年 9 月 16–25 日	1. 组织对征集车辆进行安全大检查，完成专用车牌安装工作。 2. 征集车辆全部落实到位。 3. 完善全运会举办期交通运输、接站、送站及现场办票方案。 4. 组织对驾驶员培训，完成驾驶员名牌印制，落实驾驶员通信方式。 5. 制定代表团到达的详细用车计划。 6. 做好迎接各代表团团长，中央各部委领导、国际奥委会、国际单项体育联合会官员、各国驻华使节的详细用车计划。 7. 做好参加山东省人民政府、国家体育总局联合招待会来宾的用车计划。 8. 制定出席开幕式的党和国家领导人的用车计划。 9. 制定来宾离会及欢送嘉宾的用车计划。 10. 制定欢送国家体育总局领导、中央及各部委领导、省政府特邀嘉宾的用车计划。
2009 年 9 月 26 日 –10 月 3 日	1. 完成全运会举办期接站、训练、比赛、会议、参观、开闭幕式、离会送站全程最终交通保障方案。 2. 完成现场办理返程票务工作方案。 3. 现场办理机票、车票中心开始服务。 4. 做好全民健身精品展示活动的交通服务保障工作。 5. 在与各代表团及和各类嘉宾核定的基础上，开始出售火车票、机票。 6. 研究开幕式的交通保障工作突发事件预案工作。 7. 安排好开幕式彩排和预演工作的车辆。 8. 做好迎接各省、市、区代表团团长，中央各部委领导、国际奥委会、国际单项体育联合会官员、各国驻华使节的车辆安排。 9. 做好先期到达人员的交通保障工作。 10. 从 10 月 3 日起，本部领导参加的“零点会议”，报告当天工作完成情况，听取领导部署第二天的工作。

（续表）

时间	主要工作
2009 年 10 月 4—10 日	1. 10 月 6 日全运会计划抽调的车辆全部到位，各类用车计划全部落实到每一位驾驶员。 （1）做好各代表团、各类来宾接机、接站工作。 （2）做好裁判员、运动员车辆安排工作。 （3）做好其他人员用车调度工作。 2. 组建“交通运输值班室”，从 10 月 6 日开始实行 24 小时值班制度，调配后备用车。 3. 做好党和国家领导人接见群先代表和群先代表观摩参观的交通服务保障工作。 4. 做好火炬传递活动的交通服务保障工作。 5. 协助行政接待部做好各代表团报到的车辆使用工作。 6. 本部门领导参加“零点会议”全面汇报本部门的筹备工作情况，听取领导部署第二天的工作。

相关链接三：

第十一届全运会媒体村筹备工作的有关情况

（2009年8月8日）

新闻宣传部

根据会议安排，现将媒体村筹备工作有关情况汇报如下。

一、前期筹备工作进展情况

根据组委会统一部署和黄胜副省长指示要求，新闻宣传部在组委会确定建设“媒体村”后，及时组建了媒体村临时运行管理团队。在调查论证的基础上，制定了《媒体村总体运行方案（征求意见稿）》，并参与了《济南全运村总体运行方案》的论证和管理服务人员的培训。

7月31日上午，济南市市长在龙奥大厦召开了媒体村建设运行管理工作对接会议，新闻宣传部部长、副部长等参加了会议。市长提出，全运村（包括运动员村和媒体村）最好由一个团队统一管理运营。考虑到全运村是一个整体，济南赛区全运村已配备了一百多人的运行管理团队，三级管理体系已进行了初步磨合，而且涉及媒体村的基础建设和服务机构都已在全运村的组织架构内。我们认为，市长提出的由济南赛区全运村对媒体村进行统一管理的方案是可行的。在时间紧、任务重、人员少的情况下，我们可集中精力做好媒体接待和服务工作。

8月3日下午，济南市委常委、副市长、全运村村长在龙奥大厦主持召开了“媒体村机构组建工作会议”，根据市长的意见，会议正式宣布了由济南赛区全运村分设的媒体村管理运行团队，并任命了媒体村常务副村长和两名专职副村长。成立了一个由总值班室和四个管理部门（住宿管理部、餐饮管理部、商业管理部、后勤保障部，共36人）组成的工作班子。

二、几点建议

鉴于以上情况，经与济南赛区组委会对接，我们对媒体村建设运行管理工作提出以下建议。

1. 运动员村与媒体村的建设管理服务，包括住宿服务、餐饮服务、安全保卫、医疗卫生、商业服务以及基础工程、环境布置等，由济南赛区全运村统一管理运行。这样便于统一管理，统一调配力量，避免造成人财物的重复浪费。

2. 鉴于运动员村与媒体村运行管理的许多不同之处，根据两村“封闭管理、独立运行”的要求，建议十一运组委会组建“媒体接待服务中心”，下设交通保障处、信息通讯处、记者接待处、志愿者管理处、综合服务处五个管理运行机构，独立开展工作，并与济南赛区媒体村管理运行团队建立密切的沟通协调机制，共同完成好记者接待任务。

3. 应济南赛区全运村建议，我们拟派出一名副部长担任媒体村副村长，负责与济南赛区全运村协调记者接待服务的相关事宜。

4. 为方便工作，建议济南赛区组委会社会动员部参与“媒体接待服务中心”工作，由济南赛区社会动员部部长担任服务中心副主任；服务中心主任由新闻宣传部长担任，十一运组委会交通保障部、信息技术部、志愿者工作部、行政接待部各派一名副部长负责团队的管理工作。记者接待团队和综合服务团队由新闻宣传部负责组建。按各团队岗位职责需要，共需35人左右。建议尽快选调人员进驻媒体村，迅速展开工作。

5. 据初步测算，中央、省外采访记者3000人，转播团队1500人，根据媒体村的接待能力，建议媒体村优先接待中央媒体及转播团队。为做好应急准备，建议由行政接待部预留四家宾馆接待其余记者（一家五星级宾馆接待境外记者，三家三星级宾馆接待外省记者）。

6. 为更好地给入住媒体村记者提供信息和交通服务，特申请在媒体村设置发布信息的电子显示屏一台，租用村内摆渡电瓶车十五辆，租用立式电视显示屏两台（放置在媒体村记者会客室）。建议此项工作经组委会领导批准后尽快进入政府采购程序。

附：

“媒体接待服务中心”运行方案

按照省委、省政府的工作部署和十一运组委会关于做好媒体村工作的具体要求，在济南赛区组委会承担媒体村基本建设和管理服务工作的基础上，十一运组委会成立“媒体接待服务中心”（以下简称“接待中心”），并组成相应服务团队入驻媒体村，直接为记者提供服务，特制定以下运行方案。

一、指导思想

接待中心是为采访报道十一运会的记者服务的独立运行机构。由十一运组委会领导，向十一运组委会负责，并与济南赛区组委会建立密切的协调工作机制。

接待中心以“善待媒体、服务记者”为工作宗旨，力求达到“设施一流、服务一流”的运行目标。

二、工作原则

接待中心运行要以人为本，统筹安排，科学调度，以方便记者采访、生活、出行为基本目标。接待中心工作人员要树立大局意识、责任意识、服务意识，处处为记者着想，确保各项工作万无一失。

三、工作机构

接待中心由组委会新闻宣传部牵头，成立领导小组，设主任、副主任若干名。并根据媒体工作特点，设立综合服务处、记者接待处、信息通讯处、交通保障处、志愿者管理处等相应的服务机构，明确职责，相互配合，全面做好媒体接待工作。

领导小组、工作机构设置如下。

主　任：组委会新闻宣传部部长

副主任：组委会新闻宣传部副部长

组委会交通保障部副部长

组委会信息技术部副部长

组委会志愿者工作部副部长

组委会行政接待部副部长

济南赛区社会动员部部长

综合服务处处长：新闻宣传部记者接待处处长

副处长：新闻宣传部记者接待处副处长

副处长：财务部处长

记者接待处处长：新闻宣传部记者接待处副处长

行政接待部处长

信息通讯处处长：信息技术部通讯服务处处长

交通保障处处长：交通保障部综合处处长

志愿者管理处处长：志愿者工作部处长

四、工作职责、分工

（一）综合服务处

1. 负责协调督察各处工作。

2. 协助领导做好全运会组委会、济南赛区组委会、全运村之间的沟通协调工作。

3. 负责接待中心的日常工作调度、工作计划、工作总结的安排。

4. 负责接待中心会议记录、会议纪要、公文收发、档案管理等项工作。

5. 负责与各代表团新闻联络员的联系。

6. 负责记者会客室的安排和管理。

7. 负责组织协调媒体采风系列活动和《粉墨》《中华泰山?封禅大典》等文化展演活动观摩。

8. 设立财会小组，负责有关财务管理工作（请财务部派出）。

（二）记者接待处

1. 记者报名、注册、资格审定、制证、领取证件、钥匙、餐券、记者手册、交通手册、旅游指南等相关材料以及电话卡、纪念品、生活补贴等。

2. 编制记者手册。

3. 分配记者住宿房间。

4. 负责开闭幕式采访证件和门票的发放。

5. 接送站服务。

6. 市区记者接待宾馆安排。

7. 境外记者接待。

（三）信息通讯处

1. 负责记者房间及媒体村内通讯服务设施的维护、修理，确保电话、电视、宽带及无线网络的畅通。

2. 负责媒体村电子大屏幕、餐厅闭路电视的管理及相关信息发布。

（四）交通保障处

1. 确定班车运行方案，设计班车路线，以及媒体村内摆渡车的管理等。

2. 设立媒体村“票务中心”，负责记者返程票及去往各赛区车票的订购。

3. 对记者班车和出行车辆进行调度和登记。

4. 开闭幕式等大型活动车辆调度。

5. 对借调车辆和驾驶员进行全面管理。

6. 为媒体提供租用车辆服务。

7. 代办托运行李等大宗物品。

（五）志愿者管理处

1. 配备足够数量的志愿者在媒体村服务，并做好上岗前的培训。

2. 设置“随团分队”，为各楼座入住团队配备专职志愿者联络员。

3. 设置“机动分队”，负责临时紧急任务的服务。

4. 设置“交通志愿者分队”，负责接送站服务，以及记者班车、旅游班车的随车服务。

5. 设置“礼仪分队”，负责村内各项服务。

相关链接四：

第十一届全运会交通保障工作情况

（2009年5月21日）

交通保障部

为认真做好十一运交通保障工作，确保十一运成功举办，现将交通保障部工作开展及《交通保障工作方案》有关情况简要汇报如下。

一、交通保障部工作开展情况

2008年以来，特别是参与组委会集中办公以来，我部按照组委会的统一部署和要求，主要做了以下工作。

（一）召开动员大会，统一思想认识。5月4日，我部召开了十一运交通保障工作动员大会，有9位部负责人和全体工作人员参加了会议。会上集中传达了全省迎全运动员誓师大会精神，通报了十一运交通保障工作进展情况，部长就交通保障部下一步主要工作，提出了“工作需求要清楚、运行边界要清晰、后勤保障要到位、组织网络要健全、工作流程要科学、安全措施要落实”的明确要求；副部长在会上强调，要进一步提高思想认识，加强协调配合，坚持一流的工作标准。会议使大家统一了思想，明确了任务，厘清了思路，增强了信心。

（二）实行集中办公，全面开展工作。今年4月份开始，我部按照组委会的要求，全面实行了集中办公。

秘书处进一步细化了人员职责分工，制定了7项管理制度，完成了交通保障部工作手册等材料的编写和印制工作，并编印了《第十一届全运会交通保障部制度汇编》和各处室《工作进度表》。

车辆管理处与组委会行政接待部、新闻宣传部、志愿者工作部、大型活动部、竞赛部等部室对接，初步掌握了全运会运力基本需求情况，即轿车370部、商务车170部、中型客车110部、大型客车380部，加上10%的应急运力，共计1140部各类车辆；拟定了车辆征集方案，确定了征用、租用和赞助等车辆来源渠道；拟定了各类车辆征集的标准和车辆征集步骤；对车辆征集费用进行了初步测算，总计约×××万元。同时与部分运输企业、汽车生产厂家进行了初步接洽，并与中通客车厂达成初步合作意向。

交通安全保障处拟定了交通安全保障工作方案和车辆免费停车方案，对市区停车场、加油站进行了初步考察，协助制作了全运会车辆专用号牌和道路免费通行证，协调机场开辟了十一运绿色通道等。

中转票务处制定和完善了票务办理流程，主动和济南赛区组委会进行了工作对接，协商了由航空、铁路、公路共同组成联合票务中心事宜。截至5月20日，已经为组委会办理航空客票1029张，铁路客票358张。

（三）组织学习考察，虚心学习外地经验。一是由部领导带队先后组织了近30人次，赴江苏、福建、青岛等地学习考察十运会、第六届全国农运会、奥帆赛交通保障工作先进经验。特别是江苏举办的十运会，在车辆和驾驶员征集、管理、调度，票务的保障，以及开闭幕式车辆保障方面，都有值得我们借鉴的做法。二是主动与组委会各部室以及济南赛区组委会对接工作，进一步明确了车辆征集、票务保障等有关事权职责，沟通了情况、赢得了互信。三是编制了运力征集预案，把济南市周边的泰安、济宁、聊城、德州、淄博、潍坊等市的运输公司车辆纳入预征调范围，一旦济南市的车辆不能满足赛事需求，将从上述各市征调车辆。

（四）综合整治路域环境，确保公路畅通。为做好全运会的交通保障工作，作为牵头单位的交通厅，着眼大局，超前谋划，扎实工作。一是印发了《全省交通系统迎国庆保全运综合整治方案》，成立了以厅长为组长的领导小组，要求全省各市也要成立了相应的领导机构。明确了整治的重点领域、主要内容和责任部门，特别是对国省干线公路、高速公路的养护改造、绿化美化、路域环境整治，服务区、收费站、路政管理、通行秩序等方面都提出了明确要求，确保十一运火炬传递、全省十七市赛时期间公路畅通有序；在运输市场方面，重点整治客运、危险品运输和已纳入交通部门管理的出租、公交客运等领域，进一步规范运输市场经营行为，同时对交通窗口服务单位也提出了明确要求。二是对十一运专用号牌车辆制订了免费通行管理办法，向全省交通系统印发了《关于对第十一届全国运动会专用号牌车辆暂免征收车辆通行费的通知》，对设立“十一运快速通道”提出了明确要求，为十一运赛时期间专用车辆的通行做好了准备工作。

二、下一步工作打算

(一)完善工作方案。一是对《第十一届全运会交通保障工作方案》作进一步修订，经审批后正式印发；二是进一步完善《车辆征集工作方案》《交通安全保障工作方案》《免费停车工作方案》和《票务保障工作方案》。5月22日，我们将组织有关部领导和各处负责同志，集中研究论证上述几个方案，力求使每一个方案切实可行、便于操作。

(二) 加强教育培训。一是搞好集中办公人员的培训教育，拟于6月份邀请参加十运会、奥运会交通保障的有关专家、教授举办一次讲座，同时组织部分人员到大冬会举办地学习考察交通保障组织工作；二是搞好航空、机场、铁路、公路、海事等一线工作人员的培训教育，用2~3天的时间集中授课，使整个交通保障团队的业务素质和综合能力达到赛时工作要求。

(三) 做好车辆和驾驶员的征调和管理。5月底前，向省直机关、驻济大专院校、省管大中型企业印发《关于统计报告机动车情况的通知》，进行征集车辆调查摸底，并做好与车辆单位的协议草签工作。同时与组委会市场开发部和车辆赞助厂家接洽，确定赞助车辆车型与数量。在掌握赞助和征用方式确定的车辆基础上，缺口部分拟通过车辆租用方式解决。如出现济南市车辆供应不足的情况，及时向淄博、泰安、聊城、德州、滨州、济宁、潍坊等周边市下达租用车辆计划。7月底前，完成所有车辆确认工作，并根据组委会各部室用车需求编制《车辆分配方案》。同时，对各代表团自带车辆发函进行摸底，确认数量和车型，同其他征集车辆一并办理相关手续。7月，在做好征集车辆的基础上，及时向安保部通报征集车辆的准确车型、数量，协商落实十一运专用车牌制作使用事宜；中下旬，汇集赛事所有场馆（含17市）、接送站地点、服务对象驻地、组委会驻地等用车地点，编制用车地点线路图；与安保部协调，选择确定最佳行车路线，确保赛时交通顺畅；汇集各类预案、行驶线路、通讯联络、标准规范、应急处置等资料，编制完整、简明、实用的驾驶员手册，做好驾驶员培训准备工作。8月，做好与汽车驾培学校和大中型客运企业征集驾驶员协调工作，选配素质高、作风技术过硬的驾驶员参与赛事服务；举办驾驶员专项服务培训班，培训内容包括：十一运车辆保障流程、礼仪礼貌、文明用语、驾驶技术、故障排除、安全知识、驾驶员手册等。驾驶员必须经培训取得合格证后方可上岗。9月中旬前，按照有关规定，指定专门维修机构负责车辆检测工作，对所有赛事车辆进行安全、技术检测，确保车辆不带任何安全隐患上岗。10月上旬，按组委会行政接待部通知，与各代表团、队确认到达准确时间和人数，并告知接站与联系方法；做好接站前的有关准备工作，适时安排模拟演练。 10月上中旬，全体驾驶员集中待命，按照需要，分别安排接站；车管处向车站、机场派出负责同志，进行全天候接站服务工作；对临时变动的接站任务，启动应急预案，确保服务对象及时、安全到达。

建立健全开（闭）幕式车辆使用方案和应急预案，加强调度，强化检查，及时采取应急措施，确保服务对象用车。接送参加开（闭）幕式观摩采访人员的车辆，须提前半小时到达指定地点，并按照预案派出机动车辆到各服务驻点做好收容保障工作。开闭幕式结束后，主会场安排车辆做好相应收容保障工作。

（四）制定各项交通安全保障方案和突发事件工作预案，确保公路畅通。建立完善各类应急处置预案，并适时组织实战演练，确保公路安全畅通、运输高效及时。一是对赛事承办城市的公路大中修、养护工作开展情况进行检查。确保已投入使用的国省干线公路、高速公路标志、标线等基础设施设置完善；重要国道、省道和高速公路大中修、养护工作，力争9月10日前顺利完工，确保赛时实现无养护施工作业现场。二是对赛事途径公路的绿化、美化工作进行协调指导。指导各赛区根据区域环境、气候、地质等实际，开展公路绿化工作，打造具有地方特色的绿化景观；对已投入使用的公路进行适时补植，积极开展植被修剪和病虫害防治工作。三是对赛区城市公共交通运输车辆、设施的整治、更新、维修进行督导，对发现不符合安全标准的公共交通运输车辆、设施，向各赛区有关部门反映，及时进行维修、更新。四是积极协调各赛区城市开展车辆运行路线、私家车控制行驶论证工作，并对淄博、泰安、滨州、德州、莱芜、聊城城市进行协调，建立联动协作机制，配合济南市做好道路封闭、通行、疏导等工作。五是开展高速公路服务区综合整治工作。服务区实行分类划分停车场、强化危险货物运输车辆的管理，设置十一运专用车辆停车区；加强加油站和修理厂的加油和维修服务，针对服务区可能出现的各类突发事件，制定专门的应急处置预案并进行演练，达到清洁、美观、安全、优质的标准要求。六是开辟“十一运绿色通道”。在高速公路和主要国、省道收费站开辟“十一运专用通道”，设置统一标志，对悬挂十一运专用号牌并持有通行证的车辆实行免费、快速、优先通行，确保实现十一运车辆通过收费站无障碍行驶的目标。七是全力做好十一运火炬传递、重大活动和赛事期间的交通安全保障工作。建立畅通有效的联系机制，加强路面巡逻管控，做好交通管制和出行信息发布工作，配合有关部门做好车辆安全事故的善后处理工作，并建立24小时值班备勤制度。

（五）认真做好票务保障工作。随着组委会各部室工作的日趋繁忙和部分赛事项目的举办，对航空、铁路、公路运输的票务需求逐渐增多，将在完善票务保障流程的基础上，积极协调有关部门，做到服务窗口前移，拟在8月份，与济南赛区共同组建联合票务中心；同时积极筹建组委会火车、汽车票售票点，争取实现现场出票。

（六）做好海上交通保障。制定青岛、日照两市水上比赛项目海上交通保障工作方案并组织实施，重点加强比赛区域安全监管，严格禁止无关船舶闯入比赛封闭海域，实现无重大海上交通安全、无船舶污染责任事故的目标。

三、提请组委会领导帮助解决的几个问题

（一）协调解决小型车辆征集工作。从近期我部与组委会各部室对接情况来看，小型车辆需求数量大、标准高，特别是2.5L以上排气量的轿车明显不足。据了解，符合标准的小型车辆主要集中在省直党政机关部门。建议由省委、省政府对小型车辆征集工作进行统一部署，将省直党政部门、事业单位、社会团体、省属驻济各大企业、大专院校部分车辆列入十一运征集范围，明确各单位小型车辆征集工作的责任目标，对部分标准高的轿车，建议由政府直接购买或市场开发部通过市场开发解决，确保完成十一运小型车辆征集工作。

（二）增加征调社会车辆的资金预算。

（三）为联合票务中心和车辆指挥调度中心提供必要的场所。

（四）增设水上交通保障机构。

（五）进一步明确赛事志愿者车辆保障责任单位。

相关链接五：

关于召开全省第十一届全运会行政接待工作动员大会的有关情况

行政接待部

为动员全省力量共同做好十一运行政接待工作，拟于近期召开全省十一运行政接待工作动员大会，我部拟定了会议方案，现将有关情况汇报如下。

一、目标任务

坚持以科学发展观为统领，紧紧围绕“和谐中国、全民全运”主题和“创一流水平、促和谐发展”的目标，按照省委、省政府对十一运会接待服务工作提出的“规范化、标准化、精细化、专业化”的要求，对组织做好下一步接待服务工作进行安排部署，对重点工作提出明确要求。

二、时间

6月28日上午，会期半天。

三、地点

南郊宾馆。

四、会议议程

拟请副省长主持会议。

1. 请部长通报前期筹备工作情况和下一步工作安排。

2. 典型发言。（每个发言不超过10分钟）

(1) 赛区代表汇报筹备工作情况；

(2) 宾馆饭店代表围绕如何做好酒店接待服务工作发言；

(3) 旅游景点代表围绕如何做好景点接待服务工作发言；

(4) 接待酒店代表就做好来宾接待服务工作宣读倡议书。

3. 拟请秘书长讲话。

五、与会人员

1. 省领导，各市分管副市长、副秘书长（40余人）；

2. 省直有关部门负责人（100余人）；

3. 筹备领导小组行政接待工作组成员单位、组委会各部室负责人及部分工作人员（60人）；

4. 各赛区组委会接待部门负责人和部分工作人员及当地主要接待场所负责人代表（70余人）；

5. 济南赛区三星级或相当于三星级以上酒店负责人（100余人）。

6. 新闻媒体记者及会务人员（20人）。

预计与会人员400人。

【案例】

第十一届全运会行政接待工作总体方案有关情况

（2009年6月13日）

行政接待部

十一运会预计将有3万多名注册人员及大量观光游客来我省参赛观摩，接待任务十分艰巨。2月初，我们在全面了解情况、认真学习调研的基础上，拟定了《中华人民共和国第十一届运动会行政接待工作总体方案（征求意见稿）》（十一运组办〔2009〕19号），发往各赛区组委会、各部室征求意见，至4月底共收到建议2条，并全部采纳；5月份，根据与国家体育总局办公厅、竞体司、外联司对接工作时提出的问题，对总体方案进行了修改完善；6月1日，又在组委会18个部室内征求意见，其中收到反馈意见14条，采纳4条。

一、关于《方案》的主要内容

《中华人民共和国第十一届运动会行政接待工作总体方案》共分三部分。

（一）指导思想和总体要求。是按照省委、省政府提出的十一运办赛要求提出的。重点突出了十一运“和谐中国、全民全运”主题和省委、省政府对行政接待工作提出的“规范化、标准化、精细化、专业化”的工作要求。

（二）组织原则和责任分工。十一运行政接待工作总的原则是在组委会的统一协调下，按照“统一要求、统筹安排、对口接待、各负其责”的原则，根据职责分工，分别组织实施。具体责任分工。

1. 党和国家领导人、中央和国家部委及有关省（区、市）副省（部）级以上贵宾、各代表团团部、国家体育总局组委会成员、国家体育总局及各省（区、市）组织的观摩团，由行政接待部负责接待安排；

2. 以国家体育总局、中国奥委会名义邀请的国际奥委会主席、亚奥理事会主席、部分国际奥委会委员、部分友好国家体育代表团、港澳台体育界观摩团，以山东省人民政府名义邀请的境外嘉宾、港澳台人士等，由贵宾接待部负责接待安排；

3. 各代表团的运动员、教练员、工作人员，各竞赛项目裁判员、技术官员等，由各项目竞委会负责接待安排；

4. 全国群众体育先进单位和先进个人代表，由群体部负责接待安排；

5. 全国体育系统先进集体先进工作者代表，由人事部负责接待安排；

6. 济南赛区新闻记者由新闻宣传部负责接待安排，其他赛区新闻记者由各赛区组委会负责接待安排；

7. 济南赛区广播电视转播人员分别由广播电视部和济南赛区组委会负责接待安排，其他赛区广播电视转播人员由各赛区组委会负责接待安排；

8. 十一运合作伙伴、赞助商等由市场开发部负责接待安排；

9. 参加开闭幕式的外地演出人员由大型活动部负责接待安排；

10. 兴奋剂检测人员由兴奋剂检查部负责接待安排，其它赛区兴奋剂检测人员由各项目竞委会负责接待安排；

11. 其他来宾由各相关对口单位负责接待安排。

（三）组织实施。具体包括6个方面，分别为前期准备、迎送接待、食宿安排、联络协调、交通车辆和返程票务等。重点是对来宾的迎送和吃、住、行等方面做了详细的安排和部署。

1. 前期准备。主要是对各接待部门人员配备和提前了解接待对象等工作进行了部署和安排。

2. 迎送接待。主要对设立接待站点，做好来宾的迎送等工作进行了部署。

3. 食宿安排。主要是对接待宾馆饭店安排、环境设施、饮食服务、安保、卫生和设施等条件提出了具体要求。

4. 联络协调。主要是对派驻各宾馆饭店的接待工作小组和联络员提出了具体要求。

5. 交通车辆及返程票务。主要对来宾交通和返程票务工作进行了部署。

6. 对赛事用票、证件制作和参观考察等工作进行了安排。

其他各分项工作方案，已初步拟定，待接待对象确定后，报组委会审定印发。

二、下一步工作安排

1. 召开全省十一运行政接待工作会议，对做好十一运来宾接待服务工作进行部署和安排。

2. 研究确定十一运济南赛区客房价格标准。

3. 确定十一运来宾宾馆饭店分配使用方案，做好来宾入住前的各项准备工作。

4. 结合倒计时100天活动，举行“十一运指定接待宾馆饭店”授牌仪式，在全省服务行业内掀起“人人都是东道主，我为全运做贡献”的浓厚氛围。

5. 根据职能调整情况，进一步明确职责，细化分工，分解任务，完善工作方案，确保各项工作任务落到实处。

第十五节　安全保卫工作实务

安全保卫服务是指对体育赛事的所有参与者、体育赛事的承办城市及比赛场馆、重大活动现场、驻地及其他场所提供安全、交通管理和消防应急等服务。安全保卫工作既是体育赛事成功举办的根本保障，也是赛事成功的主要标志之一。

一、筹备阶段安全保卫工作的主要内容

（一）制定赛事安全保卫工作的总体计划及方案

为使体育赛事安全保卫工作高效运行、严谨有序，赛事运作管理机构应结合赛事的实际情况，制订赛事安全保卫工作的总体计划及方案。在制订方案时首先要确定赛事安全保卫的关键环节和重要区域。一般情况下，入场安检、消防安全为赛事安全保卫的关键环节，比赛场馆、运动员驻地、重大活动如开闭幕式场地为重要活动区域，应针对这些环节和区域分别制订详尽的安全保卫方案和处置各类突发事件的应急预案。其次，要对安全保卫的对象进行分类。主要指按照身份、级别等对赛事相关人员进行分类，制定不同的安全策略。三是随着时间和情况变化调整方案。在场馆、驻地、现场、安检、消防、通信、防恐、证件等各类方案制定完成之后，并不意味着这些方案是一成不变的，应该随着安全保卫工作的逐步深入，赛事内外部环境的变化，尤其是社会安全形势的发展变化，不断进行更新、补充和完善。

（二）开展各项安全检查

在体育赛事的筹备阶段，应始终把安全检查作为各项工作的重点，贯穿于安全工作的全过程。对体育赛事的场馆和驻地，要进行全面、彻底的安全检查，特别是比赛场馆、宾馆驻地、重要活动场所。对存在的安全隐患，督促其进行整改，并跟踪掌握整改情况，直至整改到位。

（三）证件设计与制作

证件是体育赛事的各类注册人员及车辆通行比赛场馆和重要活动区域的有效凭证，也是对参与体育赛事工作的人员和车辆进

行管理的一种必要手段，是体育赛事为其参与者提供的形式统一的身份标识。体育赛事证件包括人员证件和车辆证件两个基本类别。证件制作的主要内容如下。

1. 对制证人员和车辆进行种类划分

依据人员在体育赛事中的职能或角色，主要包括各代表团、组委会工作人员、志愿者、媒体工作人员、赞助商代表、各界来宾、各类保障人员、开闭幕式演职人员、各类主题活动参与人员。依据车辆承载对象或车辆功能不同，分为官员及贵宾用车、组委会工作人员用车、各代表团用车、观摩团及文化活动演职人员用车、各类媒体记者用车、特种车辆、其他活动专用车等。

2. 制证人员与车辆信息采集

在体育赛事筹备阶段，通常以部门为单位，将本部门工作人员以及服务对象的姓名、性别、照片、身份证号等信息进行注册，同时汇总车辆证件需求，将这些信息提交给安全保卫部，经安全保卫部审查后，开始制证。

3. 证件种类划分

证件种类划分是指根据证件发挥作用的时间、地点、范围不同将证件划分成若干种类的过程。人员证件种类划分为通用证件（有效期较长，通行区域由工作性质决定）、专用证件（针对某项活动专门制作的，作用区域一般为活动的现场及周边一定范围）、临时证件（为满足工作需要、应对紧急情况而临时制作的证件，一般为专场专用证件）、附加证（需要配合相应的通用证件一起使用才能进入某一特殊区域，如开闭幕式附加证）。车辆证件种类划分为通用车辆通行证和专场活动车辆通行证。

4. 证件通行区域划分

区域划分是制证工作的核心工作，是保障各类人员各司其职、互不干扰的关键。比赛场馆的区域划分一般包括体育竞赛区、组委会工作人员办公区、媒体记者工作区、广播电视转播区、贵宾区、看台区以及公共流通区域。开闭幕式场馆区域一般划分为内场区、看台区、外场区。内场区包括舞台区、演员上下场通道、主持区等。看台区主要包括主席台区、贵宾区、媒体记者工作区、运动队就座区、以及普通观众区。外场区包括演员候场区、特种车辆摆放区、停车场、周边道路等。

5. 证件样式设计与内容设置

证件样式设计是体育赛事整体性在标识系统方面的具体体现。样式设计与内容设置应符合身份识别的基本需求并努力体现该项体育赛事的特色。证件样式设计融合了版面设计、印刷以及市场开发三项工作的结点工作，应当便于持证人识别、携带和保存，便于安保人员安检，一般还借助现代科技采用防伪技术。证件的内容设置包含正反两个方面。正面应当包含本届体育赛事的全称、会徽、吉祥物等主要标志，证件种类标识，持证人的近照，姓名与职务，需要通行的场馆区域代码，证件注册码以及防伪措施；反面应当包含证件使用须知、通行区域代码说明、赞助商标志等。

6. 证件的制作

安全保卫部可将证件的制作交给专业的制证公司或公安部门。负责证件制作的单位必须严格按照安全保卫部的要求进行证件制作。

二、组织机构

体育赛事的安全保卫工作由承办单位全权负责，组委会内部设立安全保卫部负责整个体育赛事的安全保卫工作。安全保卫部一般由公安厅（局）、消防局、武警部队、安全局、交通警察部门以及党委、政府中相应的职能部门组成，由政府主管这项工作的主要领导亲自挂帅。安全保卫部是证件的设计、制作与管理机构，是体育赛事证件的唯一制作部门，其他部门制作的任何证件均为无效证件。

三、安全保卫工作示意图

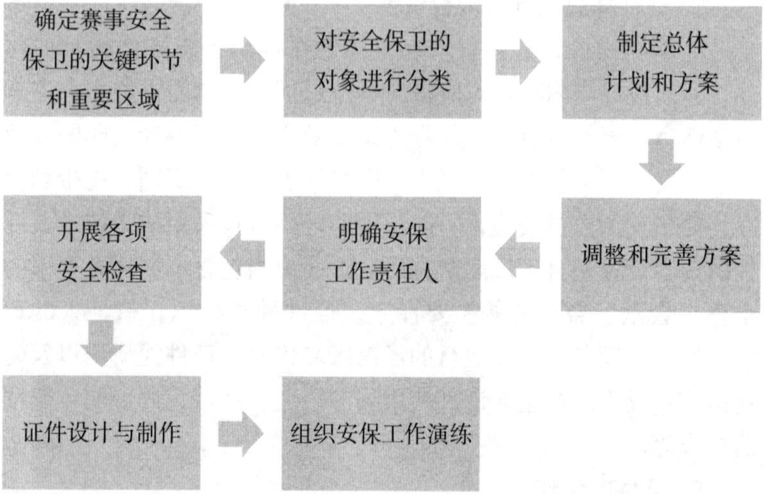

相关链接：

第十一届全运会组委会分管安全保卫工作领导层面工作计划表

时间	主要工作
2008 年 7 月	1. 会同场馆建设部，提出场馆安保设施及配套系统工作要求和建设标准。 2. 总结上半年工作，制定下半年工作计划。 3. 按照统一部署，拟出倒计时一周年活动安全保卫工作方案，并做好筹备工作。
2008 年 8 月	1. 拟定倒计时一周年安保工作方案和全民健身系列活动安保方案。 2. 做好倒计时一周年系列活动的安保筹备工作。 3. 制定全运会证件制作管理工作方案。着手落实证件制作相关工作。
2008 年 9 月	1. 修改完善安保工作专项方案。 2. 落实倒计时一周年系列活动的安全保卫工作。
2008 年 10 月	1. 做好倒计时一周年系列活动的安保工作。 2. 制定本部门 2009 年度的财务预算。 3. 制定本部门需要公安部及省有关部门解决的问题清单。
2008 年 11 月	1. 审核上报本部门的 2009 年度经费预算报告。
2008 年 12 月	1. 上报本部门需要公安部及省有关部门解决的问题清单。 2. 经人事部批准，抽调补充人员到位。 3. 总结 2008 年的工作，制定 2009 年工作计划。
2009 年 1 月	1. 绘制各类安保用图，制作安保工作多媒体。 2. 熟悉竞赛总规程及单项比赛场地，开始拟定安保工作分类方案。 3. 将 2009 年工作进度表规定的各项工作任务分解落实到人。 4. 补充抽调人员全部到岗并进行培训。

(续表)

时间	主要工作
2009 年 2 月	1. 会同相关部门拟定各类证件制作发放方案。 2. 拟定火炬传递活动安保方案。 3. 组织勘察群先代表参观路线和接待驻地、比赛场馆交通路线。 4. 勘察各场馆、宾馆停车场，核定车辆停放数量和位置。
2009 年 3 月	1. 检查各赛区比赛场馆治安和消防安全工作。 2. 检查各接待单位的治安与消防安全工作。 3. 拟定火炬手安全背景审查方案。 4. 拟定大型群众体育活动、精品项目展示活动安保方案。 5. 拟定观看开闭幕式注意事项、来宾须知、观众进场退场广播词、紧急疏散广播词、驻地规范要求、驻地民警规范要求及执勤民警规范要求等材料。 6. 组织开展承办城市交通秩序大整治。 7. 会同交通保障部制作奥体中心周围道路及停车示意图。 8. 正式上报各类安保工作分项方案。 9. 做好安保指挥中心系统建设。 10. 组织对安全器材、设备的采购和订货。
2009 年 4 月	1. 召开专题会议，研究部署社会治安治理工作。 2. 拟定开幕式文艺表演联排安保方案。 3. 组织对安检人员培训。
2009 年 5 月	1. 拟定重点项目（场次）及活动现场安保方案。 2. 开展各赛区城市交通秩序大整顿。 3. 上报开幕式文艺表演联排安保方案。 4. 制定倒计时 100 天活动的安保方案并报批。 5. 做好全运会测试赛、先期决赛安全保障工作，结合比赛演练安保工作。 6. 与各赛区城市相关部门实现工作对接，做好安保的协调工作。

（续表）

时间	主要工作
2009 年 6 月	1. 开展以除隐患、保安全为重点的百日专项整治行动，全力做好维护社会稳定和处置突发事件各项防控工作。 2. 审定第十一届全运会保卫工作方案及突发事件应急预案。 （1）第十一届全运会赛场、驻地、活动安全保卫、消防、突发安全事故处置方案。 （2）第十一届全运会社会治安管理和巡逻防控方案。 （3）第十一届全运会车辆安全检查方案。 （4）第十一届全运会警卫工作方案。 3. 会同行政接待部对比赛场馆、驻地进行治安、消防安全检查、对安保人员进行安全教育和培训。 4. 会同行政接待部组织各接待单位工作人员、服务人员逃生演练。 5. 按照开幕式、闭幕式、群先会、招待酒会及其他重大活动安全保卫工作方案的要求，组成各专项安保小组。 6. 审定各类证件管理、制作及发放方案。 7. 做好全运会测试赛期间的安全保障工作，结合比赛演练安保工作。 8. 落实倒计时 100 天活动的安全保卫工作。 9. 做好开幕式文艺表演联排的安全保卫工作。 10. 拟定“奥体中心落成典礼暨庆全运五十周年，迎十一运”大型文艺晚会安保方案。 11. 做好上半年工作总结。
2009 年 7 月	1. 组委会工作车辆、工作车证开始投入使用。 2. 检查各赛区安保工作。 3. 会同行政接待部对场馆驻地进行治安、消防安全检查。 4. 做好开幕式文艺表演联排的安全保卫工作。 5. 做好倒计时 100 天活动期间的安全保卫工作　。 6. 参加各代表团联络员会议，汇报全运会安全保障工作的筹备情况。 7. 筹备召开“第十一届全运会安全保卫工作会议”，全面部署举办期安保工作。

(续表)

时间	主要工作
2009 年 8 月	1. 开始制作各类车证及组委会人员证件，按照先期决赛项目需求，开始制作先期决赛车辆、人员证件。 2. 会同交通运输部对使用车辆进行安全检查，对驾驶人员进行安全教育和技能培训。 3. 组织召开第十一届全运会安全保卫工作会议，对举办期安保工作进行全面部署。 4. 组织对志愿者、场馆人员、保安人员、安检人员、交通运输人员及组委会工作人员进行证件使用、安全检查、突发事件处置等内容的培训。 5. 会同行政接待部对各场馆和驻地进行治安、消防安全检查，并配合对场馆、驻地监控、通信、图像传输进行调试、试验。 6. 开展承办城市交通秩序大整顿。 7. 开展交通安全保卫工作协同演练。 8. 举行公安干警、武警官兵动员誓师大会，组织全省各赛场开展全运会安保工作大演练，全面检查实战能力。
2009 年 9 月 1—15 日	1. 结合开幕式文艺表演进入奥体中心实地联排，组织开幕式安保工作演习。 2. 做好火炬传递山东起跑仪式及各市火炬传递安保工作。 3. 做好全运会火炬汇聚仪式安保工作。 4. 按照各代表团报名信息，全面启动证件工作，制作各类人员证件。 5. 会同行政接待部对所有驻地宾馆、贵宾室、会议室开展治安、消防安全检查。 6. 做好开幕式文艺表演联排的安全保卫工作。 7. 为全运会先期决赛项目的比赛做好安保工作。
2009 年 9 月 16–25 日	1. 以全运会场馆、接待单位为重点区域，组织开展以防火、防爆炸、防破坏、防治安事故的安全大检查。 2. 做好开幕式文艺表演联排的安全保卫工作。? 3. 为先期决赛项目做好安保工作。 4. 会同中央警卫局、行政接待部等部门，确定开、闭幕式相关活动的最终安保方案，以及党和国家领导人接见群先代表的安保方案。 5. 审定迎接全运会的各代表团团长、港、澳、台来宾、特邀嘉宾的安全保卫工作方案。

(续表)

时间	主要工作
2009 年 9 月 26 日 -10 月 3 日	1. 结合开幕式文艺表演进奥体中心联排，组织开幕式安保工作演习。 2. 做好火炬传递山东起跑仪式及各市火炬传递安保工作。 3. 开展重要区域治安整治工作。 4. 制作各类人员证件。 5. 为先期决赛项目做好安保工作，结合比赛对安保工作进行演练。 6. 从 10 月 3 日起，本部领导参加“零点会议”，汇报当天工作完成情况，听取领导部署第二天的工作。
2009 年 10 月 4—10 日	1. 组织开幕式前安保工作最终检查与演练。 2. 10 月 10 日上午 8：00 起对奥体中心进行封闭并进行清场，同时做好搜排爆等安检工作。 3. 从 10 月 8 日启动“认证”工作机制，所有安保现场凭专用证件出入。 4. 陪同中央警卫局对开幕式及群先代表接见现场进行专项检查。 5. 全力做好开幕式彩排、预演的安保工作。 6. 做好火炬汇聚仪式安保工作。 7. 本部门领导参加“零点会议”全面汇报本部门的筹备工作情况，听取领导部署第二天的工作。
2009 年 10 月 11 日	1. 做好党和国家领导人及其他嘉宾出席开幕式的安保工作。 2. 做好党和国家领导人视察十一运会的安保工作。 3. 做好党和国家领导人接见群先代表的安保工作。 4. 做好全国群先代表参观群体设施的安保工作。 5. 会同有关部门，及时发布开闭幕期间交通及道路管制信息。 6. 做好各代表团赛前训练的安保工作。 7. 做好开幕式现场的安保工作。 8. 参加“零点会议”。

（续表）

时间	主要工作
2009年10月12日	1. 做好出席开幕式的党和国家领导人视察和欢送的安保工作。 2. 做好出席开幕式的国际奥委会、世界单项体育联合会领导、国际友人宴会的安保工作。 3. 做好出席开幕式的各国驻华使节招待宴会的安保工作。 4. 做好各项比赛的安保工作及驻地安保工作，做好社会层面控制工作。 5. 及时发布全运会举办期间交通及道路管制信息。 6. 做好各类重要嘉宾出席开幕式后离会的送机、送站安保工作。 7. 做好全国群先表彰大会和群先代表参观的安保工作。 8. 参加“零点会议”。
2009年10月13日	1. 及时发布全运会举办期间交通及道路管制信息。 2. 做好各项比赛及驻地安保工作。 3. 做好国家体育总局、中央各部委领导和海外嘉宾、特邀嘉宾参观主要景区的安保工作。 4. 做好各类重要嘉宾离会送机、送站安保工作。 5. 参加“零点会议”。
2009年10月14日	1. 及时发布全运会举办期间交通及道路管制信息。 2. 做好各项比赛及驻地安保工作。 3. 做好各类重要嘉宾观看比赛与参观考察的安保工作。 4. 做好各类重要嘉宾离会返程送机、送站安保工作。 5. 参加“零点会议”。

(续表)

时间	主要工作
2009 年 10 月 15 日	1. 及时发布全运会举办期间交通及道路管制信息。 2. 做好各项比赛及驻地安保工作。 3. 做好各类重要嘉宾观看比赛与参观考察的安保工作。 4. 做好各类重要嘉宾离会返程送机、送站安保工作。 5. 参加“零点会议”。
2009 年 10 月 16 日	1. 做好各类重要嘉宾观看比赛与参观考察的安保工作。 2. 做好各类重要嘉宾离会返程送机、送站安保工作。 3. 及时发布全运会举办期间交通及道路管制信息。 4. 做好各项比赛及驻地安保工作。 5. 参加“零点会议”。
2009 年 10 月 17 日	1. 做好各类重要嘉宾观看比赛与参观考察的安保工作。 2. 做好各类重要嘉宾离会返程送机、送站安保工作。 3. 及时发布全运会举办期间交通及道路管制信息。 4. 做好各项比赛及驻地安保工作。 5. 参加“零点会议”。
2009 年 10 月 18 日	1. 做好各类重要嘉宾观看比赛与参观考察的安保工作。 2. 及时发布交通及道路管制信息。 3. 做好各项比赛的安保工作及驻地安保工作。 4. 召开闭幕式安保工作专项协调会议，全面部署闭幕式安保工作。 5. 本部领导参加“零点会议”，报告当天工作完成情况，听取领导部署第二天的工作。

(续表)

时间	主要工作
2009 年 10 月 19 日	1. 做好各类重要嘉宾观看比赛与参观考察的安保工作。 2. 及时发布交通及道路管制信息。 3. 做好各项比赛的安保工作及驻地安保工作。 4. 本部领导参加“零点会议”，报告当天工作完成情况，听取领导部署第二天的工作。
2009 年 10 月 20 日	1. 做好各类重要嘉宾观看比赛、参观考察和返程的安保工作。 2. 做好各项比赛的安保工作及驻地安保工作。 3. 完成闭幕式现场安保工作实施方案。 4. 本部领导参加“零点会议”，报告当天工作完成情况，听取领导部署第二天的工作。
2009 年 10 月 21 日	1. 做好各类重要嘉宾观看比赛、参观考察及返程的安保工作。 2. 做好各项比赛的安保工作及驻地安保工作。 3. 结合闭幕式彩排，做好突发事件预演与安保工作演练。 4. 做好国家领导人出席闭幕式活动准备工作。 5. 本部领导参加“零点会议”，报告当天工作完成情况，听取领导部署第二天的工作。
2009 年 10 月 22 日	1. 做好各类重要嘉宾观看比赛、参观考察及返程的安保工作。 2. 做好出席闭幕式嘉宾安保工作。 3. 做好各项比赛的安保工作及驻地安保工作。 4. 结合闭幕式预演，做好安保工作演练。 5. 本部领导参加“零点会议”，报告当天工作完成情况，听取领导部署第二天的工作。

（续表）

时间	主要工作
2009 年 10 月 23 日	1. 做好各类重要嘉宾观看比赛、参观考察及返程的安保工作。 2. 及时发布全运会闭幕期间交通及道路管制信息。 3. 做好各项比赛的安保工作及驻地安保工作。 4. 做好闭幕式的安保工作。 5. 本部领导参加“零点会议”，报告当天工作完成情况，听取领导部署第二天的工作。
2009 年 10 月 24–31 日	1. 做好欢送出席闭幕式的党和国家领导人的安保工作。 2. 做好参加闭幕式各位嘉宾离会返程的安保工作。 3. 指定专人撰写本部门工作总结报告。
2009 年 11 月	1. 组织本部门人员进行总结，做好人员鉴定、评比工作。 2. 上交档案资料、各类固定资产及办公用品。 3. 上报安全保卫部工作总结。 4. 到本部门工作人员所在单位向领导表示感谢，提交感谢信。

【案例】

关于第十一届全运会证件管理工作需协调解决的问题

安全保卫部

十一运赛事日益临近，为确保证件制作管理工作顺利进行，对各项赛事和活动提供可靠保障，急需组委会明确及协调解决的问题如下。

一、尽快确定证件信息注册管理系统技术方案

组委会确定由安保部负责证件注册信息工作后，我们立即组织人员研发了证件信息注册管理系统，目前系统开发基本完成，可上线测试运行。按照职责分工，信息技术部负责网络技术支持。经积极协调对接，信息技术部向组委会提交了《关于组委会注册制证中心技术实现方案》，方案中提出两套技术方案，一是注册信息集中录入方式，即招募100名注册信息录入人员和信息审核人员，集中在一个封闭的工作环境里完成对所有信息的录入审核；二是服务器托管的注册信息互联网提交方式，即分散在各地的注册信息录入人员，通过互联网将信息提交到架设在中国联通济南核心数据机房的注册服务器上，安保部通过互联网下载数据进行审核，并通过租用的SDH专线，在中国联通济南核心数据机房部署镜像服务器，用于备份和查询。对信息技术部提交的两套技术方案，我部组织有关人员进行了认真研究、反复论证，按照既保证系统安全又最大限度节约投资的原则，我们拟在第二套技术方案基础上进行修改调整，即将该方案从互联网移植到公安专网上运行，具体实施方案如下。

按照职责分工，各参赛代表团、运动员、教练员、裁判员等人员信息注册工作由信息技术部负责。其他赛会注册人员的注册工作由我部负责，将利用现有的公安网络环境，由各赛区安保部

门牵头负责信息采集、汇总及报送工作。即：在各赛区公安部门设立证件信息注册工作站点，赛区各部门采集人员基本信息后，统一到公安部门集中注册，通过公安专网传至安保部制证中心，经审核无误后，作为正式注册信息，存入制证中心数据服务器。

该方案充分利用公安部门现有的网络环境和人员优势，既减少了资金投入，也无需招募大量专业录入人员，信息采集和录入方式相对灵活机动，且数据传输在公安专网上进行，安全系数较高。该方案的不足之处是安保部和各赛区公安部门工作压力加大，同时也存在一定的安全风险。鉴于目前制证工作时间紧、任务重的实际情况，请组委会尽快研究审定注册技术方案。

二、提请组委会协调解决的问题

（一）增加人员编制。

（二）增加设备购置、软件开发等经费。

（三）配置工作用车。

第十六节　医疗卫生保障工作实务

体育赛事的医疗卫生保障工作是在赛事的运作管理过程中，以提供安全、卫生的赛事环境为目标，开展有关食品卫生监督、医疗救护、疾病控制、医疗保健等方面工作的集合。医疗卫生保障工作是体育赛事综合保障体系的重要组成部分之一，是赛事顺利举办的重要保证。

一、筹备阶段医疗卫生保障工作的主要内容

（一）医疗救护

医疗救护主要包括院前急救与院内救治工作的有机结合。医

疗救护工作的主要地点为赛事开闭幕式及其他相关重大活动现场、比赛和训练场馆、接待对象的驻地宾馆等。此外，赛事筹备阶段前应事先选择并确定符合要求的医院负责院内救治工作。对于开闭幕式及其他相关重大活动现场的医疗救护，要事前掌握活动的全面情况，包括时间、地点、人员数量、进出通道等，在活动现场适当位置设置急救医疗站，标志必须醒目易见，现场需配置医疗救护资源，保证足够数量的救护车和医务人员。在比赛和训练场馆设立医务室，根据比赛日程和比赛项目的具体情况，配备医疗救护资源。在驻地宾馆根据实际情况设置医务室或者派驻医务组，实行 24 小时值班制。定点医院要委派固定的联络员，要做好充分的人员、物资、设施和设备的医疗救护准备工作。

（二）卫生督查与食品卫生监督

卫生督查工作要求保证所有赛事相关人员的饮食、住宿及赛事公共场所的安全卫生，至少需要制定《赛事食品卫生方案》《赛事饮用水卫生方案》《赛事公共场所卫生方案》，依据工作计划和方案开展卫生督查工作。协同赛事接待部门，与负责向赛事提供餐饮、住宿服务的饭店、宾馆、食品饮料商等签订卫生管理责任书，并对提供餐饮、住宿服务的人员进行卫生知识培训。食品卫生事故在体育赛事中已多次发生，要引以为戒。

（三）病预防控制

主要包括赛前和比赛期间的传染病预防控制工作。需要制定《赛事传染病预防控制方案》《赛事除害防病方案》《赛事期间宾馆、饭店发生食物中毒、传染病和饮水污染事故应急处理预案》等工作方案。在赛前要与举办地政府或者社区的政府部门做好辖区范围内的环境综合整治工作，加强赛事举办地的传染病疫情的常规监测工作，做好传染病诊断、预防及消毒除害用药品和器械的储备工作。

（四）医疗保健

赛事需要向部分接待对象（主要是赛事的贵宾及运动员）提供医疗保健服务，旨在通过良好的医疗保健服务进行有效的公关、商务交流及外交活动。提供医疗保健服务的保健医生要求具备精湛的医术、强烈的责任感及一定的沟通水平。在定点医院设立的医疗保健点，在条件许可的情况下，应提供绿色通道服务。

（五）突发事件应急准备

一是制定预案。医疗卫生部研究制定突发事件的应急预案，明确突发事件应急处理的组织指挥体系、部门和单位职责、物资供应和人员安排、应急措施和实施步骤等。预案考虑要尽量周全，做到全面系统、有备无患。二是做好应急准备。体育赛事所涉及的各级卫生行政部门、疾病预防控制机构、定点医院都要根据预案的要求，做好突发事件的应急准备工作。疾病预防控制机构要做好队伍、检验检测设施等各项准备工作。各定点医院要组建 1 支由专家组成的应急医疗救治队伍，随时处于备战状态；要确定 1 个病区，做好腾空病床的准备，以应对突发事件抢救大规模伤病员的需要。三是沉着应对。一旦发生突发事件，要按照预案的规定，及时上报情况，启动应急预案，沉着调度指挥，有效组织防控和救治，把损失和影响降至最低限度。此外，还要制定方案并做好女子项目参赛运动员的性别检查工作。

二、组织机构

体育赛事运作管理机构根据赛事需要，通常设立医疗卫生保障部部门、处室或者专职，负责向赛事提供医疗保障服务。大型体育赛事常专设医疗卫生保障部，内按职能可分为医疗救护处、卫生监督处、疾病控制处、医疗保健处等。医疗卫生保障工作需配备具有医务专业知识、经验丰富的工作人员，包括医疗救护人员、卫生监督人员、疾病防控人员等。

三、 医疗卫生保障工作示意图

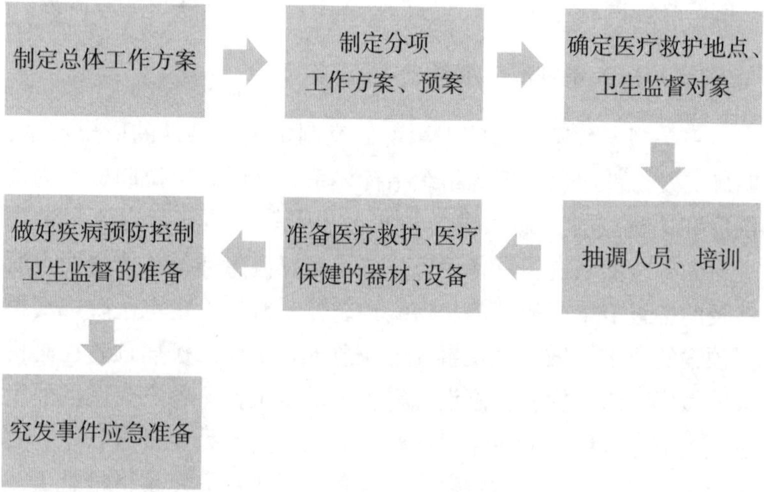

相关链接：

第十一届全运会组委会筹备阶段分管医疗卫生保障工作领导层面工作计划表

时间	主要工作
2008 年 7 月	1. 学习组委会工作进度表，拟出本部门细化的工作进度表，将各项工作分解落实到人。 2. 编写本部门至全运会开幕前各项主要工作方案。 3. 总结上半年工作，制定下半年工作计划。
2008 年 8 月	1. 开始筹备倒计时一周年系列活动医疗卫生保障工作。
2008 年 9 月	1. 落实倒计时一周年系列活动医疗保障工作。
2008 年 10 月	1. 负责做好倒计时一周年系列活动的医疗救护、卫生监督及保健工作。 2. 制定本部门 2009 年度的财务预算。 3. 制定本部门需要卫生部、药监局解决的问题清单。
2008 年 11 月	1. 审核上报本部门的 2009 年度经费预算报告。
2008 年 12 月	1. 上报本部门需要卫生厅、药监局及省有关部门解决的问题清单。 2. 对指定接待单位进行第一次大检查，提出整改意见，与行政部协调并落实。 3. 经人事部批准，抽调补充人员到位。 4. 总结 2008 年的工作，制定 2009 年工作计划。
2009 年 1 月	1. 组织对各接待点、宾馆、娱乐场所及各赛场公共场所卫生、食品安全巡回监督检查。 2. 拟定相关卫生防疫及食品卫生工作标准，并与行政接待部搞好对接协调。 3. 补充抽调人员全部到岗并进行培训。 4. 熟悉有关部室工作方案及要求，开始拟定医疗卫生工作分类方案。 5. 将 2009 年工作进度表规定的各项工作任务分解落实到人。
2009 年 2 月	1. 协调相关部室，拟定开闭幕式排练至演出期间，各类参演人员的医疗卫生保障工作方案。 2. 拟定开幕式医疗卫生保障方案。 3. 拟定测试赛的医疗卫生保障方案。

(续表)

时间	主要工作
2009 年 3 月	1. 拟制医疗卫生各类预案。 2. 协调财务部，明确各类来宾在全运会期间医药费开支办法。 3. 完善开幕式医疗保障方案。 4. 上报测试赛医疗卫生保障方案。 5. 提出全运会各医疗点需配置的医疗、急救设备清单，形成方案并报批。
2009 年 4 月	1. 上报开闭幕式文艺表演联排医疗保障方案。 2. 参与生产基地、运输仓储、采购等工作环节中的食品卫生监督工作。
2009 年 5 月	1. 审定全运会医疗卫生部的有关工作方案 (1) 第十一届全运会医疗救护实施方案； (2) 第十一届全运会医疗保健实施方案； (3) 第十一届全运会卫生监督实施方案； (4) 第十一届全运会传染病控制实施方案； (5) 第十一届全运会食品卫生保障方案； (6) 第十一届全运会医护人员配置方案； (7) 第十一届全运会指定医院目录； (8) 第十一届全运会病媒生物防治技术方案； (9) 第十一届全运会医疗费用结算方案。 2. 会同行政接待部汇总各接待单位、餐饮单位卫生监督员。 3. 制定倒计时 100 天活动的医疗卫生保障方案。 4. 与各赛区城市实现工作对接，做好全运会医疗保障、卫生防疫、疾病控制、食品安全工作的协调工作。 5. 全面启动先期决赛项目卫生监督及医疗保障。 6. 检查各接待单位环境卫生、食品卫生与二次供水卫生状况。

(续表)

时间	主要工作
2009 年 6 月	1. 组织各承办城市卫生监督员培训工作。 2. 完成指定医疗机构工作，并签订相关协议。 3. 拟定并报批《第十一届全运会参会人员医疗管理办法》。 4. 筹备召开“第十一届全运会医疗卫生、疾病控制、食品卫生监督工作会议”。 5. 做好开幕式文艺表演联排的医疗救护、卫生监督工作。 6. 做好上半年工作总结。
2009 年 7 月	1. 组织召开“第十一届全运会医疗卫生、疾病控制、食品卫生监督工作会议”，全面部署工作。 2. 会同行政接待部检查接待宾馆卫生防疫工作。 3. 审查各接待单位饮食菜谱、供货渠道及与供货单位签订的食品卫生责任状。 4. 各接待单位、宾馆、娱乐场所、各赛场（区）上报卫生应急预案并组织检查。 5. 做好开幕式文艺表演联排的医疗救护、卫生监督及保健工作。 6. 做好倒计时 100 天活动的医疗救助工作，并就开幕式医疗保障工作进行演练。 7. 参加各代表团联络员会议，汇报全运会医疗卫生保障工作的筹备情况。 8. 会同行政接待部做好食品、副食品生产、供应等环节的卫生监督工作。
2009 年 8 月	1. 做好火炬传递活动的医疗服务保障工作。 2. 组织突发公共卫生事件应急演练。 3. 成立急救中心，建立急救工作流程，组织急救人员培训。 4. 加强日常卫生巡回检查力度，规范接待单位、宾馆、娱乐场所、各赛场（区）的卫生管理。 5. 做好开幕式文艺表演联排的医疗救护、卫生监督及保健工作。 6. 落实现场及驻会医疗卫生工作人员的住宿、就餐、交通等后勤服务工作。

（续表）

时间	主要工作
2009 年 9 月 1—15 日	1. 组织召开“第十一届全运会医疗救护工作会议”。 2. 组织对各接待宾馆食品进行例行抽检。 3. 组织做好先期决赛项目的医疗卫生保障工作。 4. 对承办城市尤其是接待单位周边的食品卫生全面整治。 5. 会同行政接待部对各接待单位的卫生情况进行最后一轮监督检查，全部完成整改工作。 6. 完成接待单位的主副食品、酒水饮料抽检监测。 7. 指定医疗机构开展全员培训并组织演练。 8. 全面部署流行病、突发病控制工作。 9. 完成闭幕式现场医疗保障工作方案并报批。
2009 年 9 月 16–25 日	1. 抽查公共环境卫生及餐饮卫生。 2. 开展训练、比赛场所“四害”密度监测工作。 3. 做好开幕式文艺表演联排的医疗救护、卫生监督工作。 4. 为先期决赛项目做好医疗救护、卫生监督工作。 5. 与场馆部协调，落实开幕式现场医疗点选址、布点工作，落实医疗点的组成人员及工作程序。
2009 年 9 月 26 日 –10 月 3 日	1. 检查各接待单位公共场所卫生、食品卫生与供水工作。 2. 向各接待站（点）单位派驻卫生监督员和医护人员。 3. 做好开幕式文艺表演联排的医疗救护、卫生监督工作。 4. 为先期决赛项目的比赛做好医疗救护、卫生监督工作。 5. 从 10 月 3 日起，本部领导参加“零点会议”，汇报当天工作完成情况，听取领导部署第二天的工作。
2009 年 10 月 4—10 日	1. 检查各接待单位公共场所卫生、食品卫生与供水工作。 2. 向各接待站（点）单位派驻卫生监督员和医护人员。 3. 做好开幕式文艺表演联排的医疗救护、卫生监督及保健工作。 4. 做好先期决赛项目比赛的医疗救护、卫生监督及保健工作。 5. 本部门领导参加“零点会议”全面汇报本部门的筹备工作情况，听取领导部署第二天的工作。

第十七节　志愿者服务工作实务

志愿者是指自愿贡献个人时间和精力，在不计物质报酬的前提下，为推动人类发展、社会进步和社会福利事业而提供服务的人员。志愿服务是公众参与社会生活的一种重要方式。广义上，体育赛事志愿者是指在体育赛事全过程中以自愿为原则，以志愿服务为基本形式，在赛事运作管理体系内，服务他人、服务社会、服务赛事的人员。从赛事运作管理的层面上而言，赛事志愿者应指由赛事运作管理机构直接或者委托招募，需要明确身份，制作相关证件，赛事期间承担相应岗位职责，在赛事运作管理机构指定的时间和岗位上工作，接受赛事管理机构的统一管理，义务为赛事服务。良好的志愿者服务对于体育赛事的成功举办具有至关重要的作用。

一、筹备阶段志愿者服务工作的主要内容

（一）制定志愿者招募计划

制定周详的志愿者招募计划既是对志愿者服务体育赛事良好意愿的尊重，也是招募到合适的赛事工作人员的保证，而拖拉松散或脱离实际需求的招募计划不仅会浪费志愿者和赛事运作管理机构的时间与精力，更可能破坏赛事在志愿者心目中的良好形象。

制定志愿者招募计划首先要明确所需志愿者的数量。对于数量的估计，有两种最经常采用的方法，其一是依据体育赛事过去的经验数据和通行惯例，其二是由运作管理机构的组成部门提供各自所需志愿者人数。使用第一种方法要注意赛事内外部环境变化对志愿者需求数量的影响，使用第二种方法则需要制定有关约

束政策以避免各部门夸大志愿者需求数量，将这两种方法结合起来使用将获得更为准确的志愿者需求数量。需要明确的是，志愿者数量并不是一个需要一次性确定的数字，在赛事运作的启动阶段就确定整个赛事运作所需的志愿者数量不一定就是明智的行为，分阶段确定所需志愿者数量更有利于对志愿者的管理和激励。

确定了志愿者招募数量之后，需要进行结构性的划分，即确定专业志愿者和非专业志愿者数量。非专业志愿者一般只要求遵守国家法律法规，热心公益事业，具有基本的体育赛事常识，符合赛事运作管理者对于志愿者所申请岗位的时间需求等；专业志愿者则要求志愿者具备一定的专业技术与专业技能。

结构性划分的下一步是要对志愿者作出具体岗位要求及明确不同岗位应配置的具体数量。不仅需要对专业志愿者详细地规定和准确地描述所需技能、技巧、资格等要求，对于非专业志愿者也需要列明性格、语言等与志愿工作直接相关的因素。近年来，很多体育赛事根据工作岗位的不同将志愿者分为赛会志愿者和城市志愿者两类。赛会志愿者主要是在比赛场馆、大型活动现场、组委会办公区域、宾馆驻地等地点提供服务；城市志愿者主要是在城市的主要交通干道、十字路口、站牌等地点提供服务。

在明确了所需志愿者的数量、结构及要求后，还需要对如何才能快速、有效地获取这些志愿者作出计划。要解决从哪里招募、何时招募的问题。志愿者的传统来源通常是高校，因为大学生年纪轻、精力充沛、学习能力强、业余时间相对充足，的确是志愿者的良好人选。但学校并不是唯一的来源，通常赛事运作管理机构也会面向社会人群进行招募。

（二）志愿者招募宣传

为了招募到最适合及足够数量的志愿者，志愿者工作部在实施招募计划前，需要对赛事进行宣传，简而言之，要使赛事对于前者的志愿者人选富有吸引力。对志愿者招募的宣传，也起到了宣传赛事的作用。通常情况下，志愿者工作部对以下几个方面进行强调有利于志愿者的招募：可以成为一个精彩赛事筹办的亲身参与者；可以拥有与来自其他城市、地区或国家的人交流的机会；可以学习到自身所欠缺的技能，获得宝贵经验；可以为自己所在的城市做出贡献，体现个人价值。对体育赛事的宣传应被定位为与潜在志愿者人选的信息沟通过程，使他们充分了解到赛事的相关信息，了解参与赛事的价值所在，激发他们参与赛事的愿望。另外，在体育赛事的举办阶段和收尾阶段，通常也会针对志愿者服务的全过程、工作情况等组织对志愿者的宣传活动。

（三）志愿者培训

培训是为了使工作人员获得从事一项工作所必须的专业技能，或者改进自己已有的工作技能，改进行为方式，提高工作绩效。志愿者所具备的与赛事相关的知识与技能相对于受薪工作人员而言要薄弱，因此，对志愿者的培训是必不可少的。

根据不同的培训需求与培训内容可将志愿者培训分为三类：基础培训、专业培训和岗位培训。基础培训的主要内容是介绍赛事基本知识，志愿者的权利与义务，志愿者基本礼仪规范，应对紧急情况等方面的知识，培养志愿者的大局意识、服务意识、形象意识和责任意识。基础培训可以采用讲座的形式，辅之以《志愿者手册》等书面材料，通常由负责人事的部门或者志愿者工作部进行统筹规划。专业培训的主要内容是根据服务岗位的具体要求，培训志愿者相关的专业知识和技能。专业培训以面授为主，通常由各部室对本部门的志愿者实施。岗位培训的主要内容是介绍岗位的基本情况、工作任务、业务流程和工作场地的相关情况、紧急情况的处理措施和志愿者团队管理等方面的内容。岗位培训可采用的方式有面授、角色扮演等，通常由各部室组织实施。

（四）志愿者调配

由组委会志愿者工作部建立志愿者调配的总体方案，实现志愿者与岗位的紧密对接，同时也应制定预案，来控制志愿者服务现场可能出现的各种情况。志愿者工作部应与各部门建立和谐的沟通机制，确保志愿者的调配工作能够顺利、充分地进行。

志愿者工作部和各相关部室按照“按需、分级、就近”原则对志愿者进行调配。各部室如需志愿者，应填写志愿者工作部制作的统一的《志愿者需求登记表》，提交反馈给志愿者工作部，志愿者工作部按照用人部门和任用岗位的实际需求来确定实际调配志愿者的名单及人数。志愿者提供服务的类型主要包括：礼仪接待、预演翻译、环境整治、观众指引、导游导购、场馆服务、会务服务、人员联络、资料查询、应急服务等。

（五）志愿者的保障工作

做好志愿者的服务保障工作是志愿者为赛事提供服务的基础和前提。志愿者的保障工作指的是赛事运作管理机构为志愿者工作提供就餐、交通、证件、服装等一系列服务的集合。应由志愿者工作部牵头，协调办公室、行政接待部、安全保卫部、市场开发部等相关部室落实志愿者的就餐、交通、证件、服装等问题。通常情况下，就餐由志愿者提供服务所在的部室负责协调、安排。交通工具由行政接待部统一派车，通常为大巴，负责举行期间志愿者的接送。证件由安全保卫部统一设计、制作。服装供应有两种途径，一种是组委会采购，一种是市场开发。目前，体育赛事运作管理机构采用较多的且较好的方式为后一种，由市场开发部负责。

二、组织机构

组委会通常单独设立志愿者工作部来负责志愿者的招募、培训、分配和管理工作。志愿者工作部开展各项工作也需要组委会其他部门提供支持与服务，如开闭幕式的站点设置，需要通过与组委会各部门之间、部门上下级之间相互协调、不断沟通来完成。

三、志愿者服务工作示意图

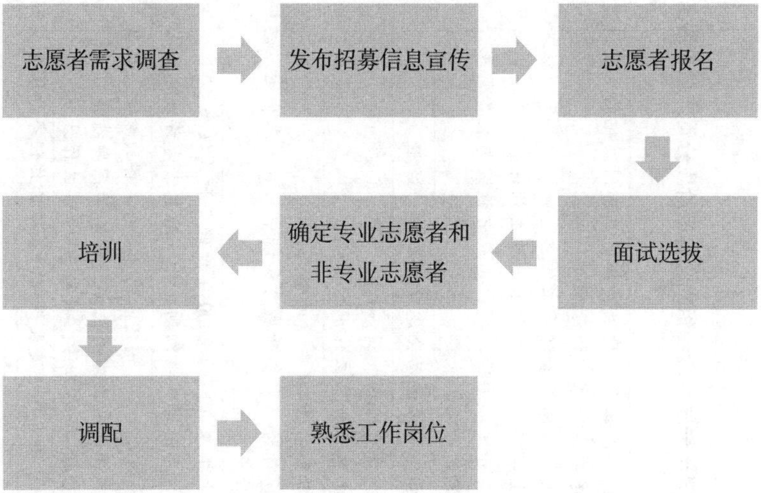

相关链接一：

第十一届全运会组委会筹备阶段分管志愿者服务工作领导层面工作计划表

时间	主要工作
2008 年 7 月	1. 学习组委会工作进度表，拟出本部门细化的工作进度表，将各项工作分解落实到人。 2. 开展志愿者招募宣传活动。 3. 部署大学生志愿者招募工作。 4. 总结上半年工作，制定下半年工作计划。 5. 与市场开发部沟通，提出志愿者服装与装备需求。 6. 编制志愿者培训大纲。
2008 年 8 月	1. 总结各地举办运动会志愿者工作的经验。
2008 年 9 月	1. 编制志愿者培训教材。 2. 召开志愿者招募工作调度会议。
2008 年 10 月	1. 制定本部门 2009 年度的财务预算。 2. 结合倒计时一周年开展“和谐中国 o 志愿全运”志愿者活动。 3. 组织骨干志愿者培训。
2008 年 11 月	1. 审核上报本部门的 2009 年度经费预算报告。 2. 制定《志愿者管理细则》和《志愿者考评表彰办法》。
2008 年 12 月	1. 协调市场开发部，确定志愿者各种装备的数量、种类、款式、材质、规格等需求，并做好市场开发工作。 2. 上报本部门需要省有关部门解决的问题清单。 3. 总结 2008 年的工作，制定 2009 年工作计划。
2009 年 1 月	1. 将 2009 年工作进度表规定的各项工作任务分解落实到人。

(续表)

时间	主要工作
2009 年 2 月	1. 组织开展“和谐中国·志愿全运”各项主题活动。 2. 发放《志愿者需求情况统计表》，细化各部室志愿者需求信息。
2009 年 3 月	1. 继续开展“和谐中国·志愿全运”各项主题活动。 2. 与大型活动部协商，拟定开幕式志愿服务方案。 3. 协助新闻宣传部做好开幕式的社会宣传工作。 4. 拟定组织测试赛志愿者服务方案。 5. 完成志愿者招募选拔工作，发放录用通知书。
2009 年 4 月	1. 继续推进“和谐中国　志愿全运”各项主题活动。 2. 拟定开幕式志愿者服务方案。 3. 启动先期决赛项目的志愿者服务工作。 4. 制作志愿者服装。
2009 年 5 月	1. 完成志愿者骨干培训工作，完成定岗定员及有关部室工作对接。 2. 举行全运会志愿者服务总队成立暨授旗仪式，全面启动全运会志愿者服务工作。 3. 为测试赛、先期决赛提供志愿者服务保障，结合比赛演练志愿者服务。 4. 与各赛区城市实现工作对接，做好赛事承办城市志愿者管理的协调工作。 5. 编写《第十一届全运会志愿者服务手册》。 6. 做好开幕式文艺表演联排志愿者服务工作。
2009 年 6 月	1. 确定志愿者数量、工作流程及志愿者名单。 2. 进一步做好专业技术服务志愿者强化训练工作。 3. 筹备全运会志愿者誓师大会。 4. 印发《第十一届全运会志愿者服务手册》。 5. 制作志愿者证件。

(续表)

时间	主要工作
2009年6月	6. 编发《十一运会志愿者工作简讯》。 7. 开展志愿者岗位培训。 8. 做好上半年工作总结。
2009年7月	1. 组织召开第十一届全运会志愿者誓师大会。 2. 各专业技术志愿者在各部室、大型活动会议等岗位进行模拟培训。 3. 为倒计时100天活动做好志愿者服务工作 。 4. 参加各代表团联络员会议，汇报志愿者服务筹备情况。 5. 继续做好开幕式文艺表演联排志愿者服务工作。 6. 编发《十一运会志愿者工作简讯》。 7. 参加各代表团联络员会议，通报有关工作。
2009年8月	1. 检查志愿者各类装备使用情况。 2. 总结倒计时100天志愿者服务工作，适当调整全运会举办期志愿者服务工作计划。 3. 做好火炬传递活动的志愿者服务工作。 4. 编发《十一运会志愿者工作简讯》。
2009年9月 1—15日	1. 发放志愿者装备。 2. 继续组织开展“志愿全运·和谐全运”主题活动。 3. 组建完成志愿者候补梯队。 4. 对志愿者到岗情况进行全面检查，了解志愿者服务情况。 5. 为先期决赛项目比赛做好志愿者服务工作。 6. 做好火炬传递活动的志愿者服务工作。 7. 协调好开幕式从彩排、预演直到正式开幕式志愿者服务工作流程。 8. 协调好各类来宾接机、接站及现场志愿者服务流程。 9. 编发《十一运会志愿者工作简讯》。

（续表）

时间	主要工作
2009 年 9 月 16–25 日	1. 组织志愿者为先期决赛项目比赛做好服务。 2. 确定开、闭幕式相关志愿者服务的方案。 3. 做好火炬传递活动的志愿者服务工作。 4. 召开志愿者干部工作会议，建立联络、信息、后勤保障、突发事件处置机制。 5. 编发《十一运会志愿者工作简讯》。
2009 年 9 月 26 日 –10 月 3 日	1. 组织志愿者全面到岗到位开展服务。 2. 建立起志愿者部总值班制度，值班人员 24 小时开通电话。 3. 做好火炬汇聚仪式和开幕式彩排、预演的志愿者服务工作。 4. 编发《第十一届全运会志愿者工作简讯》。 5. 本部门领导参加“零点会议”全面汇报本部门的筹备工作情况，听取领导部署第二天的工作。
2009 年 10 月 4—10 日	1. 组织志愿者全面到岗到位开展服务。 2. 建立起志愿者部总值班制度，值班人员 24 小时开通电话。 3. 做好火炬汇聚仪式和开幕式彩排、预演的志愿者服务工作。 4. 编发《第十一届全运会志愿者工作简讯》。 5. 本部门领导参加“零点会议”全面汇报本部门的筹备工作情况，听取领导部署第二天的工作。

相关链接二：

第十一届全运会济南赛区志愿者工作督查情况汇报

(2009年5月30日)

按照组委会的部署，5月27日，志愿者工作部由一名副部长带队、一名处长参加，到济南赛区督查志愿者工作。现将督查情况汇报如下。

去年以来，济南赛区围绕全市“建美丽泉城 迎和谐全运”主题，以提升理念、壮大队伍、培育品牌、提高层次为目标，组织广大志愿者扎实推进了全运会志愿服务筹备工作。

一、前期筹备工作情况

(一) 健全体制，集全市之力做好全运会志愿服务工作。今年1月8日，十一运会济南赛区组委会志愿者工作部正式成立，济南团市委牵头负责，迅速成立了由书记任组长，副书记任副组长、部门负责人任成员的全运会志愿者工作领导小组，设立志工部专职副部长，只分管志愿者工作，全力以赴履行职责。同时，根据组委会要求和志工部工作职责，通过机关抽调、系统抽调、组委会人事部选调三条途径调配的24名专职工作人员也全部到位，目前，志工部下设综合处、招募调配处、文明观众组织处、全运村志愿者处四个内设处室，按照各自职能，对人员做了分配，并定岗定责，确保工作任务落实。

(二) 学习借鉴先进经验，不断完善工作方案和工作制度。2008年3月，他们组织全市各级志愿服务组织工作骨干，带着“如何做好第十一届全运会志愿服务工作”的课题，先后到南京、武汉、广州等城市进行调研，学习当地志愿者服务大型赛会的先进经验。9月，又赴北京、青岛考察学习了奥运会、奥帆赛志愿者工作经验。在充分调研的基础上，结合本市实际，制定了《第十一届全运会济南市志愿者工作总体实施方案》，明确了赛会、城市和社会志愿者的工作内容和管理模式，确定了主题活动的实施办法和全运会志愿者宣传工作方案。今年，志工部成立以后，又陆续建立健全了督查、信息报送、简报编发、档案管理等各项工作制度，配备专门工作人员，各基层志愿服务组织和内设处室确定联络员，形成工作网络，确保及时准确掌握信息，有效指导调度工作。

(三) 广泛动员，做好志愿者招募和培训工作。一是调查摸底。从2008年3月起，济南赛区志工部通过印发统计表、上门调研、现场勘察等方式，对赛会可能涉及的各类大型公共场所的志愿者需求情况进行调查摸底，对城市志愿者和社会志愿者岗位设定和需求总量进行了初步预算。二是广泛动员。根据《各赛区十一运会志愿者招募名额分配方案》要求，济南赛区需招募9000名城市志愿者和10万名社会志愿者。一方面，通过城市志愿者文明服务岗活动，发放倡议书、宣传手册，加大新闻宣传，面向社会广泛招募志愿者；另一方面，通过组织途径下发了《关于做好第十一届全运会济南市志愿者工作的通知》，要求全市各级先进青年集体和青年典型,积极参加志愿服务活动，在全社会营造人人关注全运会、个个争当志愿者的氛围。目前，9000名城市志愿者已经全部招募确认完毕，济南赛区志愿者已接受报名16.8万人。三是明确责任。陆续召开了共青团系统动员大会和十一运会济南赛区志愿者工作部署会，下发了指导性文件，并对城市志愿者和社会志愿者的服务站点和志愿者招募名额分配进行了详细部署。使各县（市）区、各行业、各直属志愿服务组织明确了工作任务和职责，确定了阶段性工作目标。四是加强培训。制定了《第十一届全运会志愿者通用培训教材编写提纲》与《济南赛区志愿者培训材料提纲》，在借鉴北京、青岛等地志愿者培训教材的基础上，结合组委会志工部编写的教材内容，以“省市互为补充、突出济南特色”的原则，完成了全运会济南赛区志愿者培训教材；下发了《第十一届全运会济南赛区志愿者总体培训规划》等系列指导性文件，组建了由14位专家组成的十一运会济南赛区志愿者培训师团队，成立了由济南市青少年宫等单位组成的志愿者培训基地，并分别举办了三期骨干培训班，完成了对全市1000余名志愿者骨干培训。目前，各招募单位、各岗（站）已经开始对志愿者展开全面的培训工作，同时，赛区组委会志工部与市委组织部远程教育中心合作录制志愿者培训相关课程，为志愿者培训提供更便捷、全面的培训平台。

(四) 依托服务项目和主题活动，营造“志愿全运”的社会氛围。按照《第十一届全运会济南市志愿者工作总体实施方案》的计划，去年开始，部分服务项目和主题活动已经进入试点和实施阶段。先后启动了“拥抱全运 志愿济南”济南市城市志愿者文明服务岗活动，初步确定了100个城市文明服务岗点，制定了《济南赛区城市志愿者文明服务岗对接方案》，在组委会志工部的协调下，召开了县（市）区与省属高校对接工作会议，落实并确定了每个岗点的负责县（市）区和对接高校。开展了“全运文明旗帜在传递”“拥抱全运 志愿济南”“志愿服务活动宣传周”、全运“文明风尚圈”等活动。目前还正在面向全市开展文明拉拉队文明用语、口号、手势的征集活动和志愿者服装设计大赛。

（五）全面配合，做好竞委会工作。4 月 19 日，第一个单项竞委会—体操竞委会正式成立。共有十二个单项竞委会要成立。志工部在每个单项竞委会中都分别承担了具体工作任务。为了顺利圆满完成好各单项竞委会工作任务，在保证志工部原有力量的基础上，在团市委系统抽调人员全面参与各单项竞委会工作，确保集全团之力做好赛事服务工作。目前，已顺利完成在体操竞委会中承担的 300 名赛会志愿者的服务工作。网球、举重、田径等竞委会也已经先后成立，目前在奥体中心集中办公，完成了工作方案、工作推荐表及岗位对接，整体工作正在全面筹备中。

（六）做好测试赛期间城市志愿者和社会志愿者服务工作。5 月 13 日，第十一届全运会体操预赛暨 2009 年全国体操锦标赛开幕仪式在新落成的济南奥体中心体育馆举行。志工部根据济南赛区城市、社会志愿者所担负的任务提前谋划，根据赛程安排，组织部分城市、社会志愿者在奥体中心场馆周边、主要交通道路开展交通维护、信息咨询、应急服务、环境保护等服务，进行了20 个城市志愿者岗点和社会志愿者站点的试运行工作。通过岗、站点试运行工作的开展，使志愿者进一步明确了服务对象、服务内容等职责任务，为下一步全运会济南赛区志愿者的全面上岗提供了宝贵经验，奠定了坚实基础。体操锦标赛结束后，对 100 个城市志愿者文明服务岗的位置适时进行了调整。

二、发现的问题

1. 经费不足。

2. 志愿者保障未落实。

三、对济南工作的建议

（一）加大工作力度，落实经费保障。这是目前制约济南赛区志愿者工作正常推进的最大瓶颈。特别是测试赛，具体工作都在赛区组委会，应当高度重视，加紧落实。

（二）加强协调，确保赛时服务。济南赛区实行竞委会管理模式，涉及部门、领域多，协调难度大。应当做好提前与服务场馆对接工作，通过实地模拟演练，不断总结积累实战经验。继续学习借鉴北京奥运会、青岛奥帆赛志愿服务工作的宝贵经验，不断修正和改进工作措施和手段，以保证赛时发挥最高水平，出色完成志愿服务工作任务。

（三）加强培训，全面提升素质。不断丰富培训内容，增加各领域培训师，多层次、大范围地开展志愿服务理念、服务技能、岗位规范等不同层面的培训，以全员培训为目标，全方位提升全运会志愿者的素质，确保服务效果。

（四）加大宣传，营造浓厚氛围。要争取社会各界的广泛参与和大力支持，采取多种方式进行全方位宣传，大力宣传志愿服务理念，深入宣传志愿服务成效，营造更加浓厚的舆论氛围，让更多的人感受志愿精神，参与志愿服务。同时挖掘和培养工作中涌现出来的优秀志愿者组织和个人典型，采取多种途径，利用各种载体进行宣传，在全市各级志愿者组织和广大志愿者中起到示范带动作用，使志愿精神深入人心，使“志愿全运”“志愿济南”的口号响彻泉城。

第十八节　综合保障工作实务

体育赛事按工作性质划分，主要是分为以下三类：保证性工作、竞赛与活动组织工作以及保障性工作。体育赛事的竞赛与大型活动是体育赛事的中心工作，为了确保中心工作目标的实现，为了确保体育赛事的顺利举行，需要赛事承办地的相关部门为体育赛事提供全面的保障，必须构建完整的保障工作体系。体育赛事的综合保障工作是实现赛事目标的基础。综合保障工作主要包括供水、供电、供气、供热、气象保障以及通讯保障（接待服务、安全保卫、医疗卫生保障、信息系统保障、志愿者服务等也属于体育赛事的综合保障工作，本书单列章节阐述）。

一、筹备阶段综合保障工作的主要内容

（一）供水、供电保障的筹备

体育赛事的供水、供电保障工作是指赛事运作管理机构组织和协调供水、供电单位，对比赛场馆、人员驻地、办公场所及赛事相关重大活动场所的供水、供电设备进行更新、改造和维护，并对供水、供电运作进行调度和调试，保障赛事期间的用水、用电安全及供水、供电的充足稳定，以保证赛事的顺利进行。

体育赛事供水供电保障工作的两大目标是保证赛事的水电供应和用水用电安全。为达到这两大目标，筹备阶段供水供电保障部门的工作内容具体如下。

1. 统筹、监控水力、电力工程的新建、改造和维护

无论是新建场馆、驻地，还是对原有场馆、驻地的维修造，都会涉及水力、电力工程的建设，包括新建、改造和维护等。供水供电保障部门应对赛事相关区域水力、电力工程建设进行指导、检查，确保符合水电供应和安全用水用电的要求，了解水力、电力工程建设进度，保证工程的完成时间，并预留出足够的试运行时间。

2. 制定赛事筹备与举行期间的供电方案

在赛事筹备过程中，向赛事各用水用电部门提供连续、稳定、充足的水、电供应；在赛事举行期间，保证赛事各用水用电区域的水、电供应，保证开闭幕式、各项竞赛和其他重大活动的顺利进行。

（二）供气、供热保障的筹备

供气、供热保障主要是指为体育赛事的场馆、接待宾馆等区域提供燃气、暖气等的服务保障。在赛事筹备阶段，要积极组织

供热供气安全专项检查。对供热供气热源气源、管网和设备检修，对供热供气的重点部位、薄弱环节认真检查检修，确保设备安全稳定运行。实行24小时值班制，确保信息的准确及时。

（三）气象保障的筹备

体育赛事的气象保障工作是指通过对赛事举办地历史气象数据的分析，对赛事举办期间进行天气预测，向赛事主办单位建议合适的赛事日期，同时为竞赛和相关活动提供气象服务。对于大型综合性赛事而言，可在适当的条件下通过科技手段，对天气进行人工影响，以保证赛事重大活动如开幕式的顺利进行。体育赛事气象保障工作的主要目标，一是向赛事各项比赛及相关活动提供及时、准确的气息预报服务；二是帮助选择赛事重大活动的举行时间，并尽可能保障重要活动和比赛当天没有降水。

气象保障工作的主要内容如下。

1. 做好气象服务准备

做好举办阶段向竞赛及赛事相关活动提供气象实况信息、天气预报报警、现场天气预报报警、环境气象监测等气象服务的准备工作。

2. 做好天气保障准备

准确预测倒计时系列活动、宣传活动、主题活动等重大活动当天天气，制定相应的应对计划和方案。有实际需要且条件允许的情况下，对人工消雨实施方案进行可行性论证，制定方案，培训人员，进行演练，为重大活动的天气进行保障。

（四）通讯保障

体育赛事的通讯保障工作是指赛事运作管理机构组织和协调邮政、电信、移动通信等邮电通讯服务商，为赛事比赛场馆、宾馆驻地及周边地区提供通讯服务，保持赛事相关人员内外部沟通的渠道顺畅，保证赛事的顺利举行。体育赛事通讯保障工作的主要目标是满足参加、参与赛事的人员工作及私人方面的通讯要求，提供及时、优质的市内通话、国内外长途通话及信件包裹递送服务。

体育赛事通讯保障工作的主要内容如下。

1. 通讯设备的保护

在赛事筹备阶段通讯设备的保护，主要是在场馆建设改造及水电工程中，防止因施工损坏通讯电缆的问题。

2. 通讯容量的保障

在移动、电信服务商的配合下，调查评估赛事通讯容量，尤其是峰值容量。根据容量需要制定通讯保障方案，必要时设置基站或安装信号发射器，保障赛事及相关重要活动的通讯畅通。

3. 通讯服务网点的设置

根据赛事对固定电信、邮政服务及邮品的需要，在场馆、宾馆驻地及周边地区设置服务网点，提供市内电话、长途电话、纪念邮品发售及信件包裹邮寄等服务。

二、组织机构

体育赛事运作管理机构根据赛事需要，设立供水、供电、供气、供热、气象保障以及通讯保障部门、处室或者专职人员，负责协调、检查、督促供水、供电、供气、供热、气象保障以及通讯保障工作。大型体育赛事常专设供水、供电、供气、供热、气象保障以及通讯保障部门，有些赛事则只设一个综合保障部，内部分设各个职能处，来负责这些保障工作。由于这些工作的技术性强，具体工作通常由举办地相关职能部门的人员承担，而赛事运作管理机构内设的各职能部门或是综合保障部，主要负责对这些工作的统筹管理和监督。承担具体保障工作的人员必须熟悉和掌握供水、供电、供气、供热、气象保障以及通讯保障设备运行及维护等知识，并具备突发事件的处理能力。

三、综合保障工作示意图

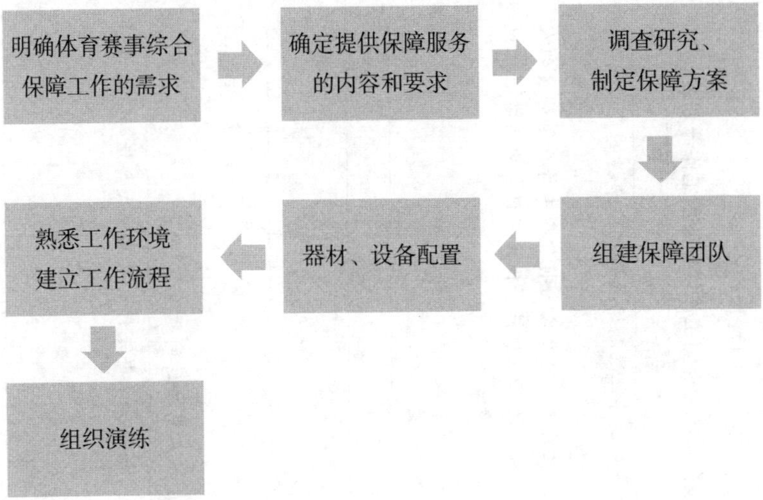

相关链接一：

第十一届全运会组委会筹备阶段分管电力保障工作领导层面工作计划表

时间	主要工作
2008 年 7 月	1. 检查各比赛场馆、各主要接待宾馆的供电设备配置和运转情况，掌握满负荷状态下用电量及最大供电负荷情况。 2. 学习组委会工作进度表，拟出本部门细化的工作进度表，将各项工作分解落实到人。 3. 编制相关场馆、主要接待宾馆电力需求状况的汇报材料，提出保证供电可靠性建议和措施。 4. 编写本部门至全运会开幕前各项主要工作方案。 5. 总结上半年工作，制定下半年工作计划。 6. 拟定倒计时一周年系列活动电力保障工作方案。
2008 年 8 月	1. 做好倒计时一周年系列活动电力保障工作安排。
2008 年 9 月	1. 全面实施倒计时一周年系列活动的电力保障工作。 2. 协调相关部门，拟定专项电力保障工作方案。
2008 年 10 月	1. 做好倒计时一周年系列活动电力保障工作。 2. 制定本部门 2009 年度的财务预算。 3. 制定本部门需要国家电网、省电力集团协调解决的问题清单。
2008 年 11 月	1. 上报全运会主要场馆、开闭幕式、中央领导接见群先代表及其他大型活动、主要会议电力保障工作方案。 2. 检查奥体中心场馆设施建设的供电系统情况。 3. 审核上报本部门的 2009 年度经费预算报告。

（续表）

时间	主要工作
2008年12月	1. 检查各主要场馆设施建设的供电系统情况。 2. 经人事部批准，抽调补充人员到位。 3. 上报本部门需要国家电网、省电力集团解决的问题清单。 4. 总结2008年的工作，制定2009年工作计划。
2009年1月	1. 将2009年工作进度表规定的各项工作任务分解落实到人。 2. 熟悉各部室工作方案，开始拟定电力保障工作总体及分类方案。 3. 补充抽调人员全部到岗并进行培训。
2009年2月	1. 按批准的预算，拟定采购电力设备方案。
2009年3月	1. 拟定开闭幕式、群先会、招待酒会安全供电方案。 2. 拟定各类安全供电的保障预案。 3. 对各接待宾馆、主要会议场所安全用电进行检查。
2009年4月	1. 检查各比赛场馆、代表团、运动队驻地和相关场所的电力设备，提出整改方案并落实。 2. 上报开闭幕式等大型活动、主要会议安全供电专项方案。 3. 采购电力保障的必要设备。 4. 检查新闻中心及有关重点场馆的电力工程、设备调试等建设。

（续表）

时间	主要工作
2009 年 5 月	1. 检查各宾馆的电力设备。 2. 拟定开闭幕式、大型活动、主要会议电力保障应急预案。 3. 制定倒计时 100 天活动的电力保障工作方案并报批。 4. 保障全运会测试赛的电力供应，结合比赛测试场馆供电安全情况。 5. 与各赛区城市电力保障部门实现工作对接，做好全运会电力保障的协调工作。
2009 年 6 月	1. 结合全运会电力需求，检查举办城市的电力设备和供电状况。 2. 上报开闭幕式等大型活动、主要会议电力保障应急方案。 3. 保障测试赛的电力供应，结合比赛测试场馆供电安全情况。 4. 保障开幕式文艺表演联排的电力供应。 5. 制定倒计时 100 天活动的电力保障工作方案，并报批。 6. 做好上半年工作总结。
2009 年 7 月	1. 检查各场馆的电力保障设备和电源情况。 2. 为倒计时 100 天活动及建国 60 周年活动迎接全运会主题活动提供电力保障 。 3. 参加各代表团联络员会议，汇报全运会电力保障工作的筹备情况。 4. 保障开幕式文艺表演联排的电力供应。
2009 年 8 月	1. 再次对各接待宾馆、大型活动、主要会议场所的电力系统进行检查。 2. 保证开幕式文艺表演联排的电力供应。 3. 完成采购部分电力设备，做好安装、调试工作。

(续表)

时间	主要工作
2009 年 9 月 1—15 日	1. 保障开幕式文艺表演联排的电力供应。 2. 保障先期决赛项目在比赛期间的电力供应，结合比赛测试场馆满负荷供电能力。
2009 年 9 月 16—25 日	1. 对奥体中心的电力服务系统深入检查。 2. 对新闻中心的电力服务系统进行专项检查。 3. 保证开幕式文艺表演联排的电力供应。 4. 确定开闭幕式、国家领导人接见群先代表、全国群先表彰大会等大型活动、重要会议电力保障方案。 5. 保障先期决赛项目在比赛期间的电力供应。
2009 年 9 月 26 日—10 月 3 日	1. 保证开幕式文艺表演现场联排的电力供应。 2. 保障先期决赛项目在比赛期间的电力供应。 3. 从 10 月 3 日起，本部领导参加的“零点会议”，报告当天工作完成情况，听取领导部署第二天的工作。
2009 年 10 月 4—10 日	1. 组建完成全运会“供电抢修中心”，落实 24 小时值班制度。 2. 全面检查测试新建场馆电力设施及操作情况。 3. 预演结束后对主会场的电力设施进行全面检查。 4. 督促电力设备供应商的专业技术人员现场值班。 5. 应急发电设备到达指定位置并调试完毕。 6. 本部门领导参加“零点会议”全面汇报本部门的筹备工作情况，听取领导部署第二天的工作。

相关链接二：

第十一届全运会组委会筹备阶段分管气象保障工作领导层面工作计划表

时间	主要工作
2008 年 7 月	1. 学习组委会工作进度表，拟出本部们细化的工作安排表，将各项工作分解落实到人。 2. 编写本部门至全运会开幕前各项主要工作方案。 3. 总结上半年工作，制定下半年工作计划。 4. 落实气象探测设备采购与维修计划。 5. 与竞赛部、大型活动部沟通，了解气象保障工作需求。 6. 修改完善气象保障工作方案并报批。 7. 拟定并上报倒计时一周年活动的气象保障方案。
2008 年 8 月	1. 实地考察青岛奥帆赛气象保障服务工作。 2. 做好倒计时一周年系列活动的气象预报工作。 3. 完成采购或检修气象要素探测设备，开始组织安装调试。
2008 年 9 月	1. 做好全运会倒计时一周年气象保障服务，做到活动期间日报告与周报告工作。 2. 根据历史天气资料，分析 10 月 1–23 日影响济南的天气环流背景、主要降水天气系统的降水特点，针对不同天气系统和降水云系制定人影作业技术方案。 3. 安装气象要素探测设备，并进行调适、试运行。
2008 年 10 月	1. 做好倒计时一周年相关活动气象预报工作。 2. 修订“全运会气象预报工作程序”和“全运会气象发布程序”，报批后执行。 3. 对气象探测设备进行试运行，落实管理制度、责任人。
2008 年 11 月	1. 审核上报本部门的 2009 年度经费预算报告。
2008 年 12 月	1. 上报本部门需要省政府、气象局等相关部门解决的问题清单。 2. 经人事部批准，抽调补充人员到位。 3. 总结 2008 年的工作，制定 2009 年工作计划。

（续表）

时间	主要工作
2009 年 1 月	1. 将 2009 年工作进度表规定的各项工作任务分解落实到人。 2. 补充抽调人员全部到岗并进行培训。 3. 确定专家技术组、综合保障组、飞机作业组和火箭作业组人员组成名单。
2009 年 2 月	1. 邀请国内人影专家对人影作业技术方案进行可行性论证，进一步完善技术方案。 2. 建立以保障大型活动为主的技术保障系统。
2009 年 3 月	1. 拟定全运会举办期气象预报内容、方式和频次方案。 2. 拟定灾害性天气应对预案。
2009 年 4 月	1. 拟定测试赛、先期决赛、开闭幕式、正式比赛、主题活动等大型活动气象保障工作方案。 2. 与气象保障技术服务单位进行沟通，形成工作对接。 3. 召开人影服务领导小组会议。
2009 年 5 月	1. 上报测试赛、先期决赛、开闭幕式、正式比赛、主题活动等大型活动气象保障工作方案。 2. 确定气象保障技术服务单位并签订责任书。 3. 全面启动全运会先期决赛项目的气象保障工作。
2009 年 6 月	1. 开展相关技术培训和演练，检修各项技术设备，完善各项组织工作流程。 2. 拟出“第十一届全运会气象报告程序”“第十一届全运会气象报告发布方式”并报批。 3. 拟定“灾害性天气应急预案”并报批。 4. 做好开幕式文艺表演联排的气象保障工作。 5. 做好上半年工作总结。
2009 年 7 月	1. 开展相关技术培训和演练，检修各项技术设备，完善各项组织工作流程。 2. 重点做好倒计时 100 天系列活动，即 7 月 10–20 日期间的气象分析报告，及时报告。 3. 按照批准的“灾害性天气应对预案”，组织演练。 4. 做好开幕式文艺表演联排的气象保障工作。 5. 做好全运会火炬传递活动的气象报告。

（续表）

时间	主要工作
2009年8月	1. 开展相关技术培训和演练，检修各项技术设备，完善各项组织工作流程。 2. 落实所有气象报告发布设备与发布途径。 3. 即时向组委会报告未来气象情况。 4. 做好开幕式文艺表演联排工作的气象保障工作。 5. 跟踪做好火炬传递活动有关气象保障服务，重点做好省内传递沿途区域的服务保障工作。
2009年9月1—15日	1. 检查气象探测和相关设备。 2. 开始向组委会提供全面的、系统的气象报告。要求如下。 （1）9月1-30日每周一报。 （2）10月1-26日每日一报，同时每天更新一周的气象形势分析报告。
2009年9月16—25日	1. 及时为开幕式排练、火炬传递活动提供气象报告。 2. 向组委会领导专项汇报10月份天气总体情况，并提出对策建议，完善气象保障技术方案。
2009年9月26日—10月3日	1. 再次提交10月份天气形势分析报告，尤其是10月11日天气形势分析报告，并提出对策建议。 2. 及时为开幕式联排、彩排、预演提供天气形势预报。 3. 从10月3日起,本部领导参加的“零点会议”,报告当天工作完成情况,听取领导部署第二天的工作。
2009年10月4—10日	1. 及时提供10月8、9、10、11日气象报告。 2. 本部门领导参加“零点会议”全面汇报本部门的筹备工作情况，听取领导部署第二天的工作。

第十九节 党务与纪检监察、审计工作实务

体育赛事是重大的社会活动，涉及社会的各个层面，大型综合性体育赛事往往是承办地党委和政府阶段性的中心工作，要确保体育赛事的圆满成功，结合中国的国情，必须在党和政府的统一领导下，做好各项筹备组织工作。大型综合性体育赛事的组委会通常会成立党务工作部门，党务工作是围绕着确保体育赛事成功举办，发挥党组织的先锋作用和加强党务工作管理而实施的管理活动。纪检监察、审计工作是体育赛事为维护行政纪律，加强廉政建设和党员的管理，改善行政管理，提高行政效能，促进各部门及其工作人员依法行政，从而保障各项工作健康有序地进行而开展的重要工作。

一、筹备阶段党务与纪检监察、审计工作的主要内容

（一）党务工作

体育赛事党务工作的主要依据：体育赛事的党务工作是中国体育赛事运作管理中的一种特殊现象，在中国共产党的领导下组织体育赛事运作特别是大型综合性运动会的运作是中国特色，因此在体育赛事运作实务中，体育赛事的党务工作也是党组织工作的一部分，在实际工作中，要严格按照《中国共产党党章》《党员廉政守则》《党内监督条例》等的要求，如涉及干部任免，必须严格按照《党政干部任免条例》的规定执行。

在大型综合性体育赛事组委会内部，通过采用建立党委或临时党委或者在组委会下设党务工作部门等形式，体现党组织对大型综合性体育赛事党员和党组织的管理。而单项赛事一般不专门

设立党的组织。无论是大型综合性体育赛事还是单项体育赛事，都是在承办地党委的统筹领导下，通过政府或政府相关职能部门采用直接或者间接的方式实施管理的。

在体育赛事党务工作中，主要是做好党员的教育工作、党组织活动工作、在组委会担任领导职务的党员干部的管理工作、党员的考核、奖惩工作以及人事任免工作。

（二）纪检监察工作

纪检监察工作是指对体育赛事的主办单位、承办单位、各代表团等成员单位和全体工作人员遵守赛会纪律的情况进行监督、检查，并对违纪组织及其成员执行处罚。纪检监察工作主要包括：建立健全组委会监察工作组织网络，形成贯穿体育赛事全过程的廉政监察体系；加强对体育赛事工作人员遵纪守法、廉洁自律的宣传教育；督促组委会有关部门、各竞委会抓好各项比赛的赛风赛纪，并有计划有重点地进行赛场现场检查、监督；做好来信来访接待、案件调查工作；研究提出对体育赛事工作人员违反法律、法规和违纪行为的处理意见和建议。

在大型体育赛事运作的实务中，是按照党组织的相关规定，对在组委会工作的党员进行监督、教育，并按照党员的实际表现给予相应的奖惩。由举办地党委纪律检查部门派出工作人员进驻组委会，在组委会党委与举办地党委的双重领导下开展工作。单项体育赛事一般不设纪检部门。如发生违纪行为则由举办地党委纪律检查部门直接介入。

大型综合性体育赛事的监察工作主要是由举办地政府监察部门派驻组委会履行对组委会工作人员进行监督，同时履行对“赛风赛纪”的监督工作。单项体育赛事通常不设单独的监察部门，而是通过组委会办公室履行工作督办职责来实现，如有工作人员违法违纪行为，则由举办地政府监察部门直接介入。

（三）审计工作

审计工作是指对体育赛事各部门、场馆的财政、财务收支及其他经济活动的真实性、合法性和效益性进行检查和评价的独立性经济督察、评价、鉴证活动。体育赛事审计工作的依据是《中华人民共和国审计法》，大型综合性体育赛事通常都设立专门的审计部门，按照相关法律、法规以及组委会的相关规定，对组委会的各项经济活动进行审计，包括组委会经费开支、场馆建设与维修改造、国有资产管理情况、政府采购与招投标工作以及市场开发等方面的工作。

审计主要包括两部分内容。一是场馆建设审计。通过听取体育赛事场馆项目建设情况介绍，查阅相关建设文件、财务报表等资料，调查了解场馆项目建设的实际进展情况。主要对以下内容进行调查：项目立项审批情况；项目工程预算的编制、调整情况；项目建设资金到位情况及资金管理与使用情况；项目内部控制制度的设置及执行情况；相关工程形象进度和计量支付情况，并要提交项目批准建设文件、设计文件、历次调整概算文件；项目招投标资料，工程承包合同及结算资料，建设单位自行采购设备、材料的合同、清单及出入库资料，重大设计变更资料；单项工程交工验收报告及相关资料；自项目建设之日起的工程进度报表和财务报表，年度决赛报表以及其他会计材料等。一般会按照“驻点审计，跟进式审计”方法，及时审计审结，分阶段、分项目提出专项审计报告。二是财务审计。主要包括：审计部门对筹备阶段的政策性集资、社会集资以及财务收支、财产分配和各项经济活动进行审计监督，并向组委会报告；根据体育赛事各部室职责任务和工作进展情况，对经费支出预算和用款计划进行财务预算审计；对体育赛事签订合同书、协议书的程序和执行情况进行审计，防止有失体育赛事礼仪、造成损失浪费及其他违反财经法规行为的发生；对举办期的重要经济活动进行随机检查或重点抽查。

二、组织机构

体育赛事筹备阶段，组委会通常会把党务工作合并到办公室或者与纪检监察、审计工作联合组成一个部，一般不单独成立一个独立的部门。组委会通常会单独成立纪检监察部，来负责体育赛事的纪检监察工作。审计工作通常与纪检监察工作合并组成纪检监察审计部。有的大型综合性体育赛事也会由主办单位和承办单位共同、专门成立纪律检查委员会，与组委会同时成立，纪检监察审计部就是纪律检查委员会的具体办事机构，受组委会和纪律检查委员会的双重领导。

三、党务与纪检监察、审计工作示意图

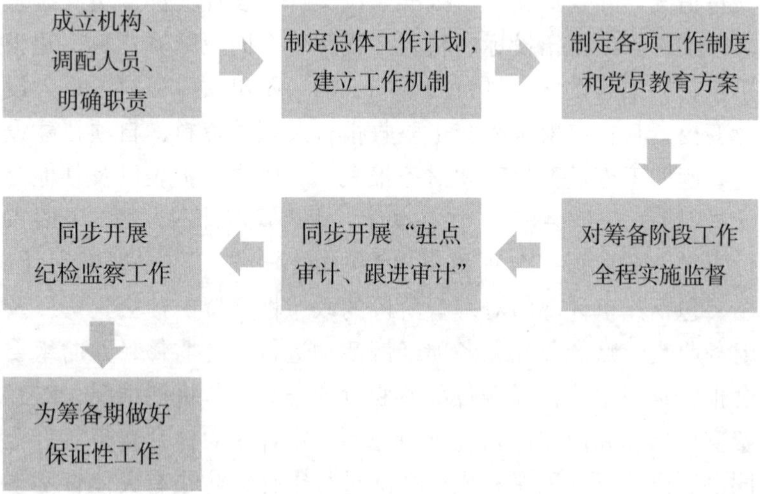

相关链接一：

第十一届全运会组委会分管监察审计工作领导层面工作计划表

时间	主要工作
2008年7月	1. 学习组委会工作进度表，拟出本部门细化的工作进度表，将各项工作分解落实到人。 2. 上报审批监察工作规定、工作人员廉洁自律守则、财务收支审计工作方案。 3. 继续对组委会财务部、市场开发部和资源开发公司第一阶段财务收支进行审计。 4. 制定印发组委会工作人员过失责任追究办法。 5. 总结上半年工作，制定下半年工作计划。 6. 组织召开组委会廉政建设工作会议。 7. 继续对组委会财务部、市场开发部和资源开发公司第一阶段财务收支进行审计并审计报告初稿。 8. 编写十一运会主要大型活动、重要事项和重大采购、招标项目等专项审计工作方案。
2008年8月	1. 对廉政建设工作会议的贯彻落实情况进行检查。 2. 组织人员到各赛区组委会检查监察审计工作。 3. 将财务部、市场开发部和资源开发公司第一阶段财务审计报告报组委会审批。 4. 报批主要大型活动、重要事项和重大采购、招标项目等专项审计工作方案。 5. 对组委会拨付举办城市的专项资金进行跟踪检查。
2008年9月	1. 组织开展廉洁勤政教育活动。 2. 召开座谈会，交流部室开展廉政建设工作情况。 3. 对主要大型活动、重要事项、重大采购、招标目标等适时开展审计，并形成审计报告。 4. 对组委会拨付举办城市的专项资金进行跟踪检查。

(续表)

时间	主要工作
2008 年 10 月	1. 制定本部门 2009 年度的财务预算。 2. 对主要大型活动、重要事项、重大采购、招标目标等适时开展审计，并形成审计报告。 3. 对组委会拨付举办城市的专项资金进行跟踪检查。
2008 年 11 月	1. 审核上报本部门的 2009 年度经费预算报告。 2. 组织对主要大型活动、重要事项、重大采购、招标目标等适时开展审计，并形成审计报告。 3. 对组委会拨付举办城市的专项资金进行跟踪检查。
2008 年 12 月	1. 经人事部批准，抽调补充人员到位。 2. 实施对组委会财务部、市场开发部和资源开发公司等第二阶段财务收支审计。 3. 组织对主要大型活动、重要事项、重大采购、招标目标等适时开展审计，并形成审计报告。 4. 对组委会拨付举办城市的专项资金进行跟踪检查。 5. 总结 2008 年的工作，制定 2009 年工作计划。
2009 年 1 月	1. 继续对财务部、市场开发部和资源开发公司第二阶段财务收支进行审计。 2. 组织对大型活动、重要事项、重大采购、招标目标等适时开展审计，并形成审计报告。 3. 对组委会拨付举办城市的专项资金进行跟踪检查。 4. 补充抽调人员全部到岗并进行培训。 5. 将 2009 年工作进度表规定的各项工作任务分解落实到人。

(续表)

时间	主要工作
2009 年 2 月	1. 完成对财务部、市场开发部和资源开发公司等第二阶段财务收支审计。 2. 组织对主要大型活动、重要事项、重大采购、招标目标等适时开展审计，并形成审计报告。 3. 对组委会拨付举办城市的专项资金进行跟踪检查。
2009 年 3 月	1. 做好工程招投标、大宗物资劳务采购的审计监察工作。 2. 上报 2008 年组委会财务部、市场开发部、资源开发公司等第二阶段审计报告。 3. 对组委会拨付举办城市的专项资金进行跟踪检查。
2009 年 4 月	1. 组织对主要大型活动、重要事项、重大采购、招标目标等适时开展审计，并形成审计报告。 2. 对组委会拨付举办城市的专项资金进行跟踪检查。
2009 年 5 月	1. 与各赛区城市就审计监察工作实现工作对接。 2. 制定倒计时 100 天活动审计、监察工作实施方案并报批。 3. 实施对财务部、市场开发部和资源开发公司等第三阶段财务收支审计。 4. 报批对组委会拨付各举办城市专项资金使用情况的审计方案。
2009 年 6 月	1. 部署召开廉洁自律民主生活会，督促各部、室开展党风廉政教育活动。 2. 继续实施对财务部、市场开发部和资源开发公司等第三阶段财务收支审计。 3. 组织实施对组委会拨付各举办城市的专项资金使用情况的审计。 4. 做好上半年工作总结。

(续表)

时间	主要工作
2009年7月	1. 继续实施对组委会财务部、市场开发部和资源开发公司等第三阶段财务收支审计，并形成审计报告初稿。 2. 组织对主要大型活动、重要事项、重大采购、招标目标等适时开展审计，并形成审计报告。 3. 组织实施对组委会拨付各举办城市的专项资金使用情况进行审计。
2009年8月	1. 开展重点项目、重大事项安排、重要活动落实情况的效能督察。 2. 将组委会财务部、市场开发部、资源开发公司等第三阶段审计报告，报组委会有关领导审批。 3. 继续实施对组委会拨付各举办城市的专项资金使用情况进行审计。
2009年9月1—15日	1. 组织对主要大型活动、重要事项、重大采购、招标目标等适时开展审计，并形成审计报告。 2. 继续组织实施对组委会拨付各举办城市的专项资金使用情况进行审计。
2009年9月16—25日	1. 组织对主要大型活动、重要事项、重大采购、招标目标等适时开展审计，并形成审计报告。 2. 继续组织实施对组委会拨付各举办城市的专项资金使用情况进行审计。
2009年9月26日—10月3日	1. 组织对主要大型活动、重要事项、重大采购、招标目标等适时开展审计，并形成审计报告。 2. 继续组织实施对组委会拨付各举办城市的专项资金使用情况进行审计。 3. 从10月3日起,本部领导参加的“零点会议”,报告当天工作完成情况,听取领导部署第二天的工作。
2009年10月4—10日	1. 继续对主要大型活动、重要事项、行政接待、礼品采购适时开展审计，并形成审计报告。 2. 本部门领导参加“零点会议”，汇报本部门筹备组织工作情况，听取领导部署第二天的工作。

（续表）

时间	主要工作
2009 年 10 月 11 日	1. 对主要大型活动、重要事项、行政接待、礼品采购适时开展审计。 2. 参加“零点会议”。
2009 年 10 月 12 日	1. 继续对主要大型活动、重要事项、行政接待、礼品采购适时开展审计。 2. 参加“零点会议”。
2009 年 10 月 13 日	1. 做好工程招投标、大宗物资劳务采购的审计监察工作。 2. 对主要大型活动、重要事项、行政接待、礼品采购适时开展审计。 3. 参加“零点会议”。
2009 年 10 月 14 日	1. 继续组织实施对组委会拨付各举办城市的专项资金使用情况进行审计。 2. 参加“零点会议”。
2009 年 10 月 15 日	1. 继续对主要大型活动、重要事项、行政接待、礼品采购适时开展审计。 2. 参加“零点会议”。
2009 年 10 月 16 日	1. 对主要大型活动、重要事项、行政接待、礼品采购适时开展审计。 2. 参加“零点会议”。
2009 年 10 月 17 日	1. 对主要大型活动、重要事项、行政接待、礼品采购适时开展审计。 2. 对组委会拨付各举办城市的专项资金使用情况进行审计。 3. 参加“零点会议”。

(续表)

时间	主要工作
2009年10月18日	1. 做好工程招投标、大宗物资劳务采购的审计监察工作。 2. 继续对主要大型活动、重要事项、行政接待、礼品采购适时开展审计，并形成审计报告。 3. 继续组织实施对组委会拨付各举办城市的专项资金使用情况进行审计。 4. 本部领导参加“零点会议”，报告当天工作完成情况，听取领导部署第二天的工作。
2009年10月19日	1. 做好工程招投标、大宗物资劳务采购的审计监察工作。 2. 继续对主要大型活动、重要事项、行政接待、礼品采购适时开展审计，并形成审计报告。 3. 继续组织实施对组委会拨付各举办城市的专项资金使用情况进行审计。 4. 本部领导参加“零点会议”，报告当天工作完成情况，听取领导部署第二天的工作。
2009年10月20日	1. 做好工程招投标、大宗物资劳务采购的审计监察工作。 2. 继续对主要大型活动、重要事项、行政接待、礼品采购适时开展审计，并形成审计报告。 3. 继续组织实施对组委会拨付各举办城市的专项资金使用情况进行审计。 4. 本部领导参加“零点会议”，报告当天工作完成情况，听取领导部署第二天的工作。
2009年10月21日	1. 做好工程招投标、大宗物资劳务采购的审计监察工作。 2. 继续对主要大型活动、重要事项、行政接待、礼品采购适时开展审计，并形成审计报告。 3. 继续组织实施对组委会拨付各举办城市的专项资金使用情况进行审计。 4. 本部领导参加“零点会议”，报告当天工作完成情况，听取领导部署第二天的工作。
2009年10月22日	1. 继续对主要大型活动、重要事项、行政接待、礼品采购适时开展审计，并形成审计报告。 2. 继续组织实施对组委会拨付各举办城市的专项资金使用情况进行审计。 3. 本部领导参加“零点会议”，报告当天工作完成情况，听取领导部署第二天的工作。

（续表）

时间	主要工作
2009年10月23日	1. 开始对闭幕式活动进行审计。 2. 继续对主要大型活动、重要事项、行政接待、礼品采购适时开展审计，并形成审计报告。 3. 继续组织实施对组委会拨付各举办城市的专项资金使用情况进行审计。 4. 本部领导参加“零点会议”，报告当天工作完成情况，听取领导部署第二天的工作。
2009年10月24—31日	1. 督促有关部门全面清理物资设备。 2. 对主要大型活动、重要事项、行政接待、礼品采购审计，并形成审计报告。 3. 继续组织实施对组委会拨付各举办城市的专项资金使用情况进行审计。 4. 指定专人撰写本部门工作总结报告。
2009年11月	1. 组织本部门人员进行总结，做好人员鉴定、评比工作。 2. 上报监察审计部工作总结。 3. 上交档案资料、各类固定资产及办公用品。 4. 到本部门工作人员所在单位向领导表示感谢，提交感谢信。 5. 完成大型活动、行政接待、礼品采购的财务工作进行专项审计报告初稿。 6. 完成对组委会拨付到各举办城市的专项资金审计报告初稿。 7. 完成第四阶段财务审计报告和专项资金审计报告。 8. 开展财务决算审计。 9. 全面完成所有审计报告，向省人大、省政府、组委会提交正式的审计报告。

相关链接二：

第十一届全运会组委会关于实行党风廉政建设责任制的规定

第一章　总则

第一条　为了加强第十一届全运会（以下简称“十一运”）组委会党风廉政建设，贯彻落实好“廉洁办全运”的指导思想，确保十一运筹办工作廉洁、高效、顺利进行，参照有关党风廉政建设责任制制度，制定本规定。

第二条　实行十一运组委会党风廉政建设责任制，要以科学发展观为统领，坚持“标本兼治，综合治理，惩防并举，注重预防”的方针，把党风廉政建设纳入组委会各级领导班子、领导干部目标管理，与十一运筹办工作紧密结合，一起部署，一起落实，一起考核。

第三条　实行十一运组委会党风廉政建设责任制，要坚持十一运组委会统一领导、党委办公室、监察审计部组织实施、部门各负其责、十一运组委会全体人员参与的领导体制和工作机制，做到职责明确、权责统一、严格考核、从严监督，谁主管谁负责，层层抓好落实。

第二章　责任内容

第四条　十闷围内的党风廉政建设全面负责，并承担以下领导责任。

（一）统一领导组委会和组委会各部室党风廉政建设和反腐败工作。贯彻落实中央反腐倡廉工作方针，抓好廉政教育和制度建设，积极开展监督检查，努力构建惩防体系。

（二）围绕圆满成功举办十一运这个总体目标，结合十一运筹备工作实际，定期召开会议，分析研究组委会在党风廉政建设工作方面存在的问题，提出工作计划并组织实施。

（三）组织党员干部学习党风廉政建设有关文件和规定，提高各级领导抓好党风廉政建设的自觉性，抓好组委会领导班子成员的廉洁自律。

（四）坚持干部选拔任用的有关规定，认真执行财务资产管理制度，严格规范对组委会人财物的管理。

（五）督促、帮助组委会领导班子成员抓好分管和联系部室的党风廉政建设工作。

（六）指导、协调各赛区组委会抓好党风廉政建设工作。

（七）重视和支持纪委、党委办公室和监察审计部门履行职责，开展工作。

第五条　十一运组委会执行主任、副主任、秘书长、常务秘书长、副秘书长对组委会履行职责和党风廉政建设负重要领导责任；由分管联系业务部室任务的领导班子成员对分管联系部室的党风廉政建设负直接领导责任。

第六条　各部门正职的领导责任范围和内容

（一）各部门正职领导为本部门党风廉政建设第一责任人，对本部门履行职责、廉政建设情况负总责。

（二）对本部门领导班子成员履行职责、廉洁自律情况负主要领导责任；对本部门工作人员履行职责、廉洁自律情况负直接领导责任。

（三）对部门执行法律法规和有关规章制度情况负重要领导责任。

（四）对本部门财务审批权限范围内的经费审批和使用的真实性、合规性和效益性负主要领导责任。

（五）严格按照有关规定和程序选拔使用干部和招聘工作人员，防止和纠正用人上的不正之风。

（六）带头廉洁自律，严格遵守各项党风廉政法规制度，管好班子，带好队伍。

第七条　各部门副职领导的责任范围和内容

（一）协助部门正职领导抓好本部门廉政建设工作，对分管处室及其工作人员履行职一律情况负重要领导责任。

（二）对分管工作中执行法律法规和有关规章制度情况负主要领导责任。

第八条　各支部书记的责任范围和内容

（一）负责在本支部贯彻落实民主集中制度和党风廉政建设的有关规定。

（二）负责协调监督本部门、本支部建立健全党风廉政建设方面的制度。

（三）负责加强教育，履行党内监督职责，对本支部党风廉政建设情况、工作人员廉洁自律情况进行监督、检查和考核。

第九条　各部门处室负责人的责任范围和内容

（一）处室正职对本处室执行法律法规和有关规章制度负主要领导责任；对本处室工作人员履行职责和廉洁自律情况负主要领导责任。

（二）处室副职协助正职抓好本处室党风廉政建设工作，并对所分管工作执行规定、制度、纪律情况负重要领导责任。

第三章　责任考核

第十条　实行党风廉政建设责任制报告制度。组委会各部室每半年向组委会党委报告一次本部门党风廉政建设责任制执行情况，并将有关内容列入年度总结或工作报告，及时上报。各部门领导干部应在民主生活会上和述职报告中，如实报告个人执行廉洁自律规定和制度情况。

第十一条　在十一运组委会统一领导下，组委会党委办公室、监察审计部具体负责对各部门党风廉政建设责任制情况进行考核。考核工作与干部的年度考核相结合，每年进行一次，必要时也可以专门组织考核。

第十二条　党风廉政建设责任制执行情况的考核结果，作为领导干部业绩评定、奖励惩处、选拔任用的重要依据。

第四章　责任追究

第十三条　对不履行或者不正确履行党风廉政建设责任制，造成下列情形之一的，应追究有关人员责任，视情节轻重，按照干部管理权限给予责任人批评教育、组织处理或纪律处分，触犯法律的，交由司法机关处理。

（一）对直接职责范围内发生重大案（事）件，致使国家财产和人民群众生命财产遭受重大损失或者造成恶劣影响的：

（二）对直接职责范围内发生的违规违纪现象不制止、不查处，或对上级领导机关交办的党风廉政建设责任范围内的事项拒不办理，或对严重违法违纪问题隐瞒不报、压制不查的：

（三）默认、授意、指使甚至强令下属人员违反财政、金融、审计、统计等法规，弄虚作假，欺骗上级的：

（四）违反《党政领导干部任用条例》，不执行组委会关于人事管理有关规定的：

（五）授意、纵容下属人员阻挠、干扰监督检查或案件查处的。

第十四条　实施责任追究，要实事求是，注意区分主要领导责任、重要领导责任和直接领导责任。

第五章　附则

（一）本规定自发布之日起生效，有效期至十一运会结束。

（二）本规定由十一运组委会监察审计部负责解释。

相关链接三：

第十一届全运会组委会廉政监察工作规定

（十一运组发〔2008〕15号）

为加强对第十一届全国运动会(以下简称十一运)各项工作的监督,促进十一运组委会的勤政廉政建设，保障十一运各项政策、法规和制度的贯彻落实,举办一届有特色、高水平的运动会,依据《中华人民共和国行政监察法》及有关法律、法规,制定本规定。

一、总则

第一条　十一运组委会廉政监察工作的指导思想是:以邓小平理论和“三个代表”重要思想为指导,深入贯彻落实科学发展观,在十一运组委会的领导下,按照“举省办全运、创新办全运、开放办全运、节俭办全运”的原则,积极贯彻预防为主、重在教育、落实责任、加强监督、依法监察的方针,做好十一运保驾护航工作。

第二条　十一运组委会监察审计部是十一运组委会负责廉政监察工作的职能部门，在十一运组委会和十一运纪律检查委员会领导下开展廉政监察工作,并对组委会负责。

第三条　十一运组委会廉政监察工作的范围和对象是十一运筹备和开闭幕期间,各部室、单位和全体工作人员,包括按规定聘用的各类临时人员。

第四条　十一运组委会廉政监察工作必须遵守以下工作原则:

紧紧围绕确保十一运精彩、热烈、节俭、圆满这个中心开展各项工作;

实行教育与惩处相结合,监督检查与改进工作相结合;

坚持实事求是,重事实,重证据,重调查研究;

廉政监察工作人员必须依法开展工作,认真履行职责,严格遵守各项工作制度,廉洁奉公,保守秘密。

第五条　十一运会廉政监察工作的任务

对本规定所指监察对象进行党风廉政建设教育。

对本规定所指对象在十一运期间,贯彻执行国家法律、法规和十一运组委会所制定的各项规定、制度、纪律的情况进行监督检查。

受理群众、单位对组委会及其工作人员违反国家法律法规或其他违法违纪行为的检举、控告，并组织核查、提出处理意见。

承办领导交办的其他任务。

廉政监察的重点是发生在十一运会期间的以权谋私、权钱交易、违法违纪案件和有令不行、有禁不止、或因严重官僚主义、不负责任造成的失职渎职案件。

第六条　在十一运组委会的领导下，监审部根据工作需要，按照规定的程序和制度开展各项监督检查工作，并对违法违纪案件或领导批办事项进行调查核实。相关部门和人员要积极搞好配合。

第七条　对违法违纪工作人员的处理，由组委会监察审计部门在查清事实的基础上提出处理意见，报组委会同意后，按照人事管辖权，提请有关部门给予处理。涉及运动员、教练员的，由大会组委会竞赛部依据有关规定进行处罚；对触犯刑律的，移送司法机关追究刑事责任。

对违反有关规定、制度、纪律的轻微违纪行为，可以向大会组委会或各部门领导提出监察建议，采取谈话、批评、通报、免职或退回原单位等措施。

对工作表现突出、勤政廉政卓有成效的部门或个人，向大会组委会领导和单位主管部门提出予以表扬或奖励的建议。

第八条　为确保十一运成功举行，达到运动成绩和精神文明双丰收，必须层层建立党风廉政工作责任制，贯彻一级抓一级、一级管一级的原则。

各部室主要负责人对本部门的党风廉政建设负总责，并重点抓好处以上领导干部的廉洁自律工作。

各部室都要确定一名分管廉政建设的负责人，协助主要负责人抓好本部门的党风廉政建设工作。同时确定一名纪检监察工作人员，负责与监察审计部的具体联络。

二、党风廉政教育

第九条　各部室工作人员特别是领导干部要加强廉政学习教育。

党纪条规教育。主要内容包括中央、国务院制订的纪律条规、中纪委有关廉洁自律规定、地方政府和纪委作出的纪律规定、国家体育局关于体育运动方面的纪律规定、十一运组委会有关廉政建设制度。

法律法规教育。主要包括：《中华人民共和国宪法》以及与廉政建设有关的在行政、经济管理方面具有约束性的法律法规。

从政道德教育。开展国家公务员行为规范教育等。

形势教育。各级领导干部关于廉政建设和反腐败工作的讲话和论述，中纪委公报、全球反腐动态、国内反腐形势等内容。

廉洁奉公、勤政为民先进典型教育。

警示教育。大要案的查处纪实、典型腐败案例教育。

第十条　坚持和拓展多种学习教育形式。在各部室按照制度和计划组织自学和集中学习的基础上，根据需求和工作安排情况，适当组织开展各种形式的专题教育和必要的考试测验。对新任用上岗人员进行廉政谈话，对违规违纪人员进行诫勉谈话。

第十一条　加强对廉政教育学习的组织和要求。

监察审计部负责搜集、整理有关全局性的学习资料，提出指导性廉政教育计划。各部室要结合自身情况，制定出切合实际的廉政教育学习计划。

集中教育时间每月不少于一次，一般每周五下午为学习日，具体根据工作需要灵活安排。

建立教育出席签到和登记制度，教育内容有专人负责记录，无故缺席按旷工处理。

对重要的学习内容，要求写出学习心得和总结文章。

各单位教育学习情况列入岗位目标考核。

三、制度建设

第十二条　各部室要结合本单位实际，制定切实可行的廉政建设制度，并认真组织实施，并将党风廉政建设与业务工作紧密结合，一并部署，一并落实，一并检查，一并考核。

第十三条　实行党风廉政建设责任一把手负总责制。各部室、各处主要负责同志是本部室、本处廉政建设第一责任人。部室和处的副职分别协助部室领导和处长抓好分管范围内的党风廉政建设工作。如发生违规违纪现象，应坚持实事求是的原则，在查证属实的基础上，分清集体责任和个人责任、主要领导责任和分管领导责任，明确划分责任，严格实行责任追究。

第十四条　建立并规范科学决策制度。凡涉及十一运筹备和召开的重大决策，要在广泛调查、深入研究、听取意见、充分论证的基础上，在国家有关政策规定范围内作出决策。要坚持和完善民主集中制，特别是重大事项的决定、重大项目的安排实施、大额资金的使用、以及人员的任免与奖惩等，都要充分发扬民主，坚持集体研究决定。

第十五条　进一步完善民主生活会制度。按照党章要求，开好各级民主生活会，加强对党员干部的思想政治教育，把廉洁勤政情况作为民主生活会的重要内容。主要领导同志要做出廉政承诺，带头开展批评与自我批评，不断提高十一运组委会各级党组织和党员领导干部廉洁自律的能力和水平。

第十六条　进一步健全和完善各项廉政工作制度，推进党风廉政建设和反腐败工作制度化、规范化，努力做到用制度管权、用制度管事、用制度管人。要把相关的廉政纪律和规定体现到十一运工作的各项规章制度之中。在组委会廉政监察工作的总体要求下，各部室要健全和完善相关的工作制度，如对组委会人员管理的有关规定、财务与资金管理有关规定、重大项目管理规定、资金和项目审计有关规定、各类资源开发经营规定、各类财产物资管理处置规定等。

第十七条　完善工作人员廉洁自律和廉政管理各项制度。制定并实施组委会工作人员廉政守则规定，认真落实四大纪律八项要求，落实领导干部述职述廉制度、个人重大事项报告制度、廉政谈话和诫勉谈话制度，以及廉政监督检查制度、对违规违纪人员的处罚制度等。

第十八条　各部室制定、出台的相关规章制度要及时报组委会办公室，同时抄送监察审计部。涉及人、财、物的重要业务工作和活动的方案要事先报监察审计部备案。

第十九条　切实加强党内监督。全面贯彻《党内监督条例》和《党员权利保障条例》，切实加强对党章党纪等各项党内制度执行情况的监督。各级党组织要加强对党内监督工作的领导。组委会监审部协助组委会纪委和机关党委搞好党内监督工作。要充分发扬党内民主，广泛听取党员意见，切实保障党员的知情权、参与权和监督权，自觉接受党员和干部群众的监督。

第二十条　加强行政监察监督。按照《行政监察法》及本规定要求，开展各项监察监督工作。要充分发挥廉政监察和效能监察的作用，把勤政与廉政、效率与能力建设结合起来，促进十一运会组委会各部门及其工作人员加强廉政勤政意识，提高工作效能。加强重点工作的专项监察力度，特别要进一步强化对资金和项目的监督检查。

第二十一条　加强内部审计监督。强化对组委会各部室、各有关单位财务收支和领导干部经济责任的审计。审计结果要与领导干部的业绩评定、奖励处罚相挂钩。要在搞好财务审计工作的同时,抓好重点项目和大额专项资金的跟踪审计,并实行重要审计结果通报制度。

第二十二条 拓宽监督渠道,加强舆论监督和群众监督。依法保障社会各界、新闻媒体、组委会内部工作人员对组委会领导及各部室工作提出批评、建议、检举、申诉和反映意见的权利。建立健全受理群众举报违纪违法行为的工作机制,认真受理并及时处理群众所提问题。组委会监审部设立行政效能投诉电话和网上举报信箱,广泛听取群众意见,虚心接受群众监督。

第二十三条 做好群众来信来访工作。组委会监察审计部负责受理各类针对十一运组委会的有关来信来访。信访工作坚持实事求是的原则,以事实为依据,重调查研究,重证据,严格掌握政策界限,认真负责地处理群众反映的问题,充分发挥信访工作在廉政监察工作中所起的重要作用。

第二十四条 本规定由第十一届全运会组委会监察审计部负责解释。

相关链接四:

第十一届全运会组委会纪检监察联络员制度

(十一运组发〔2009〕21号)

各部室:

为做好十一运组委会廉政建设工作,进一步健全监督管理体系,确保十一运各项筹备工作顺利、健康地向前推进,根据十一运组发〔2008〕15号文件精神,经研究,在组委会各部室建立纪检监察联络员制度。有关事项通知如下。

一、指导思想

以邓小平理论和“三个代表”重要思想为指导,深入贯彻落实科学发展观,动员和组织各方面的力量参与廉政建设工作,建立起上下联动、反应快捷的廉政工作机制,切实从源头上预防腐败问题和不正当行为的发生,保障十一运筹办工作顺利进行。

二、纪检监察联络员的条件和职责

1. 纪检监察联络员的条件:政治素质好,思想作风正,有较强的政策法纪观念;善于做思想工作,责任心强,有一定工作能力;热心群众工作,吃苦耐劳，乐于奉献；顾全大局，办事公道，有良好群众基础的处级干部。

2. 纪检监察联络员的职责和任务：及时学习传达组委会廉政建设有关规定和文件精神；了解和反映组委会工作人员对廉政建设工作的意见和建议；督促本部门工作人员遵守《廉洁自律守则》和有关规定；及时报告本部门廉政建设情况。

三、加强领导

各部室要进一步提高对建立纪检监察联络员制度在廉政建设中的重要性的认识，切实加强领导，关心和支持联络员积极开展工作，切实把廉政工作抓紧抓好，确保各项筹备工作圆满完成。

相关链接五：

第十一届全运会组委会工作人员廉洁自律守则

为提高第十一届全国运动会（以下简称十一运）工作人员的廉政勤政意识，高质量、高效率完成十一运各项筹备工作，保障十一运圆满成功举办，依据国家体育总局《全国综合性运动会工作人员纪律规定》，制定本守则。

一、廉洁奉公，忠于职守

禁止利用职权和以十一运名义谋取不正当利益。不准有下列行为。

1. 个人收受或索取赞助、施工、管理等单位送的回扣、佣金等钱物；

2. 接受可能影响公正执行公务的礼物馈赠和宴请；

3. 在公务活动中接受礼金、各种有价证券、各种信用卡和高档物品、礼品；

4. 以虚报、谎报等手段谋取个人和小团体利益。

二、自觉遵守十一运组委会财物管理和使用规定

禁止假公济私，化公为私。不准有下列行为。

1. 用公款报销应由个人负担的费用；

2. 利用职权和职务上的影响为配偶、子女及其他亲友谋取不正当利益；

3. 无偿占有公物不还或私自调换占为己有；

4. 部、室内部随意开支或私分钱和物品；

5. 为逃避财务审计监督而私自设立“小金库”。

三、艰苦奋斗，勤俭节约

禁止讲排场、比阔气、挥霍公款、铺张浪费。不准有下列行为。

1. 借十一运的名义，公款招待宴请与组委会工作无关人员；

2. 公务接待宴请超过标准与规格，在群众中造成不良影响；

3. 借用各种名义，用公款旅游。

四、严格执行《关于党和国家机关工作人员在国内交往中收受的礼品实行登记制度的规之定》，按规定应上交的礼品，一律交运动会组委会办公室统一登记保管。

五、认真执行有关回避制度。在工作中凡涉及本人或本人亲属有利害关系的事项，必须主动报告并回避。

六、十一运组委会工作人员执行本规定的情况，列入其考核内容，作为对其任免、奖惩的重要依据。

七、对于违反上述规定的，将依照有关法规条例并视情节轻重给予批评教育、经济退赔、组织处理或纪律处分；违法犯罪的，移送司法机关依法追究法律责任。

八、本规定由十一运组委会监察审计部负责解释。

【案例一】

大型综合性运动会督察工作的要求

承办单位领导关于做好第十一届全运会
分赛区督查工作的指示

为全面推进十一运各项筹备工作的落实，组委会确定成立5个督导组，于×月×日至×日分赴各个赛区进行督导检查。这次活动是对各赛区筹备工作进行的第一次全面深入的督查，是整个筹备工作的重要环节，也是代表省委、省政府筹办十一运领导小组开展的一次督查，各部室要高度重视、认真选派得力人员，抓细抓实各项督查事项，确保督查活动取得实实在在的成效。

一是要深入。各督导组要突出场馆设施、接待宾馆等重点督查对象，到第一线实地查看，掌握第一手材料，摸清摸透各赛区筹备工作开展情况。接待宾馆要符合交通方便、安全性高、距赛场近、风险因素少、环境相对封闭的要求，运动员、教练员接待宾馆不能低于三星级，裁判员、技术官员接待宾馆不能低于四星级。另外，要到各赛区组委会集中办公地点听取筹备工作汇报，一并对其集中办公情况进行实地督查。

二是要细致。督导组人员要对各个筹办环节进行检查，仔细听、认真看，做到事无巨细、一丝不苟，切忌蜻蜓点水。

三是要严肃。以发现问题、研究问题、解决问题为这次督查的主要任务，对发现的问题和不足，要积极帮助协调解决，提出整改标准和完成时限，适时派出专项督察组对整改效果进行复查，以确保整改工作落到实处，绝不能搞形式、走过场。

四是要规范。坚持筹办工作的统一标准，对各项筹备工作作出统一规范，避免层层加码，减少工作随意性，严禁搭车。

五是要节俭。赴各赛区督查期间，督导组各项活动安排一律从简，不能给各赛区增加负担。

督查活动结束后，各督导组要形成书面报告，在×月×日召开的秘书长办公会议上做详细汇报。

【案例二】

第四届全国体育大会相关法律知识

一、综合类

1. 与第四届全国体育大会相关的主要法律法规和规范性文件

第四届全国体育大会（以下简称“四体会”）涉及的法律法规和规范性文件主要有：《中华人民共和国体育法》《公共文化体育设施条例》《全国体育竞赛管理办法（试行）》《全国体育大会申办办法》（试行）《国家突发公共事件总体应急预案》《反兴奋剂条例》《全国体育运动单项竞赛制度（试行）》《全国性单项体育竞赛财务管理办法》《全国运动员交流管理办法》、《全国综合性运动会工作人员纪律规定》《体育竞赛裁判员管理办法》《大型运动会档案管理办法》《经纪人管理办法》《中华人民共和国公益事业捐赠法》《社会捐赠（赞助）运动员、教练员奖金、奖品管理暂行办法》

《关于加强在役运动员从事广告等经营活动管理的通知》等体育类法律法规和规范性文件。

另外，与四体会相关的法律法规和规范性文件还包括《民法通则》《中华人民共和国合同法》《侵权责任法》《治安管理处罚法》《广告法》、《商标权法》等相关法律；《商业特许经营条例》《大型群众性活动安全管理条例》《商标法实施条例》等行政法规；各部委颁布的规章以及最高人民法院出台的相关司法解释；四体会组委会为第四届全国体育大会的筹备和举办制定的相关规范性文件。

2. 全国体育大会工作人员应当遵守的纪律

根据《全国综合性运动会工作人员纪律规定》的要求，工作人员要严格遵守运动会各项竞赛规定和纪律，不准有下列行为。

(1) 强迫、指使、诱导、欺骗、指导和默许运动员服用违禁药物；

(2) 为运动员服用而研制、配制、试用、销售、有偿或无偿提供违禁药物；

(3) 在执行违禁药物检查、监测任务中，营私舞弊、弄虚作假或其他渎职行为；

(4) 裁判员违反公平竞争原则和职业道德，有意偏袒一方，执裁不公；

(5) 明（暗）示、收买、干扰裁判员，使裁判员不能公正执行竞赛规定和规则；

(6)在运动员资格上弄虚作假,以大打小,冒名顶替;策划、唆使、怂恿运动员罢赛、打骂和不尊重裁判员等,或发现运动员有上述行为不予制止的。

3. 全国体育大会运动员、裁判员应当遵守的规则

根据体育法的规定，运动员、教练员、裁判员应当遵守体育道德，不得弄虚作假、营私舞弊。在体育运动中严禁使用禁用的药物和方法。禁用药物检测机构应当对禁用的药物和方法进行严格检查。

4. 借助第四届体育大会进行商业宣传需注意的法律问题

根据我国合同法、侵权行为法等法律法规的规定，如想借助第四届体育大会进行商业宣传，需经过四体会组委会的书面同意或与四体会签订相关合同，同时在宣传过程中需遵守广告法、合同法、侵权行为法等法律法规。

二、安全保障、治安管理与突发事件处理类

《大型群众性活动安全管理条例》第九条明确规定：参加体育赛事的观

众人员应当遵守如下规定。

(1) 遵守法律、法规和社会公德，不得妨碍社会治安、影响社会秩序；

(2) 遵守大型群众性活动场所治安、消防等管理制度，接受安全检查，不得携带爆炸性、易燃性、放射性、毒害性、腐蚀性等危险物质或者非法携带枪支、弹药、管制器具；

(3) 服从安全管理，不得展示侮辱性标语、条幅等物品，不得围攻裁判员、运动员或者其他工作人员，不得投掷杂物。

三、商业运营管理类

1. 四体会赞助企业的权益保护的相关规定

根据《第四届全国体育大会广告管理规定》相关规定，四体会组委会切实保障四体会赞助企业的权益，按照合同做好广告的发布，享有独家发布权的赞助企业广告及享有独家权益的项目(如具有排他性的唯一指定产品)，在发布范围内，不能出现与之有利害冲突的广告或任何变相形式的广告，防范一些同类产品通过外围活动的产品赠送、促销等侵权行为，一经发现，四体会组委会将会同有关部门进行查处，并移送司法机关追究法律和经济责任。

根据《第四届全国体育大会所需物资优先选择购买赞助企业产品（含技术、服务）的规定》相关规定，所有与四体会相关的产品、技术、服务均优先采用指定产品暨赞助商产品，不得违背赞助企业应得的权益；四体会赞助企业的产品、技术、服务作为四体会的指定产品、技术、服务，在四体会相关的载体如赛场、门票、宣传册等，所有同种类产品、技术、服务中不能出现其他品牌的产品、技术、服务。

2. 发布广告应遵守的基本法律规定

广告内容应当有利于人民的身心健康，促进商品和服务质量的提高，保护消费者的合法权益，遵守社会公德和职业道德，维护国家的尊严和利益。

3. 广告内容被禁止的内容

根据我国广告法的规定，广告不得有下列情形。

(1) 使用中华人民共和国国旗、国徽、国歌；

(2) 使用国家机关和国家机关工作人员的名义；

(3) 使用国家级、最高级、最佳等用语；

(4) 妨碍社会安定和危害人身、财产安全，损害社会公共利益；

(5) 妨碍社会公共秩序和违背社会良好风尚；

(6) 含有淫秽、迷信、恐怖、暴力、丑恶的内容；

(7) 含有民族、种族、宗教、性别歧视的内容；

(8) 妨碍环境和自然资源保护；

(9) 法律、行政法规规定禁止的其他情形。

4. 需要进行特别审查广告内容

利用广播、电影、电视、报纸、期刊以及其他媒介发布药品、医疗器械、农药、兽药等商品的广告和法律、行政法规规定应当进行审查的其他广告，必须在发布前依照有关法律、行政法规由有关行政主管部门（以下简称广告审查机关）对广告内容进行审查；未经审查，不得发布。

5. 发布烟草广告的限制

《广告法》第十八条规定：禁止利用广播、电影、电视、报纸、期刊发布烟草广告；禁止在各类等候室、影剧院、会议厅堂、体育比赛场馆等公共场所设置烟草广告。

6. 关于四体会组委会接受社会捐赠的相关规定

(1) 根据《中华人民共和国公益事业捐赠法》相关规定，捐赠应当是自愿和无偿的，禁止强行摊派或者变相摊派，不得以捐赠为名从事营利活动。因此，四体会期间，禁止附条件的捐赠和变相强行摊派的捐赠。

(2) 根据《中华人民共和国公益事业捐赠法》相关规定，只有公益性社会团体和公益性非营利的事业单位可以依照接受捐赠。四体会组委会作为公益性非营利的社会团体，可以接受社会捐赠。

(3) 四体会组委会与捐赠方订立了捐赠协议的，应当按照协议约定的用途使用捐赠财产，不得擅自改变捐赠财产的用途。如果确需改变用途的，应当征得捐赠方的同意。

四、知识产权及特殊标志保护类

1. 知识产权的种类

一类是工业产权，包括发明专利、商标、工业品外观设计、地理标志等；另一类是文学产权（著作权与相关权），包括文学、音乐和艺术作品，诸如小说、诗歌和戏剧、电影、音乐、歌曲、绘图、绘画、摄影、雕塑以及建筑设计。与著作权相关的权利包括表演艺术家对其表演的权利、录音制品制作者对其录音制品的权利以及广播电视组织者对其广播和电视节目的权利等，也称为邻接权或相关权。

此外，随着知识经济的不断发展，反不正当竞争与商业秘密权、集成电路布图设计专有权、植物新品种权、域名权等也逐渐被纳入到知识产权体系中。

2. 知识产权的基本特征

(1) 无形性。也称非物质性，是指作为知识产权客体的智慧创作物是人们智力劳动的成果，不具有物质形态。

(2) 专有性。也称独占性，是指除法律另有规定外，未经知识产权所有人许可，任何人不得擅自以营利目的实施其受法律保护的智慧创作物。

(3) 地域性。也称知识产权空间效力的有限性，是指根据一个国家或者地区的法律所取得的知识产权，只能在相应的地域内受保护，不具有域外效力，但特殊情况除外。

(4) 时间性。一般而言，依据某一个国家或者地区的法律取得的知识产权，只能在法律规定的期限内受保护，超过法律规定保护期限的，即进入公有领域。

(5) 双重性。知识产权具有人身权和财产权双重属性和双重内容。

3. 我国保护体育产业知识产权的主要相关法律法规

(1) 综合类：《民法通则》；《刑法》分则第三章第七节“侵犯知识产权罪”；最高人民法院、最高人民检察院院关于办理侵犯知识产权刑事案件具体应用法律若干问题的解释；《合同法》第十八章“技术合同”。《对外贸易法》第五章“与对外贸易有关的知识产权保护”。

(2) 商标权类：《商标法》及其实施条例；最高人民法院关于审理商标案件有关管辖和法律适用范围问题的解释；最高人民法院关于审理商标民事纠纷案件适用法律若干问题的解释；《驰名商标认定和保护规定》；《集体商标、证明商标注册和管理办法》。

(3) 专利权类：《专利法》及其实施细则；最高人民法院关于审理专利纠纷案件适用法律问题的若干规定；最高人民法院关于对诉前停止侵犯专利权行为适用法律问题的若干规定；《国防专利条例》。

(4) 著作权类：《著作权法》及其实施条例；最高人民法院关于审理著作权民事纠纷案件适用法律若干问题的解释；最高人民法院关于审理计算机网络著作权纠纷案件适用法律若干问题的解释；最高人民法院关于审理涉及

计算机网络域名民事纠纷案件适用法律若干问题的解释；《著作权集体管理条例》；《计算机软件保护条例》；《信息网络传播权保护条例》。

(5) 商业秘密类：《反不正当竞争法》《关于禁止侵犯商业秘密行为的若干规定》。

(6) 特殊标志类：《特殊标志管理条例》。

(7) 其他类：《知识产权海关保护条例》《关于中华人民共和国知识产权海关保护条例的实施办法》《展会知识产权保护办法》。

4. 以商业为目的使用四体会相关标志的行为

以营利为目的，以下列方式之一使用四体会相关标志的行为，属于以商业为目的而使用四体会相关知识产权的行为。

(1) 将四体会标志用于商品、商品包装或者容器以及商品交易文书上。

(2) 将四体会标志用于服务项目中。

(3) 将四体会标志用于广告宣传、商业展览、营业性演出以及其他商业活动中。

(4) 销售、进口、出口含有四体会标志的商品。

(5) 制造或者销售四体会标志。

(6) 可能使人认为行为人与四体会标志权利人之间有赞助或者其他支持关系而使用四体会标志的其他行为。

5. 以商业为目的使用四体会标志时，需要履行的手续

以商业为目的使用四体会标志的，不仅应取得四体会标志权利人的许可，还应同四体会标志权利人订立使用许可合同。需要注意的是，四体会标志权利人应当将使用许可合同报工商行政管理部门备案。依照上述规定订立使用许可合同的，被许可人只能在合同约定的地域范围、期间内使用四体会相关标志。

6. 什么叫特殊标志?

特殊标志，是指经国务院批准举办的全国性和国际性的文化、体育、科学研究及其他社会公益活动所使用的，由文字、图形组成的名称及缩写、会徽、吉祥物等标志。

7. 四体会特殊标志权利所有人

四体会组委会是四体会特殊标志权利所有人。

8. 侵犯四体会相关标识的行为主体的主要分类

侵犯四体会相关标识的行为主体，大致有如下三类。

(1) 企业。涉及建筑地产、食品、饮料、酒类等许多行业。

(2) 新闻媒体和社会中介组织。其中包括以四体会为题目和名称组织各类会议、论坛、展览、演出等。这些活动不同程度地进行征集广告、赞助行为，有些还借助中介机构组织商业运作乃至炒作。

(3) 机关、团体。主要是其自身在宣传中随意对标志、口号等四体会知识产权进行直接或变相使用。

9. 四体会标志专有权被侵犯后采取的维权方式

(1) 侵犯四体会标志专有权，引起纠纷的，由当事人协商解决；

(2) 不愿协商或者协商不成的，四体会标志权利人或者利害关系人可以向人民法院提起诉讼；

(3) 不愿协商或者协商不成的，四体会标志权利人或者利害关系人也可以请求工商行政管理部门处理；

(4) 进行处理的工商行政管理部门应当事人的请求，可以就侵犯四体会标志专有权的赔偿数额进行调解，调解不成的，当事人可以依照《民事诉讼法》向人民法院起诉；

(5) 向"12312"保护知识产权举报投诉服务中心投诉。

10. 四体会特殊标志的种类

(1) 四体会中英文字母及其简称（包括缩写、改写字样）等专有名称；

(2) 四体会会徽、吉祥物及其一切衍生图像和立体的表现物；

(3) 四体会图形、徽章、口号、会旗；

(4) 四体会招贴画设计；

(5) 四体会奖牌和纪念章设计；

(6) 四体会火炬设计；

(7) 四体会音乐作品；

(8) 四体会官方秩序册和正式出版物；

(9) 四体会其他图像作品；

(10) 四体会商用标识或者专用的其他标识；

(11) 包括但不限于以上的其他与四体会有关的标识。

11. 四体会会徽等特殊标志使用的期限

特殊标志有效期为4年。自核准登记日起计算。特殊标志所有人可以在有效期满3个月内提出延期申请，延长的期限由国务院工商行政管理部门根据实际情况和需要决定。特殊标志所有人变更地址，应当自变更之日起1个月内报国务院工商行政管理部门备案。

12. 侵犯四体会相关商标专用权的行为

(1) 未经商标注册人的许可，在同一种商品或者类似商品上使用与其注册商标相同或者近似的商标的；

(2) 销售侵犯注册商标专用权的商品的；

(3) 伪造、擅自制造他人注册商标标识或者销售伪造、擅自制造的注册商标标识的；

(4) 未经商标注册人同意，更换其注册商标并将该更换商标的商品又投入市场的；

(5) 给他人的注册商标专用权造成其他损害的。

13. 合法使用四体会特殊标志的方法

特殊标志所有人可以在与其公益活动相关的广告、纪念品及其他物品上使用该标志，并许可他人在国务院工商行政管理部门核准使用该标志的商品或者服务项目上使用。也就是说，大会可以自行使用，也可以许可他人使用。

14. 四体会特殊标志遭到侵权使用后的处理方式

特殊标志所有人或者使用人发现特殊标志所有权或者使用权被侵害时，可以向侵权人所在地或者侵权行为发生地县级以上人民政府工商行政管理部门投诉；也可以直接向人民法院起诉。

工商行政管理部门受理特殊标志侵权案件投诉的，应当依特殊标志所有人的请求，就侵权的民事赔偿主持调解；调解不成的，特殊标志所有人可以向人民法院起诉。

15. 确定侵犯专有标志的赔偿数额的方法

侵犯四体会标识专有权的赔偿数额，按照权利人因被侵权所受到的损失或者侵权人因侵权所获得的利益确定，包括为制止侵权行为所支付的合理开支；被侵权人损失或者侵权人获得的利益难以确定的，参照四体会标识许可使用费进行确定。

16. 体育比赛的电视转播权包括的内容

电视转播权一般分为三个部分，即新闻报道权、赛事集锦权和赛事实况转播权。对于电视转播权的开发，主要体现在对电视转播权的出售上。按照国际惯例，电视转播权一般分为三个部分，即新闻报道权、赛事集锦权和赛事实况转播权。电视机构凡是播出 3 分钟以上的赛事画面，就要购买新闻报道权；集中播出15 分钟以上的集锦画面，就要购买赛事集锦权；对赛事进行转播，就要购买电视转播权。

17. 信息网络传播权的概念

网络传播权，全称为信息网络传播权，是指以有线或者无线方式向公众提供作品，使公众可以在其个人选定的时间和地点获得作品的权利。无论是以任何形式发表的作品，无论作品是不是利用网络第一次发表，只要是受著作权法保护的，其著作权人均享有信息网络传播权。

五、赛事组织管理类

1. 四体会比赛项目发生内容变更，需要履行的相关手续

经批准登记的体育竞赛，变更竞赛时间、地点、组织形式或撤销该体育竞赛，必须经有关业务主管部门审查同意后，向原审批体育行政部门申请变更或撤销。

2. 体育服务认证的概念

根据《体育服务认证管理办法》相关规定，体育服务认证，是指由认证机构证明体育场所、体育活动的组织与推广等服务，符合相关标准和技术规范要求的合格评定活动。

3. 体育认证机构的主要职责

根据《体育服务认证管理办法》相关规定，体育服务认证机构应当履行以下职责：

（1）在批准的业务范围内开展认证工作；

（2）对获得认证的体育服务提供者，颁发或者撤销认证证书，决定允许或者停止使用认证标志；

（3）对认证证书、认证标志和认证标牌的使用情况进行跟踪检查；

（4）对认证的持续符合性进行监督审查；

（5）受理有关的认证申诉和投诉。

4. 在体育大会各项赛事开展过程中，发生纠纷的处理方式

在竞技体育活动中，因为体育行为本身的技术与规则运用等问题等发生纠纷的，应由体育仲裁机构负责调解、仲裁。

5. 四体会期间，参赛运动员从事商业性广告活动的相关规定

运动员从事商业性广告活动的，广告内容和形式必须经所属的全国性单项体育协会批准，由协会通过合法的广告中介机构办理。

6. 四体会具体赛事比赛中，运动员、裁判员要严格遵守运动会各项竞赛规定和纪律，明令禁止的行为种类

(1) 强迫、指使、诱导、欺骗、指导和默许运动员服用违禁药物；

(2) 为运动员服用而研制、配制、试用、销售、有偿或无偿提供违禁药物；

(3) 在执行违禁药物检查、监测任务中，营私舞弊、弄虚作假或其他渎职行为；

(4) 裁判员违反公平竞争原则和职业道德，有意偏袒一方，执裁不公；

(5) 明（暗）示、收买、干扰裁判员，使裁判员不能公正执行竞赛规定和规则；

(6) 在运动员资格上弄虚作假，以大打小，冒名顶替；策划、唆使、怂恿运动员罢赛、打骂和不尊重裁判员等，或发现运动员有上述行为不予制止的。

7. 兴奋剂的概念

兴奋剂的英文为Dope，在医学术语中，原指能刺激人体神经系统，使人产生兴奋从而提高机能状态的药物。而在体育界则泛指可以作用于人体机能，有助于运动员提高成绩的药物（亦称禁用药）及生物技术方法（亦称禁用方法）。所以，四体会反兴奋剂中所指的兴奋剂，不是仅指那些产生兴奋作用的药物，而是对禁用药物和禁用技术的统称。

8. 在四体会过程中弄虚作假、使用兴奋剂，要承担的法律责任

对在四体会中从事弄虚作假等违反纪律和体育规则的行为，或在四体会中使用禁用的药物和方法的，由体育社会团体按照章程规定给予处罚；对国家工作人员中的直接责任人员，依法给予行政处分。

9. 违反体育道德与职业道德的行为，应当受到的处罚

在体育活动及赛事中，打假球、买通裁判等严重违法体育道德与体育职业道德的行为，不仅会受到体育职业从业方面的限制与资格剥夺，而且如果涉及行贿受贿、故意伤害、赌博等行为的话，将会承担民事责任，同时会被行政处罚或被认定为犯罪行为。

10. 体育赛事中，明确禁止的涉及兴奋剂的行为

(1) 禁止运动员以任何理由和方式使用兴奋剂。

(2) 禁止强迫、指使、诱导、欺骗、指导和默许运动员使用兴奋剂的行为。

(3) 禁止专为运动员而研制、配制、试用、销售、购买、有偿或无偿提供兴奋剂的行为；以及为上述目的筹集或提供经费。

七、侵权行为类

1. 侵权行为的概念

侵权行为是指侵害民事权益，依法应当承担侵权责任的行为。民事权益包括生命权、健康权、姓名权、名誉权、荣誉权、肖像权、隐私权、婚姻自主权、监护权、所有权、用益物权、担保物权、著作权、专利权、商标专用权、发现权、股权、继承权等人身、财产权益。

2. 四体会可能发生的侵权行为的主要类型

四体会在举办过程中，有可能发生下列侵权现象或行为。

(1) 因赛事及活动开展过程中观众之间发生的侵犯人身权及财产权的行为；

(2) 因组委会工作人员在办理四体会有关事务或执行职务时发生的侵权行为；

(3) 其他企业、事业单位、机关团体及个人违法或违约侵犯四体会拥有的各项民事权利的行为；

(4) 因组委会管理、经营相关设施、器械而引起的对第三人侵权的行为；

(5) 因组委会临时雇佣的人员及招募的志愿者被侵犯或对第三人侵权的行为；

(6) 赛事或活动组织者未尽安全保障义务，造成他人损害的现象；

(7) 赛事活动过程中，体育运动的参与者及运动员被侵权的现象；

(8) 其他因赛事组织或与四体会有关的侵权行为或现象。

3. 侵权行为同时应当承担刑事责任或行政责任的，民事责任的承担方式

发生了侵权行为，侵权人因同一行为应当承担行政责任或者刑事责任的，不影响依法承担侵权责任。因同一行为应当承担侵权责任和行政责任、

刑事责任，侵权人的财产不足以支付的，先承担侵权责任。

4. 承担侵权责任的主要方式

(1) 停止侵害；(2) 排除妨碍；(3) 消除危险；(4) 返还财产；(5) 恢复原状；(6) 赔偿损失；(7) 赔礼道歉；(8) 消除影响、恢复名誉。

以上承担侵权责任的方式，可以单独适用，也可以合并适用。

5. 网络侵权的处理方式

网络用户、网络服务提供者利用网络侵害他人民事权益的，应当承担侵权责任。

网络用户利用网络服务实施侵权行为的，被侵权人有权通知网络服务提供者采取删除、屏蔽、断开链接等必要措施。网络服务提供者接到通知后未及时采取必要措施的，对损害的扩大部分与该网络用户承担连带责任。

网络服务提供者知道网络用户利用其网络服务侵害他人民事权益，未采取必要措施的，与该网络用户承担连带责任。

6. 公众场所的侵权行为的处理方式

群众性活动的组织者或者宾馆、商场、银行、车站、娱乐场所等公共场所的管理人，未尽到安全保障义务，造成他人损害的，应当承担侵权责任。因第三人的行为造成他人损害的，由第三人承担侵权责任；管理人或者组织者未尽到安全保障义务的，承担相应的补充责任。

7. 因参加体育竞技活动造成人身伤害的,应承担责任的方式

根据体育竞技风险自担的原则，参赛人员视为放弃赔偿请求权，一般来讲，因参加体育比赛造成人身伤害的，不应向赛事组织者或其他参赛人员主张赔偿责任。

第二十节　财务管理工作实务

财务管理工作是指对赛事资金、固定资产进行规划和控制的工作，通过制定一系列财务和固定资产管理制度，为赛事资金流通和确保固定资产不流失提供保障，并对各项财务行为和固定资

产的购买、使用和处置进行实时监督、管理和规范。体育赛事的财务管理工作是体育赛事经费保障的核心。体育赛事的财务管理工作要结合体育赛事的实际需求，加强制度建设，提高管理效力。良好的财务管理工作既可以为体育赛事的组织管理工作提供充足的经费保障，又可以发挥财务管理的效用，最大限度地为体育赛事节支降耗。

一、筹备阶段财务管理工作的主要内容

筹备阶段财务管理工作主要包括以下几方面。

（一）明确经费需求

按照体育赛事总体计划，由组委会财务部确定赛事的主要收入来源和主要支出项目，为制定赛事预算编制打下基础。

（二）预算编制

结合赛事实际情况制定预算编制原则。各部门成立初期，需根据编制原则编制本部门阶段预算及总预算，由财务管理部门汇总后编制赛事总体预算。预算编制应具有实效性、实用性和全面性，确保通过总预算可以全面地反映赛事各项组织工作主要经费支出项目。

（三）收支管理

赛事运作管理机构应坚持“收支两条线”的原则，由组织机构中的财务管理部门统一对收支进行管理与核算。收入管理的重点在于加强政府拨款、加强对市场开发及社会各方面捐赠赛事的资金进行管理。支出管理重点在于使有限的资金发挥最大的效益，关键是制定严格的审批权限和程度，做到责任明确

到人，为每个级别和职位分配不同的财务审批权限，将“一支笔”的审批制度和授权审批制度相结合，既要从源头上加强资金支出审批管理，又要保证财务管理工作的灵活性，为赛事的整体运作管理服务。在收支审核的基础上，加强会计核算和财务分析工作，及时编制财务报表并进行财务分析，为赛事运作管理机构提供决策依据。

（四）对组委会固定资产实施管理

体育赛事中的固定资产指的是单台套价值在500元以上的、可重复使用的物品即为固定资产。通常大型综合性体育赛事会专门在财务部门内部专门设立固定资产管理员，各部室要指定一名工作人员担任本部门的固定资产管理员，建立《固定资产登记本》（一式两份，财务部一份，各部室一份）进行固定资产的发放、使用与回收的管理。

二、组织机构

财务管理工作贯彻体育赛事运作的全过程。在筹备阶段，组委会通常会设立专门的财务部来负责整个体育赛事的财务管理工作，既是资金、固定资产的管理者，又是为其他部门提供资金服务和固定资产服务的保障部门，肩负着监督和保证服务两种职能。

三、财务管理工作示意图

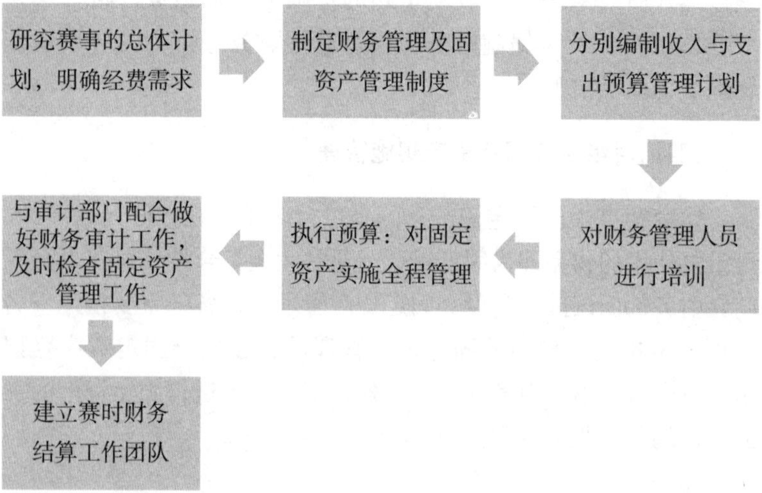
研究赛事的总体计划，明确经费需求
制定财务管理及固资产管理制度
分别编制收入与支出预算管理计划
对财务管理人员进行培训
执行预算：对固定资产实施全程管理
与审计部门配合做好财务审计工作，及时检查固定资产管理工作
建立赛时财务结算工作团队

相关链接：

第十一届全运会组委会分管财务工作领导层面工作计划表

时间	主要工作
2008 年 7 月	1. 学习组委会工作进度表，拟出本部门细化的工作进度表，将各项工作分解落实到人。 2. 会同竞赛部赴北京协调租借体育设备器材相关事宜。 3. 建立部室“报账员”和“资产管理员”制度。 4. 做好组委会各部室固定资产登记、造册工作，落实各部室物资管理员并规范管理。 5. 协助监察审计部，做好 2008 年上半年财务审计准备工作。 6. 举办组委会部室报账员培训班。 7. 总结上半年工作，制定下半年工作计划。
2008 年 8 月	1. 制定下达组委会总预算和分年度预算方案。
2008 年 9 月	1. 组织财务结算人员培训班。 2. 建立与各接待单位、宾馆结算工作机制。
2008 年 10 月	1. 根据组委会经费预算，制定资金筹措计划。 2. 布置各部门编制 2009 年经费预算。
2008 年 11 月	1. 汇总各部门上报的 2009 年经费预算计划，编制组委会总体经费预算并报批。 2. 完善有关资产配置、管理和处置工作的相关制度，落实相关责任人。
2008 年 12 月	1. 报出本部门需要中央有关部委解决的问题清单。 2. 正式下达 2009 年经费预算计划。 3. 完善根据组委会用款计划制定的资金筹措计划，并落实相关负责人。 4. 总结 2008 年的工作，制定 2009 年工作计划。

(续表)

时间	主要工作
2009 年 1 月	1. 根据 2008 年预算执行情况，调整组委会总预算。 2. 完成 2009 年经费预算并印发。 3. 将 2009 年工作进度表规定的各项工作任务分解落实到人。 4. 配合监察审计部组织对 2008 年度财务工作进行审计。
2009 年 2 月	1. 组织对组委会国有资产进行全面清查。 2. 召开财务工作专题会议。 3. 完成 2008 年度财务决算报告。
2009 年 3 月	1. 与行政接待部协商餐券使用范围及办法。
2009 年 4 月	1. 负责审核财务收支、预算执行情况及下一阶段预算补充编制工作。 2. 根据竞赛规程，核定下拨各单项竞委会经费。
2009 年 5 月	1. 拟定下半年及全运会举办期财务预算调整方案。 2. 协助拟定全运会票务工作方案。 3. 举办各竞委会财务人员培训班。
2009 年 6 月	1. 督促做好竞委会及各接待站财务人员培训工作。 2. 准备代表团联络员会议有关财务结算工作的报告材料。 3. 做好上半年工作总结。

(续表)

时间	主要工作
2009 年 7 月	1. 指导做好结算人员培训工作。 2. 参加各代表团联络员会议，介绍全运会收费的有关规定，向各代表团公布组委会开户银行和账户。
2009 年 8 月	1. 牵头研究最后阶段筹备工作的经费预算安排。 2. 协助监察审计部进行专项审计，牵头并协调行政接待部与各酒店的结算工作。
2009 年 9 月 1—15 日	1. 各接待宾馆结算员到位、按时上下班。
2009 年 9 月 16–25 日	1. 做好第十一届全运会举办期的财务管理工作。
2009 年 9 月 26 日 –10 月 3 日	1. 做好超编及观摩人员收费工作。 2. 各接待站结算员建立结算账册，并与各酒店核对。 3. 负责拨付新闻媒体机构及人员的补贴。 4. 从 10 月 3 日起，本部领导参加的“零点会议”，报告当天工作完成情况，听取领导部署第二天的工作。
2009 年 10 月 4—10 日	1. 指导结算员及时做好各接待单位账务结算工作。 2. 财务结算员与各代表团团部协调，做好各代表团应交费用的收费工作。 3. 做好赛事预算执行及经费保障工作。 4. 本部门领导参加“零点会议”全面汇报本部门的筹备工作情况，听取领导部署第二天的工作。
2009 年 10 月 11 日	1. 协调做好各项赛事经费保障工作。 2. 指导结算员及时做好各接待单位账务结算工作。 3. 参加“零点会议”。

（续表）

时间	主要工作
2009年10月12日	1. 做好各接待单位账务结算工作。 2. 参加“零点会议”。
2009年10月13日	1. 做好各接待单位账务结算工作。 2. 参加“零点会议”。
2009年10月14日	1. 做好各接待单位账务结算工作。 2. 参加“零点会议”。
2009年10月15日	1. 做好各接待单位账务结算工作。 2. 参加“零点会议”。
2009年10月16日	1. 做好各接待单位账务结算工作。 2. 参加“零点会议”。
2009年10月17日	1. 做好各接待单位账务结算工作。 2. 做好各类劳务费、补助费结算工作。 3. 参加“零点会议”。
2009年10月18日	1. 做好各接待单位账务结算工作。 2. 组织专人做好组委会财务决算工作。 3. 本部领导参加“零点会议”，报告当天工作完成情况，听取领导部署第二天的工作。
2009年10月19日	1. 做好各接待单位账务结算工作。 2. 做好各代表团离会财务结算工作。 3. 本部领导参加“零点会议”，报告当天工作完成情况，听取领导部署第二天的工作。

（续表）

时间	主要工作
2009 年 10 月 20 日	1. 做好各接待单位账务结算工作。 2. 做好全运会组委会财务决算工作。 3. 本部领导参加“零点会议”，报告当天工作完成情况，听取领导部署第二天的工作。
2009 年 10 月 21 日	1. 做好各接待单位账务结算工作 2. 做好各代表团结算工作。 3. 本部领导参加“零点会议”，报告当天工作完成情况，听取领导部署第二天的工作。
2009 年 10 月 22 日	1. 做好各接待单位账务结算工作。 2. 做好各代表团财务结算工作。 3. 本部领导参加“零点会议”，报告当天工作完成情况，听取领导部署第二天的工作。
2009 年 10 月 23 日	1. 做好各接待单位财务结算工作。 2. 全部结束各代表团财务结算工作。 3. 本部领导参加“零点会议”，报告当天工作完成情况，听取领导部署第二天的工作。
2009 年 10 月 24—31 日	1. 全面结束各代表团财务结算工作。 2. 全面结束接待宾馆财务结算工作。 3. 全面结束其他应收、应付款的工作。 4. 指定专人撰写本部门工作总结报告。
2009 年 11 月	1. 组织本部门人员进行总结，做好人员鉴定、评比工作。 2. 组织全面清理组委会所有财产、物资。 3. 完成财务决算报告，协助专项审计。 4. 上交档案资料、各类固定资产及办公用品。 5. 到本部门工作人员所在单位向领导表示感谢，提交感谢信。

【案例】

大型综合性运动会财务管理工作的难点与对策

某大型综合性运动会《关于财务管理工作有关情况的汇报》

财务部

财务部成立近两年来，在各兄弟部室大力支持下，各项工作进展比较顺利。去年下半年和今年初，监察审计部分两次对前两年的财务收支情况进行了审计，并出具了2008年6月底前的审计报告。财务部根据审计结果，先后出台了五项财务管理补充规定，并对各部室综合处长、财务联络员进行了专项业务培训。总体上看，绝大多数部室对国家相关法律法规和组委会财务制度理解执行得较好，但也有个别部室不严格执行相关规定，在政府采购、财务开支等方面出现了一些不容忽视的问题，需要引起高度重视。现将有关情况汇报如下。

一、存在的问题

（一）政府采购问题。个别部室未经组委会领导批准或未履行政府采购程序，自行采购“政府采购目录”内物品，且不听告诫屡次发生此类问题，从而违反了《政府采购法》和组委会财务、资产管理规定，为今后国家、省级审计留下了隐患。如有的部室在自行采购、使用之后，再向组委会领导提出申请采购的报告，几近造成财务部根据领导批示重复采购的情况发生；有的部室在近两个月的时间内，至少发生三次自行采购行为等。

（二）专项经费管理问题。个别部室在专项经费开支上事先未经组委会领导批准，或未告知财务部，先支出后报销，造成既定事实，给组委会预算控制带来困难。近期，就有三笔相关开支凭证滞留在财务部，未予报销。

（三）资产管理问题。一是虽然通过政府采购，但未经财务部办理验收、入库、出库手续，直接将资产发放到使用部室，致使组委会资产账实不符，不利于资产有效管理。二是在未告知财务部的情况下，在部室之间违规调拨资产。三是在前段时间进行的资产清查中，发现少数资产去向不明。四是在一般性设备、家具配置上有不按照组委会资产配置标准执行的苗头。

（四）特许产品、指定产品报价过高问题。不少部室反映特许产品、指定产品报价明显高于市场价格，有的产品高出数倍，既不符合组委会财务、资产管理规定，又增添了不必要的价格评审工作量，也导致相关部室对使用特许产品、指定产品积极性不高。比如×××部前几天需要某种指定器材，财务部采取匿名的方式进行了电话询价，厂家报价1000元；当我们和×××部去现场考察，厂家知道组委会要使用该产品时，报价就高出近两倍。之后，我们另外考察了同类产品的市场价格，实际只有1000元。

二、采取的措施

对此，财务部于×月×日召开了各部室综合处长会议，对上述问题进行了通报，并统一了纪律规定。

（一）今后在采购、开支方面发生上述问题，财务部将不予报销。

（二）规范资产发放、领用手续，对去向不明的资产先自行清查，财务部随后将再次进行全面清查，如有丢失，弄清原因，按组委会资产管理规定报领导批准后处理。

（三）各部室向组委会提出涉及财务开支等方面的意见、建议时，要以预算为依据，如果超出预算，要向组委会领导报告。

三、几点建议

（一）对重复违规采购并且目前尚未进入结算程序的资产，建议相关部室自行清查清退，以严肃财经纪律，确保组委会财务开支经得起各级审计（注：今年五月份以前，对违规采购的产品，考虑到相关部室不熟悉国家法律法规等现实情况，经财务部、监察审计部共同审核，报组委会领导批准后，财务部办理了结算手续）。

（二）严格执行组委会办公设备、家具配备标准。进入七月份以后，建议组委会一般不再采购办公设备，特别是复印机、打印机、传真机等部室内部可调剂使用或共同使用的设备，以节省不必要的开支。

（三）经请示政府采购办，政府采购目录内产品除全额赞助外，不得指定供应商，应依法通过政府采购取得。对今后各部室提出的相关需求，建议实行政府采购，对特许产品、指定产品供应商，同等条件下可优先考虑。

第二十一节　风险管理实务

风险，是指不确定时间发生的可能性以及它可能的后果，是那些一旦发生会延误体育赛事或者导致体育赛事损失、甚至失败的不确定事件，是体育赛事筹备组织工作的全程中，发生伤害和损失的可能。任何体育赛事都存在风险，风险是体育赛事所固有的。在体育赛事实际运作中，识别运作过程中存在哪些不确定性事件，判断哪些不确定性事件是和体育赛事运作直接或间接相关的，评估这些事件可能导致何种程度的负面影响，却是体育赛事风险管理中难度最大的事情。体育赛事风险管理就是尽可能地识别体育赛事运作过程中潜在的可能对赛事产生负面影响的不确定性事件，对它们可能产生的负面影响进行评估，制定当这些不确定性事件发生时采取的应急计划，采取措施使它们的可能性降低或者使其负面影响降到最小程度。体育赛事风险防范工作的主要理念:发现不了、认识不到风险就是最大的风险。风险是动态的,不是一成不变的,会随着环境的变化而变化。貌似不重要的风险如果不及时化解,就会造成伤害和损失或者成为更大的风险。

及时识别，科学决策，果断处置，主动防范与转移相结合，是体育赛事风险防范的最主要和最有效措施。

一、举办阶段风险管理工作的主要内容

（一）识别风险

进行风险防范的前提是识别风险。风险管理应该被视为一种主动而非被动的方式，它是一种预防性过程，用来尽可能减少可能导致损失的不确定性事件的发生，并使一旦不确定性事件发生

所引起的负面后果最小化。因此，主动、积极地识别风险成为体育赛事风险管理首要的工作。此外，识别风险的重要性还在于处理风险事件的成本通常随着体育赛事运作的推进而逐渐增加。在赛事运作初期如果能够尽早识别风险，就可能避开这些风险，或者尽可能使风险的负面影响最小化。而如果进入赛事运作后期，处理风险事件的成本则会迅速增加。体育赛事运作管理机构的各个部门工作内容、性质不同，所面临的风险也不同，每个部门都应对本部门工作进行详尽的风险识别，并向机构管理高层提交风险报告。体育赛事的风险主要存在于三个方面。一是人的活动全程。人到哪，风险就到哪去了，有人的地方就是有风险的地方。二是体育赛事组织竞赛和活动的全程，如火炬传递活动、开闭幕式、倒计时系列活动、招待酒会、群先会议等。三是涉及体育赛事的所有的设施、设备、工具的安全，如水的摆放摄取问题、单人沙发换双人沙发的问题、仙人球换发财树或万年青、30 年没坏过的灯换掉或拆掉等。体育赛事可能存在的风险主要在行政接待工作、竞赛组织、新闻宣传工作、医疗卫生、开闭幕式组织、交通运输、市场开发、安全保卫等方面。

（二）风险评估

体育赛事风险识别阶段所得到的最大结果是一张详尽的风险清单，包括了所能考虑及设想到的可能会给赛事运作带来负面影响的不确定性事件。但这些风险出席的概率是不同的，可能产生负面影响的程度是不同的，可以被预见的程度也是不同的，并非所有的风险都应该被给予一视同仁的关注和重视，这既是不现实的，也是没必要的。这就涉及风险评估。风险评估的主要内容是对风险的级别排序。可以依据历史数据列出风险清单及风险级别的初步排序，再由专业技术人员、有经验的体育赛事运作管理者、具有某方面接触技能的顾问在风险清单的基础上进行评估，调整风险排序。在大型体育赛事中，“社会稳定、开闭幕式组织、食品卫生、交通运输、疾病控制、信息不对称”这六个方面始终是任何大型体育赛事筹备组织工作面临的“第一类”风险，这些风险一旦发生，如果不能有效防范，将“颠覆”整个体育赛事。

（三）风险防范

对体育赛事运作中的风险进行识别和评估后，必须根据实际情况，作出相应的风险防范决策，制定不同的风险防范计划及措施。对风险的应对决策大致可以分为降低风险、转移风险、分担风险和保留风险。降低风险是体育赛事运作最理想的目标，因此也是赛事运作管理中优先采取的应对措施。在体育赛事运作实务中有两种降低风险的常用方式。其一是降低风险事件发生的可能性。例如，大型综合性体育赛事开闭幕式前都会举行彩排、合练、预演，从而发现开幕式中存在的问题，并找到解决办法，然后及时整改，从而大大减少在正式举行时发生风险的数量和程度。又如，对新建的场馆组织测试赛，也是减少风险发生可能的非常有效的方式。其二是减少风险事件发生后对赛事运作的负面影响。如为了降低开幕式点燃火炬不成功的负面影响，通常会准备 1 至 2 个备用方案。

转移风险是一种并没有改变风险，但改变了风险承担者的措施。例如，向赛事提供交通服务的汽车公司，与体育赛事运作管理机构就赛事用车服务签订了固定价格合同，那么汽车公司将承担燃油价格上涨引起成本上升的风险。在采用转移风险的措施来防范风险时，应该明确风险承担方的责任及体育赛事运作机构相应支付的费用或其他对价条件。

分担风险与转移风险的不同在于不是由一方承担风险，而是将风险分配到各方。这在体育赛事运作机构与代理机构合作中最为常见。例如，代理体育赛事市场开发步伐业务的经纪公司，需要向赛事运作管理机构交纳一定的保证金。一旦代理业务不成功，赛事运作管理机构要遭受损失，而经纪公司也会损失保证金，这是对经纪公司的约束，也是一种风险分担的方式。

保留风险实质上是一种识别到风险的存在，但对风险不采取主动措施的防范方式。这会在两种情况下存在：其一是风险影响小，不值得花费成本去防范，其二是风险相当大，以至于不可能通过降低、转移或者分担风险来应对，这就是我们常说的不可抗力事件，比如说洪灾、地震等，这样的风险事件概率较小，因此体育赛事运作管理机构通常选择保留这种风险。

风险防范决策需要根据实际情况选择，无论是哪一种风险防范决策，都旨在增强体育赛事对于风险的承受能力，尽可能地降低风险事件可能造成的负面影响。风险防范决策需要具体的风险防范计划支持。

（四）突发事件处置

对于体育赛事中发生的突发事件我们应该调动各种可以利用的资源，采取各种可行的方法和方式，尽可能地控制、消除突发事件带来的负面影响，避免更大损失的产生，尤其要注意可能引发的连锁反应。处理突发事件应该遵循以下原则：

1. 快速反应原则

体育赛事突发事件发生后会很快被媒体和公众口头传播，引起社会关注。这时要迅速研究对策，做出反应，并及时公布突发事件的真相和应采取的各项措施。在许多时候，突发事件的严重后果并不在于事件的直接后果，更在于赛事整体形象与信誉的损坏。快速反应一方面抑制事态的进一步扩大，另一方面也有助于获得公众的同情和支持，这样来减少突发事件的损失。

2. 忠于事实原则

通常情况下，体育赛事突发事件会使公众产生种种猜测和怀疑，尤其是大型综合性赛事，更容易引起社会各方的普遍关注。当突发事件发生后，体育赛事运作管理机构要保持公开、坦诚的态度，不应该表现出高调防卫的姿态，绝不能撒谎，越是隐瞒真相越是会造成更坏的后果。

3. 立场明确原则

突发事件发生后，体育赛事运作管理机构需要保持一定的灵活性来应付事态的发展变化，但不能在公众和媒体面前闪烁其词或者立场摇摆不定，这样会让公众和媒体认为赛事运作管理机构处理事态不利，甚至以为刻意隐瞒真相。因此，对于赛事突发事件的基本立场必须严格遵守，并且反复强调。

4. 依法执行原则

体育赛事突发事件的处理需要快速反应、随机应变，根据不同情况采取必要措施，但是也要强调依法执行，以防出现更多不可控因素。体育赛事运作管理机构必须严格按照法定权限和相关程序采取应对措施。

二、组织机构

在体育赛事运作实务中，赛事运作管理机构很少设置专门的风险管理部门或团队，通常是由赛事运作管理机构的高层管理者或者某项具体工作的负责人召集风险管理的会议，相关人员参加，采用头脑风暴法或者邀请专家、专业人员进行指导（借助于其他体育赛事的经验）来识别体育赛事潜在的风险，并进行评估。由相关部室某项具体工作的负责人负责对风险进行有效的防范。

三、风险管理工作示意图

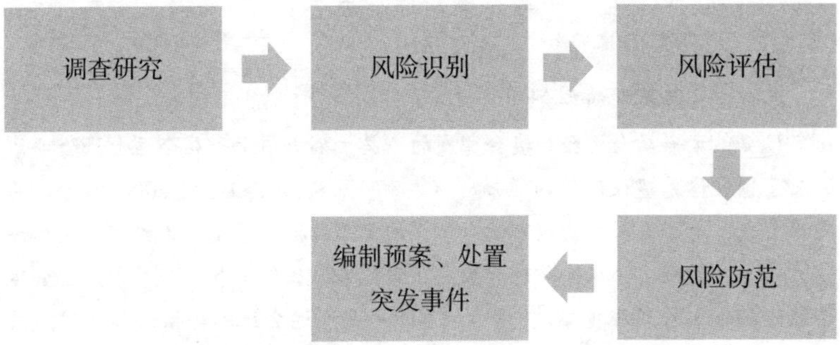

相关链接：

第十一届全运会风险评估工作实施方案

十一运会组委会办公室

各部室、各赛区组委会：

根据第十一届全运会组委会印发的《关于搞好第十一届全运会风险评估和应急预案体系建设工作的通知》（第十一届全运会组办发[2008]26号）的安排要求，为了进一步明确职责分工、细化工作措施、完善工作流程，尽快建立第十一届全运会风险防范和应急预案体系，我们拟制了《第十一届全运会风险评估工作实施方案》，请与《第十一届全运会风险评估工作方案》结合实施。

一、主要工作内容

按照风险源识别、风险评估、处置建议和应急预案四个组成部分，开展第十一届全运会风险评估工作，建立完善第十一届全运会风险控制和应急预案体系。

二、机构与职责分工

（一）工作组

按照风险评估的8项内容，成立由组委会有关部室、赛区组委会、政府具体职能部门和××大学、××大学专家组成的项目工作组，开展各项目风险评估和应急预案制定工作。工作组由组长负责，并确定牵头部门和承办人。

（二）职责分工

1. 组委会办公室、安全保卫部负责风险评估项目的组织协调工作。各项目工作组负责本项目的风险评估和应急预案拟制工作。

2. 组委会有关部室和各赛区组委会，主要在项目专家的指导下，按照第十一届全运会风险评估技术规范，填制专项风险识别表，提供风险评估基础数据和相关情况；协调本项目涉及的省直、市直有关部门，为风险评估提供有关数据和情况；根据专家作出的风险分析和处置建议，拟制本项目应急预案；结合测试赛开展应急预案演练，正式赛事阶段开展风险源监控和处置工作。

3. 工作组专家主要负责专项风险评估工作方案和实施细则的制定，专项风险识别表的拟制，根据风险识别表进行等级分析和评估，提出专项风险处置建议，指导专项应急预案的拟制，撰写风险评估和应急预案专项报告，对应急预案演练、赛时风险监控进行技术指导。

4. 风险评估总项目组负责汇集专项风险评估报告，并进行分析研究，最终形成第十一届全运会风险评估总报告。

三、工作项目及组成人员

风险评估总项目

顾问：×××

总负责人：×××

风险评估分项目

1. 项目：开闭幕式风险评估及应急预案。

具体评估内容：场内安全及周边安全秩序；国家领导人及重要嘉宾安全；场馆内电力、通讯、消防、医疗、电视转播保障；入退场人员疏散及安全；气象、交通、公共安全保障；恐怖、爆炸及群体性事件的防控。

工作组：×××（组长）、×××；组委会安全保卫部（牵头单位）、办公室、大型活动部、新闻宣传部、广播电视部，行政接待部、市场开发部、交通保障部、电力保障部、医疗卫生部，济南赛区组委会。

2. 项目：新闻媒体宣传风险评估及应急预案。

具体评估内容：记者接待、宣传报道的组织管理；媒体设备及基础设施保障；突发新闻事件的应急处置；互联网络的信息发布与管理；涉外新闻记者的接待与管理。

工作组：×××（组长）、×××；组委会新闻宣传部（牵头单位）、广播电视部。

3. 项目：比赛场馆运行和赛事保障风险评估及应急预案。

具体评估内容：比赛期间场馆内外安全保障；运动员（裁判员、技术官员）安全保障；场馆建筑及比赛器材安全保障；道路交通保障；赛事场馆内电力、气象、通讯、消防、医疗、电视转播保障。

工作组：×××（组长）、×××；组委会安全保卫部（牵头单位）、竞赛部、场馆建设部、信息技术部、市场开发部、行政接待部、交通保障部、医疗卫生部、电力保障部、广播电视部，各赛区组委会。

4. 项目：社会治安和突发公共安全事件风险评估及应急预案。

具体评估内容：群体性突发事件（上访、罢工、法轮功等）；重大群体性安全事故；社会公共秩序及安全；运动员、嘉宾、群先会代表、代表团、媒体记者驻地安全保障；恐怖、暴力、爆炸、盗窃、抢劫等重恶性突发事件；民族与宗教问题引发的事件；基础设施（光缆、煤气、电缆、供水）安全保障。

工作组：×××（组长）、×××；组委会安全保卫部(牵头单位)、市场开发部、各赛区组委会。

5．项目：医疗卫生和食品安全风险评估及应急预案。

具体评估内容：接待驻地食品供应及安全；水污染、空气污染，食物中毒，急性传染病，动物疫情；突发医疗事件处置(运动员、来宾、观众)；定点医院医疗保障。

工作组：×××（组长）、×××；组委会医疗卫生部(牵头单位)、市场开发部，各赛区组委会。

6．项目：城市（赛区）运行保障风险评估及应急预案。

具体评估内容：水、电、通讯、能源保障；公共交通运输保障；赛时交通路线保障；消防安全保障；危化、爆炸物品运输；化学品泄漏及重大污染事件。

工作组：×××（组长）、×××；组委会安全保卫部(牵头单位)，各赛区组委会。

7．项目：气象（自然灾害）风险评估及应急预案。

具体评估内容：大、暴雨灾害，雷电灾害，风灾，地震灾害。

工作组：×××（组长）、×××；组委会气象保障部、市场开发部。

8．项目：火炬传递风险评估及应急预案。

具体评估内容：传递路线选择，传递沿线安全保障，交通保障，现场观众组织。

工作组：×××（组长）、×××；组委会群体工作部(牵头单位)、安全保卫部、市场开发部，各赛区组委会。

四、风险评估工作计划

（一）成立各专项风险评估工作组并组织培训。按照组委会统一要求，成立由专家、组委会部室和各赛区组委会组成的风险评估分项工作组。风险评估专家负责制定《十一运会风险评估实施细则》《十一运会×××风险识别表》、风险评估流程和技术要求，做好十一运风险评估前期准备工作，并组织各项目组人员进行专项培训。该工作于2008年12月底完成。

（二）开展十一运风险识别工作

1．风险评估分项工作组及有关部门按照《风险评估实施细则》和《全运会×××风险识别表》，针对具体评估内容细化风险评估指标，分别开展风险识别工作，完成风险识别表的填制。该项工作拟于2009年1月15日前完成。

2．各工作组专家负责梳理、汇总各单位提供的风险识别表，形成本工作组《全运会×××风险识别表》。该项工作拟于2009年1月底前完成。

（三）开展风险评估并拟制风险评估报告及应急预案

1．各工作组对风险进行后果与可能性进行初步分析，并评定风险等级，提出处置建议；根据《应急预案框架指南》，制定针对性、操作性强的专项应急预案。该项工作于2009年2月15日前完成。

2．各工作组在梳理、汇总风险评估结果基础上，由各组专家拟制《全运会×××风险评估报告》。该项工作于2009年2月底前完成。

3．总项目组在各分项组形成的《全运会×××风险评估报告》基础上，最终完成《十一运会风险评估与对策总报告》，并将全部风险评估报告汇集成册。该项工作于2009年3月10日前完成。

（四）对风险评估专项报告和总报告进行评审。由组委会组织有关专家和部门，开展专项评审工作，通过后正式印发。该项工作于3月20日前完成。

（五）根据风险评估报告，开展应急预案演练。在十一运会测试赛和先期决赛期间，各项目工作组结合筹办工作实际，根据专项风险评估报告和应急预案，开展应急预案模拟演练，全面提高应急管理能力，并及时更新风险评估数据，充实完善各专项风险评估和应急预案。实施时间为2009年3月11日—9月30日。

（六）全面进行赛时期间的风险控制。在第十一届全运会赛时阶段，按照风险评估专项报告和应急预案，对十一运会全过程、全方位进行风险实时监控，发现问题按照应急预案及时有效处置。实施时间为2009年10月1—30日。

二〇〇八年十二月十四日

第二十二节 体育赛事筹备阶段主要难点与对策

一、体育赛事筹备阶段大型综合性体育赛事的主要难点

1. 体育赛事的主办单位与承办单位的协调
2. 组委会人员“人到心到” 的问题
3. 组委会内部的工作机制问题
4. 经费筹集与财务管理的问题
5. 市场开发工作
6. 新闻宣传工作
7. 组委会各部门工作之间的沟通与协调
8. 开（闭）幕式、相关主题活动的组织，主要会议的组织
9. 场馆建设与维修、改造或者场馆租赁
10. 体育赛事的风险防范问题

二、产生原因

1. 认识问题
2. 管理机制问题
3. 与政府及主办单位、承办单位、协办单位之间的沟通问题
4. 工作人员素质与能力问题
5. 业务水平问题
6. 办赛环境问题（包括内在和外在环境）等

三、主要对策

1. 赛事的主办单位、承办单位、协办单位签订赛事承办合同。

2. 建立科学的人力资源管理办法，制定相关的管理制度。

3. 建立“决策层、管理层、执行层”等不同层级的管理机制。

4. 在选择体育赛事时就要对该项赛事的开支进行预算评估，在赛事的筹备全过程中按预算执行，同时，加大市场开发的力度和做好节约工作。

5. 要及时地启动市场开发计划，组织专业人员采用多种合作方式，建立合理的分配模式，多渠道、灵活的方式对赛事市场进行开发。传统的体育赛事主要应该构建赛事品牌和长期的、规范的市场开发计划，进行开发。

6. 一方面要总结归纳出体育赛事的特点和亮点，另一方面要结合体育赛事筹备工作的规律，同时还要选择合适的传播时间与渠道。

7. 采用各部室联络员信息沟通机制和建立组委会信息通报制度，如通过组委会局域网、短信平台及时发布相关信息，还要采用跨部门的工作进行面对面的工作沟通和协调等措施，实现组委会内部各部室之间的信息对称，并且做到跨部门的工作无缝隙对接。

8. 采用建立专项工作组，明确专项工作责任人的办法，对开闭幕式及主要活动与会议工作实施专项工作负责制。

9. 在赛事选择的时候就要对赛事的布局以及举办赛事的场馆进行充分的论证，确定需要重新建设或者维修的场馆，应该以满足体育赛事的基本要求为目标，组织建设和维修，这一类的经费开支采用专项经费管理的办法，对可以租赁使用的场馆则要提前预约，签订租赁合同，确保体育赛事的如期举办。

10. 在选择体育赛事的时候，就应对该项赛事可能发生的风险进行科学的评估，要建立专门的风险评估和防范的工作机构以及工作机制，要针对不同等级的风险采取有效的措施进行规避、防范或者转移，以确保体育赛事顺利进行。

思考题

1. 为什么体育赛事运作要以竞赛和大型活动为中心？
2. 如何建立体育赛事运作管理的机制？
3. 体育赛事运作各阶段有哪些主要文案？
4. 开幕式与闭幕式的主要区别是什么？
5. 体育赛事相关利益者有哪些需求？
6. 体育赛事筹备阶段竞赛工作、接待服务工作、新闻宣传工作等工作的主要内容有哪些？
7. 体育赛事筹备阶段的主要难点及其对策是什么？

第三章　体育赛事举办阶段运作实务

本章学习要点：

- 体育赛事举办阶段主要活动与会议安排工作的主要内容
- 体育赛事举办阶段开闭幕式、竞赛组织工作、接待服务工作的主要内容及工作流程
- 体育赛事举办阶段新闻中心服务、广播电视转播工作的主要内容
- 体育赛事举办阶段综合保障工作、证件工作、门票工作等的主要内容及组织机构

筹备阶段的工作任务就是为成功举办体育赛事做好一切准备。体育赛事举办阶段是指体育赛事正式开始举行阶段直至全部比赛结束为止的阶段。这一阶段是体育赛事目标全面实现的阶段，也是体育赛事筹备工作成果的集中体现。从第一个项目开始举办(或者举行正式的开幕式）时，体育赛事正式进入举办阶段。举办阶段主要任务包括按竞赛规程与规则组织竞赛，按总体工作方案组织主要活动与会议，为体育赛事正式举行提供全面的保障。

第一节　主要活动与会议安排工作实务

体育赛事举办过程中组织相关活动，可以提升赛事规格，进

一步发挥赛事的载体作用，提升赛事举办地知名度、关注度与美誉度，也是体育赛事的重要组成部分。组织这些主要活动与会议要遵循三个原则：与赛事高度关联；要遵守《竞赛总规程》的相关规定；遵循安全、可行的原则。

一、举办阶段主要活动与会议安排工作的主要内容

（一）组委会暨各代表团团长会议

体育赛事的举办阶段，一般举行两次组委会暨代表团团长会议。第一次通常在体育赛事开幕前一天或开幕当天举行，组委会全体成员、各代表团团长、副团长、联络员及组委会各工作部门负责人参加，由组委会主要领导介绍赛事筹备工作情况，介绍赛事举办期的主要活动安排，向全体委员、各代表团（队）提出希望与要求；第二次会议通常在闭幕前一天或闭幕当天举行，由组委会主要领导介绍赛事举办情况，评选优秀选手或代表团。

（二）组委会新闻发布会

通常体育赛事举办阶段组委会组织两次新闻发布会。一次是在体育赛事开幕前一天或当天举行，主要是由组委会领导向媒体介绍赛事整体筹备工作情况；第二次是在闭幕前一天或当天举行，主要是由组委会领导向媒体介绍赛事举办情况。

（三）各代表团联络员会议

召开各代表团团长联络员会议，是确保体育赛事运作管理机构与各代表团之间保持信息对称的重要途径，是做好体育赛事开幕前准备工作的重要前提。大型综合性体育赛事的联络员会议，通常分别于赛前 6 个月、1 个月、报到前 1 天、比赛结束前 2 天

分别举行一次。单项体育赛事的联络员会议通常分别于赛前 1 个月、报到前 1 天、比赛结束前 1 天分别举行一次。

（四）组委会招待宴会

为表示对出席体育赛事各位来宾的欢迎和欢送，体育赛事组委会一般分别在开幕当天、闭幕当天举行开幕招待宴会和闭幕招待宴会，分设主宴会厅和分宴会厅。主宴会厅由组委会主要领导主持、陪同，各代表团团长、副团长、特邀嘉宾等出席。分宴会厅一般在各位来宾的驻地宾馆同期不同地点举行，相应的对口接待单位领导主持、陪同。

（五）开幕式、闭幕式

体育赛事开幕式和闭幕式是体育赛事成功开始及圆满结束的标志性事件，这使得开幕式和闭幕式成为展示赛事运作水平和整体形象的最佳载体之一（下节将做详细阐述）。

（六）火炬传递活动

火炬传递活动是大型综合性体育赛事中一项传统的典型的公共关系活动，被视为通过与公众近距离接触及互动的方式传播体育精神、宣扬体育赛事文化、展示赛事形象的绝佳途径。火炬传递活动由火种采集、火炬传递、点燃主火炬、熄灭主火炬等工作环节组成。

（七）科学论文报告会

科学论文报告会是以体育赛事为主题，是由赛事主办方组织的科研成果交流与展示的活动，也是体育赛事中的重要活动。采用论文投稿的形式，经过专家评审，选出一批优秀论文，以专题报告或书面报告的形式进行交流。

（八）展览会、经贸活动、文化活动

在体育赛事举办期间，赛事的组织者为了提高赛事的综合效益，通常会组织一些展览、展示、经贸、文化活动。这些活动既可以烘托体育赛事的气氛，也可以扩大体育赛事的影响力，提高参与度，进一步提升体育赛事的社会价值、经济价值和文化价值。

二、组织机构

举办阶段的主要活动与会议因涉及各个部室，通常无法由单个部门独立完成，需要采用组建跨部门的“专项工作组”来组织实施。通常由“主事部门”牵头，相关部门协助，共同做好这些活动。组委会会议、新闻发布会、联络员会议等主要会议通常是由办公室牵头，其他相关部室协助或参与。招待宴会由办公室和行政接待部共同组织，开闭幕式活动由组委会成立的开闭幕式工作部组织，其他部室协助。火炬传递活动、科学论文报告会、展览会、经贸活动、文化活动等需要新闻宣传部、办公室、市场开发部、安全保卫部等部门共同完成。

三、主要活动与会议安排工作示意图

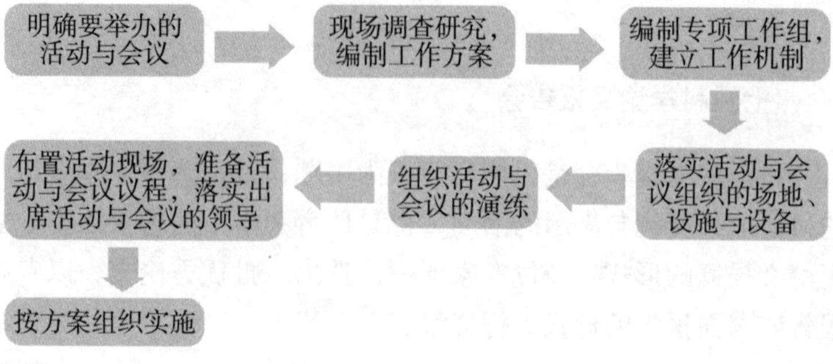

相关链接一：

第十一届全运会举办期间重要活动与会议安排

根据全运会举办期惯例并结合十一运实际，在征求组委会各部室意见的基础上，按照举办期时间顺序（10月15—29日），拟制了十一运举办期间重要活动与会议安排意见，供参考。

一、10月15日

1. 召开组委会新闻发布会。新闻宣传部负责。

2. 上午，十一运科学大会正式开幕。邀请国家体育总局及省和组委会领导参加。山东体育学院负责，有关部室配合。

3. 举行十一运会记者招待宴会。新闻宣传部负责。

4. 组织对开幕式现场最后一次专项检查，完成“搜排爆”，对奥体中心实行封闭管理。开闭幕式总指挥部负责。

5. “群先会”“双先会”会议代表报到并举行欢迎晚宴，邀请国家体育总局及省和组委会领导参加。群体部、人事部负责，办公室、行政接待部配合。

6. 召开“群先会”“双先会”表彰联络员会议。群体部、人事部负责。

7. 省主要领导在山东大厦会见、宴请国际奥委会主席罗格一行。贵宾接待部负责。

8. 举行中国奥委会观摩团欢迎宴会，邀请国家体育总局及省和组委会领导参加。贵宾接待部负责。

二、10月16日

1. 中央领导同志抵达。行政接待部负责。

2. 开幕式现场发放给观众的礼品、食品摆放完毕，所有保障运行团队到位，全场封闭。开幕式总指挥部负责。

3. 上午召开组委会全体会议暨代表团团长会议。办公室负责。

4. 上午“建国六十周年体育成就展”“美术展”“摄影展”“邮品展”开幕，邀请国家领导、国际奥委会主席罗格先生出席部分开幕仪式。新闻宣传部负责，办公室、贵宾接待部配合。

5. 下午，中央领导同志在山东大厦接见出席“群先会”“双先会”代表。群体部、人事部负责，办公室配合。

6. 晚上，举行十一运会招待宴会，邀请国家体育总局及省和组委会领导参加。行政接待部负责。

7. 晚8时，十一运会开幕式及文艺表演。开闭幕式总指挥部负责。

三、10月17日

1. 举行招待国家体育总局观摩团宴会，邀请国家体育总局及省和组委会领导参加。行政接待部负责。

2. 举行赞助商招待宴会，邀请国家体育总局及组委会领导参加。市场开发部负责。

3. 举行“群先”“双先”表彰会，17—21日，群先代表赴各市参观考察；16—20日，双先代表参观考察。群体部、人事部负责。

四、10月18日

1. 举行各类媒体总监、总编、社长、台长招待宴会，邀请组委会领导参加。新闻宣传部负责。

2. 召开纪律检查委员会全体会议。监察审计部负责。

五、10月21日

召开闭幕式总指挥部专题工作会议，到奥体中心体育馆对每一个工作环节进行现场对接。开闭幕式总指挥部负责。

六、10月22日

1. 召开组委会闭幕阶段工作动员会，全面部署闭幕期间重点工作。办公室负责。

2. 召开闭幕阶段新闻宣传专题工作会议。新闻宣传部负责。

七、10月24日

闭幕式合练，召开闭幕式安保工作专题会议，闭幕式总指挥部现场预演。开闭幕式总指挥部负责。

八、10月26日

1. 闭幕式预演。开闭幕式总指挥部负责。

2. 组织各类媒体联合采访山东省主要领导。新闻宣传部负责。

九、10月27日

1. 各项展览闭幕。

2. 闭幕式带机预演。开闭幕式总指挥部负责。

十、10月28日

1. 中央领导同志出席闭幕式的接待工作。行政接待部负责。

2. 组委会全体会议暨代表团团长会议。办公室负责。

3. 召开组委会新闻发布会。新闻宣传部负责。

4. 举行组委会欢送宴会。行政接待部负责。

5. 举行十一运会闭幕式。开闭幕式总指挥部负责。

十一、10月29日

做好欢送代表团、记者、港、澳、台代表及重要嘉宾的工作。行政接待部负责。

相关链接二：

第十一届全运会举办期间组委会重要活动与会议安排 2009.8

时间	主要内容	责任部门
9月5—8日	1. 闭幕式第一阶段合练	大型活动部
9月上旬	1. 召开全省十一运宣传工作会议暨十一运山东记者采访团成立大会阶段合练	新闻宣传部
9月15日	1. 召开协调会，落实全运会期间全民健身系列活动方案有关要求	群体部
9月16日	1. 十一运倒计时30天动员誓师大会	办公室
9月17日	1. 开闭幕式总指挥部第一次工作会议	办公室、大型活动部
9月18日	1. 检查医疗救护中心和运动员村、媒体村管理运行机构入村后工作进展情况	济南赛区、新闻宣传部 医疗卫生部

（续表）

时间	主要内容	责任部门
9月19日	1. 全程检查“群先会”“双先会”准备情况 2. 召开驻济高校志愿服务开闭幕式协调会 3. 在青岛市举行山东省暨青岛市火炬传递起跑仪式及火炬接力传递活动	群体部、人事部 志愿者工作部 群体部、青岛赛区组委会
9月中旬	1.召开十一运新闻宣传领导小组会议	新闻宣传部
9月20日	1. 召开开、闭幕式门票工作专题汇报会 2. 召开省会济南社会层面控制专题工作会议	票务中心 社会稳控与安保工作组
9月21日	1. 召开全运会食品、副食品供应暨济南市市场供应专题工作会议 2. 召开各接待站站长专题会议并进行培训 3. 召开对口接待单位动员大会	济南赛区、行政接待部 行政接待部 行政接待工作组
9月22日	1. 召开重要嘉宾接待准备工作汇报会 2. 组织对运动员村、媒体村24小时入住模拟实战演练 3. 召开全运会广电专题会议 4. 开幕式合练开始 5. 9月22日—10月4日，闭幕式第二阶段合练	贵宾接待部 济南赛区、新闻宣传部 广电部 大型活动部 大型活动部
9月23日	1. 召开港、澳、台代表团及少数民族代表接待工作专题会议 2. 召开全运会礼品、纪念品专题会议 3. 检查开幕式集中排练人员驻地医疗救护、食品卫生监督和疾病控制工作	行政接待部 市场开发部 医疗卫生部
9月24日	1. 召开举办期间新闻宣传、外宣报道专题工作会议	新闻宣传部

（续表）

时间	主要内容	责任部门
9月25日	1. 专项检查安保指挥中心、医疗救护指挥中心、交通运输指挥调度中心、水、电、气、热抢修指挥中心工作	办公室、大型活动部
9月26日	1. 召开开、闭幕式总指挥部关于开幕式工作流程对接会议 2. 召开食品卫生、卫生防疫、疾病控制专题工作会议 3. 组织医疗急救工作专项检查	办公室、大型活动部 食品药品安全工作组 医疗卫生部
9月27日	1.在各代表团报名结束后，核准编内与超编人数的基础上，召开接待工作专题工作会议	行政接待部
9月28日	1.召开各主要旅游景点接待咨询、旅游投诉服务专题会议	行政接待部
9月29日	1.最后一次检查全运村开村准备工作，检查运动员入村和记者入村迎接工作	济南赛区 新闻宣传部
9月下旬	1.召开各省区市新闻官工作会议	新闻宣传部
10月2日	1.召开全运会代表团团部报到、接机、接站专题工作会议	行政接待部 交通保障部
10月3日	1. 召开全运会10月13日–30日重要活动和会议专题工作会议 2. 组织对在赛区参加决赛的运动员进行“中秋节”慰问活动	办公室 竞赛部
10月4日	1. 召开组委会各部室负责人专项工作协调会 2. 召开各类展览专题工作会议	办公室 新闻宣传部 山东体院

（续表）

时间	主要内容	责任部门
10月5日	1. 新闻中心正式启用 2. 召开各赛区负责人会议 3. 召开竞赛工作专题会议	新闻宣传部 办公室 竞赛部
10月6日	1.召开全运会开、闭幕式总指挥部第二次会议并在奥体中心现场进行各工作环节的对接	办公室 大型活动部
10月7日	1. 召开全运会风险处置总指挥部工作会议 2. 开幕式合练结束	办公室 大型活动部
10月8日	1. 召开竞赛纠纷处置专题工作会议 2. 组织对重点接待宾馆进行检查 3. 举行开幕式彩排、预演、并录制备播带（10月15日结束）	竞赛部 行政接待部、贵宾接待部、医疗卫生部 大型活动部
10月9日	1. 专项检查比赛场馆器材、设备准备工作 2. 专项检查中央领导及罗格主席出席活动的所有场地和工作流程的准备工作 3. 召开全运会志愿者专题工作会议	竞赛部 贵宾接待部 志愿者工作部
10月10日	1. 召开全运会维护赞助商权益、做好赞助商服务专题会议 2. 召开各类来宾接机、接站专题工作会议 3. 召开全运会交通运输保障专题工作会议暨驾驶员动员大会	市场开发部 行政接待部、贵宾接待部、交通保障部 交通保障部
10月11日	1. 召开省委、省政府主要领导暨省几大班子领导出席全运会活动专题工作会议 2. 举行开幕式合练 3. 召开各代表团联络员会议	办公室 大型活动部 办公室、竞赛部

（续表）

时间	主要内容	责任部门
10月12日	1.专项检查济南市及主要比赛场馆城市氛围和景观、赛场氛围、指定接待宾馆氛围布置工作 2. 举行开幕式合练 3. 召开开幕式现场食品、礼品、纪念品、赞助商展示及销售专题协调工作会议 4. 召开全运会气象保障专题工作会议	新闻宣传部、行政接待部 大型活动部 市场开发部、济南赛区组委会 气象保障部
10月13日	1. 召开全运会欢迎宴会专题工作会议 2. 召开开幕式现场安保专题工作会议 3. 召开开幕式“保电”“通讯保障”“信息保障”“直播保障”专题工作会议	行政接待部、贵宾接待部、新闻宣传部 安保部 电力、信息技术、广电部
10月14日	1. 举行开幕式预演 2. 组委会领导到运动员村视察并看望运动员、慰问工作人员 3. 配合彩排，开展开幕式医疗救护、卫生监督、疾病控制、医疗保健综合演练	大型活动部 竞赛部 医疗卫生部
10月15日	1. 组委会新闻发布会 2. 全运会科学大会开幕 3. 组委会领导到媒体村看望记者 4. 举行全运会记者招待宴会 5. 举行开幕式带机彩排 6. 组织对开幕式现场医疗救护、卫生监督、疾病控制、医疗保健布点工作 7. 组织对开幕式现场最后一次专项检查，完成“搜排爆”，对奥体中心实行封闭管理 8. “群先会”“双先会”会议代表报到及欢迎宴会 9. 召开群先表彰联络员会议 10. 省主要领导在山东大厦会见、宴请国际奥委会主席罗格一行 11.在济南市进行最后一站火炬传递活动 12. 举行中国奥委会观摩团宴会	新闻宣传部 山东体院 新闻宣传部 新闻宣传部、行政接待部 大型活动部 医疗卫生部 安保部 群体部、人事部 群体部 贵宾接待部 群体部、济南赛区组委会 贵宾接待部、行政接待部

(续表)

时间	主要内容	责任部门
10月16日	1.中央领导抵达 2. 开幕式现场发放给观众的礼品、食品摆放完毕 3. 上午召开组委会全体会议暨代表团团长会议 4. 上午“建国六十周年体育成就展”“全运会美术展”“摄影展”“邮品展”开幕 5. 下午中央领导接见“群先会”“双先会”代表 6. 举行全运会招待宴会 7. 全运会开幕式 8. 16—27日，闭幕式彩排、预演、并录制备播带	行政接待部、市场开发部、济南赛区组委会 办公室 新闻宣传部、贵宾接待部 群体部、人事部 行政接待部、贵宾接待部、办公室 大型活动部 大型活动部
10月17日	1. 举行招待国家体育总局观摩团宴会 2. 举行招待赞助商宴会 3. 举行群先、双先表彰会，17—21日，群先代表参观考察；16—20日，双先代表参观考察 4. 17—28日，在济南部分广场举行全民健身系列活动	行政接待部 市场开发部 群体部、人事部、安保部、交通保障部、志愿者工作部、新闻宣传部、济南赛区组委会
10月18日	1. 举行招待各类媒体总监、总编、社长、台长宴会 2. 召开纪律检查委员会全体会议	新闻宣传部 监察审计部
10月19日	1.组委会领导看望在新闻中心工作的记者	新闻宣传部
10月20日	1. 组织对赞助商服务、维权工作大检查	市场开发部
10月21日	1. 召开闭幕式总指挥部专题工作会议，到奥体中心体育馆对每一个工作环节进行现场对接	办公室、大型活动部

（续表）

时间	主要内容	责任部门
10月22日	1. 召开组委会做好闭幕阶段工作动员会，全面部署闭幕期间重点工作 2. 召开闭幕阶段新闻宣传专题工作会议	办公室 新闻宣传部
10月23日	1. 召开欢送宴会专项工作会议 2. 对闭幕式现场各项设施、设备尤其是外挂、临时性设施进行专项安全检查。	行政接待部 安保部、大型活动部、济南赛区组委会
10月24日	1. 闭幕式合练 2. 闭幕式总指挥部现场预演 3. 召开闭幕式安保工作专题会议	大型活动部 安保部
10月25日	1. 召开欢送各类来宾的专项工作会议 2. 召开闭幕式现场商业服务、赞助商展示专题工作会议	行政接待部 市场开发部
10月26日	1. 闭幕式预演 2. 组织各类媒体联合采访山东省主要领导	大型活动部 新闻宣传部
10月27日	1. 各项展览闭幕 2. 闭幕式带机彩排	新闻宣传部 大型活动部
10月28日	1.中央领导出席全运会闭幕式的接待工作 2. 组委会全体会议暨团长会议 3. 组委会新闻发布会 4. 组委会欢送宴会 5. 举行全运会闭幕式	行政接待工作组、行政接待部 办公室 新闻宣传部 行政接待部 大型活动部
10月29日	1. 按工作分工，重点做好欢送代表团、记者、港、澳、台代表及重要嘉宾的工作 2. 核准各类来宾离会人员的信息	行政接待部 行政接待部、贵宾接待部
10月30日	1. 继续做好欢送各类来宾的工作 2. 核准各类来宾离会人员的最终信息	行政接待部、贵宾接待部

（续表）

时间	主要内容	责任部门
10月31日	1. 全面检查各类来宾人员的情况，对滞留人员全部作为自费旅游人员管理 2. 组委会转入全运会收尾工作阶段	行政接待部、贵宾接待部

相关链接三：

浙江省第十四届运动会主要活动与会议安排表

（10月5—24日）

编制说明

一、本表所涉及的主要活动与会议是指省运会举办期间由省运会组委会组织的重要活动与会议，并按照时间的先后顺序编制。

二、主要责任部门、责任人分别是指该项活动与会议牵头负责的部门和第一责任人，协助部门和协助人分别是指按照牵头负责的部门和第一责任人的要求配合做好相关工作的部门和人员。

三、责任部门和责任人要按照本表所规定的时间、地点、活动与会议名称、出席领导等相关要求与协助部门和协助人组成专项工作组，编制详细的执行方案并与相关部门充分沟通和对接后，报筹备工作领导小组领导批准后执行。

四、每一项活动与会议均由主要责任部门、责任人负责统筹管理，采用“全程负责制”。

五、每一项活动与会议均要编制相应的工作预案，报筹备工作领导小组领导批准，在领导决定启动工作预案时，按相关预案执行。

一、10月5日（星期二）

时间	地点	主要活动与会议名称	出席领导	责任部门与责任人	协助部门与协助人	备注
8:30	嘉善县体育中心	浙江省第十四届运动会手机短信火炬传递（嘉兴站）暨火炬传递（嘉善站）启动仪式	拟请：柴永强副市长	群体活动部 黄伟明 电话：略	办公室 项志萍 电话：略 移动嘉兴分公司	
全天	嘉兴体育馆	开幕式演员排练		大型活动部 王晓初 电话：略	场馆建设部 周云飞 电话：略	

二、10月6日（星期三）

时间	地点	主要活动与会议名称	出席领导	责任部门与责任人	协助部门与协助人	备注
全天	嘉兴体育馆	开幕式节目排练	拟请：柴永强副市长	大型活动部 王晓初 电话：略	场馆建设部 周云飞 电话：略	

三、10月7日（星期四）

时间	地点	主要活动与会议名称	出席领导	责任部门与责任人	协助部门与协助人	备注
全天	嘉兴体育馆	开幕式节目排练		大型活动部 王晓初 电话：略	场馆建设部 周云飞 电话：略	

四、10月8日（星期五）

时间	地点	主要活动与会议名称	出席领导	责任部门与责任人	协助部门与协助人	备注
上午	嘉兴市内	市领导检查嘉兴市城市环境与氛围及省运会筹备情况	市四套班子领导	办公室 周梅芳 电话：略	相关部室	
全天	嘉兴体育馆	开幕式节目排练		大型活动部 王晓初 电话：略	场馆建设部 周云飞 电话：略	

五、10月9日（星期六）

时间	地点	主要活动与会议名称	出席领导	责任部门与责任人	协助部门与协助人	备注
上午	奥林匹克大酒店	青少年部代表团联络员报到		后勤保障部 李四民 电话：略	竞赛部 王伟荣 电话：略	
上午	戴梦得大酒店	行业系统部代表团联络员报到		后勤保障部 王一 电话：略		
全天	嘉兴体育馆	开幕式节目排练		大型活动部 王晓初 电话：略	场馆建设部 周云飞 电话：略	
14:30	奥林匹克大酒店	浙江省第十四届运动会代表团联络员会议	柴永强 副市长	竞赛部 王伟荣 电话：略	各部室	

六、10月10日（星期日）

时间	地点	主要活动与会议名称	出席领导	责任部门与责任人	协助部门与协助人	备注
全天	奥林匹克大酒店	青少年部代表团团部报到		后勤接待部 人员待定		
8:30	七一广场	浙江省第十四届运动会火炬传递（嘉兴站）起跑仪式	拟请：省体育局李局、应局，李市长、武部长、柴市长、王新民、王淳	群体活动部 黄伟明 电话：略	各部室	
20：00	嘉兴体育馆	开幕式预演		开幕式指挥部	大型活动部 王鸣霞 电话：略 张颖杰 电话：略 暨各部室	入场式运动员未到位，仪式部分简化

七、10月11日（星期一）

时间	地点	主要活动与会议名称	出席领导	责任部门 与责任人	协助部门 与协助人	备注
上午	阳光 大酒店	体操比赛组委会、裁判员报到		后勤接待部 李明　电话：略		
全天	偭都中港 大酒店	新闻记者报到		新闻宣传部 马雪腾　电话：略		
全天	戴梦得大 酒店	行业系统部代表团团部报到		后勤接待部 李正　电话：略		
全天	嘉兴 体育馆	开幕式入场仪式演练		大型活动部 沈　飞　电话：略 竞赛部 王伟荣　电话：略	办公室 程奇慧　电话：略 场馆建设部 周云飞　电话：略	
全天	嘉兴 体育馆	开幕式节目调整、排练		大型活动部 马学文　电话：略	各部室	
17：30	偭都中港 大酒店	省运会新闻记者招待酒会	省体育局、 市有关领 导	新闻宣传部 马雪腾　电话：略	后勤保障部 人员待定 办公室 毛鹏飞电话：略	

八、10月12日（星期二）

时间	地点	主要活动与会议名称	出席领导	责任部门 与责任人	协助部门 与协助人	备注
上午	君特酒店	省运会体操比赛代表队报到		后勤保障部 梅凤平 电话：略	竞赛部 王伟荣 电话：略	
上午	世茂花园大酒店	群先表彰各代表团报到		群体活动部 黄伟明 电话：略	后勤保障部 人员待定	
全天	待定	总局、省领导报到接待		后勤保障部 李建根 电话：略		
10:30	奥林匹克大酒店	浙江省第十四届运动会组委会暨代表团团长会议		办公室 周梅芳 电话：略	后勤保障部 李四民 电话：略 新闻宣传部 马雪腾 电话：略	
11:30	奥林匹克大酒店	嘉兴市人民政府便宴款待组委会委员及代表团团长	柴永强 副市长	后勤保障部 李四民 电话：略	办公室 项志萍 电话：略	按照历届省运会惯例建议
14：00	俪都中港大酒店	浙江省第十四届运动会组委会新闻发布会	省体育局、市有关领导	新闻宣传部 马雪腾 电话：略	办公室 毛鹏飞 电话：略	

（续表）

时间	地点	主要活动与会议名称	出席领导	责任部门与责任人	协助部门与协助人	备注
16：30	世茂花园大酒店	省领导接见群先代表	拟请：省委书记、省长等四套班子有关领导及有关秘书长、省体育局和嘉兴市相关陪同领导	群体活动部 黄伟明 电话：略	办公室 项志萍 电话：略 安全保卫部 姚钰明 电话：略 新闻宣传部 马雪腾 电话：略 后勤保障部 李梅 电话：略	
17：30	奥林匹克大酒店	浙江省第十四届运动会组委会中共嘉兴市委、市人民政府招待宴会	省委、省政府、省体育局、市有关领导	后勤保障部 李四民 电话：略	办公室 项志萍 电话：略	
18：00	世茂花园大酒店	群先表彰大会欢迎晚宴	拟请：马云林、李云林、应祖明、鲁俊、柴永强	群体活动部 黄伟明 电话：略	后勤保障部 李梅 电话：略	
20：00	嘉兴体育馆	省运会开幕式	总局、省委、省政府、省体育局、市有关领导	开幕式指挥部	大型活动部 王鸣霞 电话：略 张颖杰 电话：略 暨各部室	

九、10月13日（星期三）

时间	地点	主要活动与会议名称	出席领导	责任部门与责任人	协助部门与协助人	备注
上午	博雅酒店	青少年部代表团、省运会指挥系统、体坛报社由奥林匹克大酒店转移到博雅酒店住宿		后勤保障部 李四民 电话：略		
9：00	世茂花园大酒店	浙江省群众体育先进表彰大会	拟请：郑继伟副省长、马林云副秘书长、省体育局领导及市相关领导	群体活动部 黄伟明 电话：略	办公室 项志萍 电话：略 安全保卫部 姚钰明 电话：略 新闻宣传部 马雪腾 电话：略	
9：00	嘉兴国际会展中心	2010中国·长三角国际体育休闲用品博览会暨体育成就展、体育集邮展、体育摄影展预展	省体育局、市有关领导	嘉服集团 李云鸿 电话：略 办公室 周梅芳 电话：略	群体活动部 黄伟明 电话：略 新闻宣传部 马雪腾 电话：略	
14：00	嘉兴学院	省体育科学论文报告会开幕式	省体育局、市有关领导	省体育局科教外事处 办公室 毛鹏飞 电话：略		
14：00	平湖九龙山	群先代表参观群众体育典型示范单位		群体活动部 黄伟明 电话：略		
18：00	平湖金龙门户外营地	群先表彰大会欢送及联谊酒会	拟请：应祖明、张硕	群体活动部 黄伟明 电话：略	后勤保障部 王峰 电话：略	

十、10月14日（星期四）

时间	地点	主要活动与会议名称	出席领导	责任部门与责任人	协助部门与协助人	备注
全天	君特酒店	羽毛球比赛裁判员、代表队报到		后勤保障部 梅凤平　电话：略		
9：30	嘉善县姚庄镇	群先代表参观群众体育典型示范单位	拟请：李云林、应祖明、柴市长	群体活动部 黄伟明　电话：略	办公室 周梅芳　电话：略	
11：00	嘉兴学院	省体育科学论文报告会闭幕式	省体育局领导	省体育局科教外事处办公室 毛鹏飞　电话：略		
下午	世茂花园大酒店	群先表彰各代表团离会		后勤保障部 李梅　电话：略	群体活动部 黄伟明　电话：略	

十一、10月15日（星期五）

时间	地点	主要活动与会议名称	出席领导	责任部门与责任人	协助部门与协助人	备注
10:00	平湖九龙山	2010（浙江）环杭州湾国际休闲产业合作峰会开幕	总局、省体育局、市有关领导	平湖九龙山 庄园办公室 毛鹏飞　电话：略		

十二、10月16日（星期六）

时间	地点	主要活动与会议名称	出席领导	责任部门与责任人	协助部门与协助人	备注
9:00	嘉兴国际会展中心	2010中国·长三角国际体育休闲用品博览会暨体育成就展、体育集邮展、体育摄影展开幕	省体育局、市有关领导	嘉服集团 李云鸿 电话：略 办公室 毛鹏飞 电话：略	群体活动部 黄伟明 电话：略 新闻宣传部 马雪腾 电话：略	

十三、10月17日（星期日）

时间	地点	主要活动与会议名称	出席领导	责任部门与责任人	协助部门与协助人	备注
全天	七一广场	闭幕式舞台搭建		大型活动部 陈曙光 电话：略	场馆建设部 李国明 电话：略	
上午	各宾馆	省运会艺术体操比赛裁判员、代表队报到		后勤保障部 梅凤平 电话：略		
上午	各宾馆	省运会田径比赛裁判员、代表队报到		后勤保障部 梅凤平 电话：略		

十四、10月18日（星期一）

时间	地点	主要活动与会议名称	出席领导	责任部门 与责任人	协助部门 与协助人	备注

十五、10月19日（星期二）

时间	地点	主要活动与会议名称	出席领导	责任部门 与责任人	协助部门 与协助人	备注

十六、10月20日（星期三）

时间	地点	主要活动与会议名称	出席领导	责任部门 与责任人	协助部门 与协助人	备注
15：00	七一广场	闭幕式舞台搭建完毕后验收		大型活动部 陈曙光 电话：略 杭州主创方 董老师 电话：略	各部室	

十七、10 月 21 日（星期四）

时间	地点	主要活动与会议名称	出席领导	责任部门 与责任人	协助部门 与协助人	备注
19：30	七一广场	闭幕式彩排		闭幕式指挥部 大型活动部 张颖杰 电话：略 陈双虎 电话：略 暨各部室	各部室	

十八、10 月 22 日（星期五）

时间	地点	主要活动与会议名称	出席领导	责任部门 与责任人	协助部门 与协助人	备注
9:00		浙江省第十四届运动会代表团联络员会议		竞赛部 王伟荣 电话：略		
15:00	博雅酒店	组委会预备会议（协调道德风尚奖颁奖事宜）		竞赛部 王伟荣 电话：略		
19:30	七一广场	闭幕式预演		闭幕式指挥部	大型活动部 王鸣霞 电话：略 张颖杰 电话：略 暨各部室	

十九、10月23日（星期六）

时间	地点	主要活动与会议名称	出席领导	责任部门与责任人	协助部门与协助人	备注
9：00	博雅酒店	浙江省第十四届运动会组委会暨代表团团长会议	省政府、省体育局、市有关领导	办公室 周梅芳　电话：略 竞赛部 王伟荣　电话：略	新闻宣传部 马雪腾　电话：略	
10：00	新闻中心	组委会新闻发布会	省体育局、市有关领导	新闻宣传部 马雪腾　电话：略	办公室 毛鹏飞　电话：略	
17:30	博雅酒店	浙江省第十四届运动会组委会闭幕招待宴会	组委会委员、各代表团团长	后勤保障部 李四民　电话：略	办公室 周梅芳　电话：略 竞赛部 王伟荣　电话：略	
19:30	七一广场	省运会闭幕式	省委、省政府、省体育局、市有关领导	闭幕式指挥部	大型活动部 王鸣霞　电话：略 张颖杰　电话：略 暨各部室	

二十、10月24日（星期日）

时间	地点	主要活动与会议名称	出席领导	责任部门与责任人	协助部门与协助人	备注
全天		各代表团离会		后勤保障部 李四民 电话：略		
22:00		各接待酒店报告各代表团人员离会情况及人员滞留情况		后勤保障部 李四民 电话：略		

第二节　开闭幕式工作实务

进入到举办阶段，开（闭）幕式工作也进入到了集中排练、合练、彩排、预演以及正式举行开闭幕式的关键阶段。

一、举办阶段开闭幕式工作的主要内容

（一）编制《开（闭）幕式工作手册》

为了确保开闭幕式一次性圆满成功，需要对这一特别重大活动的全程进行“精确的管理”，编制《开（闭）幕式工作手册》就是实现管理的重要措施。该手册围绕开（闭）幕式组织工作的准确时间节点和各项议程的先后顺序，严格排序并落实每一个工作节点的责任人和工作要求，以图表的方式编印。该手册是开（闭）幕式工作重要的指导性文件，也是开（闭）幕式工作组织实施的重要依据。编制该文件的过程即为各相关部室进行调查研究、摸清各部室工作思路的过程，在此基础上，编写相应的执行方案。

该手册主要包括开（闭）幕式指挥部指挥示意图、组织机构设置及职责示意图、开（闭）幕式当日工作流程表以及开（闭）幕式交通运输对象一览表、功能房布局图、停车场及特种车辆分布图、场内外志愿者岗位布局图等与开（闭）幕式顺利进行密切相关的各类图表。

（二）召开对接会

由于开（闭）幕式组织工作是一项复杂的系统工程，为了确保万无一失，需要对所有的工作环节都要进行逐一对接，以形成

"无缝隙链接"。对接会包括桌面对接会和现场对接会。对接会以《开（闭）幕式工作手册》为依据，以开（闭）幕式工作流程为主线，以各部室为单位进行对接。由于开（闭）幕式包含的具体工作较多，涉及部门较多，加之部门间协调难度大，且易发生信息不对称的情况，因此，一般情况下，开（闭）幕式前会组织召开多次对接会，以确保信息高度对称，确保每一项细化工作都能落实到相应的部门，落实到相应的责任人。

（三）确定开（闭）幕式仪式（仪式和颁奖）议程

体育赛事的开幕式由仪式和表演两部分组成。闭幕式由仪式、颁奖和表演三部分组成。开幕仪式的议程是按照体育赛事的惯例编排的，闭幕式也有惯例可循，但中国的体育赛事往往有一系列的颁奖。而奥运会闭幕式的颁奖环节只有按惯例给马拉松项目的前三名颁奖。

（四）组织开（闭）幕式合练、彩排、预演及正式开闭幕式

在现场组织开（闭）幕式的合练、彩排、预演，都是为确保开闭幕式一次性成功。

开（闭）幕式的合练、彩排、预演均是在开（闭）幕式的举行现场进行的。合练是将所有的单个节目按照开（闭）幕式文体表演节目的出场顺序进行演练，目的是实现节目之间良好的时间衔接与上下场的衔接，针对出现的问题进行及时整改，一般在开（闭）幕的前三天进行。演员可以不带妆，不穿演出服。彩排，是仪式部分和文体表演部分分别按照仪式议程和节目单进行的一次全程演练，目的是按照正式开（闭）幕式的要求走一次场，实现仪式部分、文体表演部分的良好衔接与顺利进行，同时针对两部分中存在的问题进行整改，一般在开（闭）幕的前两天进行。与合练不同的是，这次演练加入了仪式部分，且是一次带机、带

妆演练。预演是完全按照开（闭）幕式的标准，在开（闭）幕式举行的前一天进行的一次带妆、带机、带观众的全程演练，除出席开（闭）幕式的主要领导、嘉宾、运动员派人模拟外，其余部分和正式开（闭）幕式完全相同。预演是开（闭）幕式前的最后一次、也是最重要的一次演练，预演结束后，办公室组织召集开（闭）幕式指挥部的全体成员召开点评会，指挥部各组提出存在的问题，进行最后一次整改，以确保正式开（闭）幕式的圆满成功。经过合练、彩排、预演之后，开幕日和闭幕日便举行正式的开闭幕式。

二、组织机构

由于开（闭）幕式涉及的工作环节和部门几乎涵盖整个组委会的全部工作部门，因此，往往以组建“开闭幕式总指挥部”来实现统筹管理。就开闭幕式这项工作而言，它的管理机构是组委会下设的“大型活动部”或称“开闭幕式工作部”。

三、开闭幕式工作示意图

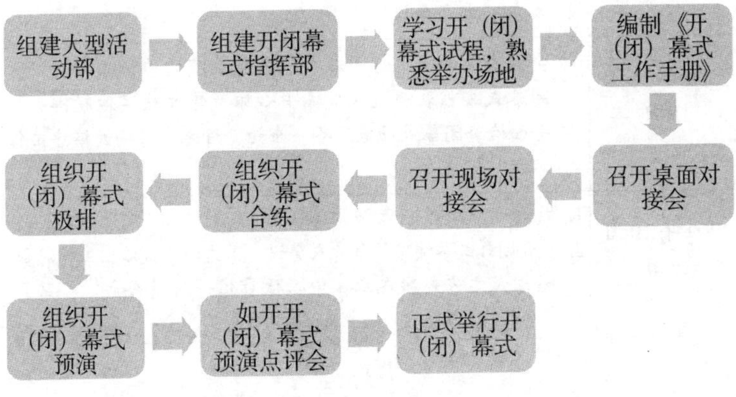

相关链接一：

第十一届全运会组委会举办阶段开闭幕式工作领导层面工作计划表

时间	主要工作
2009年10月11日	1. 组织开幕式文艺表演。 2. 主火炬手及备选主火炬手按时到达开幕式现场。 3. 开幕式上点燃主火炬。 4. 会同有关部门，当晚完成开幕式表演设备拆除搬运工作。 5. 参加“零点会议”。
2009年10月12日	1. 组织闭幕式文艺表演排练工作。 2. 施工队伍进入奥体中心体育馆搭建闭幕式文艺表演舞台。 3. 闭幕式文艺表演在模拟场地进行第一次总合成。 4. 参加“零点会议”。
2009年10月13日	1. 向组委会领导专题汇报闭幕式准备情况。 2. 编制闭幕式工作流程。 3. 参加“零点会议”。
2009年10月14日	1. 闭幕式文艺表演在模拟场地进行第二次总合成。 2. 与有关部门就闭幕式仪式部分进行再次协调。 3. 参加“零点会议”。
2009年10月15日	1. 会同有关部门做好闭幕式仪式与表演的协调工作。 2. 闭幕式文艺表演进入奥体中心体育馆开始实地联排。 3. 全面检查闭幕式场地设备、布景、灯光、音响的搭建工作。 4. 参加“零点会议”。
2009年10月16日	1. 做好闭幕式文艺表演排练工作。 2. 召开闭幕式参演单位负责人会议，下达闭幕式演出工作流程。 3. 闭幕式文艺表演在奥体中心体育馆进行总合成。 4. 参加“零点会议”。

（续表）

时间	主要工作
2009年10月17日	1. 组织闭幕式文艺表演现场合练。 2. 参加“零点会议”。
2009年10月18日	1. 闭幕式灯光、音响装台完毕；闭幕式室内冷焰火安装完毕，并结合彩排试放。 2. 闭幕式文艺表演在奥体中心体育馆进行第一次彩排。 3. 会同有关部门在闭幕式现场完成闭幕式与文艺表演的衔接工作并做好演练。 4. 本部领导参加“零点会议”，报告当天工作完成情况，听取领导部署第二天的工作。
2009年10月19日	1. 做好闭幕式灯光、音响、布景、冷焰火合成演练。 2. 与有关部门协调，做好离会人员返程的票务及送机、送站工作。 3. 本部领导参加“零点会议”，报告当天工作完成情况，听取领导部署第二天的工作。
2009年10月20日	1. 结合现场联排，做好闭幕式灯光、音响、布景、冷焰火合成演练。 2. 闭幕式文艺表演在奥体中心体育馆进行第二次彩排。 3. 对闭幕式时熄灭火炬进行演练。 4. 本部领导参加“零点会议”，报告当天工作完成情况，听取领导部署第二天的工作。
2009年10月21日	1. 闭幕式带观众预演，向组委会领导汇报演出，电视台录备播带。 2. 组织闭幕式预演期间对突发事件的预演。 3. 本部领导参加“零点会议”，报告当天工作完成情况，听取领导部署第二天的工作。
2009年10月22日	1. 专题汇报闭幕式准备工作情况。 2. 全面检查闭幕式文艺表演所有的器材、装备及各类物资。 3. 本部领导参加“零点会议”，报告当天工作完成情况，听取领导部署第二天的工作。

（续表）

时间	主要工作
2009年10月23日	1. 做好闭幕式文艺表演工作。 2. 配合闭幕式的仪式，熄灭主火炬。 3. 本部领导参加“零点会议”，报告当天工作完成情况，听取领导部署第二天的工作。
2009年10月24-31日	1. 做好闭幕后撤场工作。 2. 做好各类演职人员的欢送工作。 3. 指定专人撰写本部门工作总结报告。
2009年11月	1. 组织本部门人员进行总结，做好人员鉴定、评比工作。 2. 进行财务决算和内部审计。 3. 向组委会上报大型活动部工作总结 4. 回访并答谢参演单位，发出感谢信。 5. 做好参演单位演员，尤其是学生、军人演员的个人鉴定工作，发出荣誉证书。 6. 上交档案资料、各类固定资产及办公用品。 7. 到本部门工作人员所在单位向领导表示感谢，提交感谢信。

相关链接二：

2010年中国国际航空体育节开幕式工作手册

说　明

一、本工作手册是以组委会层面的工作为重点，专门围绕开幕式组织工作按时间节点和主要活动安排编制的。各部室要按照组委会的统一要求编制各自详细的工作流程。

二、本工作手册未尽的事项由组委会办公室另发通知。

三、开幕式前的合练、彩排、预演均按照本工作手册所规定的流程组织实施。

四、24日的预演，所有部门均按照本工作手册和25日的正式开幕式进行全程、全面实施。

目　录

一、开幕式指挥部指挥调度示意图

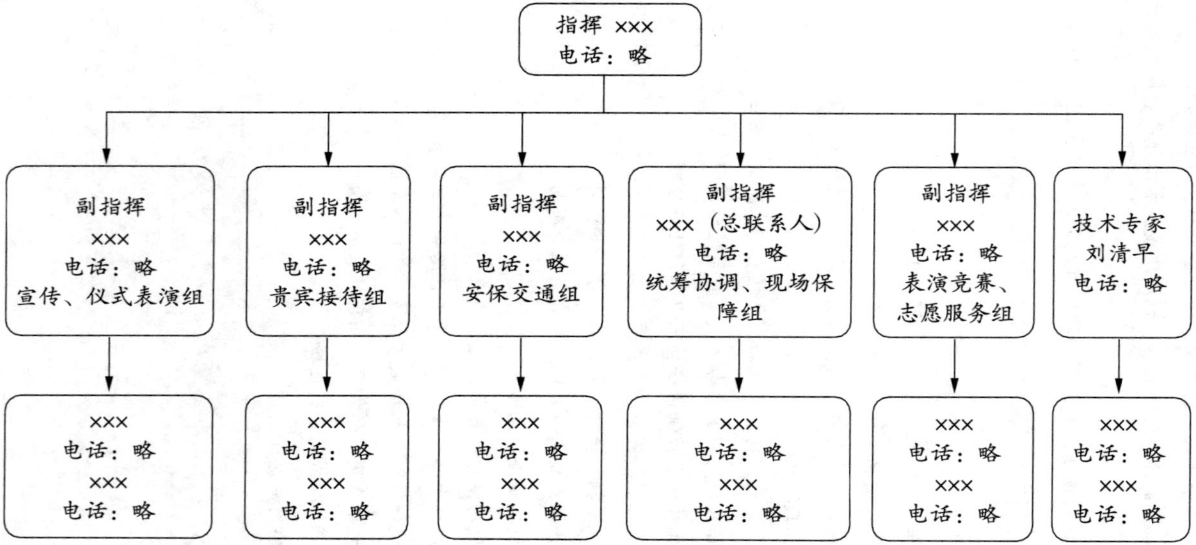

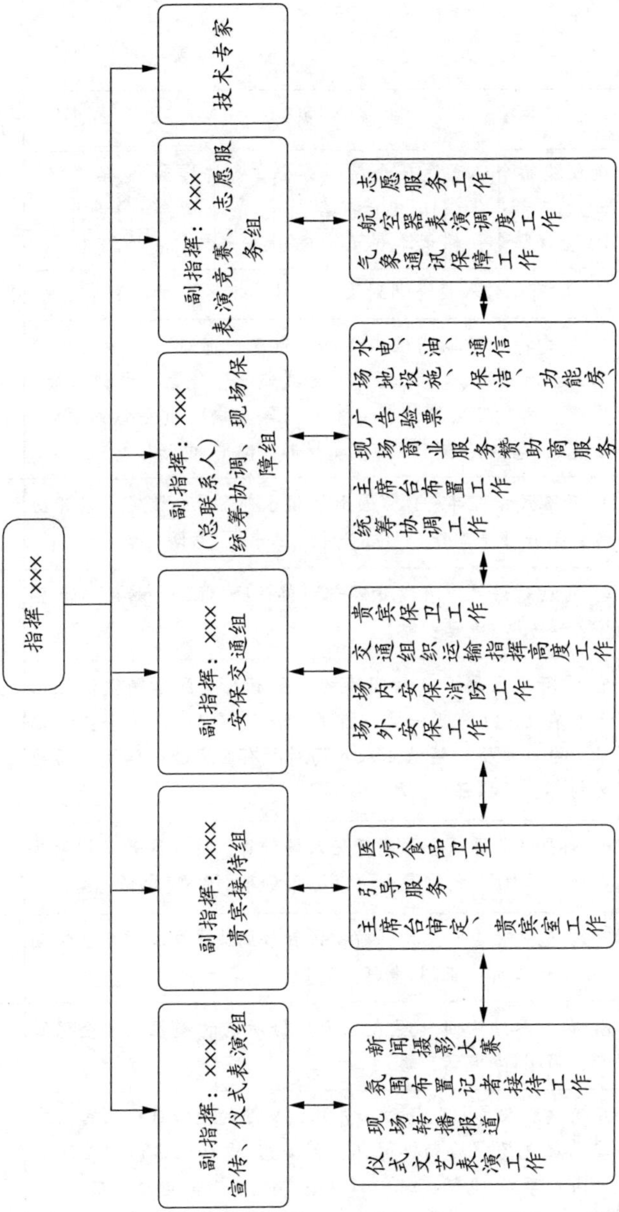
指挥 XXX
副指挥：XXX
宣传、仪式表演组
副指挥：XXX
贵宾接待组
副指挥：XXX
安保交通组
副指挥：XXX
（总联系人）
统筹协调、现场保障组
副指挥：XXX
表演竞赛、志愿服务组
技术专家
仪式文艺表演工作
现场转播报道
气氛布置记者接待工作
新闻摄影大赛
主席台审定、贵宾室工作
引导服务
医疗食品卫生
场外安保工作
场内安保消防工作
交通组织运输指挥高度工作
贵宾保卫工作
统筹协调工作
主席台布置工作
现场商业服务赞助商服务
广告验票
场地设施、保洁、功能房、
水电、油、通信
气象通讯保障工作
航空器表演调度工作
志愿服务工作

二、开幕式工作流程表（9月25日）

时间	工 作 内 容	备注
6:30	观众礼品全部送达观众席（办公室：许增宝 电话：略）（志愿者部：张成仙 电话：略） （安全保障部：韩克锋 电话：略）	
8：00	1. 所有工作人员全部到位	各部室
	2. 各类特种车辆到位（供电、供水、通讯、消防、救护车、临时厕所、安保指挥、无线监测、气象、电视转播、广播直播、卫生保洁、海事专用等车辆）（安全保障部：王英杰 电话：略）（场地器材部：高平 电话：略）	
	3. 开幕式指挥部全体成员到达俱乐部7号会议室，召开动员会，并部署工作。（办公室：陈永军 电话：略）	
	4. 发放对讲机（表演竞赛部：韩传峰 电话：略）（办公室：陈永军 电话：略）	
	5. 雪野湖区域开始封闭清场，所有人员和车辆凭证件出入。在11:00前完成搜、排爆工作。（安全保障部：亓福业 电话：略）清洁工人入场对所有区域进行保洁（场地器材部：王振强 电话：略）	
	6. 商业服务区域合作商开始入场铺货，展览区开始摆放展览物品，10点之前完成（市场开发部：周凯 电话：略）	
	7. 实施交通管制，控制航空体育节周边车辆与道路及湖面（安全保障部：王刚 电话：略）	
	8. 熟悉参演人员和观众入场安检所需的流程（安全保障部：吕耐锋 电话：略）	
8:30	所有演职人员（包括参加开幕式表演的飞行员）从宾馆乘车前往现场（后勤接待部：刘美岩 电话：略）（表演竞赛部：李兴 电话：略）（办公室：周广伟 电话：略）	

（续表）

时间	工 作 内 容	备注
9:00	1. 所有演职人员（包括参加开幕式表演的飞行员）到达雪野指定集结点（办公室：周广伟 电话：略）（表演竞赛部：李兴 电话：略）	
	2. 指挥部全体成员按照分工对重点部位进行检查，通过对讲机报告检查结果。发现情况及时整改，重大问题向指挥部汇报（办公室：张云瑞 电话：略）	
	3. 控制接送出席开幕式的领导、嘉宾的车辆行驶路线，从航空科技体育公园的主出入口至停车场沿途检查（安保部：王刚 电话：略）	
	4. 贵宾室布置、卫生、排位、茶水供应、礼仪人员及卫生间检查（后勤接待部：董刚　电话：略）（办公室：许增宝 电话：略）	
	5. 领导、嘉宾从贵宾室至开幕式主席台就座沿途检查（安保部：亓福业 电话：略）	
	6. 主席台桌、椅、台卡、电视机、茶水、音响、鲜花、议程、节目单检查（办公室：张云瑞 电话：略）（后勤接待部：孙杰 电话：略）	
	7. 观众验票程序，设备检查，设置“真假票鉴定和损毁票服务点”（市场开发部：王小霞 电话：略）	
	8. 检查停车场特种车辆摆放（安全保障部：王英杰 电话：略）	
	9. 重点区域（主席台、贵宾室）、特殊人员（主要领导、嘉宾）的安保工作落实情况检查（安全保障部：亓福业 电话：略）	
	10. 音响、广播系统试播检查。现场直播检查（办公室：徐洪波 电话：略）	

（续表）

时间	工作内容	备注
9:00	11. 医疗救护点及救护程序检查（后勤接待部：冯兆刚 电话：略）	
	12. 雪野湖区域所有指示牌，尤其是入口的标志检查（场地器材部：王宁 电话：略）	
	13. 现场广告牌、纪念品、饮用水、食品供应和销售区域、展示区域检查，10:00 前各家企业售卖的货物等全部摆放完毕，展示区布置全部完成（市场开发部：周凯 电话：略 毕研伟 电话：略）	
	14. 检查开幕式现场内外氛围布置（新闻宣传部：王庆会 电话：略）（办公室：张志 电话：略）	
	15. 彩烟区、水上救援区域、控制区域检查（安全保障部：魏江力 电话：略）（办公室：亓悦成 电话：略）	
	16. 监测当日气象，尤其是 12:00 至 17:00 之间的气象情况及时报告。开幕前 2 小时，每 30 分钟向指挥部报告一次（表演竞赛部：亓翠芸 电话：略）	
	17. 各类特种车辆（供电、通讯、消防、救护车、临时厕所、供水、警用、无线监测、气象、电视转播、广播直播车、卫生、海事专用等车）工作状态检查	
	18. 记者就座区域，现场报道与直播区域设备检查（电源、网络接口等）（新闻宣传部：王庆会 电话：略）（场地器材部：亓荣会 电话：略）	
	19. 直播间准备工作检查（电源、网速等）。电视直播所有岗位整理设备，检查运转情况（新闻宣传部：王庆会 电话：略）（办公室：吕其强 电话：略）	
	20. 完成与山东电视台的现场对接（办公室：周广伟 电话：略）	

（续表）

时间	工 作 内 容	备注
9:00	21. 机库、机场、塔台、加油车及飞行控制区检查（表演竞赛部：毕耜龙 电话：略）（场地器材部：吕军 电话：略）（安全保障部：亓旭升 电话：略）	
	22. 落实工作人员的午餐供应流程及领餐地点、就餐时间、形式、区域（后勤接待部：郭杰 电话：略）	
	23. 对升旗奏歌仪式所需旗帜，国歌光盘、设备检查、并对旗杆进行试运作检查（办公室：王新明 电话：略）	
	24. 确认运输对象一览表、交通组织运输工作准备情况。确认运输各类来宾的发车时间、带车人员、车场、引导人员情况（后勤接待部：刘美岩 电话：略）（安全保障部：王刚 电话：略）（办公室：许增宝 电话：略）	
	25. 开幕式直播工作人员、演职人员进行调试设备（办公室：徐洪波 电话：略）	
	26. 参演人员服装、道具检查（办公室：张志 电话：略）（表演竞赛部：毕耜龙 电话：略）	
	27. 对开幕招待酒会现场进行检查（后勤接待部：赵天波 电话：略）（办公室：许增宝 电话：略）	
	28. 开幕式总指挥部现场办公地点检查（办公室：张云瑞 电话：略）（后勤接待部：董刚 电话：略）	
	29. 对安保人员、志愿者、保洁到岗情况进行检查（安全保障部：亓福业 电话：略）（志愿者部：潘福贞 电话：略）（场地器材部：尚宪锋 电话：略）	
9:30	1. 国家体育总局、省领导到达俱乐部贵宾室并会见市领导（办公室：张钊 电话：略）	
	2. 普通观众分乘不同公交专线，陆续到达雪野安检区，开始安检入场（安全保障部：吕耐锋 电话：略）	

(续表)

时间	工作内容	备注
9:30	3. 观众礼品摆放完毕（志愿者部：张成仙 电话：略）	
	4. 出席开幕式的运动员、飞行员、裁判员等在宾馆统一乘车，前往雪野科技体育公园（后勤接待部：刘美岩 电话：略）（表演竞赛部：毕耜龙 电话：略）	
	5. 现场商业服务开始（市场开发部：毕研伟 电话：略）	
10:00	国家体育总局、省政府领导现场看望运动员（办公室：张钊 电话：略）（表演竞赛部：毕耜龙 电话：略）	视具体情况订
10:30	指挥部成员、各部室负责人到主席台后的现场指挥部集中，汇报检查结果及准备情况并进行现场面对面协调，指挥部领导进一步部署后续工作。现场指挥部与开幕式表演团队核对完毕（办公室：张云瑞 电话：略）	
11:00	所有工作人员（含志愿者）、演职人员（含参加表演人员）开始午餐	各部室
11:30	演职人员开始换装、化妆（办公室：张志 电话：略）	
12:00	1. 参加开幕式的外地团体记者午餐后从宾馆发车，前往雪野。媒体记者陆续到达雪野科技体育公园，安检后进入指定区域，进行开幕前的准备工作（新闻宣传部：王庆会 电话：略）	
	2. 指挥部全体成员进行第二次分头检查	
	3. 组委会举行开幕招待酒会（后勤接待部：李明强 电话：略）	
13:00	1. 参加文娱演出的演员与参加演出的飞行员在不同的候场区按顺序候场（表演竞赛部：毕耜龙 电话：略）（办公室：张志 电话：略）	
	2. 开幕招待酒会结束。主席台第一排领导到达贵宾厅，市领导汇报开幕式有关情况（后勤接待部：董刚 电话：略）（办公室：张钊 电话：略）	

（续表）

时间	工 作 内 容	备注
	3. 其余领导、嘉宾统一乘车前往主席台（后勤接待部：刘美岩 电话：略）	
13:20	现场指挥部成员分头进行最后一次检查，逐级报告检查结果	
13:30	普通观众入场完毕（安全保障部：亓福业 电话：略）（志愿者部：张成仙 电话：略）	
13:40	1. 现场指挥部各副总指挥、各组组长、联系人向总指挥报告最后准备情况	
	2. 在主席台第一排就座的领导从贵宾室出发，前往主席台（后勤接待部：董刚 电话：略）（办公室：张钊 电话：略）	
13:50	领导、贵宾开始入场，主席台入座（后勤接待部：张文臣 电话：略）奏迎宾曲（办公室：徐洪波 电话：略）	
14:00	开幕式正式开始。以下时段按照开幕式仪式和表演的流程进行	按开幕式节目单执行
16:00	外场公安干警封闭道路，内场公安干警打开所有出口，准备迎接观众退场（安全保障部：王刚 电话：略）	
16:30	1. 开幕式结束，按照退场计划，全力做好主席台领导、嘉宾人员的退场（安全保障部：亓福业 电话：略）（后勤接待部：孙杰 电话：略）（办公室：张钊 电话：略）	
	2. 有序组织其他观众退场（安全保障部：亓福业 电话：略）	

(续表)

时间	工作内容	备注
16:50	1. 全力以赴做好观众退场疏导和交通运输的组织工作（安全保障部：亓福业 电话：略）（后勤接待部：刘美岩 电话：略）	
	2. 所有演职人员按照统一安排，在观众退场后，再依次退场。撤场结束后，向总指挥报告（安全保障部：亓福业 电话：略）（办公室：张云瑞 电话：略）	
17:00	对看台区进行全方位的检查，清退所有的观众。待所有的观众全部退场之后，向总指挥报告。各岗位按照程序向总指挥报告各岗位当时的情况，由总指挥下达指令后，各类保障、应急、转播车辆才能开始离场	
17:30	1. 各岗位向指挥部报告工作情况。经现场总指挥批准后，指挥部全体人员撤场。指挥部全体领导集中在7号会议室开会，总结并布置第二天工作	
	2. 开始现场的卫生保洁工作（场地器材部：耿海涛 电话：略）	

三、开幕式演职人员进场流线图

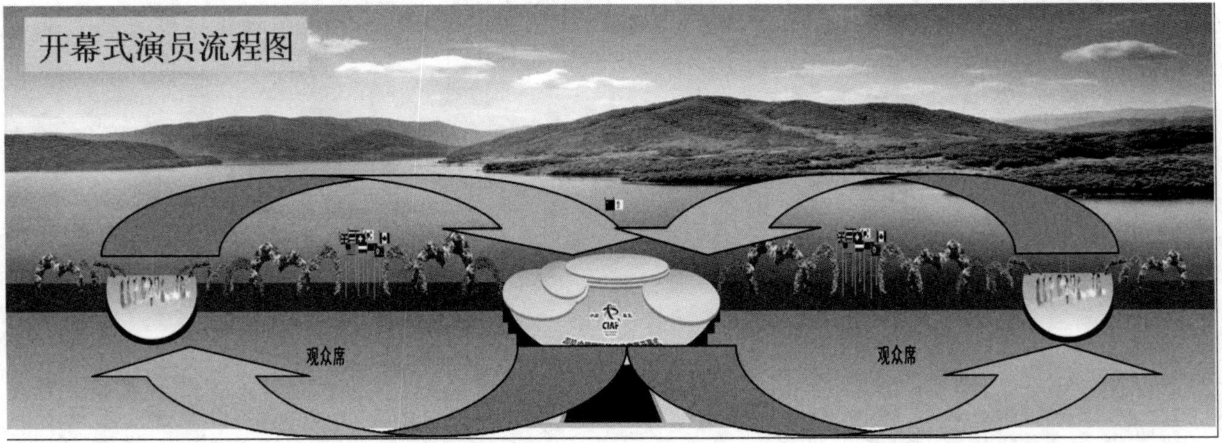

主副舞台东侧是落差10米左右的公路，以此作为演员的准备区域，演出时从主舞台的两侧台阶上台表演，演完后从主舞台台阶处下。

四、开幕式仪式及演出（包括航空表演）现场工作流程图

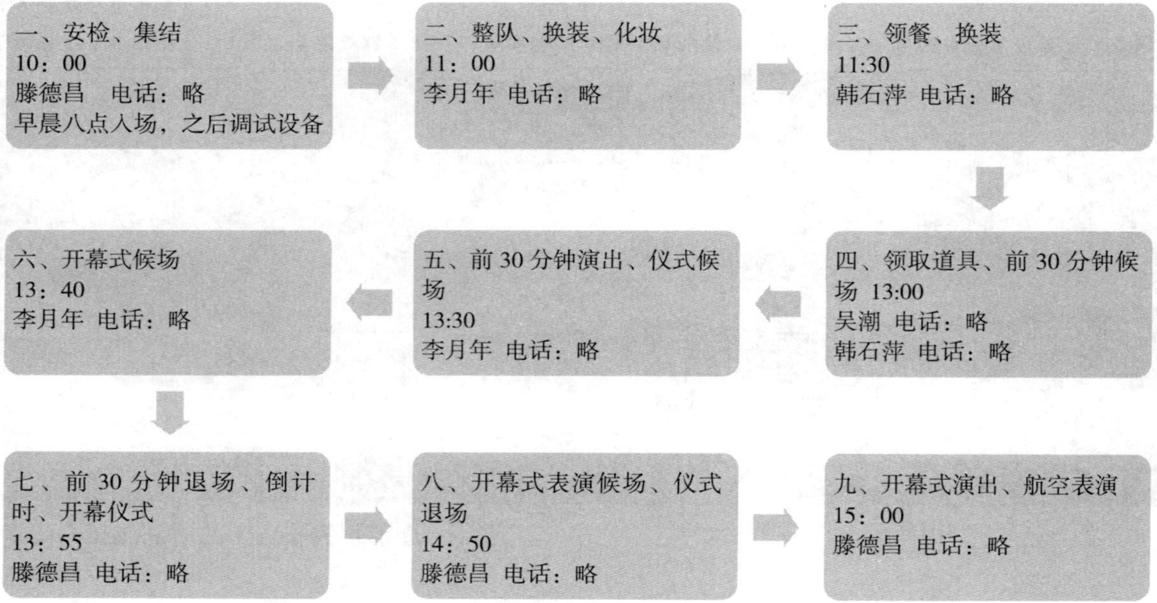

五、开幕式观众看台区座位分布图

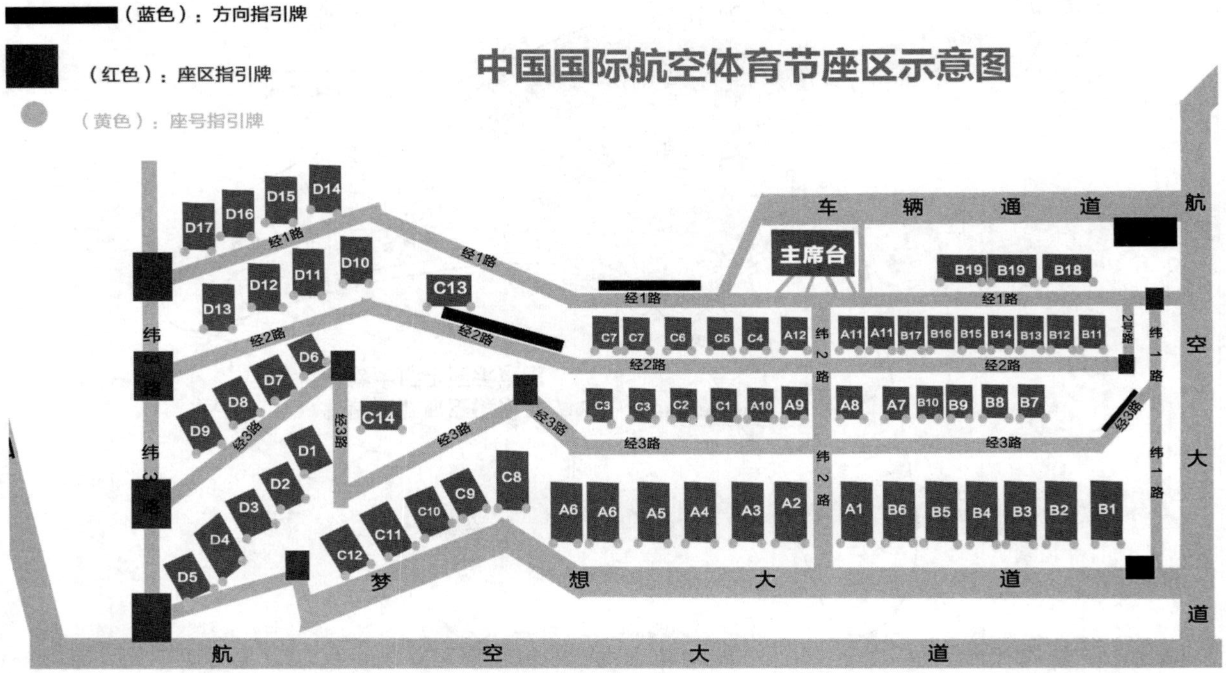

六、航空俱乐部功能房布局（包括贵宾休息室）分配图

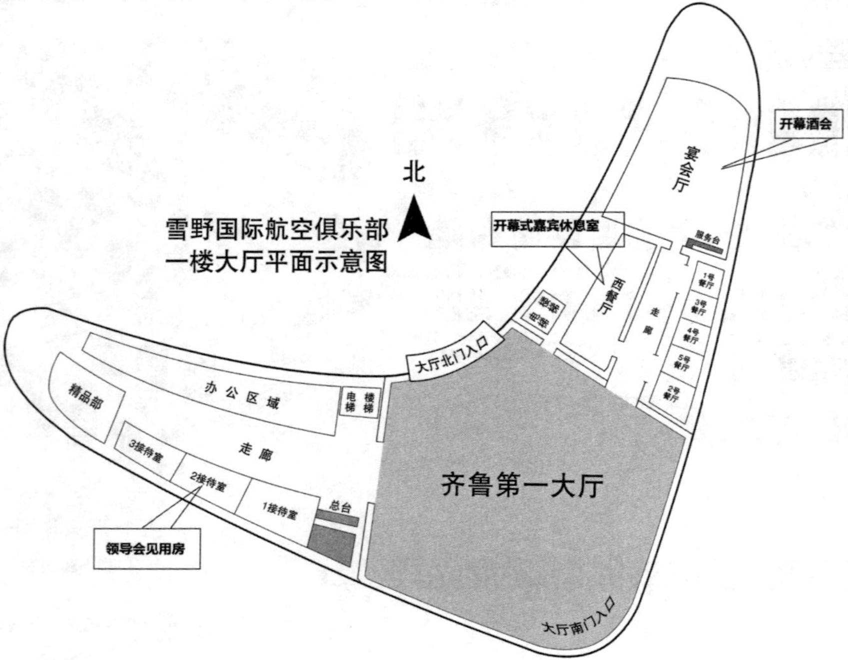

注：现场医疗中心设在商业服务区

六、航空俱乐部功能房布局（包括贵宾休息室）分配图

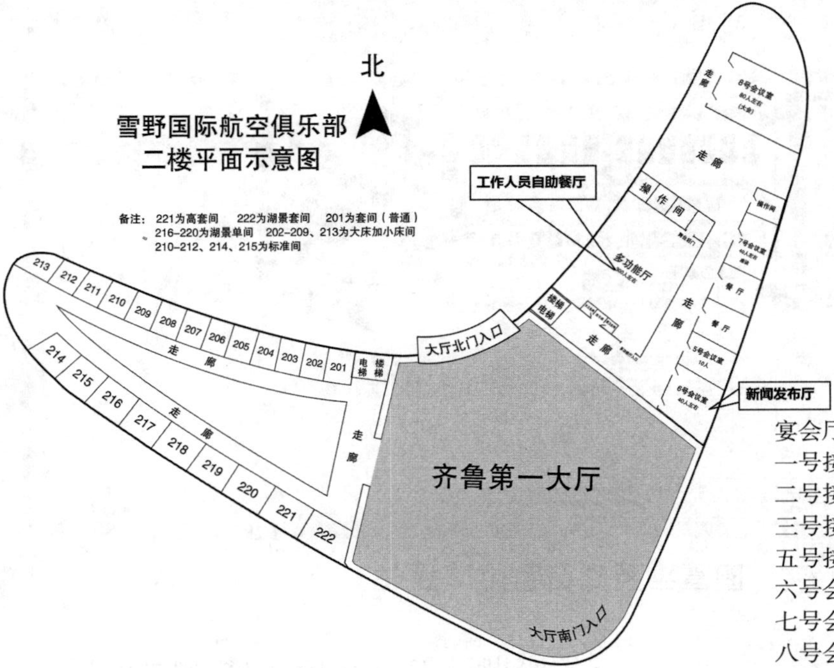

一号餐厅：14 人（B 区一楼）
二号餐厅：14 人（B 区一楼）
三号餐厅：12 人（B 区一楼）
四号餐厅：10 人（B 区一楼）
五号餐厅：10 人（B 区一楼）
六号餐厅：10 人（B 区一楼）
七号餐厅：10 人（B 区一楼）
八号餐厅：10 人（B 区一楼）
西餐厅：可同时容纳 8 桌（B 区一楼）

宴会厅：可同时容纳 25 桌（B 区一楼）
一号接待室：16 人（A 区一楼）
二号接待室：12 人（A 区一楼）
三号接待室：12 人（A 区一楼）
五号接待室：10 人（B 区二楼）
六号会议室：40 人左右座谈（B 区二楼）
七号会议室：40 人左右座谈（B 区二楼）
八号会议室：80 人左右大会（B 区二楼）
多功能厅：300 人左右大会（B 区二楼）

七、开幕式现场（主席台区域）控制区示意图

开幕式现场控制区示意图

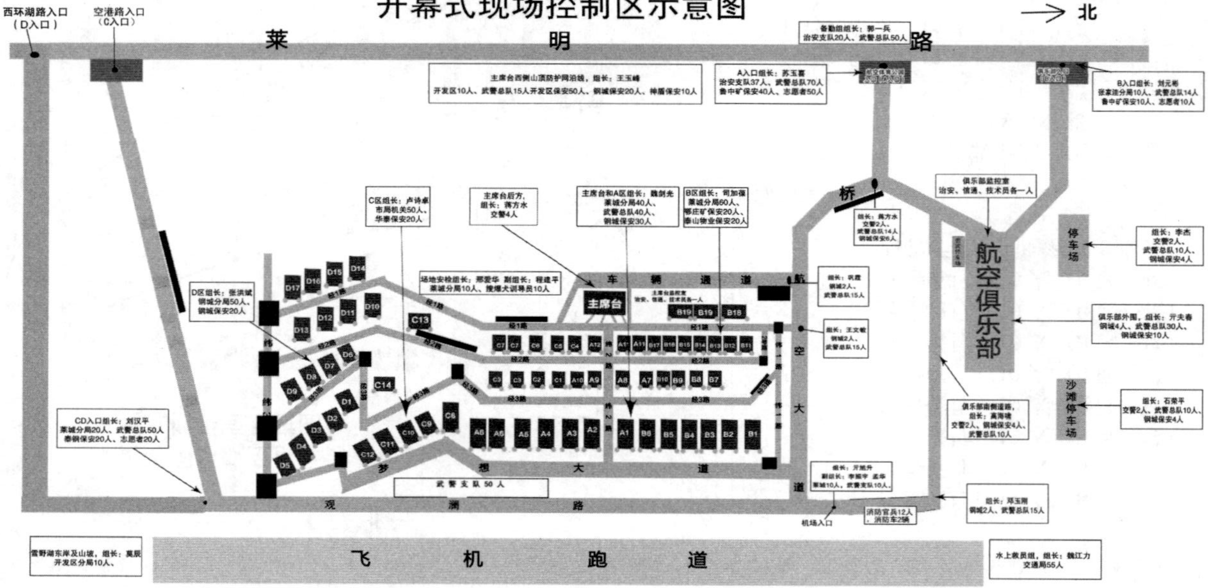

八、开幕式现场控制区安全保卫工作任务分解表

工作任务	责任人	主要职责	具体分工	执勤单位	负责人	手机号、对讲机号	执勤人数
交通安全保卫	吕元波 电话：略	1. 确定不同类型车辆的停放地点。2. 加强交通疏导，检验车辆通行证件，禁止车辆乱停乱放。3. 指挥车辆停放，做到停放有序，出入畅通。4. 起草有关交通管制、限行等通告，提交市政府提前发布。5. 根据组委会的安排负责市领导及部分贵宾车辆引导。6. 开展交通事故救援。	航空体育公园现场交通安全保卫	交警支队	王刚	略	14
				武警总队			180
				钢城保安	徐俊英	略	20
	魏江力 电话：略	负责组织观众运输车辆的调度与管理工作。	观众运输车辆调度管理	市交通运输局	赵育新	略	15
入口控制及安检	吕耐锋 电话：略	1. 志愿者负责检票。民警利用安检门和手持安检仪安检，严禁携带违禁品进入现场。2. 对包、箱通过X光机进行检查。3. 现场发现爆炸装置或疑似爆炸装置的，立即报告现场指挥部。4. 对携带危禁物品或反动宣传品者，故意扰乱现场秩序、强行闯入者果断带离，依法处理。5. 维持验票口及周边秩序，保持出入口畅通。发现控制治安危险人物。6. 开幕式结束前15分钟，清理入口，确保入口畅通。	航空体育公园入口（A入口） 组长：苏玉喜 电话：略	治安	赵继忠	略	37
				武警总队			70
				鲁中矿保安	吴建新	略	40
				志愿者	李红艳	略	50
			俱乐部入口（B入口） 组长：刘元彬 电话：略	张家洼分局	李洪杰	略	10
				武警总队			14
				鲁中矿保安	孟宪俊	略	10
				志愿者	闫双双	略	10

（续表）

工作任务	责任人	主要职责	具体分工	执勤单位	负责人	手机号、对讲机号	执勤人数
			空港路与西环湖路交汇处（C、D入口） 组长：刘汉平 电话：略	莱城分局	王延峰	略	20
				武警总队			50
				泰钢保安	李连锋	略	30
				志愿者	王加伟	略	20
远端安检	各宾馆住地安保负责人	在集中乘车的人员乘车前，对车辆进行检查，检验上车人员证件并进行人身安检，禁止携带危禁品。每次安检完毕后签署安检记录，并将安检情况、乘车人数、车辆牌号通过对讲机或手机信息向A、B区入口安检组长报告。	各宾馆集中乘车人员安检	各宾馆执勤单位	各宾馆住地安保负责人	略	70
场地安全检查	邢爱华 电话：略 程建平 电话：略	9月25日8点–10点、9月26日至29日每天观众入场前2小时，利用搜爆仪、搜爆犬对主席台、观众看台、指挥塔及周边桥梁、涵洞进行全面搜爆检查。	航空体育公园内搜爆检查	莱城分局	邢爱华	略	15
				省厅警犬基地			10

（续表）

工作任务	责任人	主要职责	具体分工	执勤单位	负责人	手机号、对讲机号	执勤人数
看台区秩序维护	韩克锋 电话：略	1. 引导观众有序进入看台，按票到指定区域就座，散场时引导观众按指定路线离场。2. 维护主席台秩序。3. 维护看台及通道秩序。4. 文艺表演时，严防观众进入表演地点索要签名或献花。5. 及时处置各类违法行为。	主席台、A区看台 组长：魏剑光 电话：略	莱城分局	魏剑光	略	40
				武警总队			40
				钢城保安	张爱国	略	30
			B区看台 组长：司加葆 电话：略	莱城分局	司加葆	略	60
				鄂庄矿保安	刘明亮	略	20
				泰山物业	毕亮思	略	20
			C区看台 组长：卢诗卓 电话：略	市局机关	卢诗卓	略	50
				华泰保安	李国勋	略	20
			D区看台 组长：张洪斌 电话：略	钢城分局	张洪斌	略	50
				钢城保安	亓立军	略	20
机场及停机坪警戒	李振宇 电话：略	防止无关人员进入观澜路、停机坪和比赛区域。	观澜路、停机坪警戒	武警支队	李振宇	略	50

(续表)

工作任务	责任人	主要职责	具体分工	执勤单位	负责人	手机号、对讲机号	执勤人数
外围控制	赵景来 电话：略	1. 负责看台西侧山顶的巡逻，防止人员翻越护栏进入看台区或进行其他破坏活动，预防山林火灾。 2. 负责雪野湖东岸环湖路和山坡，对人员聚集区域开展巡逻和秩序维护，防止人员落水或发生踩踏、骚乱事故。禁止人员在环湖路上聚集，影响交通。 3. 控制主席台入口，除通行区域为1–主席台的车辆外，其他车辆禁止通行，禁止观众进入。 4. 在经一路北入口设卡，开幕式结束后，引导退场观众向东经水坝道路至俱乐部门前路离场，禁止观众向西，VIP车辆离开后解除控制。 5. 控制水库北侧入口，禁止车辆进入，禁止无证、无票人员进入，开幕式结束时指引观众离场。 6. 控制航空俱乐部南、北门，禁止无证人员进入。	看台区西侧山顶 组长：王玉峰 电话：略	开发区分局	王玉峰	略	10
				武警总队			15
				钢城保安	康玉春	略	20
				神盾保安	李华存	略	10
				开发区保安	李锋	略	50
			雪野湖东岸 组长：莫辰	开发区分局	莫辰	略	10
			桥南主席台入口 组长：巩霞	钢城分局	巩霞	略	2
				武警总队			15
			经一路北入口 组长：王文敏	钢城分局	王文敏	略	2
				武警总队			15
			俱乐部南侧水坝路口 组长：邓玉刚	钢城分局	邓玉刚	略	2
				武警总队			15
			俱乐部外围	钢城分局	亓夫春	略	4
				武警总队			30
				钢城保安			10

（续表）

工作任务	责任人	主要职责	具体分工	执勤单位	负责人	手机号、对讲机号	执勤人数
消防保卫	潘同森 电话：略	1.对现场进行消防检查，提出整改意见。2. 处置现场火灾事故；3. 对各类飞行器突发事件实施救援。4. 每晚在机场留 1 辆消防车和 6 名消防员。5. 在转播车、音响、各个机位、切换台等区域配备消防设施及人员。	消防安全	消防支队	潘同森	略	25
通信保障与视频监控	杨庆勇 电话：略	对通讯设施器材进行检修调试，配发无线对讲机，现场配备通信保障车一辆，做好监控设备的调试和维护，通过监控系统加强对出入口安检及现场九区情况的巡视，发现违规进入现场情况及时通报现场执勤组进行处置。	通信保障	信通处	杨庆勇	略	2
			主席台监控室	信通、治安、技术员			各 1 人
			安保部监控室	信通、治安、技术员			各 1 人
应急处置与救援	郭一兵	现场备勤，处置突发事件和爆炸装置。	现场备勤 组长：郭一兵	治安支队	郭一兵	略	20
				武警总队			50
	魏江力	雪野湖水上交通控制，水上事故救援。	水上交通管制与救援。 组长：魏江力	市交通运输局	魏江力	略	55
	崔春雷	对发生在航空节现场及沿线道路的各类案件进行处理。	案件处理 组长：崔春雷	莱城分局	崔春雷	略	10
				刑警支队	亓雪峰	略	5

(续表)

工作任务	责任人	主要职责	具体分工	执勤单位	负责人	手机号、对讲机号	执勤人数
飞行器具守护及机场入口安检	亓旭升 电话：略	1. 对在现场停放的飞行器实行24小时守护。7点至19点由莱城分局负责，19点至次日7点由武警支队负责。2. 安排8人控制机场入口，禁止无机场区通行权限的人员进入，对进入机场人员和物品进行安检。3. 安排2人负责控制指挥塔入口，禁止无关人员进入。	飞行器守护及机场入口安检 组长：亓旭升 副组长：李振宇 孟华	莱城分局	亓旭升	略	10
				武警支队	李振宇	略	10
信访与群体性处置	秦昌民 电话：略	1. 做好雪野旅游区及周边可能危害航空节正常进行的群体性上访、闹事苗头及事件的排查摸底，落实化解措施。2. 在开幕式及赛事期间，对住地村民无票聚集、围堵安检区的人员进行教育劝阻。	信访与群体性事件处置 组长：秦昌民 副组长：张慧萍	雪野旅游区	秦昌民	略	10
				市信访局	张慧萍	略	2
场地设施器材安检	李学军 电话：略	负责主席台区建筑结构设施、观众区隔离设施、塔台设施等设施器材的安全性进行安全监察，确保不出现安全事故。	场地设施器材安检	市安监局	李学军	略	2
现场督察	陈立果 电话：略	对公安机关现场执勤人员到位情况、措施落实情况、警容风纪、规范执勤情况等进行现场督察与视频监控巡查，及时纠正发现的问题。	现场督察	市局督察室	陈立果	略	4

九、开幕式现场停车场示意图

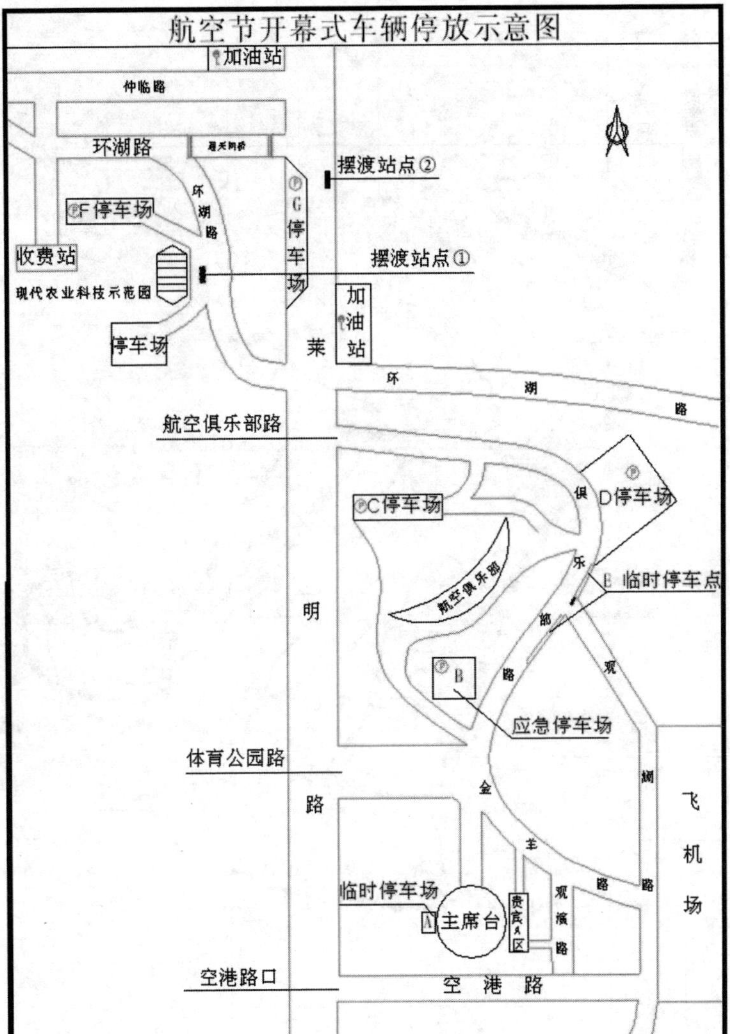

航空节开幕式车辆停放示意图

十、特种车辆（含医疗救护点）分布示意图

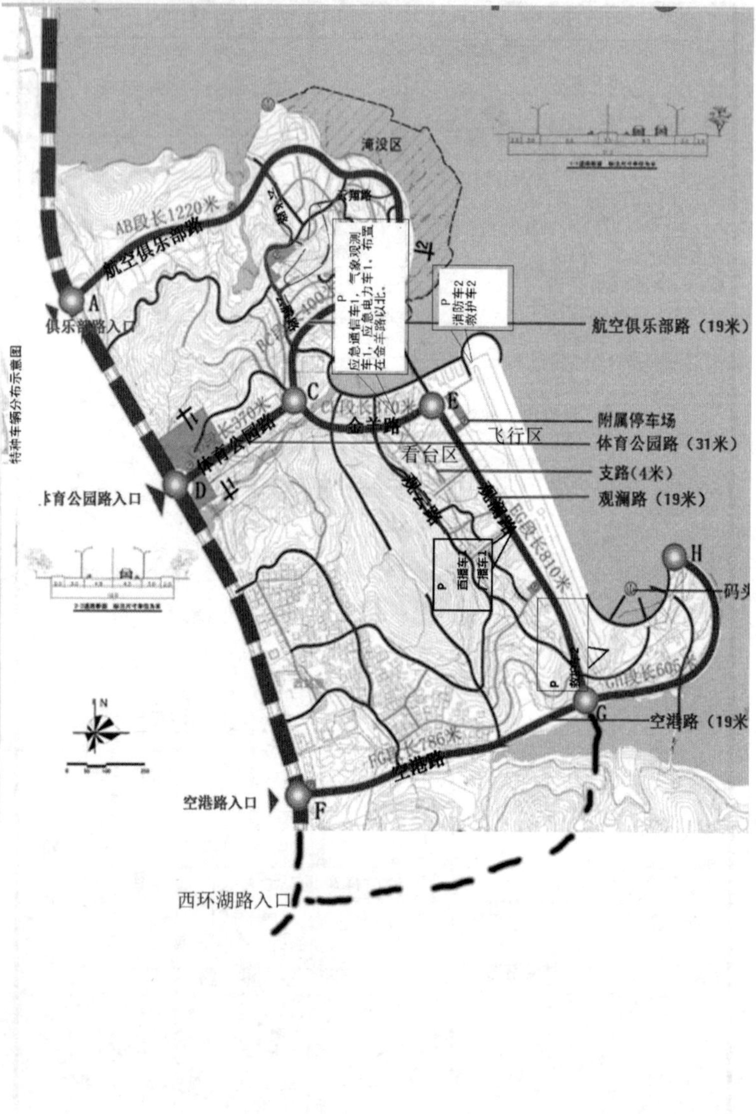

十一、开幕式场内（外）志愿者岗位分布图

1. 场内

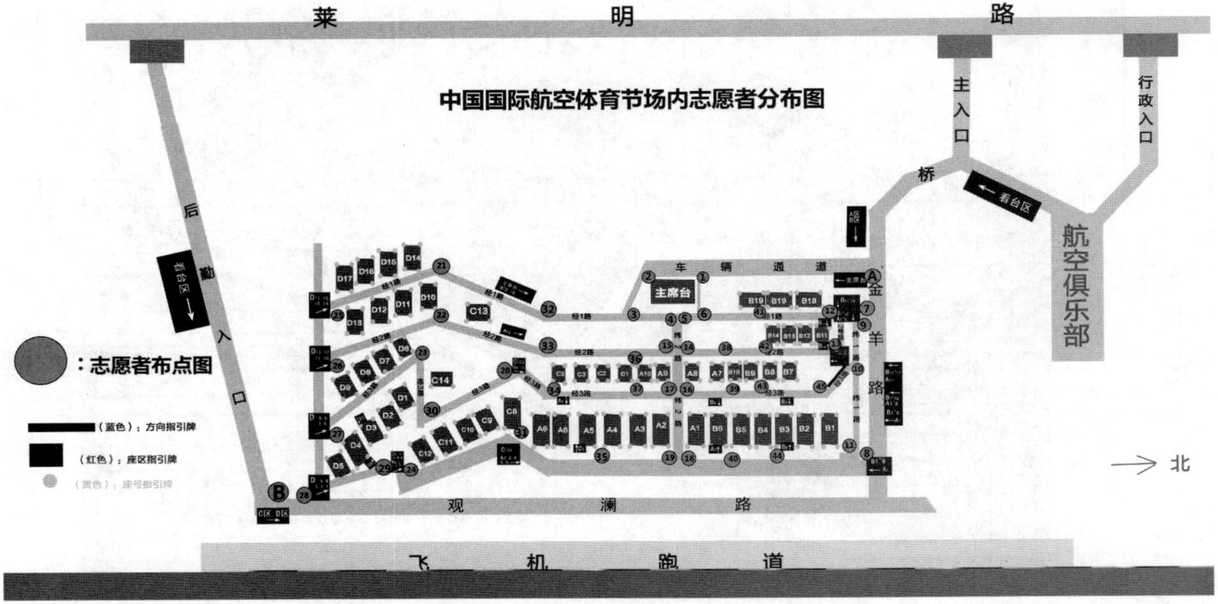

2. 场外

H
G
F
E
D
C
图例:
1 入口广场
2 车辆换乘枢纽
3 入口景观花境
4 门区跌水瀑布
5 栈道与亲水平台
6 商业区叠水
7 商业区中庭水景
8 商业
9 航空俱乐部
10 俱乐部附属水景
11 看台
12 停机坪
13 码头
14 看台主席台
15 看台花境
16 机库
17 塔台
18 贵宾区
19 航空培训中心
20 水上飞机停泊区
21 热气球比赛区
22 直升机比赛区
23 沙滩
24 行政入口
25 后勤入口
：志愿者布点图
雪野水库
封路口
雪野大坝

十二、现场服务网点布局图

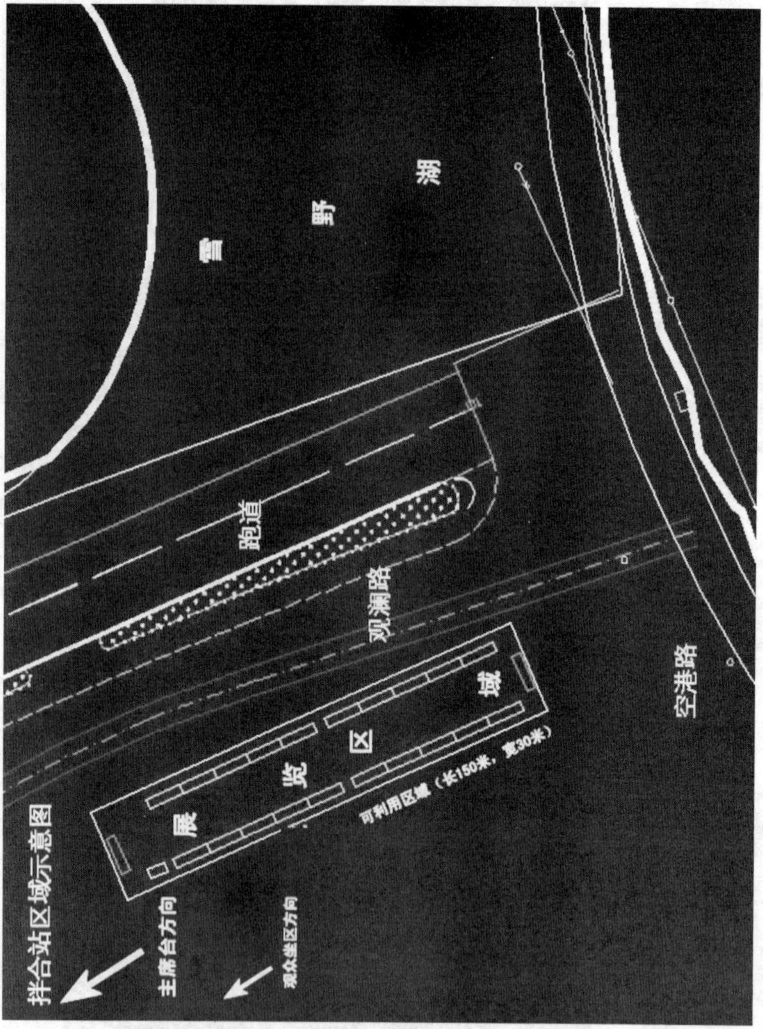

雪野湖
跑道
观澜路
空港路
展览区域
可利用区域（长150米，宽30米）
拌合站区域示意图
主席台方向
观众坐区方向

十三、现场供电、气象保障值班表（略）

莱芜市气象局航空节期间值班表（略）

(2010 年 9 月 17—30 日)

十四、现场食品卫生保障工作流程图和主要职责

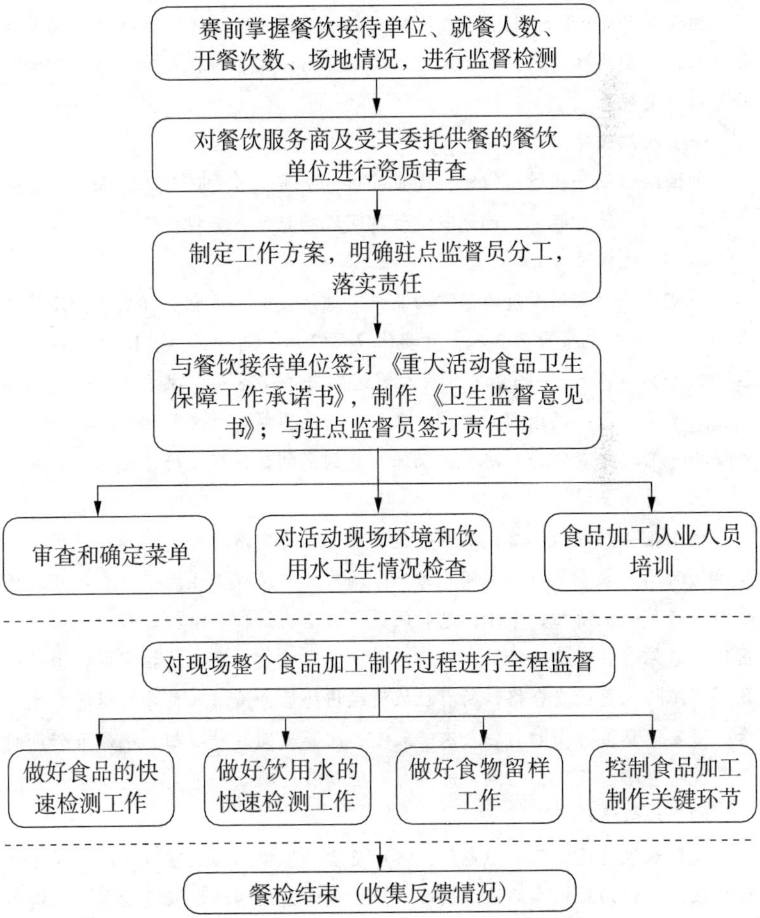

主要职责

1. 负责组织落实现场餐饮卫生监督保障工作；

2. 负责组织卫生监督员专业技术培训、应急事件处理培训和承担卫生监督具体保障任务人员的重点培训，接待单位管理相关人员及从业人员进行相关卫生法律法规、卫生知识、操作技术规范的培训；

3. 参与突发食品卫生事件的调查处理；

4. 负责食品卫生监督信息的收集、汇总整理及上报工作。

十五、现场保洁（包括主席台区、贵宾休息区）方案

为保障2010年中国国际航空体育节的顺利进行，场地器材部根据筹委会要求，结合实际情况，制定航空节现场保洁方案，确保航空节节会期间现场整洁、美观。

一、组织领导

加强组织领导，精心组织，周密安排，明确人员责任分工，保证人员到岗到位，切实履行职责，确保航空节期间现场整洁、美观。

二、人员保障

航空节期间需用人员的保障由高平（电话：略）负责。计划雇佣清洁工人40人。其中主席台区3人；贵宾休息区3人；看台区A、B、C、D 4个区，每个区4人，共16人；3条入园道路每条路3人，共9人。飞行区3人，金羊路3人，俱乐部周边区域3人。场地器材部负责总体协调，每个区域安排一名志愿者作为联络员，确保人员到岗到位，满足场地保洁的需求。

三、时间安排

由王振强（电话：略）负责对接安保部，确定清洁人员、车辆进场工作及退场时间。航空节举办期间，每天分两次集中清理卫生。早上在观众入场之前进行第一次清扫，中午休息时间进行第二次清扫。清扫过程中，由每个区域的志愿者督查清扫情况，保证质量，不留任何死角。清扫完成，由场地器材部工作人员检查合格，所有垃圾清运出场后，清洁人员才可退场。主席台、贵宾休息区每小时打扫一次。表演，比赛期间随时清扫，确保节会期间整个现场整洁、美观，给到会的领导、运动员、观众一个美好的印象。

四、垃圾清运

现场垃圾清运由王宁（电话：略）负责。根据上届航空节经验，现场垃圾量较大，需用垃圾车运输。因此，节会期间需用两辆垃圾运输车。运输车

辆工作时间与清洁人员工作时间一致，每次清扫完毕后，所有垃圾立刻清运至垃圾处理中心集中处理。清运完毕后，一辆运输车带4名清洁人员回现场值班，随时做好比赛过程中的垃圾处理工作。

五、比赛进行中的现场保洁

比赛过程中的现场保洁由尚宪锋（电话：略）负责。现场志愿者随时注意现场情况，特别是主席台区、贵宾休息区。根据现场情况，随时联系场地器材部工作人员和现场值班清洁人员。保证现场人员到位，随时做好比赛中的保洁工作。

十六、开幕式突发事件应急指挥调度示意图

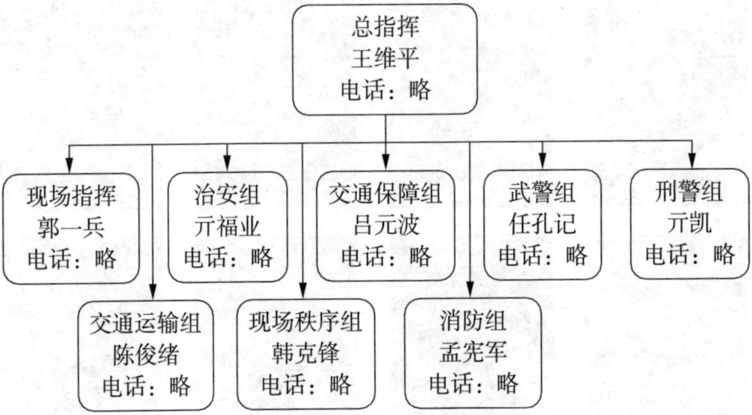

十七、证件样式及通行区域

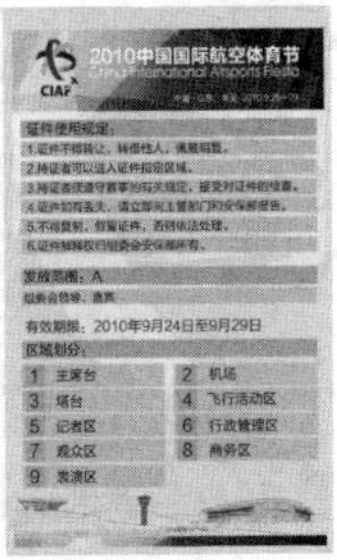

2010中国国际航空体育节
China International Airsports Fiesta
安保指挥
Director of Security
NO.0001
B123456789
2010中国国际航空体育节
China International Airsports Fiesta
安保执勤
Director of Security
NO.0001
B123456789
2010中国国际航空体育节
China International Airsports Fiesta
演职人员
Performer
NO.0001
B56789
2010中国国际航空体育节
China International Airsports Fiesta
组委会工作人员
Staff
NO.0001
B256789
2010中国国际航空体育节
China International Airsports Fiesta
组委会工作人员
Staff
B56789
2010中国国际航空体育节
China International Airsports Fiesta
保障人员
Staff
NO.0001
B23456789
2010中国国际航空体育节
China International Airsports Fiesta
志愿者
Volunteer
NO.0001
B56789
2010中国国际航空体育节
China International Airsports Fiesta
保障人员
Staff
B23456789
2010中国国际航空体育节
China International Airsports Fiesta
飞行员
Flier
C2456789
2010中国国际航空体育节
China International Airsports Fiesta
安全员
Safety official
C2456789
2010中国国际航空体育节
China International Airsports Fiesta
领 队
Team Manager
C2456789
2010中国国际航空体育节
China International Airsports Fiesta
飞行员
Flier
C2456789
2010中国国际航空体育节
China International Airsports Fiesta
教练员
Instructor
C2456789
2010中国国际航空体育节
China International Airsports Fiesta
飞行总指挥
Chief Commander
C2456789
2010中国国际航空体育节
China International Airsports Fiesta
飞行副总指挥
Assistant Chief Commander
C2456789
2010中国国际航空体育节
China International Airsports Fiesta
指挥助理
Assistant Commander
C2456789

证件通行细则

（一）人员证件

人员证件共分6类。证件正面均明确标示其证件类别、姓名、工作单位、职务、通行区域代码、证件编号、防伪标志和照片（贵宾证、安保执勤证、志愿者证、临时通行证等类证件不采集照片。安保值勤民警着警服，武警、消防官兵着军服，护卫保安队员着制式服装，志愿者着统一服装佩戴相应证件参与赛事服务）。证件背面印有证件使用规定、发放范围、有效期限和通行区域代码说明。

人员证件通行区域划分：1–主席台；2–机场；3–塔台；4–飞行活动区；5–记者区；6–行政管理区；7–观众区；8–商务区；9–表演区。

1. VIP 证

发放范围为中央有关部委、省市领导及邀请贵宾和组委会领导，证件正面为 VIP 字样及其编号，证件底色为红色，挂绳为红色；通行区域为 A 1、5、6、7、 8、9。

2. 工作人员证件

发放范围为组委会工作人员、志愿者，演职人员；证件底色为蓝色，挂绳为蓝色，通行区域为：

组委会各部室主任、副主任 B 1、5、6、7、8、9。

其他工作人员 B 5、6、7、8、9。

演职人员 B 6、9。

飞行器材、油料、车辆、水电供应保障人员 B 2、3、4、5、6、7、8、9。

安保人员证件底色为橙色，挂绳为橙色。安保现场总指挥、副总指挥通行区域为 B 1、2、3、4、5、6、7、8、9。

执勤民警通行区域为执勤区域和执勤必经区域 (B)。非 1、2、3、4 区域执勤人员不准进入上述重要区域。

3. 参赛人员证件

发放范围为运动员、领队、教练员、裁判员、飞行员。其中：领队、教练员、运动员、飞行员证件底色为水绿色，挂绳为水绿色；裁判员证件底色为玫瑰红色，挂绳为玫瑰红色；

通行区域 C 2、3. 4、5、6、7、8。

4. 记者证件

发放范围为新闻媒体工作人员，证件底色为紫罗兰色，挂绳为紫罗兰色；通行区域为 D 5、6、7、8、9，限量增加区域 D 1或 D 2、4。

5. 商务人员证件

发放范围为场内经营人员，证件底色为浅黄色，挂绳为浅黄色；通行区域为 E 6、8。

6. 临时证件

发放范围为临时需要入场工作人员，证件底色为浅青绿色，挂绳为浅青绿色（证件为硬纸质，人工填写，当次有效）；通行区域由安保部审批后标示（F）。

人员证件由省公安厅制证中心制作，每种规格均为长 16 厘米，宽 11 厘米，制作材料为 PVC，证件具有清晰度高，执勤识别性强，不易被仿制，防水防皱等特点。每种证件颜色有区别，分别有不同颜色挂绳相配套使用，以便于执勤人员区分。

（二）车辆通行证

车辆通行证是车辆驶入交通管制路段或现场特定区域及车辆停放的有效证件。

车辆通行证件为纸质塑封，长 42 厘米，宽 21 厘米，车正面上方标示其证件编号、（车牌号码），通行区域代码、防伪标志。证件背面有通行区域代码说明和场内、场外停车地点说明及证件使用管理规定。

现场通行区域划分为：1–主席台区通行（VIP）；2–机场通行；3–塔台通行；4–飞行活动区通行；5–记者区通行；6–行政管理区通行；7–观众区通行；8–商务区通行；9–表演区通行。

场内停车区（点）为：　　A–主席台后区；B–航空俱乐部南门西；C–航空俱乐部北门外；D–沙滩停车区；E–航空俱乐部南行政路；A、B、C、D、E、底色为水绿色，分别在指定停车场（点）停放。特种车辆按照职能在现场特定位置备勤。

场外停车区为：F 停车场–农业示范园；G 停车场–莱明路东下游路段；H 停车场–航空体育公园大门外南侧莱明路段两侧。车辆通行证 F 底色为浅蓝色，G 底色为浅黄色，H 底色为水绿色；F、G 车辆允许由雪野高速路出口分别行至其停车场转乘中轿车入场。禁止驶入航空俱乐部、航空体育公园及现场内。行政用车、执勤用车使用 H 停车场，允许按照通行权限出入航空体育公园及俱乐部，禁止在上述区域路段及停车区停放。

贵宾车（20 辆）、组委会主要领导用车，通行及停车区域为：A 1678；B 1678；C1678.

飞行员与飞行器材油料供应保障车、机场指挥车（20 辆），通行区域为：D 248；

电视转播车演出车辆（10 辆）等，通行区域为：D 689；

行政运行车辆（150 辆）通行区域为：H6；

筹委会一室七部副主任以上人员工作用车为 C689；

安保指挥车通行区域为 C 123456789 ；

安保执勤（150 辆）通行区域为 H 6789;

应急救援车通行现场特定区域；

现场区域为航空体育公园内北自大石桥，南自环湖路安检口现场内路段，无 1、2、9 通行权限的车辆禁止驶入现场区域，一律到行政管理区沙滩停车场停放。

另备有车辆临时通行证件，用于临时需要进入交通管制路段或航空体育公园的车辆。证件为浅青绿色硬纸质，人工填写，当次有效，通行区域由安保部审批后标示。

十八、雪野湖总平面图

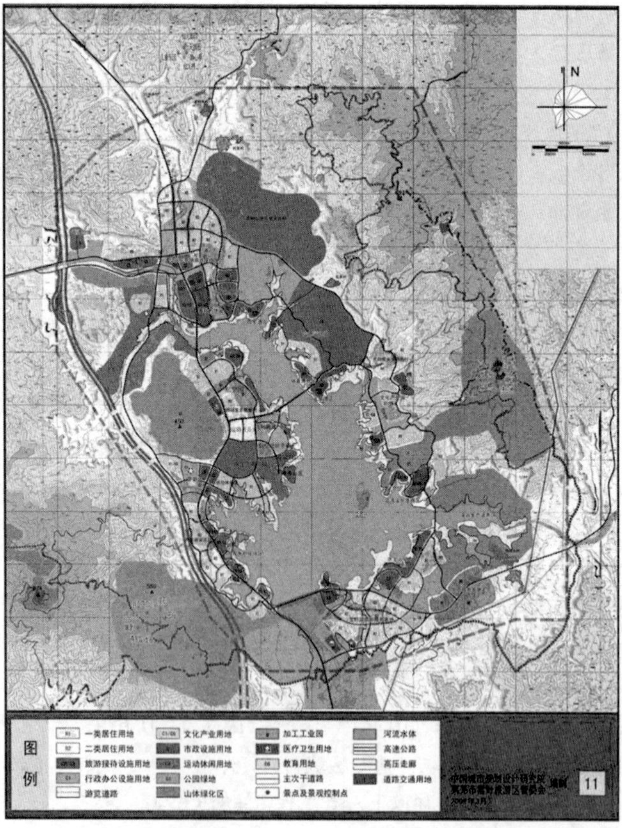

第三节　竞赛组织工作实务

竞赛组织工作是体育赛事的核心工作，在举办阶段所有的工作都要围绕着确保竞赛组织工作顺利进行而展开。竞赛组织工作本身的主要工作是，按照竞赛规程和竞赛规则，通过竞赛管理部门，通过有序地组织裁判员、技术官员、运动员、教练员来共同完成竞赛工作，确保各项比赛按照预定的竞赛日程进行。

一、举办阶段竞赛组织工作的主要内容

举办阶段的竞赛组织工作主要包括组织比赛、兴奋剂检测、仲裁、成绩统计和成绩公布、颁奖等工作。

（一）组织比赛

组织比赛是整个竞赛工作中的核心环节。体育赛事运作的最核心工作就是比赛。一切其他工作都围绕着比赛来做。比赛的直接参与者是运动员、教练员、裁判员、技术官员以及随队官员、医务人员等。具体的比赛组织工作包括：运动员报名、资格审查、抽签或编排、点名、检录、比赛（包括预赛、复赛、决赛或者小组赛、半决赛、决赛等）等工作。每项赛事的《竞赛总规程》是比赛的“根本大法”，规定了每一项赛事的资格、赛程、奖励、处罚等基本原则。而竞赛规则是每一项比赛的执法与判罚的标准与依据比赛后，组织竞赛的工作就进入到成绩统计、公布等环节。

（二）兴奋剂检测

兴奋剂是指体育组织规定的禁用物质和方法。反兴奋剂的根

本目的是为了保护运动员的身体健康，维护体育竞赛的公平竞争，维护公平竞赛的体育道德。兴奋剂检查包括赛前检查、赛外检查和赛内检查。兴奋剂检查工作的主要内容包括制定检查要求，购置相关设备、器材和文件，样品收集、传送、检测，检查结果管理和监督，对外发布有关消息等。

（三）仲裁

仲裁是指纠纷当事人在自愿基础上达成协议，将纠纷提交非司法机构的第三者审理，由第三者作出对争议各方均有约束力的裁决的一种解决纠纷的制度和方式。体育赛事的仲裁是由作为第三者的仲裁委员会，依据竞赛规则，受理并作出有约束力的裁决的一种制度和方式。

现代体育运动的发展，使各类体育比赛越来越激烈，由于运动成绩本身可带来巨大的经济和社会利益，因此，在追求优异运动成绩的同时，不可避免地带来一些冲突和纷争。有些竞技体育运动的参加者在各种利益的引诱下，不择手段，公然违反体育竞赛的规则、规程和法规，如使用兴奋剂、隐瞒真实身份、假球黑哨等，严重地破坏了公平竞争的体育精神，造成了恶劣的影响。因此，需要建立主要解决此类纠纷的适当方式。从体育权利救济的客观需要方面看，大量出现的专业性、技术性很强的体育纠纷，需要逐渐减少各种行政裁决并在体育仲裁内部解决之外开辟更多的救济渠道。体育仲裁是一种最具可行性的最佳选择。

（四）成绩统计和公布

成绩统计和公布工作是竞赛组织工作的重要组成部分，是宣布体育赛事最终成绩的一项十分专业、要求十分严谨的工作。主要工作包括成绩统计工作，成绩超、创、平纪录相关工作，成绩传输、查询及公布工作。对于大型综合性体育赛事而言，由于比赛项目多、赛事分布广、关注群体多，必须建立准确快捷的成绩网络系统，包括综合成绩信息系统、综合信息查询系统、技术资料查询系统等，在比赛现场、指挥中心、新闻中心及各代表团驻地等都应建立成绩查询终端。

成绩统计和公布工作的一般程序如下

(1) 赛事运作管理机构制定各类竞赛成绩表，报主办单位审批。

(2) 每场比赛结束后，成绩公告由裁判长（或竞赛规则规定的官员）签字确认，由赛事运作管理机构内设的竞赛组织管理部门核对公布。

(3) 创全国纪录、超亚洲纪录和世界纪录的由赛事运作管理机构报主办单位后，按国家及国际单项组织有关规定程序进行申报。

(4) 综合性赛事由赛事运作管理机构内设的竞赛组织管理部门统计各代表团奖牌总数和团体总分，由主办单位审核后公布。

(5) 比赛成绩册由赛事运作管理机构内设的竞赛组织管理部门编印分布。

（五）颁奖工作

颁奖工作也是竞赛组织工作的重要组成部分。比赛成绩确定后，按照体育赛事的惯例和例行程序，向优胜者颁发证书、奖牌、奖杯、鲜花、吉祥物等，这是对体育赛事优胜者的褒奖，也是该项赛事结束的标志。颁奖工作包括制定颁奖工作实施方案和颁奖仪式程序、规则；统计奖品及颁奖辅助用品种类及数量；设计制作颁奖时播放的背景音乐；设计奖杯、奖章、证书及其他奖品和颁奖辅助用品；制定有关颁奖设备和颁奖工作要求；布置颁奖环境；设计购买颁奖服装；制定颁奖嘉宾邀请方案等。

颁奖工作的一般程序如下。

1. 赛事运作管理机构制定颁奖工作方案，报主办单位审批。

2. 赛事运作管理机构负责组织实施颁奖人员的选拔和培训。

3. 赛事运作管理机构负责制定奖牌、奖杯、奖状和证书的设计，报主办单位审批后，再行制作、分发。

4. 赛事运作管理机构内设的竞赛组织管理部门负责制定颁奖仪式程序及组织实施。

5. 赛事运作管理机构内设的竞赛组织管理部门负责制定嘉宾邀请方案，并由赛事运作管理机构内设的联络部门协助嘉宾邀请、接待和引导工作。

二、组织机构

在体育赛事的筹备阶段，组委会就要设立竞赛部，在举办阶段也是由竞赛部负责竞赛工作。大型综合性体育赛事由于项目众多，采用下设单项竞委会实施专项管理，单项体育赛事则采用竞赛部下设的职能处，负责实施。

三、竞赛组织工作示意图

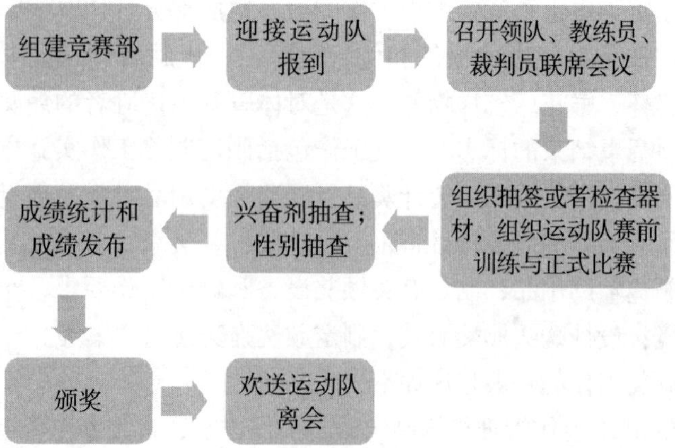

相关链接一：

第十一届全运会组委会举办阶段分管竞赛工作领导层面工作计划表

时间	主要工作
2009年10月11日	1. 汇总各项目颁奖时间表，指导各项目颁奖工作。 2. 组织好各单项比赛。 3. 落实组委会领导为开幕式后第一枚金牌运动员颁奖有关工作。 4. 组织开幕式运动员、裁判员入场工作。 5. 会同有关部门，当晚完成开幕式表演设备拆除搬运工作。
2009年10月12日	1. 检查各单项竞委会工作。 2. 做好组委会领导为开幕后第一枚金牌选手颁奖的组织工作。 3. 指导各项目颁奖工作。
2009年10月13日	1. 组织各项目决赛。 2. 检查、指导各单项竞委会工作。 3. 指导各项目颁奖工作。 4. 及时发放裁判员、技术官员返程机车票。 5. 及时发放裁判员、技术官员劳务补助。
2009年10月14日	1. 组织好各单项决赛。 2. 及时发放裁判员、技术官员返程机车票。 3. 及时发放裁判员、技术官员劳务补助。 4. 分别到各承办赛区检查竞赛组织工作。
2009年10月15日	1. 组织各单项比赛。 2. 分别到各承办赛区检查竞赛组织工作。
2009年10月16日	1. 组织好各单项决赛。
2009年10月17日	1. 组织好各单项比赛。 2. 宴请各项目总裁判员。

（续表）

时间	主要工作
2009年10月18日	1. 汇总各项目颁奖时间表，指导各项目颁奖工作。 2. 指导单项竞委会组织好决赛阶段的所有比赛。 3. 代表组委会正式宴请技术官员代表。
2009年10月19日	1. 组织好各单项决赛。 2. 核定裁判员、技术官员离会返程计划，协调交通运输部做好返程送机、送站运输工作。
2009年10月20日	1. 组织各项目决赛。 2. 将裁判员、技术官员返程交通运输计划通知到每一位裁判员及技术官员。
2009年10月21日	1. 组织好各单项决赛。 2. 裁判员、技术官员返程机、车票全部落实。 3. 裁判员、技术官员旅费报销、劳务费发放完毕。 4. 做好已结束比赛项目的竞赛器材、裁判用品回收工作。 5. 协助做好“体育道德风尚奖”评选工作。 6. 着手做好成绩统计。 7. 做好总成绩册编制工作。
2009年10月22日	1. 组织各项目决赛。 2. 落实闭幕式运动员、裁判员退场仪式的相关工作。 3. 统计所有项目竞赛成绩。 4. 评出“道德风尚奖”“十佳”名单并上报。 5. 做好成绩统计工作和总成绩册汇编工作。
2009年10月23日	1. 做好组委会领导全运会最后一个项目的决赛的组织工作，并请领导亲自给该项目运动员颁奖。 2. 认真组织好最后比赛项目的决赛。 3. 及时汇总各项目决赛成绩，汇编并印刷总成绩册。 4. 组织好闭幕式运动员、裁判员入退场仪式。
2009年10月24–31日	1. 编印总成绩册，分发各有关单位。 2. 做好竞赛器材、裁判用品回收工作。 3. 做好裁判员、技术官员离会返程工作。 4. 做好各运动队的离会送机、送站工作。 5. 指定专人撰写本部门工作总结报告。

（续表）

时间	主要工作
2009 年 11 月	1. 组织本部门人员进行总结，做好人员鉴定、评比工作。 2. 评选比赛优秀赛区。 3. 上报本部门总结报告。 4. 上交各类固定资产及办公用品。 5. 到本部门工作人员所在单位向领导表示感谢，提交感谢信。

相关链接二：

第十一届全运会组委会举办阶段分管兴奋剂检测工作领导层面工作计划表

时间	主要工作
2009 年 10 月 11 日	1. 组织开展兴奋剂检查工作。 2. 参加“零点会议”。
2009 年 10 月 12 日	1. 做好组织开展兴奋剂检查工作。 2. 参加“零点会议”。
2009 年 10 月 13 日	1. 组织开展兴奋剂检查工作。 2. 参加“零点会议”。
2009 年 10 月 14 日	1. 组织开展兴奋剂检查工作。 2. 参加“零点会议”。
2009 年 10 月 15 日	1. 组织开展兴奋剂检查工作。 2. 分期分批检查各检查站工作。 3. 参加“零点会议”。
2009 年 10 月 16 日	1. 做好兴奋剂检测抽查工作。 2. 到各赛区检查、指导兴奋剂检查工作。 3. 参加“零点会议”。

(续表)

时间	主要工作
2009年10月17日	1. 组织开展兴奋剂检查工作。 2. 参加“零点会议”。
2009年10月18日	1. 全力组织开展兴奋剂检查工作。 2. 本部领导参加“零点会议”，报告当天工作完成情况，听取领导部署第二天的工作。
2009年10月19日	1. 全力组织开展兴奋剂检查工作。 2. 本部领导参加“零点会议”，报告当天工作完成情况，听取领导部署第二天的工作。
2009年10月20日	1. 做好兴奋剂检查工作。 2. 本部领导参加“零点会议”，报告当天工作完成情况，听取领导部署第二天的工作。
2009年10月21日	1. 做好兴奋剂检查工作。 2. 本部领导参加“零点会议”，报告当天工作完成情况，听取领导部署第二天的工作。
2009年10月22日	1. 做好兴奋剂检查工作。 2. 本部领导参加“零点会议”，报告当天工作完成情况，听取领导部署第二天的工作。
2009年10月23日	1. 组织开展兴奋剂检查工作。 2. 完成兴奋剂检查结果汇总工作。 3. 本部领导参加“零点会议”，报告当天工作完成情况，听取领导部署第二天的工作。
2009年10月24–31日	1. 兴奋剂检查工作设备仪器。 2. 指定专人撰写本部门工作总结报告。
2009年11月	1. 组织本部门人员进行总结，做好人员鉴定、评比工作。 2. 上交档案资料、各类固定资产及办公用品。 3. 到本部门工作人员所在单位向领导表示感谢，提交感谢信。

【案例】

第十一届全运会比赛颁奖工作方案

竞赛部

一、颁奖工作组成要素

1. 奖牌（金、银、铜牌）；

2. 比赛项目前三名获得者；

3. 颁奖嘉宾 2 名（集体项目和团体项目可增加颁奖嘉宾人数），分别颁发奖牌和鲜花；

4. 获奖运动员礼仪引导员 1 名（集体项目和团体项目增加引导员人数）；

5. 颁奖嘉宾礼仪引导员 1 名；

6. 颁奖礼仪人员（托盘手）2 人（根据授奖运动员多少增加人数）；

7. 颁奖仪式开始播放提示音乐（组委会指定音乐）；

8. 颁奖音乐（组委会指定音乐）；

9. 颁奖鲜花；

10. 颁奖台（根据授奖运动员多少确定组数）；

11. 颁奖托盘、绒布 2 套（根据授奖运动员多少确定套数）。

二、工作流程

工作流程图示：

1. 竞赛处负责确定颁奖嘉宾，将名单通知颁奖负责人及颁奖主持人（赛事宣告）。名单中注明颁奖嘉宾的职务、姓名及颁奖分工。

2. 竞赛处在比赛后第一时间，将获奖运动员名单及相关信息通知颁奖

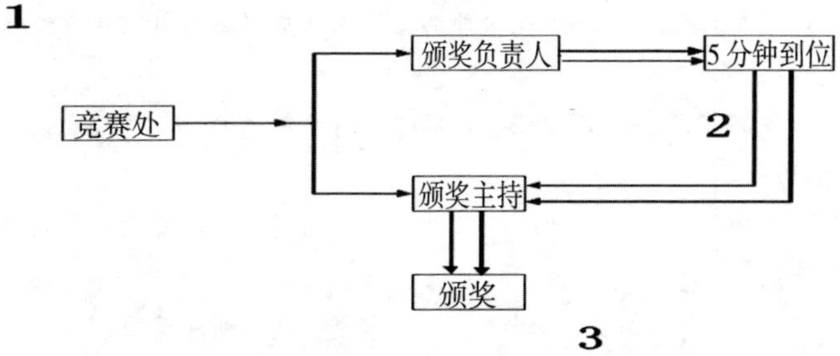

负责人、颁奖主持人。

3. 比赛结束后，志愿者或场地工作人员负责将颁奖台按要求摆放到指定位置。

4. 颁奖前十分钟，竞赛处负责将颁奖嘉宾引导至颁奖嘉宾等候区，并与颁奖嘉宾引导员负责交接。颁奖嘉宾引导员确认颁奖嘉宾身份并介绍颁奖流程。

5. 颁奖前十分钟，催场的志愿者负责召集获奖运动员到运动员颁奖等候区，所有参加颁奖运动员需着领奖服。由运动员引导员确认运动员身份，并按颁奖顺序排位。

6. 颁奖前十分钟，颁奖礼仪人员持奖牌和鲜花在颁奖等候区等待。

7. 颁奖仪式开始前五分钟，颁奖负责人确认颁奖人员及物资全部到位后通知颁奖主持人。

8. 按程序进行颁奖。

9. 颁奖结束，请颁奖嘉宾与获奖运动员合影留念。合影结束后获奖运动员向观众致意。获奖运动员由引导员带回颁奖等候区，由新闻宣传处负责带领相关运动员参加新闻发布会。

10. 颁奖嘉宾由引导员带回颁奖等候区，由竞赛处负责引导嘉宾回主席台。

三、颁奖流程

1.颁奖仪式开始前播放提示音乐（组委会指定音乐）；

2. 宣布×××比赛×××项目颁奖仪式开始；

3. 播放颁奖音乐；

4. 颁奖礼仪人员、颁奖嘉宾及运动员入场；

5. （待礼仪人员、颁奖嘉宾及运动员站定后）宣布比赛成绩；

(1) 宣布获得×××比赛×××项目铜牌的运动员（运动员向观众致意，并上颁奖台）；

(2) 宣布获得×××比赛×××项目银牌的运动员（运动员向观众致意，并上颁奖台）；

(3) 宣布获得×××比赛×××项目金牌的运动员（运动员向观众致意，并上颁奖台）；

6. （待运动员在颁奖台站定后）介绍颁奖嘉宾及所颁奖项；

(1) 请×××嘉宾为获得前三名的运动员颁发奖牌（集体项目可增加颁奖嘉宾）；

(2) 请×××嘉宾为获得前三名的运动员颁发鲜花（集体项目可增加颁奖嘉宾）。

7. 请颁奖嘉宾与获奖运动员合影留念；请颁奖嘉宾退场，获奖运动员向观众致意；

8. 请获奖运动员退场，宣布颁奖仪式到此结束。

第四节　接待服务工作实务

体育赛事的接待服务工作是体育赛事举办阶段的重要工作之一，各类来宾抵达赛事举办地，标志着体育赛事进入举办阶段。针对不同接待对象，各项接待服务工作开始进入实施阶段，各接待站、各对口接待单位开始按照各自的工作方案进入工作状态。

本部分将举办阶段接待服务工作对象分为三个板块来重点阐述。

第一部分是贵宾（主要领导）、各代表团团部、特邀嘉宾、参赛选手、境外嘉宾、少数民族代表、观摩团等的接待。

第二部分是媒体记者的接待。

第三部分是赞助商的服务与接待。

一、举办阶段贵宾、各代表团团部等人员的接待服务工作

（一）主要内容

1. 接（送）机、站

接机、接站工作是举办阶段接待工作的起点工作。送机、送站是接待工作的终点工作。按照筹备阶段制定的接（送）

机、站工作方案，核对接送对象的基本信息、航班或车次、到达的准确时间、迎送的地点并落实交通等环节。在接到来宾后，立即与驻地宾馆接待站联系，告知当前状态、预计到达宾馆的时间，并通知做好迎接来宾入住的准备。闭幕后的第二天，是体育赛事接待各类来宾结束的时间节点。要在此时，全面核查来宾离会的情况，所有滞留的人员要解除"运动会代表"的身份。

2. 安排入住，发放证件、《接待工作手册》等相关资料

要提前准备好房卡和证件，及时发放体育赛事的相关资料，包括《接待工作手册》《竞赛秩序册》《主要活动与会议安排表》《赛前训练安排表》等。同时告知第一次就餐的时间、地点。

3. 组织出席招待宴会

行政接待部根据制定的招待宴会方案组织实施，重点做好宴会厅的氛围布置、餐饮的及时供应、交通安排、参加宴会的有效凭证发放、出席人员名单及座次安排等工作。

4. 组织出席开闭幕式、观看比赛等活动

按照筹备阶段的安排，最终确认出席开闭幕式的领导名单，重点做好到主席台就座的人员名单确认、座次安排及话筒音响调试、乘车安排、从贵宾室到达主席台的时间和路线、安保服务、开闭幕式仪式议程和文体表演节目单的准备、领导讲话稿的准备、前往舞台颁奖环节、茶水供应、礼仪小姐引领等重要环节。开闭幕式的接待工作要以主席台为核心，以仪式议程规定的工作流程为纲，以一号首长为核心，做好相关接待工作。在体育赛事举办期间，各级领导、各代表团、特邀嘉宾、少数民族代表、超编人员、观摩团通常还会观看一些比赛或是看望运动员，关键是做好与比赛场馆的对接，做好陪同、引领、交通、安保、宣传报道等工作。每一位重要领导和嘉宾出席的活动要做到"专人、专车、专区、专门的方案"，确保每一个环节都能良好地对接。

5. 提供旅游、购物、观光咨询服务

要根据来宾旅游、购物、观光的需求，相关陪同人员以及宾馆接待站的人员均要做好相应的咨询服务工作。相关的旅游景点、购物、餐饮服务以及娱乐服务，各类窗口服务单位都要做好相应的接待工作。

6. 提供返程票务预订服务

在体育赛事的举办阶段，各类来宾到达之日，就是最终确定并购买返程票的工作阶段。这项工作关系到来宾是否可以如期离会，也关系到我们的接待工作是否圆满。大型综合性体育赛事应设立返程票务服务窗口，现场为来宾提供服务。

（二）组织机构

体育赛事的接待工作从始至终都是由专门的接待部门负责，区别不同接待对象，组建相应的职能处，与相关的对口接待单位共同做好接待工作。

（三）贵宾、各代表团团部等人员的接待服务工作示意图

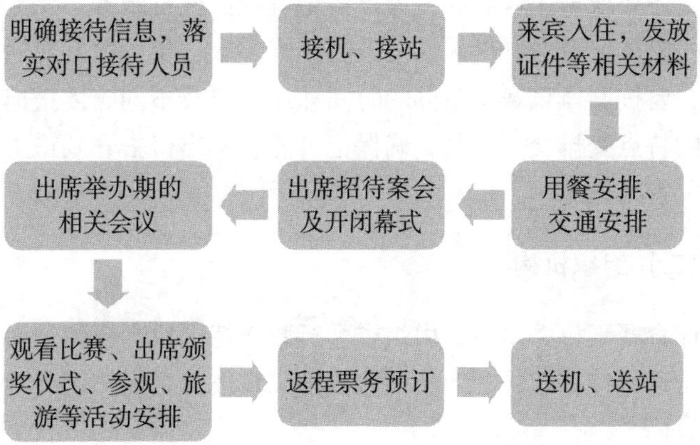

二、举办阶段媒体记者的接待服务工作

媒体记者是体育赛事不可缺少的重要接待对象。赛事进入举办阶段，各类新闻媒体记者陆续到达，要围绕着入住、证件、赛事安排、交通、餐饮服务、采访区域、发稿服务和送机、送站，做好相关接待服务工作。

（一）主要内容

1. 发放媒体记者证件、宣传报道的材料以及《媒体记者工作手册》

媒体记者报到后，要将所有赛事的信息准确地提供给记者，围绕着有利于采访和报道来做好相关接待工作。发放《媒体记者工作手册》等材料，以为媒体记者在举办地进行宣传报道提供基本的工作环境和条件。

2. 食宿、交通安排

媒体记者的住宿要按不同类的媒体分别安排，餐饮服务强调“就餐环境宽松”，做好相关服务工作。考虑到媒体记者工作的特殊性，还要根据工作需要，为媒体记者提供夜宵服务。要充分考虑不同媒体记者对赛事采访报道的不同要求，统一做好交通服务工作，要按照体育赛事举办的时间和地点以及不同媒体报道体育赛事的特点安排交通工具，确保记者能够“出得去、到得了、访得到、发得出”。

（二）组织机构

体育赛事举办阶段，由组委会行政接待部负责媒体记者的食宿、交通等接待工作，由新闻宣传部来具体负责媒体记者的管理工作。

（三）媒体记者的接待服务工作示意图

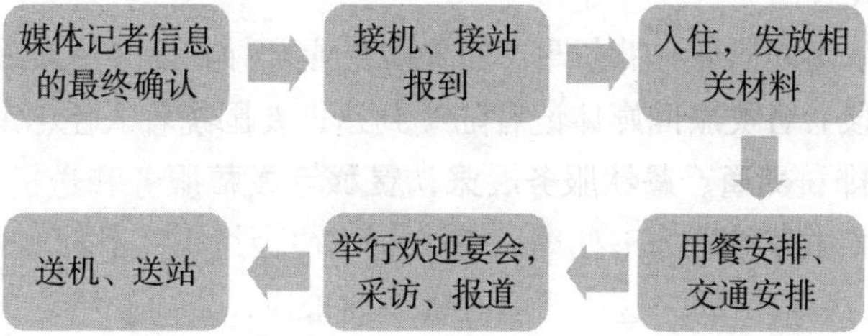

三、举办阶段赞助商的接待服务工作

赞助商是体育赛事接待服务的重要对象之一，邀请赞助商出席体育赛事的相关活动并做好赞助商的服务与接待工作是体育赛事组织者执行权益回报的一项重要内容。应充分体现“高规格、热情周到”。

（一）主要内容

1. 接机、接站

市场开发部要落实专人做好赞助商的接待，从接机、接站开始，到送机、送站为止，全程均有专人、专车服务。如赞助商自带车辆，要落实车证，并专人引导。

2. 食宿接待与交通保障

赞助商的食宿接待和交通保障要按照组委会特邀嘉宾的同等档次来组织落实。赞助商在接待宾馆的服务由行政接待部负责，赞助商在离开宾馆后的相关服务由市场开发部负责。

3. 赞助商出席活动安排

在体育赛事主要的官方活动中，邀请赞助商出席，既体现对赞助商的尊重和礼仪，也是做好赞助商回报的重要组成部分。

赞助商代表出席的活动主要包括：招待宴会、开（闭）幕式、观看比赛、颁奖等。

在体育赛事的举办期，如赞助企业自行安排的相关活动，组委会应主动做好相关工作的对接，协助企业组织好此类活动。

4. 赞助商产品和服务展览、展示与售卖

在体育赛事的举办期，赞助商往往会组织产品和服务展览、展示与售卖活动，这些活动对赞助商来说，是商业活动，对组委会来说，是回报企业的赛事主题活动，组委会要高度重视这些活动的组织工作。市场开发部门要组织专人提供跟踪服务。

5. 赞助商维权工作

“未经赛事组委会授权的商业使用赛事标志的行为”均为侵权行为。维护合法赞助商的合法权益，是体育赛事组织者依据赞助合同必须履行的职责和义务。

赞助商维权工作主要包括：维护合法赞助商在体育赛事中的合法权益；指导赞助商正确地享有和使用权益；纠正和处罚非法行为。

（二）组织机构

赞助商的接待服务工作是行政接待部必须做好的一项重要工作。在赛事举办期，市场开发部的相关工作人员及时调整工作职能，全部转入“赞助商接待工作、维权工作和回报执行工作”，一般采用在原来职能处的基础上，组建三个专项工作组，其中赞助商的接待工作则按照不同等级的赞助商组建相应的接待工作小组，来与行政接待部进行工作对接，全程负责赞助商的接待和服务。

赞助商的食宿与交通安排，则由行政接待部负责，服从接待工作方案做出的统一安排。赞助商出席开闭幕式、招待宴会等活动，需要由办公室、市场开发部、行政接待部共同负责。

（三）赞助商的接待服务工作示意图

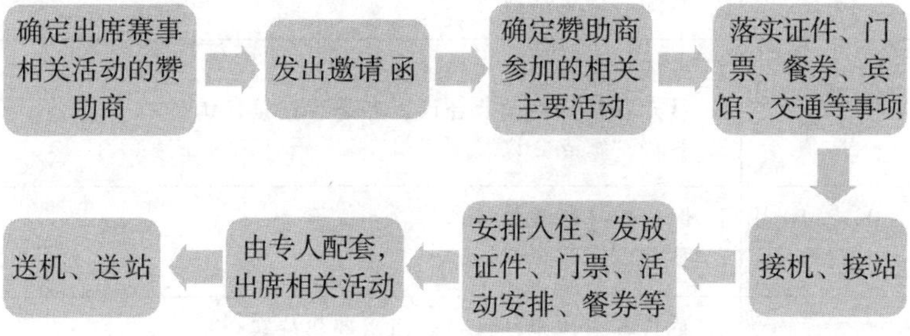

相关链接一：

第十一届全运会组委会举办阶段分管接待服务工作领导层面工作计划表

时间	主要工作
2009 年 10 月 11 日	1. 做好党和国家领导人，体育总局、各代表团、中央各部委、国际奥委会、国际各项体育联合会、领导，各国驻华使节、港澳台侨胞及特邀嘉宾出席开幕式的接待工作。 2. 组织举行招待宴会。 3. 参加“零点会议”。
2009 年 10 月 12 日	1. 做好各级领导、嘉宾的宴请接待工作。 2. 参加“零点会议”。
2009 年 10 月 13 日	1. 组织并陪同国家体育总局、中央各部委领导和海外嘉宾、特邀嘉宾参观主要景区。 2. 听取各代表团关于餐饮服务的工作意见并进行完善。 3. 参加“零点会议”。

时间	主要工作
2009年10月14日	1. 专项检查各接待宾馆收费服务工作情况。 2. 参加“零点会议”。
2009年10月15日	1. 专项检查各接待宾馆服务情况。 2. 召开各接待站站长会议，部署后期接待工作。 3. 参加“零点会议”。
2009年10月16日	1. 做好各项行政接待工作。 2. 参加“零点会议”。
2009年10月17日	1. 举行各省、市、区代表团团部招待宴会。 2. 到各赛区及驻地抽查接待工作。 3. 与各部室协调，安排各类来宾送站服务工作。 4. 参加“零点会议”。
2009年10月18日	1. 听取各代表团对行政接待工作，尤其是餐饮工作的意见并及时整改。 2. 本部领导参加“零点会议”，报告当天工作完成情况，听取领导部署第二天的工作。
2009年10月19日	1. 再次专项检查各接待宾馆的餐饮、房间卫生及收费服务项目等方面的工作。 2. 与机场、车站再次协调，确认欢送嘉宾通道并做好环境布置工作。 3. 本部领导参加“零点会议”，报告当天工作完成情况，听取领导部署第二天的工作。
2009年10月20日	1. 专题汇报接待出席闭幕式国家领导人及嘉宾的工作方案。 2. 本部领导参加“零点会议”，报告当天工作完成情况，听取领导部署第二天的工作。
2009年10月21日	1. 做好全运会来宾离会及欢送嘉宾的相关工作。 2. 做好欢送宴会的工作。 3. 本部领导参加“零点会议”，报告当天工作完成情况，听取领导部署第二天的工作。

（续表）

时间	主要工作
2009年10月22日	1. 全面落实组委会欢送宴会工作。 2. 继续做好欢送各类来宾的工作。 3. 本部领导参加“零点会议”，报告当天工作完成情况，听取领导部署第二天的工作。
2009年10月23日	1. 做好全运会组委会欢送宴会的安排工作。 2. 做好出席闭幕式领导和嘉宾的接待工作。 3. 本部领导参加“零点会议”，报告当天工作完成情况，听取领导部署第二天的工作。
2009年10月24–31日	1. 做好欢送嘉宾离会的工作。 2. 24日全面检查参会人员离会情况。 3. 10月26日离会完毕，向组委会领导报告离会人员的准确信息。 4. 指定专人撰写本部门工作总结报告。
2009年11月	1. 组织本部门人员进行总结，做好人员鉴定、评比工作。 2. 与各宾馆及相关单位结算。 3. 上交档案资料、各类固定资产及办公用品。 4. 上报工作总结报告。 5. 到本部门工作人员所在单位向领导表示感谢，提交感谢信。

相关链接二：

第十一届全运会组委会举办阶段分管交通保障工作领导层面工作计划表

时间	主要工作
2009年10月11日	1. 做好各类嘉宾接机、接站的交通保障工作。 2. 做好各代表团训练、比赛的交通保障工作。 3. 做好党和国家领导人接见群先代表活动的交通保障工作。 4. 做好开幕式各类人员、器材、装备的交通保障工作。 5. 做好各类人员的返程票务工作。 6. 做好开幕式交通保障工作。 7. 参加“零点会议”。

(续表)

时间	主要工作
2009年10月12日	1. 做好各类嘉宾旅游交通保障工作。 2. 做好比赛人员、器材、设备交通保障工作。 3. 做好媒体采访交通保障工作。 4. 做好群先表彰会与会代表的交通保障工作。 5. 做好开幕撤场交通保障工作。 6. 做好开幕式演职人员离会交通保障工作。 7. 做好先期离会嘉宾送站交通保障工作。 8. 做好临时运输任务的车辆调度工作。 9. 做好闭幕式现场搭建交通保障工作。 10. 做好返程票务工作。 11. 做好重要嘉宾领导观看比赛及参观的交通保障工作。 12. 参加“零点会议”。
2009年10月13日	1. 做好各类嘉宾旅游交通保障工作。 2. 做好比赛人员、器材、设备交通保障工作。 3. 做好媒体采访、代表参观交通保障工作。 4. 做好先期离会嘉宾送站交通保障工作。 5. 拟定闭幕式及离会送站用车计划。 6. 做好各类返程票务工作。 7. 参加“零点会议”。
2009年10月14日	1. 拟定闭幕式及离会送站用车方案。 2. 做好各类嘉宾旅游的交通保障工作。 3. 做好比赛人员、器材、设备的交通保障工作。 4. 做好媒体采访的交通保障工作。 5. 做好闭幕式设备的交通保障工作。 6. 做好临时运输任务的车辆调度。 7. 做好各类来宾观看比赛的交通保障工作。 8. 参加“零点会议”。
2009年10月15日	1. 做好各类嘉宾旅游的交通保障工作。 2. 做好训练与器材、设备的交通保障工作。 3. 做好媒体采访、群先会议代表的交通保障工作。 4. 做好闭幕式设备的交通保障工作。 5. 参加“零点会议”。

(续表)

时间	主要工作
2009年10月16日	1. 做好各类嘉宾旅游的交通保障工作。 2. 做好比赛人员、器材、设备的交通保障工作。 3. 做好媒体采访、群先代表的交通保障工作。 4. 做好闭幕式设备的交通保障工作。 5. 做好闭幕式演职人员排练的交通保障工作。 6. 参加“零点会议”。
2009年10月17日	1. 做好各类嘉宾旅游的交通保障工作。 2. 做好比赛人员、器材、设备的交通保障工作。 3. 做好媒体采访、群先会议代表的交通保障工作。 4. 做好闭幕设备的交通保障工作。 5. 做好闭幕式演职人员排练的交通保障工作。 6. 检查公交车、出租车运营情况。 7. 参加“零点会议”。
2009年10月18日	1. 召开闭幕式及嘉宾赛会交通运输工作协调会。 2. 做好各类嘉宾参观与旅游的交通保障工作。 3. 做好媒体采访的交通保障工作。 4. 做好离会嘉宾交通的交通保障工作。 5. 做好闭幕式排练的交通保障工作。 6. 本部领导参加“零点会议”，报告当天工作完成情况，听取领导部署第二天的工作。
2009年10月19日	1. 落实嘉宾离会返程计划。 2. 最后落实所有返程机票、车票，向各代表团联络员发出通知，返程票务工作将于10月21日全部结束。 3. 做好各类嘉宾旅游的交通运输保障工作。 4. 做好训练与比赛人员、器材、设备的交通运输保障工作。 5. 做好媒体采访的交通运输保障工作。 6. 做好群先会会议代表的交通运输保障工作。 7. 做好闭幕式演职人员排练的交通运输保障工作。 8. 本部领导参加“零点会议”，报告当天工作完成情况，听取领导部署第二天的工作。

(续表)

时间	主要工作
2009 年 10 月 20 日	1. 做好返程票务再落实工作。 2. 做好各类嘉宾旅游的交通保障工作。 3. 做好媒体采访的交通保障工作。 4. 做好群先会代表的交通保障工作。 5. 做好出席闭幕式嘉宾、离会嘉宾的交通保障工作。 6. 做好闭幕式演职人员排练的交通保障工作。 7. 本部领导参加“零点会议”，报告当天工作完成情况，听取领导部署第二天的工作。
2009 年 10 月 21 日	1. 结束返程票务工作。 2. 与行政接待部等部门协同召开机场、车站、高速路管理工作协调会议，落实离会返程相关工作。 3. 做好闭幕式预演彩排交通保障工作。 4. 做好返程嘉宾送机送站工作。 5. 本部领导参加“零点会议”，报告当天工作完成情况，听取领导部署第二天的工作。
2009 年 10 月 22 日	1. 闭幕式及返程车辆调集完毕。 2. 召开各部室闭幕式及离会返程及送站人员车辆安排协调会。 3. 本部领导参加“零点会议”，报告当天工作完成情况，听取领导部署第二天的工作。
2009 年 10 月 23 日	1. 做好最后一天决赛的交通保障工作。 2. 做好闭幕式的各项交通保障工作。 3. 本部领导参加“零点会议”，报告当天工作完成情况，听取领导部署第二天的工作。
2009 年 10 月 24–31 日	1. 做好各类嘉宾离会送站的交通保障工作。 2. 做好组委会组织的参观、旅游的交通保障工作。 3. 做好闭幕式撤场的交通保障工作。 4. 做好闭幕式参演人员离会的交通保障工作。 5. 做好竞赛器材回收的交通保障工作。 6. 分期分批返还抽调、租用的车辆。 7. 指定专人撰写本部门工作总结报告。

（续表）

时间	主要工作
2009 年 11	1. 组织本部门人员进行总结，做好人员鉴定、评比工作。 2. 上交档案资料、各类固定资产及办公用品。 3. 到本部门工作人员所在单位向领导表示感谢，转交省政府感谢信。

第五节　新闻中心服务工作实务

新闻中心是体育赛事组织者专门为媒体记者提供赛事新闻报道工作的专业服务场所，一般分为主要为广播电视媒体服务的广播电视中心和主要为平面媒体、纸质媒体及网络媒体服务的新闻中心，这是体育赛事服务工作的重要组成部分。该中心均由硬件设施和软件服务两个板块的工作组成。

新闻中心实质上就是为各类媒体在体育赛事举办地为前来采访报道的记者提供临时的工作场所。

一、举办阶段新闻中心服务工作的主要内容

（一）电视信号传输、网络管理与维护

电视信号传输、网络的管理与维护是新闻中心正常运转的基本保障。做好新闻中心的电视信号传输、网络管理与维护，是确保体育赛事的各类信息、图像、信号得以及时、准确向外界公布或传输的必备条件。在建设初期就要按照广电和网络管理部门的技术规范组织施工，在比赛期间要有专业的技术人员全天候值班，并留有适当的设备、器材的备件。一旦发生故障，专业技术

人员要快速做出反应，及时甄别并高效地、专业地进行抢修。为确保重要活动和赛事的传输万无一失，可考虑通过卫星传输和有线传输两种传输方式。新闻中心将提供给前来采访的电视媒体和网络媒体临时租用，现场维护人员要与这些媒体的技术人员进行良好的工作对接，使租用人员了解整个设备和设施的技术性能。

（二）各类媒体现场采访报道区域服务

除比赛的主新闻中心以外，在各赛场和活动的现场都应有媒体采访报道区，该区域由两部分组成，一部分是在比赛现场的直接采访区，通常设置在便于报道又不妨碍比赛和裁判工作的区域内，另一部分是在比赛现场专设媒体工作用房，在工作用房内配备一定的电脑、网线、传真机、电话以及必要的茶水服务。各类媒体进入上述两个区域内进行采访，使用不同的证件。赛事承办单位主要负责做好记者采访报道区域的控制工作、设施设备的维护工作和现场的基本服务工作。

（三）新闻发布会服务

新闻发布会是体育赛事运作管理机构借助媒体手段直接向外界发布赛事相关信息，解释或说明组织重大事件而举办的活动。新闻中心一般都设有新闻发布室供赛事组织者使用。新闻发布室要具备新闻发布会所需要的背景板、茶水服务、音响设备和桌椅等，为了方便媒体及时传输新闻，还应设有足够的网线，便于记者及时发稿。通常情况下，赛事的组织者在召开新闻发布会时，应向媒体记者提供新闻通稿和相关背景资料，并做好发布会现场的基本服务。

（四）新闻中心专业志愿者服务

在新闻中心工作和采访区域服务的志愿者以及为媒体直接提供服务的志愿者，应尽量选调新闻专业、传媒专业的在校学生，这些专业志愿者除了掌握体育竞赛日程和熟知举办地的基本情况外，还需要具备新闻和媒体专业相关知识，有些赛事还要求志愿者具备良好的英语能力。在新闻中心服务的专业志愿者主要为媒体记者提供竞赛时间、场地、交通等的咨询与信息服务，提供后勤服务，配发、配送资料，提供相应的技术保障以及语种翻译等服务，也可以应媒体的要求，提供采访、制作、传输等专业技术的辅助服务。

（五）记者休息室服务

赛事运作管理机构通常会在新闻中心设立记者休息室，在记者工作之余或工作间歇为其提供休息服务，或为不同地区、不同形态的各类媒体提供一个互相交流的场所，休息室内供应茶水、咖啡、水果、点心等饮品和食品，并设有沙发、座椅、电视机等设备。这些服务都属于新闻中心的配套服务，通常提供部分饮品免费服务。

（六）其他服务（如电信、复印、数码激光冲印等服务）

在新闻中心内还应设立数码激光彩扩营业室、照相机维修服务工作室，为媒体记者提供特快专递、普通邮递、汇兑、储蓄、机票预订和邮品销售等邮政服务，提供文字传真、国际国内长途电话和各类固定电话卡的电信服务，提供手机检测、维修、短信服务平台和各类移动电话卡的移动通信服务，提供正负片冲洗、扩印和数码快照、光盘刻录、底片扫描及存储，数码技术的咨询和图片处理、底片扫描等服务。

二、组织机构

新闻宣传部下设新闻中心管理处来全面负责新闻中心的服务

与管理。

三、新闻中心服务工作示意图

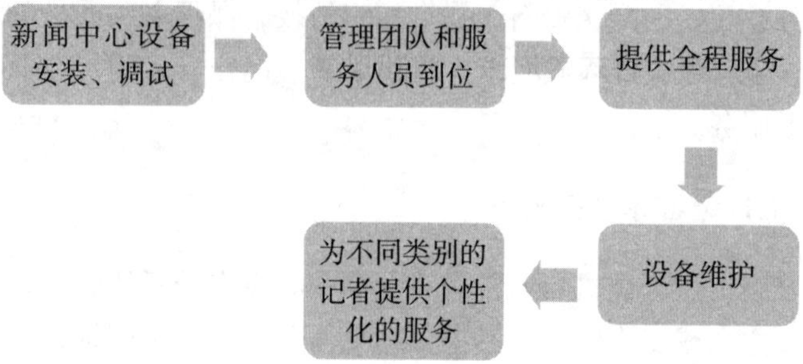

第六节　广播电视转播工作实务

通过广播电视实现赛事的转播，是现代体育赛事重要的传播手段，也是非现场观众参与和欣赏体育赛事的重要途径。做好广播电视转播工作是组委会在举办阶段重要的工作之一。

一、举办阶段电视转播工作的主要内容

（一）组建广播电视中心并组织试运行

广播电视中心（Broadcast　Center），即给各广播、电视机构提供转播、收录制作和编辑赛事广播电视信号的场所。赛事承办单位有责任承担广播电视中心的组建任务。广播电视中心的组建主要包括技术调研、实体建设、设备配置与采购、制度建设、服

务管理机制建设、各类人员的管理与培训等内容。同时建设信号传输网络和搭建赛事转播体系。广播电视中心组建完毕后，要组织试运行。针对试运行中发现的问题进行及时整改，以保障比赛期间广播电视转播工作的顺利进行。

（二）开闭幕式的广播、电视报道

体育赛事的开闭幕式具有精彩度高、关注度高、集中性强、受众面广、影响力度大等特点，是体育赛事广播电视转播工作的一项重要内容。进行开闭幕式的广播与电视报道，要制定赛事转播报道的方案，编制转播任务安排表，要提前制定预案，确保开闭幕式视听信号得以及时、准确、畅通传输，将体育赛事开闭幕式的精彩清晰、完整、直观地呈现在观众面前。负责广播、电视转播的团队要与开闭幕式导演团队进行充分的对接，还要与现场的服务保障团队进行对接，对广播电视设备的安置工作，要尽可能地提供方便，还要在确保用电安全的基础上，提供电力保障。

（三）组委会主要活动与会议的报道

对组委会的主要活动与会议进行报道，一是向社会传达体育赛事的相关重要信息，二是提高赛事的关注度和参与度。组委会的主要活动与会议主要有组委会成立仪式、新闻发布会、体育赛事形象标志体系各元素的揭晓仪式、火炬传递活动、组委会组织的其他主题活动以及为满足赞助商需求而组织的相关活动。这些活动也要组织媒体进行全方位的报道。赛事组织者要提前将这些活动的信息提供给相关媒体，还要做好这些媒体的邀请、交通运输、证件以及现场报道的相关服务工作。

（四）直播、转播各比赛项目

对比赛项目进行直播、转播是体育赛事广播电视工作的主要工作，要在记者报到时，将准确的竞赛安排和场地相关设施情况提供给转播团队，要有专门的人员为承担转播任务的团队提供全方位的服务，在赛事举办前就应完成相关基础设施，包括光线、电缆等的铺设，要尽可能地满足转播团队架设机位的要求。各转播团队要根据赛程的安排，提前到转播现场进行全面的考察，要将相关的技术设施要求及时提供给赛事的组织者，以确保赛事直播和转播工作的顺利完成。

二、组织机构

大型综合性运动会组委会专门设立广播电视部来负责整个运动会的广播电视转播工作。单项体育赛事通常在新闻宣传部内专设广播电视处来负责该项工作。

三、广播电视转播工作示意图

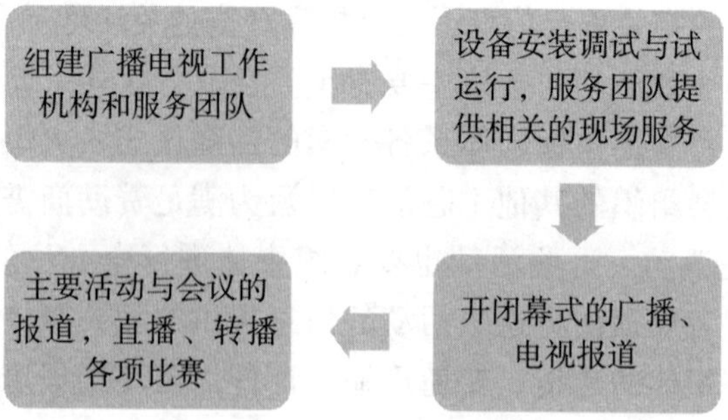

相关链接：

第十一届全运会组委会广播电视工作领导层面工作计划表

时间	主要工作
2008年7月	1. 与新闻宣传部沟通协调，拟定倒计时一周年广播电视工作方案。 2. 拟出本部门细化的工作进度表，将各项工作分解落实到人。 3. 编写本部门至全运会开幕前各项主要工作方案。 4. 总结上半年工作，制定下半年工作计划。
2008年8月	1. 完成广播电视中心（IBC）主体及附属建筑、进行内外装修。 2. 完成全运会最终电视广播报道方案的报批工作。 3. 会同市场开发部、新闻宣传部拟定倒计时一周年主题晚会电视报道方案。
2008年9月	1. 协调有关部室，制定第十一届全运会电视转播方案。 2. 做好倒计时一周年活动的广播电视宣传工作。
2008年10月	1. 拟定广播电视中心（IBC）技术系统方案。 2. 全面报道倒计时一周年系列活动。 3. 协助群体部制定群体宣传片制作方案。 4. 制定本部门2009年度的财务预算。
2008年11月	1. 完成广播电视中心（IBC）设备安装调试。 2. 审核上报本部门的2009年度经费预算报告。
2008年12月	1. 广播电视中心（IBC）设备试运行。 2. 上报本部门需要中央电视台、中央人民广播电台解决的问题清单。 3. 协助新闻宣传部举行宣传画揭晓仪式。 4. 总结2008年的工作，制定2009年工作计划。

(续表)

时间	主要工作
2009年1月	1. 培训广播电视中心（IBC）工程技术人员。 2. 与有关部室及中央、省新闻媒体协调后，拟出第十一届全运会广播电视报道初步计划和工作方案。 3. 将2009年工作进度表规定的各项工作任务分解落实到人。 4. 补充抽调人员全部到岗并进行培训。
2009年2月	1. 制定圣火采集、火炬传递、汇聚火炬仪式等电视直播方案。 2. 协助新闻宣传部摄制全运会电视宣传片。
2009年3月	1. 拟定党和国家领导人接见全国群先代表及全国群先表彰大会的电视直播方案。 2. 拟定开幕式电视广播报道工作方案。 3. 拟定测试赛的电视广播报道方案。
2009年4月	1. 上报党和国家领导人接见群先代表及群先表彰大会开幕的电视报道方案。 2. 补充完善开幕式电视报道工作的方案。 3. 上报测试赛电视报道方案。 4. 制定火炬传递电视转播报道方案。
2009年5月	1. 上报开幕式文艺表演联排电视报道方案。 2. 拟定倒计时100天活动的电视报道工作的方案。 3. 协助群体部制作群体宣传片。 4. 拟定“奥体中心落成典礼暨庆全运50周年，迎十一运会”文艺晚会电视报道工作方案。 5. 检查广电中心建设及运营情况。
2009年6月	1. 落实倒计时100天活动的电视报道工作。 2. 报道开幕式文艺表演联排工作。 3. 全面报道测试赛及先期决赛。 4. 开始筹备“奥体中心落成典礼暨庆全运50周年，迎十一运”大型主题文艺晚会电视报道工作。 5. 做好上半年工作总结。

（续表）

时间	主要工作
2009 年 7 月	1. 广播电视中心（IBC）技术系统试运行。 2. 参加各代表团联络员会议，汇报全运会电视广播报道工作的筹备情况。 3. 做好十一运火炬传递圣火火种采集仪式的电视广播报道工作。 4. 做好全运会“奥体中心落成典礼暨庆全运 50 周年，迎十一运”大型主题文艺晚会电视报道工作。
2009 年 8 月	1. 完成广播电视中心（IBC）广播电视转播技术准备工作。 2. 报道开幕式文艺表演联排工作。 3. 做好火炬传递——点火起跑仪式的新闻电视报道工作。 4. 拟定召开全国各省（直辖市、自治区）电视台总监会议方案并报批。
2009 年 9 月 1–15 日	1. 检查广播电视中心 IBC 设备。 2. 电视直播转播、报道工作全部准备就绪。 3. 开始播出第十一届全运会专题宣传片及公益广告。 4. 召开全国各省、市、自治区电视台总监会议，协调 IBC 分配使用，落实记者证、行政接待、交通运输、转播技术等工作。
2009 年 9 月 16—25 日	1. 做好广播电视中心（IBC）人员到位工作。 2. 及时报道开幕式文艺表演联排工作。 3. 跟踪报道先期决赛项目的比赛。 4. 按照各省、市、区电视台总监协调会部署，全面落实各项技术条件。 5. 与安保部沟通，落实电视车到达后的安保问题。
2009 年 9 月 26 日–10 月 3 日	1. 跟踪报道先期决赛项目的比赛。 2. 确定开、闭幕式相关活动的电视报道方案。 3. 拟定协调中央电视台、中央人民广播电台的工作方案，确定广播电视转播最终方案。 4. 部署广播电视报道的各类突发事件预案工作。 5. 全面落实广播、电视转播报道的各项技术准备工作。 6. 全面落实广播电视记者及工作人员接待工作。 7. 做好中央电视台及有关电视台电视转播车的接待及安置工作。 8. 从 10 月 3 日起，本部领导人参加的“零点会议”，报告当天工作完成情况，听取领导部署第二天的工作。

（续表）

时间	主要工作
2009年10月4–10日	1. 跟踪报道先期决赛项目。 2. 做好开幕式彩排、预演的电视报道工作。 3. 做好火炬汇火仪式的电视报道工作。 4. 全面检查广播中心的设备及运行情况和人员到岗值班情况。 5. 做好广播、电视记者及工作人员的接待工作。 6. 确保广播、电视转播车及设备按时到位，并做好现场服务。 7. 做好开幕式大型文艺表演的带机彩排工作。 8. 做好党和国家领导人接见群先会代表现场以及群先会会场转播准备工作。 9. 与财务部专题协调中央电视台、中央人民广播电台部分人员补贴及往返旅费报销问题。 10. 本部门领导参加“零点会议”全面汇报本部门的筹备工作情况，听取领导部署第二天的工作。
2009年10月11日	1. 现场检查广播电视中心及开幕式现场技术保障工作。 2. 做好出席开幕式的党和国家领导人及各方嘉宾的广播电视报道工作。 3. 全力做好党和国家领导人接见群先代表的电视转播工作。 4. 全力做好开幕式电视直播和广播工作。 5. 做好组委会全体会议暨代表团团长会议、组委会新闻发布会的电视报道工作。 6. 参加“零点会议”。
2009年10月12日	1. 做好各单项比赛的现场直播，搞好IBC现场各项技术服务工作。 2. 做好领导到各承办赛区视察，检查比赛运行情况的电视报道工作。 3. 做好群先表彰会的电视报道工作。 4. 参加“零点会议”。
2009年10月13日	1. 做好各比赛项目的现场直播工作。 2. 做好国家体育总局、中央各部委领导和海外嘉宾、特邀嘉宾参观主要景区的新闻报道工作。 3. 做好领导到少数民族运动员餐厅看望少数民族运动员，检查就餐情况的电视报道工作。 4. 参加“零点会议”。

（续表）

时间	主要工作
2009年10月14日	1. 做好各比赛项目的直播工作。 2. 与中央电视台、中央人民广播电台就闭幕式转播进行协调，形成方案并报批。 3. 做好广播、电视记者返程票务工作。 4. 会同有关部门，专项检查电视、广播记者食宿行保障工作。 5. 参加“零点会议”。
2009年10月15日	1. 做好各单项比赛项目的直播工作。 2. 参加“零点会议”。
2009年10月16日	1. 直播各比赛项目。 2. 协调闭幕式直播工作。 3. 拟定电视、广播记者及工作人员返程送站方案。 4. 参加“零点会议”。
2009年10月17日	1. 直播各比赛项目。 2. 参加“零点会议”。
2009年10月18日	1. 做好直播或转播各单项比赛项目的工作。 2. 做好领导到港澳台代表团驻地看望和慰问的电视报道工作。 3. 做好领导到西部和少数民族代表团团部及驻地看望和慰问电视报道工作。 4. 与中央电视台、中央人民广播电台及组委会相关部门协调，确认闭幕式现场转播方案。 5. 拟定电视、广播记者及工作人员返程送机、送站工作方案。 6. 本部领导参加“零点会议”，报告当天工作完成情况，听取领导部署第二天的工作。
2009年10月19日	1. 做好直播或转播各单项比赛项目的工作。 2. 协调有关部室，做好电视广播记者返程送机、送站工作。 3. 本部领导参加“零点会议”，报告当天工作完成情况，听取领导部署第二天的工作。

(续表)

时间	主要工作
2009年10月20日	1. 做好直播或转播各单项比赛项目的工作。 2. 将电视广播记者及工作人员送机、送站计划传达到相关人员。 3. 组织对闭幕式现场的试机工作。 4. 本部领导参加“零点会议”，报告当天工作完成情况，听取领导部署第二天的工作。
2009年10月21日	1. 做好直播或转播各单项比赛项目的工作。 2. 做好闭幕式的带机彩排工作，结合彩排进行演练。 3. 本部领导参加“零点会议”，报告当天工作完成情况，听取领导部署第二天的工作。
2009年10月22日	1. 做好直播或转播各单项比赛项目的工作。 2. 最后一次对闭幕式直播工作进行全面协调和检查。 3. 本部领导参加“零点会议”，报告当天工作完成情况，听取领导部署第二天的工作。
2009年10月23日	1. 做好组委会新闻发布会和闭幕式的电视广播报道工作。 2. 本部领导参加“零点会议”，报告当天工作完成情况，听取领导部署第二天的工作。
2009年10月24–31日	1. 协助广播、电视台撤运闭幕式设备。 2. 做好10月24日欢送出席闭幕式的国家领导人的广播电视报道工作。 3. 欢送广播、电视记者及工作人员返程。 4. 指定专人撰写本部门工作总结报告。
2009年11月	1. 组织本部门人员进行总结，做好人员鉴定、评比工作。 2. 上报广播电视部工作总结。 3. 上交档案资料、各类固定资产及办公用品。 4. 到本部门工作人员所在单位向领导表示感谢，提交感谢信。

第七节　总值班室工作实务

在体育赛事举办阶段，各类来宾云集赛事举办地，组委会与各代表团及各类来宾之间需要保持信息畅通，还要方便各代表团和各类来宾与组委会取得及时的联系，组委会各部室之间也需要一个综合的信息平台。设立“总值班室”，是组委会在举办期组建的一个重要的“信息工作平台”，负责举办阶段各类信息的汇总和发布，也是各代表团和各类来宾与组委会之间保持不间断联系的重要方式。

为确保体育赛事举办阶段各运动队、媒体记者、观众、赞助商等体育赛事的参与者及时、准确获得赛事相关信息，组委会设立总值班室，负责及时处理各类来电，提供咨询，发布相关信息。

一、举办阶段总值班室工作的管理

总值班室通常从政府值班室或者“应急办”抽调有经验的同志组成，归属到组委会办公室统一管理，应在组委会设立可供24小时值班的地点，总值班室要拥有赛事所有资料，全部人员到岗后，要组织培训和模拟演练。

总值班室的工作人员一定要高度负责，在赛事举办阶段即开始运行，赛事结束后，所有的参赛人员全部离会后，才能结束运行。对所有的来电，均要有处理的结果，对所有的咨询必须十分专业和准确。

二、组织机构

组委会办公室内设总值班室，在办公室的统筹领导下，做好总值班室工作。

三、总值班室工作示意图

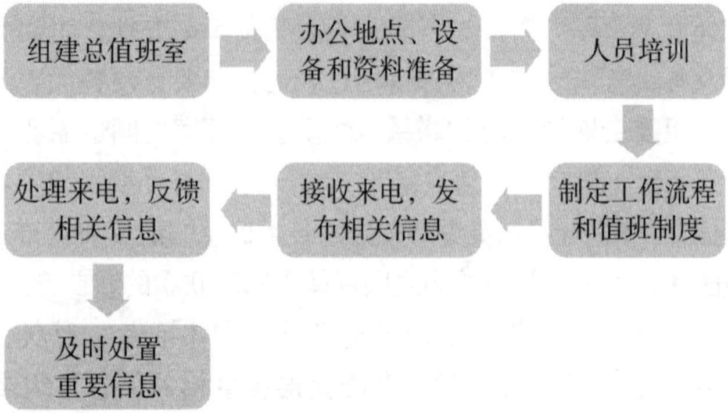

【案例】

第十一届全运会组委会总值班室组建方案

经研究，定于2009年9月16日组委会总值班室正式组建并开始值班，现拟制总值班室方案如下。

一、组建原则

为建立十一运会赛时期间指挥有力、信息快捷、运行顺畅、反应及时的筹办运行机制，按照“迅速、准确、稳妥、高效”的原则，在组委会办公室内设组委会总值班室，实行24小时值班制度，及时掌握并报告筹办工作重大情况和动态，传达国家体育总局和省领导的批示和指示，办理各赛区、各部室、各代表团报送的紧急重要事项及文电传递，保证组委会与各方联络畅通，为十一运圆满成功提供一流服务。

二、工作职责

（一）负责接听电话，接收网络、传真、电报以及其他形式的重要信息，并填写编辑《电话记录》《值班报告》。

（二）负责接收国家体育总局、省委、省政府发给组委会通知、指示，并及时向组委会领导及相关部室报送；负责接收各代表团工作事项的电话、传真，并及时分送处理；负责接收各赛区请示、报告和情况反映，并分送处理。

（三）及时了解掌握十一运筹办情况和动态，并编辑《筹办动态》和《值班送审件》，及时向有关领导报告，并根据领导指示转有关部门办理。

（四）负责各类突发事件等紧急重大情况的应急处置。对各赛区上报的突发事件，及时向组委会领导报告，并适时提出建议，协助领导处置。

（五）负责组委会领导在《电话记录》《筹办动态》《值班报告》《值班送审件》上批示的督办落实工作。

（六）自10月15—29日，负责组织召集组委会“零点会议”，做好会议通知、议题、记录、督办等工作。

（七）负责总值班室工作制度的拟制；负责协调安排各赛区、各部室值班工作；负责各部室值班联络员的管理和督查；负责与各赛区值班室的工作联络。

三、工作机构

（一）组委会办公室负责总值班室的组建和管理，为新增设的内部机构。拟由一名副主任担任总值班室主任，并选任一名副主任，负责日常工作的运转和管理。

（二）总值班室编制5人，拟从省直部门和有关部室抽调，由办公室提出建议名单，人事部审核后正式发文。赛时期间拟再征调2~3名志愿者参加总值班室工作。

（三）组委会各部室选派1名联络员，负责同总值班室的工作联络，并接受总值班室的工作调度和管理。

（四）总值班室配置2间办公室，并相应配置5台计算机、2台传真复印打印一体机，1台复印机，以及办公桌椅、值班床、饮水机等必备设施。

四、运行机制

（一）接到国家体育总局、省委、省政府通知、文件、领导批示等文电，直接送总值班室主任签批、转报组委会有关领导。

（二）收到各赛区、各部室请示、报告，由带班主任签转报送；收到紧急重大情况的电话、传真，立即报告值班主任，并按领导指示进行处理。

（三）收到各代表团、各赛区查询问题和通报有关情况的来电来件，有具体明确接收对象的，按其要求送有关部室处理，未明确接收对象的，由带班主任签转，并在《值班室记录簿》上登记。

（四）收到各赛区、各部室筹办工作简报、通报，根据不同类型，及时汇总编辑《筹办动态》《值班报告》和《值班送审件》，报送组委会有关领导和部室。

（五）收到各代表团、观摩团、各方嘉宾、媒体记者等有关迎送、抵离、咨询电话、传真等信息，由值班人员做好记录并直接转送相关部室办理。

（六）对需反馈和有办理结果的信息，由值班人员负责督促检查，并要求相关部室呈送办理结果。

（七）10 月 15—29 日，根据当日筹办工作动态，收集汇总“零点会议”需研究解决的议题、事项，报相关领导审签，并按照领导指示组织好会议。会后，按照会议确定事项督导落实。

五、工作要求

（一）认真做好值班电话记录，包括登记来电时间，所在单位、身份、来电人姓名、联系电话号码。凡涉及重要事项的电话请示、报告，做好记录后要与对方进行复核，必要时可以要求对方提供书面传真，然后送带班主任审批。

（二）接到要求与组委会领导联系的电话，应问清来电话人的单位、姓名、电话号码和有关事项，经请示相关领导后，按领导要求办理。

（三）接到各代表团、各方嘉宾、媒体记者及人民群众反映情况或要求解决问题的电话，应认真做好记录，并抄送有关部室、赛区给予及时答复；遇到重大或特殊情况，做好记录，并报告带班主任后，再作处理。

（四）收到领导对紧急重大情况的批示、指示，要在《值班室记录》上做好登记。对有明确承办单位或承办人的批示件，要按领导批示及时通知承办单位或承办人，并做好值班记录，同时要将办理情况回传给有关领导。处理完毕后，要在记录本上注明办理情况并做好归档。

（五）值班室工作人员要增强责任心和使命感，以认真负责、一丝不苟的态度做好总值班室工作，做到件件有着落、事事有回音。要严格遵守工作制度和劳动纪律，坚持24小时值班，做到不脱岗、不推诿、不扯皮，真正发挥总值班室神经中枢的作用，为十一运各项筹办工作的顺利进行做出应有的贡献。

二〇〇九年八月二十八日

第八节　志愿者服务工作实务

赛事进入举办阶段，志愿者的服务工作也全面进入了实质性的工作阶段。

志愿者服务工作的水平体现着体育赛事的形象和服务档次，志愿者的服务工作都是由具体的服务内容、形式和服务水平体现的。

一、举办阶段志愿者服务工作的主要内容

（一）信息沟通与工作协调

信息沟通是将可解释的信息由发送人传递到接收人的过程。在体育赛事中，具体地说，它是人与人之间思想、观念、态度的交流过程，是信息相互交换的过程。信息是进行计划和决策的基础，是组织和控制过程的依据，是管理系统各层次相互沟通，形成网络的纽带。信息沟通的作用在于使组织内的每一个成员都能够做到在适当的时候，将适当的信息，用适当的方法，传给适当的人，从而形成一个健全的、迅速的、有效的信息传递系统，以有利于组织目标的实现。进入举办期，信息沟通主要包括志愿者内部的各类工作信息的沟通，如赛事举办期活动与竞赛工作的调

整信息的沟通、各工作岗位与志愿者工作部之间服务执行情况的信息沟通等。

工作协调是正确处理组织内外各种关系，为组织正常运转创造良好的条件和环境，促进组织目标实现的重要途径。由于志愿服务是围绕着体育赛事的赛事和活动而进行的，其服务的主体是赛事和活动，而赛事和活动的组织还涉及安全保卫、医疗卫生、通讯保障、交通保障等工作，志愿服务与赛事和活动本身的组织以及这些保障性工作都存在着密切的关联，处理好这些工作之间的协调对确保赛事和活动的顺利进行尤为重要。体育赛事的志愿服务工作的协调主要包括志愿者工作部与其他部室之间的协调、志愿者工作部内部协调、志愿者服务岗位与其他部门的相关工作岗位之间的协调。

（二）工作检查与督促

赛事进入举办阶段，志愿者被分配到各自工作岗位进入服务状态，志愿者在业务上归所在工作岗位部室管理，而对各个志愿者工作岗位的检查与督促由志愿者工作部负责，按照“不定期、不定点、全覆盖”的原则，采用“全面抽查与专项工作检查相结合、一般工作岗位与重点工作岗位检查相结合”的方式，检查与督促志愿者的到岗情况、工作表现并了解各志愿者工作岗位所在部室的意见，针对发现的问题对志愿者及时进行指导、教育，协助各部室做好志愿者的管理，以利于志愿者服务更好地为赛事和活动服务，从而获取社会各界的充分肯定与较高评价。

（三）志愿者的后勤保障

志愿者工作部要做好体育赛事举办期间志愿者的后勤保障工作，这是志愿者做好赛事和活动服务的基础和前提，也是满足志愿者基本工作需求、为志愿者服务构建良好工作环境的重要保证。在举办阶段，志愿者的后勤保障工作主要由负责使用志愿者的部门提供，各部门要为志愿者提供在岗期间的交通、餐饮等基本保障。城市志愿者则由志愿者部统一提供后勤保障服务。志愿者的派出单位负责人也有义务做好这项工作。

（四）志愿者的应急服务

应急服务是需要立即采取某些超出正常工作程序的行动，以避免事故发生或减轻事故后果的状态。为了向体育赛事提供全面、及时、高效的志愿者服务，在将志愿者分配到赛事所需的工作岗位之后，赛事组织机构通常还会预留一批志愿者作为机动人员提供应急服务，服从志愿者工作部的调配。

（五）志愿者的激励

体育赛事运作管理机构应通过相关保障及激励措施，确保志愿者队伍的相对稳定，提高志愿者的工作绩效。在体育赛事举办阶段，运作管理机构可以通过内部的简报、表扬信，外部的电视、报纸、网站等多种渠道对志愿者服务的内容及成就进行宣传，增强志愿者的个人成就感，激励志愿者为赛事运作尽心工作。志愿者的激励方式以精神鼓励和普遍激励为主，志愿者工作部可以制定一些相关激励政策和采取一些措施，激发志愿者的内在热情，保持志愿者较高的工作积极性，使志愿者获得有价值、令人愉快的工作经历。

二、组织机构

志愿者被调配到部室工作岗位后，在业务上接受该部室的领导，所有的志愿者仍然接受志愿者工作部的管理。

三、志愿者服务工作示意图

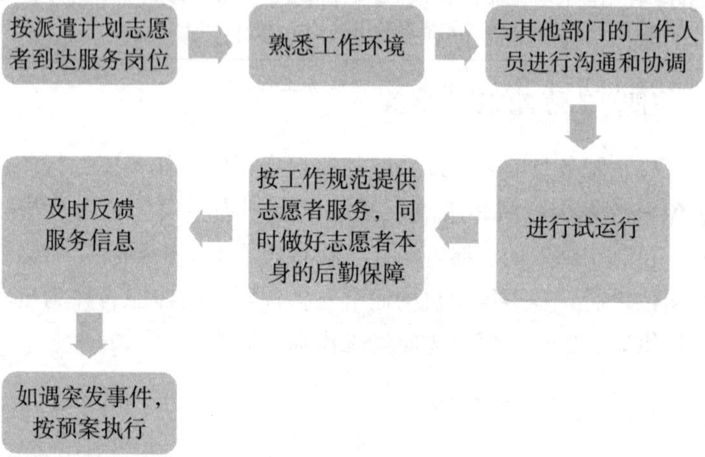

相关链接：

第十一届全运会组委会举办阶段分管志愿者服务工作领导层面工作计划表

时间	主要工作
2009年10月11日	1. 检查志愿者到岗情况，做好应急服务工作。 2. 做好开幕式志愿服务工作。 3. 协助新闻宣传部做好社会宣传工作。 4. 参加“零点会议”。
2009年10月12日	1. 组织志愿者为各项比赛提供服务。 2. 参加“零点会议”。

（续表）

时间	主要工作
2009 年 10 月 13 日	1. 做好各项志愿服务工作。 2. 参加“零点会议”。
2009 年 10 月 14 日	1. 全力做好各项志愿服务工作。 2. 参加“零点会议”。
2009 年 10 月 15 日	1. 做好各项志愿服务工作。 2. 参加“零点会议”。
2009 年 10 月 16 日	1. 全力做好各项志愿服务。 2. 参加“零点会议”。
2009 年 10 月 17 日	1. 全力做好各项志愿服务。 2. 参加“零点会议”。
2009 年 10 月 18 日	1. 全力做好各项志愿者服务工作。 2. 本部领导参加“零点会议”，报告当天工作完成情况，听取领导部署第二天的工作。
2009 年 10 月 19 日	1. 全力做好举办期各项志愿者服务。 2. 与大型活动部、安保部等协调，落实闭幕式志愿者服务工作流程。 3. 本部领导参加“零点会议”，报告当天工作完成情况，听取领导部署第二天的工作。
2009 年 10 月 20 日	1. 做好举办期及离会期间各项志愿者服务。 2. 本部领导参加“零点会议”，报告当天工作完成情况，听取领导部署第二天的工作。
2009 年 10 月 21 日	1. 将闭幕式及各类来宾离会送站服务流程下发至各中队，传达到每一位志愿者。 2. 做好举办期及闭幕期间的志愿者服务。 3. 本部领导参加“零点会议”，报告当天工作完成情况，听取领导部署第二天的工作。

（续表）

时间	主要工作
2009 年 10 月 22 日	1. 组织志愿者到闭幕式岗位熟悉。 2. 全力做好举办期各项志愿者服务。 3. 编发《第十一届全运会志愿者工作简讯》。 4. 本部领导参加“零点会议”，报告当天工作完成情况，听取领导部署第二天的工作。
2009 年 10 月 23 日	1. 做好闭幕式志愿者服务工作。 2. 为最后一天的比赛做好志愿者服务工作。 3. 本部领导参加“零点会议”，报告当天工作完成情况，听取领导部署第二天的工作。
2009 年 10 月 24–31 日	1. 汇总志愿者工作考核情况。 2. 编发最后一期《第十一届全运会志愿者工作简讯》。 3. 指定专人撰写本部门工作总结报告。
2009 年 11 月	1. 组织本部门人员进行总结，做好人员鉴定、评比工作。 2. 总结志愿服务工作经验，完善志愿服务实践体系，推动全市青少年精神文明创建活动。 3. 上报本部门工作总结。 4. 向各提供志愿者服务的高校等单位，发出感谢信致谢。 5. 上交档案资料、各类固定资产及办公用品。 6. 向本部门工作人员所在单位致谢，提交感谢信。

第九节　医疗卫生保障工作实务

体育赛事举办阶段，各项比赛和活动全面展开，医疗卫生保障工作也全面进入具体的实施阶段。医疗卫生保障工作要围绕着比赛和活动，以赛事的参与者为主要服务对象，依照筹备阶段制定的工作方案组织实施。

一、举办阶段医疗卫生保障工作的主要内容

（一）医疗救护的组织实施

赛事进入举办阶段，医疗救护人员进驻在赛事开闭幕式及其他相关重大活动现场、比赛和训练场馆、接待对象的驻地宾馆等地点设立的医疗救护站或医务室，开始进入工作状态。要配备足够数量的救护车和医务人员，设置醒目标志，确保现场救治有序、高效。

比赛和训练场馆的医疗救护工作。按照训练、比赛具体日程和时间，安排医务人员到现场开展医疗救护工作。根据训练、比赛日程安排，医务人员实行“随队工作制”。配备于训练、比赛场馆的医务人员、救护车辆，须在训练、比赛活动开始前 30 分钟进场，比赛完全结束后方可撤离。当场馆内有人员发生突发性损伤或急危重病时，医务人员应立即进行现场救治，对需要转送医院救治的，应根据伤病情就近送往定点医院。

驻地宾馆饭店的医疗救护工作。行政接待部在驻地宾馆设立接待站，医疗卫生部派驻医疗组负责医疗救护工作。根据驻地宾馆饭店接待的人员数量等具体情况，每个医务组配备 2 ~ 3 名以上医务人员（包括内、外科医师及护士），指定 1 名医师负责医务室管理工作。驻地宾馆医务组实行 24 小时值班制。当驻地宾馆有人员患伤病时，医疗组应立即就地进行处置；当伤病员需要转送医院留观或救治时，医疗组及时通知驻地接待站管理人员，由管理人员呼叫所在地“120”出车，就近转送至定点医院进行救治，医疗组派人随车护送。

（二）卫生监督

赛事主要做好接待宾馆的食品卫生和客房卫生监督工作，与

接待宾馆的相关部门共同做好卫生监督工作。场馆的卫生特别是游泳场馆的卫生，由医疗卫生部进行检查、指导和监督，由场馆的管理团队负责实施。

（三）疾病控制

要建立赛事传染病疫情专报制度，做好传染疫情常规报告，制定紧急控制疫情暴发或蔓延的措施，一旦赛事相关人群中发现传染病疫情时，应及时采取有效的防控措施，确定把疫情控制在最小范围内。

（四）医疗保健

医疗保健工作服务的对象主要是体育赛事的重要嘉宾，确保这些嘉宾在出席赛事的相关活动期间身体处于良好状态。开幕式、闭幕式等大型活动要精心布置救护点，车辆、急救设备都要随时保持就诊状态，随时应对突发情况，保证在第一时间实施救护。如有可能，尽量了解重要嘉宾的身体状况，在举办阶段医疗卫生部门要派出医生随同重要嘉宾参加相关活动。

（五）突发事件处理

在比赛、训练或大型活动的现场如发生突发性事件，要及时启动应急预案，围绕着救人和防止现场伤害的扩大，有效组织防控和救治，把损失和影响降至最低限度。

针对食物中毒突发事件，要及时甄别“食物中毒源”，采取果断措施，迅速处置。还要注意及时、准确对公众发布信息。

二、组织机构

由医疗卫生保障部下设相关职能处室，按照筹备阶段制定的工作方案，负责组织医疗救护、卫生监督、疾病防控、医疗保健等工作的具体实施。

三、医疗卫生保障工作示意图

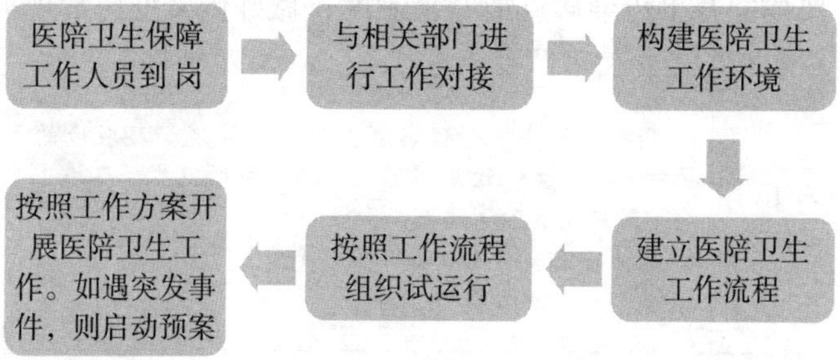

相关链接：

第十一届全运会组委会举办阶段分管医疗卫生保障工作领导层面工作计划表

时间	主要工作
2009 年 10 月 11 日	1. 做好党和国家领导人接见群先代表的医疗服务保障工作。 2. 做好开幕式招待宴会的食品卫生监督工作。 3. 做好开幕式现场医疗保障工作。 4. 参加“零点会议”。
2009 年 10 月 12 日	1. 指导检查督促各赛区做好比赛现场及驻地的医疗救护、食品卫生、饮用水卫生、公共场所卫生、疾病预防控制和除害防病工作。 2. 做好全国群先表彰大会医疗服务保障工作。 3. 做好各类宴会的食品安全工作。 4. 参加“零点会议”。

（续表）

时间	主要工作
2009年10月13日	1. 指导、检查、督促各赛区做好比赛现场及驻地的医疗救护、食品卫生、饮用水卫生、公共场所卫生、疾病预防控制和除害防病工作。 2. 做好各类宴会的食品安全工作。 3. 参加“零点会议”。
2009年10月14日	1. 指导、检查、督促各赛区做好比赛现场及驻地的医疗救护、食品卫生、饮用水卫生、公共场所卫生、环境卫生、疾病预防控制和除害防病工作。 2. 做好各类宴会的食品安全工作。 3. 参加“零点会议”。
2009年10月15日	1. 指导、检查、督促各赛区做好比赛现场及驻地的医疗救护、食品卫生、饮用水卫生、公共场所卫生、疾病预防控制和除害防病工作。 2. 做好各类宴会的食品安全工作。 3. 参加“零点会议”，报告当天工作完成情况，听取领导部署第二天的工作。
2009年10月16日	1. 指导、检查、督促各赛区做好比赛现场及驻地的医疗救护、食品卫生、饮用水卫生、公共场所卫生、疾病预防控制和除害防病工作。 2. 做好各类宴会的食品安全工作。 3. 参加“零点会议”，报告当天工作完成情况，听取领导部署第二天的工作。
2009年10月17日	1. 指导、检查、督促各赛区做好比赛现场及驻地的医疗救护、食品卫生、饮用水卫生、公共场所卫生、疾病预防控制和除害防病工作。 2. 与有关部门协调，落实闭幕式现场医疗卫生保障工作。 3. 做好各类宴会的食品安全工作。 4. 参加“零点会议”。

（续表）

时间	主要工作
2009年10月18日	1. 指导、检查、督促各赛区做好比赛现场及驻地的医疗救护、食品卫生、饮用水卫生、公共场所卫生、疾病预防控制和除害防病工作。 2. 做好各类宴会的食品安全工作。 3. 会同场馆部、大型活动部完成闭幕式医疗救护布点工作，落实专人负责。 4. 本部领导参加“零点会议”，报告当天工作完成情况，听取领导部署第二天的工作。
2009年10月19日	1. 指导、检查、督促各赛区做好比赛现场及驻地的医疗救护、食品卫生、饮用水卫生、公共场所卫生、疾病预防控制和除害防病工作。 2. 部署闭幕式及离会医疗保障工作。 3. 做好各类宴会的食品安全工作。 4. 本部领导参加“零点会议”，报告当天工作完成情况，听取领导部署第二天的工作。
2009年10月20日	1. 指导、检查、督促各赛区做好比赛现场及驻地的医疗救护、食品卫生、饮用水卫生、公共场所卫生、疾病预防控制和除害防病工作。 2. 做好闭幕式医疗保障工作。 3. 做好嘉宾宴会的食品安全工作。 4. 本部领导参加“零点会议”，报告当天工作完成情况，听取领导部署第二天的工作。
2009年10月21日	1. 指导、检查、督促各赛区做好比赛现场及驻地的医疗救护、食品卫生、饮用水卫生、公共场所卫生、疾病预防控制和除害防病工作。 2. 结合闭幕式彩排，全面演练闭幕式现场医疗保障工作。 3. 做好闭幕欢送宴会的食品安全工作。 4. 本部领导参加“零点会议”，报告当天工作完成情况，听取领导部署第二天的工作。

（续表）

时间	主要工作
2009年10月22日	1. 指导、检查、督促各赛区做好比赛现场及驻地的医疗救护、食品卫生、饮用水卫生、公共场所卫生、疾病预防控制和除害防病工作。 2. 全面检查闭幕式现场医疗保障工作点及各项准备工作。 3. 做好欢送宴会的食品安全工作。 4. 本部领导参加“零点会议”，报告当天工作完成情况，听取领导部署第二天的工作。
2009年10月23日	1. 做好比赛现场医疗救护工作。 2. 做好组委会欢送宴会的食品安全工作。 3. 做好闭幕式医疗保障工作。 4. 本部领导参加“零点会议”，报告当天工作完成情况，听取领导部署第二天的工作。
2009年10月24–31日	1. 做好嘉宾离会期间的医疗卫生工作。 2. 指定专人撰写本部门工作总结报告。
2009年11月	1. 组织本部门人员进行总结，做好人员鉴定、评比工作。 2. 上交档案资料、各类固定资产及办公用品。 3. 上报医疗卫生部工作总结 4. 到本部门工作人员所在单位向领导表示感谢，提交感谢信。

第十节　城市运行与服务工作实务

随着社会的进步与发展，体育赛事已经从单纯的竞技运动的集合演变成了规模宏大的社会活动，体育赛事带来的影响也逐渐从体育领域扩展到社会生活的各个方面，体育赛事已经产生了经济、文化、社会的综合效应。在体育赛事的举办阶段，体育赛事的参与者也构成了对承办城市的城市运行与服务工作的挑战，应在承办城市形成城市服务的全覆盖机制，城市运行与服务工作与赛事的组织管理工作是相辅相成的。城市运行与服务的水平高，赛事的组织管理难度减少，反之就会增大。

一、举办阶段城市运行与服务工作的主要内容

（一）城市氛围布置

为烘托体育赛事举办期间城市的气氛，扩大宣传效果，承办单位通常会围绕赛事进行城市氛围布置。一般会在城市的主要道路、交通路口、场馆周边、主要活动场所进行体育赛事氛围布置，形式主要为悬挂刀旗、红旗等，内容多为体育赛事的Logo、吉祥物、主题口号等。同时举办期间夜晚实施亮化工程，营造体育赛事氛围。

（二）窗口服务单位保障

为了体现承办城市运行和服务的水平，承办单位通常会在全市范围内开展“文明窗口”服务活动，通过“文明窗口”的服务，为参与体育赛事的各类来宾提供高质量、高效率、高标准的城市运行服务。

各行业窗口服务单位是指具有窗口服务职能的电力、通讯、交通、运输、银行、商场、餐饮、酒店、医疗、邮政、旅游景点等企事业单位，以及公安、工商、税务、行政审批等行政执法部门。主要包括：火车站、银行、医院、办税大厅、派出所、行政服务中心、交警支队业务大厅、商场超市、公交车、高速公路收费、机场、宾馆、饭店等。窗口服务保障的内容主要有提供专项、特色、人性化服务，开展“绿化、亮化、美化”工程等。如在车站、银行、医院、商场专设“绿色通道”或者VIP窗口，

为佩戴体育赛事证件的人员优先办理所需服务，同时开展形式多样的志愿服务工作，为来宾营造宾至如归的良好氛围。

（三）旅游服务

各类来宾抵达体育赛事举办地，除了有参加开闭幕式、观看比赛的共同需求外，通常还会有一些个性化的需求，如旅游。为了尽量满足各位来宾的这类需求，承办地组委会通常会协调旅游景点管理部门，为各位来宾提供旅游咨询、推介、免门票或门票优惠、陪同等服务。赛事的组织者要将此类活动委托给旅行社来组织，组委会组织的相关旅游活动一定要确保安全。赛事期间的旅游活动不是体育赛事必须组织的活动，所有的旅游活动均由赛事参与者自行选择，旅行责任也应由旅行社和旅游者本人承担。

（四）公共交通服务

公共交通服务，一方面要确保在赛事举办阶段承办城市正常的公共交通服务，另一方面是为赛事的相关参与者提供免费的市内交通服务。

体育赛事的工作人员和各类嘉宾只要佩戴正式的赛事证件，即可在市区内免费乘坐公共交通工具。

二、组织机构

城市运行与服务工作因涉及整个举办城市层面，且与较多企事业单位密切相关，涉及面较广，跨度较大。因此，无法由一个部门独立完成。通常由组委会办公室或者由承办城市的政府服务管理机构作为统筹机构，与承办城市相关的政府部门共同建立合作的工作机制，相关的城市运行与服务工作由承办城市政府部门按照赛事的安排做好相关工作。

三、城市运行与服务工作示意图

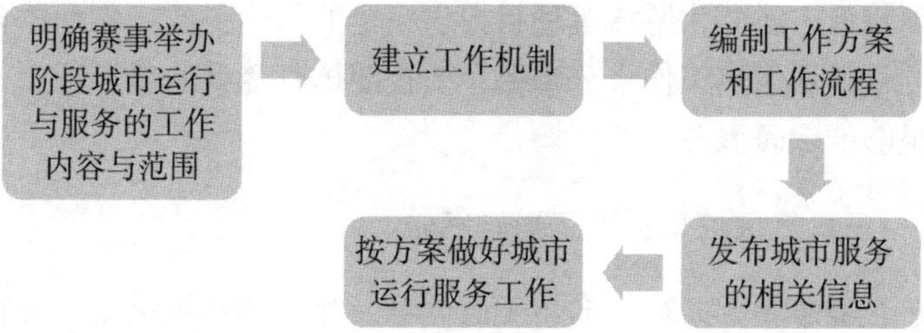

第十一节　综合保障服务工作实务

供水、供电、供气、供热、气象保障以及通讯保障等综合保障工作是成功举办体育赛事的重要工作。综合保障工作由赛事的组织者提出需求，由政府的相关综合服务保障部门组织实施。

一、举办阶段综合保障工作的主要内容

（一）供水、供电

赛事举办阶段，供水、供电的具体执行人员开始围绕竞赛和活动，按照竞赛和活动的要求，提供保障服务。组委会供水、供电保障的统筹管理部门要对各类比赛场馆、驻地宾馆及运作管理机构的办公地进行安全用水用电的指导、检查、监督，组织定期巡视和特别巡视，及时发现用水用电存在的安全隐患，督促相关单位整改，并对整改情况核查，排除隐患，确保用水用电安全。

（二）供气、供热

在夏季体育赛事举办期，主要是做好燃气供应工作，如室内气温较低，还要为游泳等项目提供一定的供热服务。冬季体育赛事的供气和供热工作十分重要，要按照体育赛事的项目特点，提供足够的保暖服务。

（三）气象信息、人工影响气候

在赛事举办阶段，向组委会领导及相关部室提供竞赛及赛事相关活动举行期间的气象实况信息、天气预报报警、现场天气预报报警、环境气象监测等气象服务。预测开闭幕式等重大活动当天天气，有实际需要且条件允许的情况下，对人工消雨实施方案进行可行性论证，制定方案，培训人员，进行演练，为重大活动的天气进行保障。

（四）通讯保障运行

在比赛与活动举行期间，通讯保障运行工作既是赛事组织者指挥管理体育赛事的重要手段，也是赛事的参与者必须使用的重要服务。现代体育赛事没有通讯保障，几乎无法正常举行。因此，在举办阶段确保通讯畅通至关重要，要提前检查相关主要地段的通讯电缆，做好正常维护和应急抢修。在安全保卫部的配合下，对恶意破坏通讯电缆的违法犯罪行为进行控制和惩处。在场馆、宾馆驻地及周边地区要设置市内电话、移动通讯服务网点。同时要做好通讯光缆的维护工作，确保媒体、赛事组织部门和各位来宾网络通讯的顺畅。

二、组织机构

由组委会下设综合保障部门，负责履行综合保障的职能，该部门要与承办城市政府相应的职能部门进行沟通和协调后，按照赛事和活动的总体安排与需求，提供相应的服务保障。

三、综合保障服务工作示意图

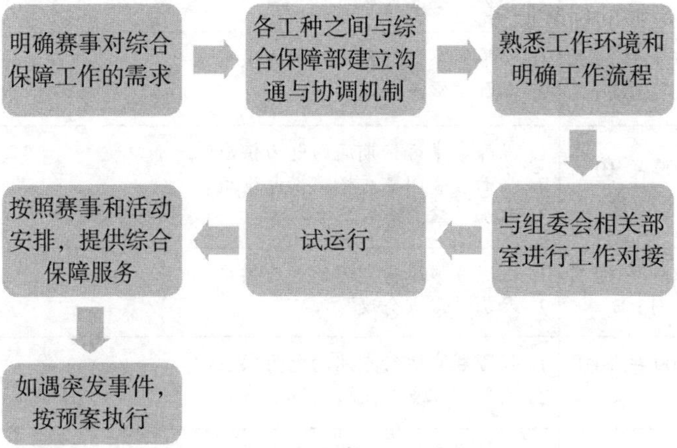

相关链接一：

第十一届全运会组委会举办阶段分管电力保障工作领导层面工作计划表

时间	主要工作
2009年10月11日	1. 保障开幕式电力供应。 2. 做好党和国家领导人接见群先代表的现场电力保障工作。 3. 做好省政府、国家体育总局招待宴会的现场电力保障工作。 4. 参加“零点会议”。

（续表）

时间	主要工作
2009年10月12日	1. 保障赛事运行期间的电力供应。 2. 做好群先表彰会现场电力保障工作。 3. 参加“零点会议”。
2009年10月13日	1. 保障赛事运行期间的电力供应。 2. 参加“零点会议”。
2009年10月14日	1. 保障赛事运行期间的电力供应。 2. 全面检查闭幕式场馆供电设施。 3. 参加“零点会议”。
2009年10月15日	1. 保障赛事运行期间的电力供应。 2. 参加“零点会议”。
2009年10月16日	1. 保障赛事运行期间的电力供应。 2. 参加“零点会议”。
2009年10月17日	1. 保障赛事运行期间的电力供应。 2. 对闭幕式场地综合考察，完成应急供电设施布点工作。 3. 参加“零点会议”。
2009年10月18日	1. 保障赛事运行期间的电力供应。 2. 完成闭幕式供电应急设备安装、调试工作。
2009年10月19日	1. 保障赛事运行期间的电力供应。 2. 全面检查闭幕式场馆的电力设施，完成与有关部门关于电力保障工作的协调与对接。 3. 本部领导参加“零点会议”，报告当天工作完成情况，听取领导部署第二天的工作。
2009年10月20日	1. 保障赛事运行期间的电力供应。 2. 闭幕式电力保障应急设备到位，并进行负荷调试。 3. 本部领导参加“零点会议”，报告当天工作完成情况，听取领导部署第二天的工作。

（续表）

时间	主要工作
2009年10月21日	1. 保障赛事运行期间的电力供应。 2. 做好组委会欢送宴会现场电力保障工作。 3. 本部领导参加"零点会议"，报告当天工作完成情况，听取领导部署第二天的工作。
2009年10月22日	1. 保障赛事运行期间的电力供应。 2. 再次全面检查闭幕式场馆供电保障工作，做好应急供电的预演。 3. 本部领导参加"零点会议"，报告当天工作完成情况，听取领导部署第二天的工作。
2009年10月23日	1. 保障赛事运行期间的电力供应。 2. 做好组委会欢送宴会的电力保障工作。 3. 做好闭幕式场馆供电保障工作。 4. 本部领导参加"零点会议"，报告当天工作完成情况，听取领导部署第二天的工作。
2009年10月24–31日	1. 指定专人撰写本部门工作总结报告。
2009年11月	1. 组织本部门人员进行总结，做好人员鉴定、评比工作。 2. 上交本部工作总结。 3. 上交档案资料、各类固定资产及办公用品。 4. 到本部门工作人员所在单位向领导表示感谢，提交感谢信。

相关链接二：

第十一届全运会组委会举办阶段分管气象保障工作领导层面工作计划表

时间	主要工作
2009年10月11日	1. 提交当天及第二天气象报告。 2. 认真监测19：00至23：00时的天气形势，并做好启动相关预案的各项准备工作。 3. 参加"零点会议"。

(续表)

时间	主要工作
2009年10月12日	1.提交当天及第二天气象报告。 2.提交最新的一周气象分析报告。 3.提交未来十五天的气象分析报告。 4. 参加“零点会议”。
2009年10月13日	1.提交当天及第二天气象报告。 2.提交最新的一周气象分析报告。 3.参加“零点会议”。
2009年10月14日	1. 提交当天及第二天的气象报告。 2. 提交最新的一周气象分析报告。 3. 参加“零点会议”。
2009年10月15日	1. 提交当天及第二天的气象报告。 2. 提交最新的一周气象分析报告。 3. 参加“零点会议”。
2009年10月16日	1. 提交当天及第二天的气象报告。 2. 提交最新的一周气象分析报告。 3. 参加“零点会议”。
2009年10月17日	1. 提交当天及第二天的气象报告。 2. 提交最新的一周气象分析报告。 3. 参加“零点会议”。
2009年10月18日	1. 及时提交当天及第二天的气象报告。 2. 提交最新的一周气象分析报告。 3. 本部领导参加“零点会议”，报告当天工作完成情况，听取领导部署第二天的工作。
2009年10月19日	1. 及时提交当天及第二天的气象报告。 2. 提交最新的一周气象分析报告。 3. 本部领导参加“零点会议”，报告本部今天的气象保障工作情况，听取领导部署第二天的工作。
2009年10月20日	1. 及时提交当天及第二天的气象报告。 2. 提交最新的一周气象分析报告。 3. 本部领导参加“零点会议”，报告本部今天的气象保障工作情况。

（续表）

时间	主要工作
2009年10月21日	1. 及时提交当天及第二天的气象报告。 2. 提交最新的一周气象分析报告。 3. 针对闭幕期间的气象情况，提出相应对策。 4. 本部领导参加“零点会议”，报告本部今天的气象保障工作情况。
2009年10月22日	1. 及时提交当天及第二天的气象报告。 2. 提交最新的一周气象分析报告。 3. 重点监测23日天气状况，如有重大气象变化，及时报告。 4. 本部负责人参加“零点会议”，报告本部今天的气象保障工作情况。
2009年10月23日	1. 监测当天气象状况，随时向组委会提供最新气象状况。 2. 提交最新的一周气象分析报告，重点是24. 25. 26三天的气象分析报告。 3.本部负责人参加“零点会议”，报告本部今天的气象保障工作情况。
2009年10月24–31日	1. 指定专人撰写本部门工作总结报告。
2009年11月	1. 按统一部署，组织本部门人员进行总结，做好人员鉴定、评比工作。 2. 提交本部门工作总结。 3. 上交档案资料、各类固定资产及办公用品。 4. 到本部门工作人员所在单位向领导表示感谢，提交感谢信。

第十二节　证件管理工作实务

体育赛事的筹备阶段，完成了证件的设计与制作。赛事进入举办阶段，证件工作开始进入到发放、使用与管理阶段。该阶段既是证件工作的具体实施阶段，也是检查前期证件制作效果的阶段。

一、举办阶段证件管理的主要内容

（一）证件的发放

因不同体育赛事证件制作完成的时间不同，因而发放的时间也不同，大型体育赛事大约举办期前一个月便制作完毕，有的赛事开幕前两三天才制作完毕。证件的管理部门与办公室协商确定发放时间、地点和领取方式，要制定证件使用的相关规定，同时，要明确补办证件的相关工作程序。证件发放要求认真仔细，严防漏发、多发、少发、错发。若发现部分人员无证漏做或做错的情况，要及时补做证件。

（二）证件的使用

证件发放完毕后，持证人员开始按照组委会的规定，佩戴证件出入比赛场馆、重要活动现场。因为体育赛事是一次性的重大活动，因而证件是有使用期限的，一般从比赛或重大活动开始之日开始，至体育赛事闭幕为止。持证人要注意妥善保管好自己的证件，以防被盗、丢失，并不得转借他人。一旦丢失，要立即报告。

（三）证件的管理

证件是安保工作的基础，也是身份与通行区域的控制标志。证件开始使用，标志着区域安全保卫工作的全面启动。通过证件的管理，来实现人、车辆的管理，进而确保比赛场馆、重大活动现场的安全，进而确保比赛活动的顺利圆满。持证人员和车辆进入比赛场馆、重大活动现场，都要接受安全检查。体育赛事的安检采用“认证不认人＂的策略（重要领导、贵宾除外）。若发现使用他人（他车）证件、造假证件，则追究相关人员的责任。

二、组织机构

组委会安全保卫部既是证件的设计、制作部门，也是赛事举办期间证件的管理部门（如单设制证部门，该部门也应由安全保卫部门派相关领导兼任）。

三、证件管理工作示意图

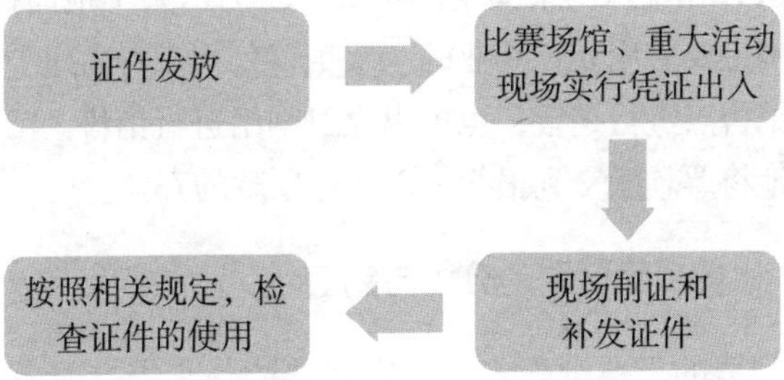

第十三节　门票工作实务

门票是体育赛事承办者允许观众进入比赛现场观看比赛的权利证明，是体育场馆座位的有偿使用权的凭证。从全球的角度看，虽然在体育赛事赞助、电视转播权的有偿转让等方面的收入不断攀升，但是门票收入仍然在许多体育赛事中成为重要的资金来源。门票管理不仅关系到体育赛事的票房收入，而且影响到电视转播、广告与赞助等经营活动的成效，还关系到赛事承办单位的公共关系。

一、举办阶段门票工作的主要内容

（一）开闭幕式门票的分配与销售

开闭幕式的门票始终是赛事最主要的门票，大型综合性运动会和世界知名的大型单项赛事通常在比赛开始前两年就与其他体育赛事的门票一并公开发售。门票的无偿分配主要是根据赛事组织者的规定，提供给参赛的代表团、赛事的主要官员、特邀嘉宾、赞助商等，门票的销售则主要针对社会大众，应该制定不同的价位与合适的销售办法，在确保门票安全的基础上，力求公平地向社会销售。目前在我国主要采用委托专业的门票销售公司或者由组委会设立专门的门票销售点进行销售，也可以通过网络进行销售。门票销售部门要及时地将票款缴交到银行，以确保票款的安全。

（二）比赛项目门票的分配与销售

比赛门票的无偿分配主要考虑参赛的代表团、赛事的官员和特邀嘉宾、赞助商等，大部分比赛门票都公开向社会发售，要充分考虑比赛项目的观赏度和观看体育比赛的条件，综合考虑各种条件之后，区别不同的体育赛事制定不同的销售价格。销售的办法与开闭幕式门票一致。

（三）体育赛事主题活动的门票分配与销售

体育赛事中举行的相关主题活动，也会根据活动的不同，有选择地使用门票。这一类的门票要区别不同的活动类别，有些活动使用门票最主要是出于安保的需要和公共关系的需要，而有些活动也主要考虑到门票的收入。要根据体育赛事中组织相关主题活动的实际情况，进行具体的研究，以制定不同的门票使用策略。

（四）验票和现场票务服务

比赛时，验票工作是一项十分严肃、认真的工作，也是一项十分艰苦的工作。由于门票大部分都是有价证券，因此，验票工作一定要做到细而又细，赛事组织者通常会将门票的验票工作与观众的安检工作同步进行，由工作人员在出入口首先甄别是否有票，然后再甄别门票的真伪，最后通过安检，进入比赛场馆。门票的工作人员要在验票的现场值班，及时地处理真假票的鉴别和损毁票的甄别工作。大型综合性运动会的观众通常达数万人之多，一定要充分考虑到观众通道的安全，不要因为验票的程序而造成观众的拥堵，从而发生安全事故。

二、组织机构

体育赛事门票的设计、制作、销售通常是由组委会市场开发部负责，办公室负责非销售门票的统筹管理。

三、门票工作示意图

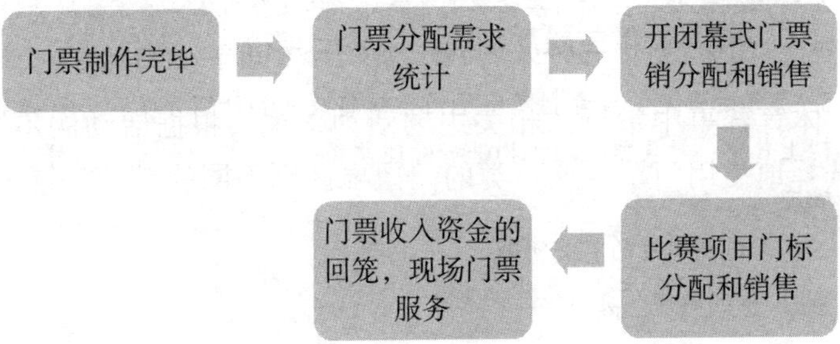

相关链接：

第十一届全运会票务工作有关情况

（2009年6月13日）

办公室

随着十一运正式比赛陆续展开，门票将进入实质性工作阶段，按原计划6月底就要印制各类赛事门票，并对公众销售，票务工作日趋紧迫。现将急需明确和解决的事项汇报如下。

一、关于尽快审定《第十一届全国运动会票务工作方案》问题

方案两次提交秘书长办公会研究，后因是否委托中介机构代理门票销售问题延迟，经反复论证，现已基本达成一致意见，建议借鉴十运会模式自主销售。现将修改后的工作方案提交会议研究，建议审议通过后尽快印发执行。同时，各赛区按照方案要求立即组建票务分支机构并开展工作，尽快形成上下联动的票务工作管理体系（方案见附件）。

二、关于票务中心内部机构设置问题

根据工作方案要求，十一运票务运作模式已由原计划招聘专业票务机构代理变为自主销售，因此，票务中心的工作范围和职能，也由管理协调为主变为具体承办和管理相结合的形式。为做好票务运行和管理工作，票务中心队伍和内部机构急需加强。

票务中心暂设综合、资源管理、票务运营三个处。

1. 综合处。负责综合管理、文秘档案、后勤保障；开闭幕式以及其他工作用票的计划与分配；纪念门票、纪念品的制作和管理。

2. 资源管理处。负责门票资源调查统计，建立全省体育场馆数据资料库；门票设计、定价、制作、配送及票样报备案；组织协调有关部门划定专用座席。

3. 票务运营处。负责制定实施门票销售政策和计划方案；开辟热线电话和网上售票；对售票代理机构进行管理监督；组织门票结算及审计；门票存放管理。

三、需协调解决的有关问题

（一）增加工作人员。

(二) 增加办公设施及用房。

附件：

第十一届全运会门票工作方案

为高标准、高质量、高水平做好十一运会票务工作，特制定本方案。

一、票务工作内容、目标要求和工作原则

(一) 十一运会门票及票务工作内容

十一运会门票是指参加十一运会所有必须持票入场的活动或项目的凭证，主要包括开闭幕式门票、各项比赛门票以及其他需要凭票入场的活动的门票。票务工作主要包括制定并实施票务计划、进行门票设计、定价、制作、分配、营销、配送和现场管理等。

(二) 目标要求

根据十一运会办赛理念和总体目标要求，以创新的精神做好票务工作，积极开发门票的市场和艺术价值，努力提高市场化运作水平，建立组织严密、管理科学、方便快捷的票务工作管理体制，提供一流的票务服务保障。

(三) 工作原则

一是把票务工作作为连接社会公众的桥梁和纽带，最大限度满足观众及各方需求，让客户群能够方便快捷地购买所需门票；二是在确保各项赛事和活动顺利进行的前提下，提高上座率和观众参与度，为各项赛事和活动营造热烈、祥和、有序的气氛；三是坚持安全第一原则，提高门票安全功能，确保安全第一，为赛场和活动安全提供重要保障；四是引入市场机制，积极开发门票的商业和艺术价值，通过市场化营销，努力提高门票收益；五是组委会与各赛区之间权责分明、分工科学、分级负责、上下联动，建立运转高效、组织严密的票务工作管理体系；六是公平、公正、公开地进行票务运作与开发，自觉接受社会监督。

二、工作机构

(一) 组委会票务中心。组委会票务中心是统筹票务工作的管理运营机构，在十一运会组委会的领导下，开展具体票务工作。由组委会办公室、竞赛部、场馆建设部、市场开发部、安全保卫部、财务部、人事部、志愿者工作部、新闻宣传部、大型活动部、群体工作部、行政接待部、监察审计部等部室在编人员和赛会志愿者组成。办公室和市场开发部抽调的人员专职从事票务工作，其余部室相关人员均为兼职，根据工作需要随时调用赛会志愿者。另外，面向社会选聘部分票务工作管理人员，协议选聘有关机构代销十一运会部分门票。兼职人员参加票务中心相关工作，负责票务中心与所在部室的联系协调工作

票务中心主要职责。1. 拟定并组织实施十一运会票务工作方案及票务管理专项方案，负责门票市场开发、门票纪念品设计制作、票务宣传工作。2. 负责收集赛事规程、赛事场馆和相关活动信息（时间、地点和场地），确定可使用门票场次、数量。3. 负责门票设计、定价、制作、安全审查和监督、财务审计以及门票分配、销售和现场管理工作。4. 负责各类门票预留工作用票方案制定及分配管理。5. 负责制定十一运会门票销售相关政策并向社会公开发布。6. 负责开闭幕式（包括彩排和预演）和省建场馆比赛门票的自主销售或委托销售，指导各赛区票务分中心的门票销售。

（二）各赛区票务分中心。在各赛区组委会领导下和组委会票务中心指导管理下开展工作。其组织架构、人员组成、工作职责及其运行模式，由各赛区自主确定，报组委会票务中心备案。

各票务分中心职责。1. 负责组织本赛区票务资源统计，提出比赛场次用票数量、门票价格及其他相关建议。2. 负责设计本赛区全部测试赛门票并自主决定分配和销售。3. 按照组委会要求，拟定赛区门票销售实施方案，负责本赛区范围内的比赛门票销售和分配工作，销售剩余门票统一上缴组委会票务中心。4. 按照组委会要求，服从组委会安排的工作用票及专用席位预留和调剂，接受组委会的票务审计监督。5. 负责本赛区所有比赛场次的现场用票安全和组织管理工作。

三、管理运行模式

（一）坚持“五统一”原则。即坚持统一规划管理、统一票面设计、统一广告招商、统一制定价格、统一印刷配送的原则。组委会票务中心、各赛区票务分中心和组委会相关部门，按照职责分工，各负其责，密切配合，协作联动，共同做好票务管理服务工作。

（二）实行协作联动工作机制。在开展票务工作中，各有关方面要做到权责清晰、分工明确、协作联动。

组委会各部室票务工作分工。1.办公室牵头组织拟定票务工作方案和工

作计划，参与制定并监督落实开闭幕式门票和其他重要场次工作用票的分配使用计划。2. 场馆建设部负责收集各活动、竞赛场馆的竣工平面图，场馆各区域座位实际数量、座次编号等信息数据。3. 竞赛部负责提供比赛项目的竞赛场次、时间等相关信息数据。4. 新闻宣传部、大型活动部和群体工作部负责提供拟举办的相关活动用票及所用场馆的详细资料，配合票务中心做好门票宣传工作。5. 志愿者工作部负责选派志愿者参与票务工作，配合搞好票务资源调查统计、门票配送及现场管理等工作。6. 市场开发部负责编制门票销售计划和实施方案，拟定并落实票务广告招商开发方案，提供合作伙伴及赞助商回报门票数量和票面广告要求等，负责相关门票配送及配合票务中心对开、闭幕式门票及省建场馆和主赛区部分重要比赛场次门票的销售工作，指导协调各赛区票务分中心进行门票销售。7. 安全保卫部负责拟定门票安全管理规定，对各类门票防伪措施、安全容量核定、警卫区域设置、预留安保座席等提出安全管理要求，对门票的设计、印刷、配送、销售等各个环节进行监控、提供安全保障，对检票工作人员进行安全管理培训及检票设备的安装测试，做好检票现场秩序维护等工作。8. 财务部负责拟定票务工作财务管理规定和细则，参与并监督票务费用收支，对门票销售收入列专户进行管理。9. 监察审计部负责配合财务部开展相关审计监督工作。10. 行政接待部根据工作需要配合做好门票销售以及工作用票的分送工作。

（三）门票分配与销售。十一运会门票原则上自主销售，不设赠送票。除预留一部分必须的工作用票外，其他门票全部公开销售，门票收入计入十一运会组委会门票开发收入，在支付税金和制票成本后，票务中心的门票收入归组委会，分赛区的门票收入归各赛区组委会。1.开闭幕式门票。按照规定和惯例，预留贵宾和嘉宾、文艺表演、安全保卫、电视转播、志愿者、医疗服务、体育场工作人员、摄影记者等专用座席，座席数量及区域与相关部门和单位协商划定。为党和国家领导人、国际奥委会官员、国家各部委负责人、山东省及承办市领导和有关部门负责人、各代表团成员、正式注册运动员、技术官员、裁判员、记者、社会各界代表等人员以及专用座席提供工作用票，其他门票由组委会票务中心组织统一销售。组委会安排的工作用票由组委会购买，为回报合作伙伴及赞助商所使用的包厢和门票计入市场开发成本。2. 比赛门票。一是对在各赛区举行的预赛、决赛门票，由各赛区票务分中心组织售票；对关注度不高的比赛门票，以组织群众持工作用票进场观看为主，销售为辅。二是对在济南赛区举行的决赛和关注度高的比赛门票做好机动和预留部分工作用票，其余门票由组委会票务中心和济南分赛区组织销售。三是在体育场馆外举办的项目（如公路自行车等）和部分项目，不使用门票，由赛区组织现场观众观看。四是重要比赛按照组委会要求和有关规定预留主席台、嘉宾、警卫安保、卫生、媒体等专用座席，组委会统一安排的工作用比赛门票由组委会票务中心负责分配和管理，各赛区要服从组委会票务中心对各类工作用比赛门票的临时应急性调剂和安排。3. 售票渠道和方式。鉴于十一运会比赛场次多、门票数量大，必须建立科学合理、规范高效的门票营销体系，确保门票销售顺畅有序进行。可以选择委托有实力、有经验的专业票务机构代销门票。借鉴历届综合性运动会的做法，积极探索多种方式、多种渠道做好门票销售工作。如与体育彩票、邮电通讯、交通旅游或金融等部门合作销售门票。为切实增强十一运会的影响力和吸引力，要在加大门票宣传力度的同时，借助十一运会官方网站建立面向全国的网上订票网络，公布票务咨询电话，开通售票热线，建立健全门票销售配送服务体系。门票销售原则上先内部后公开、先来宾后省内、先团体后个别，座区相对集中售票，注意安全区隔，网点布局合理，信息准确及时，购票快捷方便。

（四）门票防伪检验。为确保门票使用安全，根据条件和需要尽可能采用较高级别的门票防伪标示和检验设施。对举办开闭幕式场馆等重要场馆，采用电子验票方式进行管理，配备高识别能力的门禁设备和电子验票设施，并作为场馆固定资产长期使用。其他需要使用电子门票及其验票设备的，可采用租赁方式临时租用或根据赛程安排先后顺序不同轮流使用。

四、工作流程安排

（一）制定票务方案和组建工作机构阶段（5月至6月）

1. 制定票务工作方案。在充分考察论证的基础上，拟定十一运会票务工作总体方案，明确目标任务、指导原则、组织机构、运行模式、工作程序等，以组委会文件印发各部室、各赛区执行。

2. 组建组委会票务工作机构。组建“第十一届全国运动会组委会票务中心”，按照工作进度逐步充实工作人员。工作人员除组委会相关部室在编人员专职和兼职票务工作外，面向社会选聘票务管理及专业人员。

3. 组建各赛区票务分中心。各赛区自主确定组织架构、人员组成、工作职责及运行模式，报组委会票务中心备案。

(二) 资源调查和设计制作阶段 (6月)

1. 资源调查。按照十一运竞赛总规程和大型活动安排，收集各赛区场馆平面图，统计所有用票场馆、用票场次、用票座次、用票时间等信息资源，进行门票资源汇总，建立票务数据库。

票务资源调查实行分工负责。(1) 省建场馆由组委会场馆建设部负责，济南市建场馆及其他赛区场馆由各分赛区负责。(2) 对部分场馆因工期推延造成资源调查困难的，可以凭设计图纸先行门票设计制作，或采取其他临时措施。

2. 门票招商。

3. 门票设计。由组委会票务中心统一负责，聘请专业人员或委托专业公司进行设计制作。门票设计包括确定规格和材料、票面图案 (十一运会徽、吉祥物、赞助广告、场馆照片等元素)、防伪标志、识别码、日期、场次、座号、持票须知等。门票价格根据全运会惯例和项目关注程度、物价指数以及地区、场次、座区等因素确定。门票设计完成并经组委会审定后，报国家体育总局备案。设计制作7月份比赛门票。

4. 开闭幕式门票方案。根据国家体育总局和组委会要求，依照惯例初步调查开闭幕式门票的用票计划情况，制订十一运会开闭幕式门票分配方案预案。

5. 开通网上和电话热线咨询。

6. 制定配套管理制度。制订十一运会门票管理办法、票务工作财务管理办法及细则、票务安全管理规定等。

(三) 全部门票制作阶段 (7月)

1. 门票制作。全部门票设计图样审定后，委托具备相应资质的企业分批分期方式进行印制。对先期决赛项目门票，在比赛前1个月完成。其他门票原则上在2009年7月中旬前完成。

2. 充实完善开闭幕式门票分配方案。

(四) 门票分配与销售阶段 (7月至10月上旬)

1. 网上和热线电话售票。7月开始加大宣传造势力度，通过十一运会网上售票和订票热线，充分调动各个方面的积极性，注重发挥门票代销机构的技术和实力，建立起覆盖全省乃至全国的十一运会门票销售网络。

2. 门票销售。原则上在比赛前2个月开始销售，到用票前2小时结束。售票款按照10天一结的方式，严防票款流失、挪用。销售门票的分发与配送，由票务中心统一运作，票务佣金原则上在售票结束后结算。票务资金结算由组委会财务部负责，要派专人全程参与监控。7月比赛门票应先行销售。

3. 审定工作用票分配发放方案。重点审定开闭幕式门票分配方案，确定各类工作用票的最终分配方案，方案获得批准后立即进行分配发放。

根据本方案，由组委会票务中心制定具体实施计划和专项工作方案。

第十四节　社会层面控制工作实务

体育赛事是重大的社会活动，举办城市社会的稳定直接影响到赛事的成功举办，国内外因为社会层面的失控而影响体育赛事举办已有许多案例。

在体育赛事的举办阶段加强对社会层面的控制，是举办地政府的责任，也是赛事顺利举行的基础。

一、举办阶段社会层面控制工作的主要内容

（一）有效地防止各类人员对比赛及相关活动现场的冲击

由于体育赛事及相关活动的关注度很高，参与活动的人数众多，防止各类无关人员对现场进行冲击是重要的安保工作。为了确保比赛和活动现场的有序和安全，安保人员要划定控制区，如有必要，要分设“硬隔离”和“软隔离”带，使现场形成一定的缓冲区，一旦发现有人员非法进入隔离区，要及时采取相关措施。还要特别注意防止看台的观众冲击比赛和活动的现场，因此，在重要的比赛和活动现场，要部署足够的警力以形成保护圈，一旦发现观众冲击现场，安保人员要及时形成保护圈，还要通过广播等辅助措施及时地疏导，对带头造势人员要采取果断措施。

（二）疏导和控制游行人员

正因为体育赛事及相关活动的关注度很高，参与活动的人数众多，影响大，使得各种类型、各种原因形成的一部分人员，往往会有组织地进行游行示威活动，这一类的活动一旦发生，轻则影响活动的组织，影响赛事的举办，影响举办地的城市形象，重则可能会直接干扰体育赛事的正常进行，除了建立相应的法律、法规以外，还要及时地了解可能组织游行的人群相关的动向，提前做好疏导工作。一旦发生游行示威事件，要立即采取有效的措施。要特别注意防止这一类的事件被敌对势力所利用，从而演变成为流血事件或者暴力冲突。防范和疏导是最主要的措施。

（三）打击偷盗和抢劫的犯罪行为

体育赛事举办阶段也是偷盗和抢劫犯罪分子试图犯罪的“动机成因阶段”，由于体育赛事的各项日程和活动都是公开的，犯罪分子有足够的时间进行前期准备，这就要求赛事的组织者要结合赛事筹备工作的节点，开展必要的专项行动。在赛事举办阶段要提高“见警率”，组织立体的巡逻，还可组织“警察日”活动，同时要动员社会力量，加强对各自区域的控制，一旦发生偷盗和抢劫的犯罪行为，要从重从快打击，确保举办阶段的社会安宁。

（四）有效地防止恐怖分子和邪恶组织对赛事与活动的干扰

随着国际形势的变化，体育赛事已经成为恐怖分子和邪恶组织攻击的对象。在奥运会历史上，发生过血腥的“慕尼黑事件”。赛事的组织者要会同公安部门和安全部门加强对恐怖分子和邪恶组织的甄别，对可能发生的事件要有足够的认识，采取有效措施，防止这些敌对分子对赛事与活动的干扰。对可能受攻击的对象，特别是有政治和军事冲突的参赛国家选手时，对这类的选手要采取特别的措施，还要特别注意在特殊的节假日，要高度警惕此类敌对分子利用体育赛事的举办对观众和选手以及人群聚集的场所发动攻击。

二、组织机构

由组委会安全保卫部门负责社会层面的控制工作，借助于政府的相应职能部门，做好社会层面控制工作。由于赛事组织者不具有执法的权力，因此，需要借助于政府执法部门的力量。

三、社会层面控制工作实务

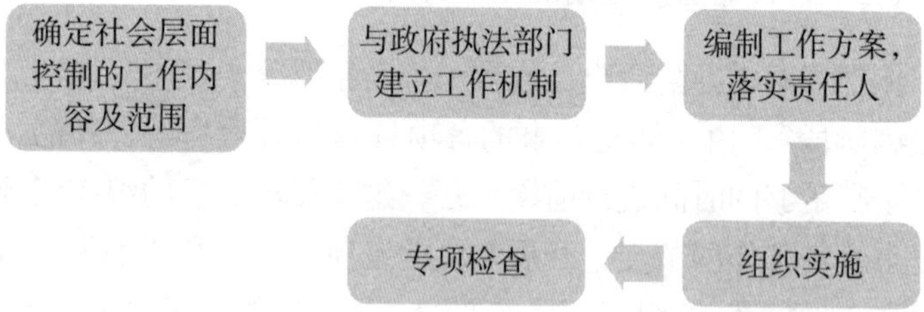

思考题

1. 体育赛事举办阶段包括哪些主要活动与会议？

2. 体育赛事举办阶段各类不同接待对象的接待服务工作有哪些主要区别？

3. 简述体育赛事举办阶段总值班室工作的主要流程。

4. 体育赛事举办阶段志愿者服务工作、医疗卫生保障工作、证件管理工作、门票工作等的主要内容有哪些？

5. 简述体育赛事举办阶段风险管理工作的主要流程。

第四章　体育赛事收尾阶段运作实务

本章学习要点：

- 体育赛事收尾阶段的主要工作
- 固定资产处置、档案工作、财务决算与审计工作的主要内容、组织机构及工作流程
- 表彰、奖励与答谢工作、人员转移工作的主要内容

体育赛事的收尾阶段，是指按总体工作方案完成全部竞赛组织工作和各项相关活动后，对赛事进行总结，并完成赛事全部剩余的工作，直至提交出总结报告和审计（财务）报告为止的阶段。通常当赛事比赛全部结束，闭幕式举行完毕，即标志着赛事进入了收尾阶段。目前收尾工作的有效管理方法是：在赛事举行结束后，组委会组建五个专项工作组，一是考核总结组；二是财务决算审计组；三是物资回收处置组；四是档案工作组；五是人员转移工作组。

各部室也将相关的人员分配到本部门所设的专项工作小组中，在组委会五个组的统筹管理下，做好相关工作。赛事收尾阶段的主要工作包括：评估与总结工作、固定资产处置、档案工作、财务决算与审计、表彰、奖励、答谢以及人员转移与组织机构撤销等。这一阶段完成之后，本次赛事即宣告全部结束。

第一节 评估与总结工作实务

体育赛事评估就是对体育赛事运作管理全过程进行总结与评价的过程。体育赛事评估是体育赛事收尾阶段的组成部分和重要环节，也是全面客观评价赛事的重要方法。它的作用主要表现在以下几个方面。

1. 用于衡量体育赛事运作管理是否获得了预期的社会效益和经济效益，评价体育赛事运作管理的效率和效果。

2. 用于评价体育赛事运作管理是否满足了利益相关者对赛事的特定需求，向利益相关者提供反馈信息，使利益相关人明确认识到体育赛事的价值所在。

3. 用于判断体育赛事运作管理中的优势和劣势，总结经验与教训，确认赛事取得的成绩，达到的发展阶段，以准确定位下一届体育赛事运作管理的起点，提供知识和经验，改善和提高赛事运作管理水平。

4. 提高体育赛事的声誉，建立赛事运作管理机构的专业形象，为下一届赛事获得支持和资助提供有利的数据资料。

5. 为整个体育赛事运作管理行业提供实践知识和经验，促进行业整体水平的发展和提高。

一、收尾阶段评估与总结工作的主要内容

（一）体育赛事竞技水平的评估

竞技比赛自始至终是体育赛事的核心，因此竞技水平的高低反映了体育赛事的水平。对竞技水平的评估主要是对竞技成绩进行纵向与横向的比较分析。首先是与历史上同类赛事的竞技水平

相比是否有大的提高或降低，其次是与当前国内外同类优秀运动员水平相比是否有提高或降低。

（二）体育赛事经济效益的评估

经济效益主要是指体育赛事运作管理机构具体的直接的经济效益，主要包括市场开发的收益。可通过经济核算的方法，即总的赛事收益减去总的承办成本。此外，体育赛事，尤其是大型综合性运动会对举办地经济会有重大影响，并产生直接或间接的经济效益，如因为赛事的举办会吸引大批的观光和旅游者，会为举办地在现代服务业方面带来一定的收益。我国现阶段对此方面的评估大多数只停留在定性分析上，缺乏科学系统的定量指标。对现代服务业的收益也由于涉及面广、统计难度较大，还很难准确评估。

（三）体育赛事政治效益的评估

政治效益的评估在我国体育赛事评估中占有重要的地位，这和我国竞技体育的举国体制不无关系。对政治效益的评估涉及面相当之广，比如国际社会的认可度、上级领导认可度、群众满意度、媒体正面报道数量和评价等方面来体现。

（四）体育赛事总体社会效益的评估

体育赛事的成功举办对促进城市建设和环境改造、城市市民素质的提升、城市服务功能的改善、赛事参与者对赛事举办地的总体评价、提升赛事举办地民众的自豪感、增强投资者信心、进一步促进赛事举办地相关产业的发展等方面的影响进行评估。

（五）总结工作

体育赛事的总结工作主要包括三个层面：个人、部门、整个体育赛事组委会层面的总结。通常要求总结报告的编写直奔主题。个人总结：围绕履行岗位职责和工作绩效进行。部门总结：围绕各部室的职责和专项工作取得的成绩进行。整个体育赛事组委会的总结：围绕申办报告和赛事的总体评价来进行。

二、组织机构

体育赛事评估与总结工作，由组委会办公室统筹管理。在组委会组建的“考核总结专项工作组”的具体管理下，组织实施。

三、评估与总结工作示意图

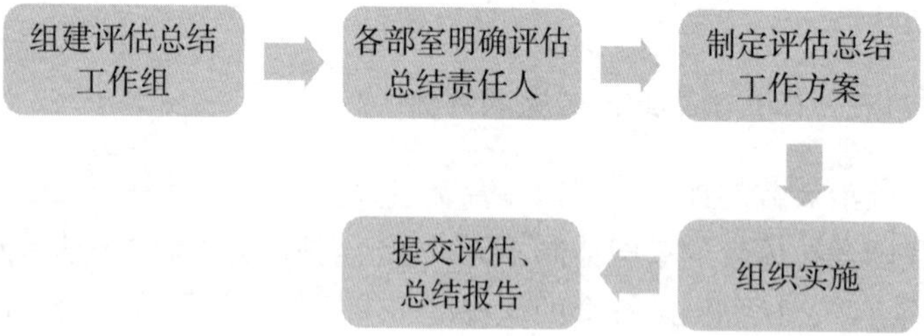

【案例】

第十一届全运会济南赛区组委会工作总结

万众瞩目的中华人民共和国第十一届运动会于2009年10月16日至28日在济南市成功举办。作为主办城市和主赛区，我们在省委、省政府坚强领导下，在国家体育总局和十一运组委会精心指导下，在全市上下共同努力下，圆满完成各项筹办任务，兑现了办一届平安、祥和、精彩、圆满全运盛会的庄严承诺，得到中央领导和各方嘉宾高度赞扬。现将四年来的筹办工作情况总结如下。

一、筹办工作总体情况

从2007年6月济南赛区组委会成立以来，各部（室）村以“创一流水平、促和谐发展”为目标，精心策划，顽强拼搏，圆满完成各项筹备工作，取得了令人瞩目的成绩。主要表现在十个方面。

（一）场馆设施功能一流

济南赛区负责新建与改造×个比赛场馆，四年来，我们坚持高起点设计、高标准建设、高水平管理，为全运会各项赛事和大型活动举办提供了一流的比赛场馆设施。投资××亿元建设的奥体中心“一场三馆”作为十一运会主会场，设计科学、功能完备、气势恢宏，“东荷西柳”造型独具特色，成为济南标志性建筑；章丘市体育馆、皇亭体育馆及历城区体育馆、历城区赛马场等场馆无论新建还是改造都坚持一流标准，突出地方特色，经受住了各项测试赛和正式比赛检验。各场馆施工方、设备供应商、管理层严格落实赛前检验、赛中维护、赛后管理各项责任，在运行设计、团队建设、测试演练等方面协调一致、密切配合，实现了无缝隙对接，保证了各个场馆赛时运行良好、保障有力。参赛的裁判员、运动员和观摩人员对场馆设施给予很高的评价。

（二）竞赛组织科学顺畅

济南赛区共承担16个大项、212个小项比赛任务。为强化赛事组织运行，由××名副市级领导挂帅，组建各项目竞委会，竞赛组织工作创造了由市直部门和各区（市）对口承办各竞赛项目的“济南模式”。各项目竞委会和对口单位精心研究竞赛组织工作规律，精心设计竞赛组织流程，从接待、交通、安保到赛事组织各个方面统筹考虑、科学安排，高效有序地完成了300多个项次的比赛，赢得国家体育总局和社会各方赞誉。各竞委会还结合实际，大胆创新，创造了不少竞赛组织工作亮点。比如，由市文化局对口承办的举重项目，在比赛中穿插进行文艺表演，其新颖做法已被国际举联采集，举重比赛也成为全运会媒体报道中的亮点和特色。

（三）全运村赢得各方赞誉

我们创新接待模式，在全运会历史上首次采用市场化运作的方式建设全运村，接待参赛运动员、教练员、随队官员和媒体记者。全运村共有64幢公寓楼、2300多套单元房、11000张床位，房间设施按照一般酒店标准配置，参照三星级宾馆标准为入住人员提供客房服务。经过不到两年的紧张施工，全运村于2009年8月29日竣工交接，9月28日正式开村，到10月31日正式闭村，共接待党和国家领导人、国家部委领导、各省市领导、代表团团长及国外友好人士来村44批次；接待了10000多名运动员、教练员、随队工作人员和媒体记者入住，为11个体育代表队和媒体报道团举行了入村欢迎仪式，住宿服务管理和运营团队大力开展亲情化、个性化和特色服务，实现了构建“温馨全运村、和谐大家庭”的目标，创造了礼宾接待零失误、接待服务零投诉、运行保障零差错、食品安全零事件、安全生产零事故的记录，赢得了入住人员及社会各界的高度评价。

(四) 服务保障措施得力

为确保全运会期间城市安全高效运行，投入×多亿元实施城市基础设施建设。制定交通组织保障总体方案，赛时实行了单双号限行等交通管制措施，并建设了多处临时停车场，公交公司开通了多条通往场馆区和全运村的公交线路，确保交通顺畅。投资×亿元建设主场馆供电网络，完成开闭幕式及IBC独立供电系统建设。开发建设全运会综合信息系统，实现各场馆、全运村、奥体酒店及周边地区网络全覆盖。医疗工作严密细致，未发生重大食物中毒、饮水污染、重大传染病疫情，紧急医疗救治和医疗保健服务安全有效。服务人员为赛事工作人员提供近百万份盒饭、安排住宿饭店近20家、迎送来宾1.4万余人、订票1万余张。科学组织好志愿者服务工作，设置了40多类赛事志愿者服务岗位、100个城市志愿者文明服务岗和1000个社会志愿者服务站，精心选拔的11.4万名志愿者在各自的岗位上无私奉献，默默付出，他们热情专业的服务赢得了各级领导和来宾的普遍赞扬，志愿者的出色工作为泉城争了光，志愿者的微笑成为赛时最靓丽的风景。

(五) 安保工作卓有成效

以“全警全力、平安全运”为目标，实施保持社会稳定的综合措施，缜密制定赛区安保方案、反恐应急预案和交通组织、消防保障方案196个，组织3万名联防员上街巡逻守护，加大重点部位防范控制，打造科技安保、和谐安保、整体安保、责任安保四个工作体系。举办防爆安检等各类培训班、实战演练700余期（次），培训、出动警力×万人次，在19个竞赛场馆和全运村成立安保指挥室，组建20个安保团队。开幕式期间投入×万警力设置以奥体中心为中心的管控区域，全面落实安保措施。采用数字全运安保模式，加强社会防控，确保了全运会期间社会稳定，没发生影响全运会顺利进行的事件，得到各级领导和来宾充分肯定。

（六）全民健身蓬勃开展

按照“和谐中国、全民全运”的主题要求，建设7项市级重点全民健身工程、7项市区内广场、公园全民健身工程和一批区级全民健身工程，为全市4000余个行政村配建了篮球场、乒乓球台、健身路径等健身设施。截至目前，全市全民健身设施面积达299.36万平方米，其中室内面积23.22万平方米。围绕“全民健身与全运同行”主题，加快群众体育进农村、进社区、进校园、进机关，组织形式多样的群众体育健身活动，组织开展×××余次、×××万人次参加的大型全民健身优秀项目展示活动，全市经常参加健身活动的人数占总人口××%以上，连续第四次被评为“全国群众体育先进单位”。

（七）社会宣传高潮迭起

通过新闻发布会、专题采访等形式，协调新闻媒体全方位报道全运会，全面展示我市建设发展新成就。据不完全统计，仅今年以来，人民日报、新华社、中央电台、中央电视台等中央媒体刊发我市筹办全运会和济南市新发展新变化稿件×××篇（次）以上。新华网、人民网等全国重点网站，刊发我市有关稿件××××篇以上。积极做好赛事电视转播，搭建传输平台，完成6大赛事360小时电视公共信号制作传输任务。抓住倒计时100天、8月8日全民健身日等重要节点，成功举办“《欢乐中国行》——和谐全运、欢乐泉城”和“《同一首歌》——相约全运、相聚泉城”大型演唱会，推出“全运大舞台”等系列文化宣传活动。加大公益宣传，以街道办事处和社区为主，创办以宣传全运为主的文化墙30000多平方米，张贴各类宣传画40000余张，共在全市悬挂国旗、十一运会旗和各类刀旗、路旗70000面（块），形成经十路、大纬二路、舜耕路、马鞍山路、经一路等一批以国旗、会旗为主的“辉煌中国、和谐全运”景观带。开展“微笑服务”和“十大文明行动”等活动，推荐评选并大力宣传26名服务之星、130名微笑使者，充分展示了热情济南、诚信济南、大气济南的良好形象，创造了文明健康的城市人文环境。

（八）市场开发成效显著

坚持“统一开发、适度开发、梯次开发、合作共赢”的运作方式，构建大市场开发格局。成立了×个开发团队，在省内外开展系列招商推介活动，积极推进公益广告发布，市场开发取得丰硕成果。目前，共签约赞助项目××项。加强票务销售管理，门票收入超过××××万元，占全省门票销售总收入的近××%。加大财务和物资管理力度，健全各项财务和物资管理规章制度，确保了各项资金、资产管理安全高效。严把收支审核关，节约了大量预算资金。

（九）城市面貌焕然一新

投资××××多亿元实施了迎全运××项重点工程建设和××项重点综合整治，大明湖扩建、护城河通航、小清河综合治理一期等重点工程完工，整治××座破损山体，新增绿化面积 1609 万平方米，绿化覆盖率达 36.4%。实施十路、十桥、十园、十场为重点的夜景亮化工程。启动 36 个集中片区和 31 个零星片区的棚户区改造，动迁居民 5.1 万户、15.3 万人。开工建设安置房 210 万平方米，目前已有 6 个项目竣工，8000 余户居民开始陆续回迁。以“路平、水通、街净、灯亮”为标准，整治各类背街小巷 2499 条，实现了二环路内路灯全覆盖，改造 30 多个供水低压片区，新建 37 处标准化菜市场，把迎全运的过程变成惠及民生、造福群众的过程。开展有史以来规模最大的环境综合整治行动，集中开展交通秩序、建筑渣土、环境卫生、户外经营、市容道路、绿化美化、环境保护、夜景亮化八大整治行动，城市面貌得到极大改善。

（十）大型活动保障圆满顺利

按照十一运组委会要求，组建开闭幕式综合服务保障指挥部，经精心组织，反复演练，各岗位责任到位、各环节衔接紧密，出色完成各项现场保障服务，开闭幕式期间，累计引导疏散观众 8 万余人次，设置观众引导指示牌 1250 余块，提供现场咨询服务 1 万余次，摆放礼品包近 6 万份。开幕式当晚，组织 1300 辆公交车免费接送观众、运动员、演职人员约 50000 人。开幕式结束后，仅用 45 分钟，将乘坐公交车的 3.8 万名观众全部疏散完毕；闭幕式当晚，出动 500 辆公交车免费接送观众，仅用 20 分钟便完成 6800 名观众的疏散任务。精心组织火炬传递活动，缜密筹备起跑和结束仪式，做好沿途几十万观众的组织调度工作，为了营造浓厚社会氛围，在沿途分别以“欢乐山东”“辉煌中国”“和谐全运”“魅力济南”和“健儿风采”为主题，打造绚丽多彩景观带，组织 34 支 3000 余人的文化队伍进行现场演出。邀请 150 余名中央、省、市媒体记者现场对火炬传递活动进行采访报道，传递活动井然有序，隆重热烈。

二、主要经验体会

回顾四年来的筹办历程，十一运会之所以能在我市取得圆满成功，主要得益于以下几点。

(一) 领导重视、全力支持，是全运会成功举办的根本保证

党中央、国务院高度重视第十一届全运会。胡锦涛总书记亲临开幕式，吴邦国委员长出席火炬传递活动点火起跑仪式，温家宝总理出席闭幕式，刘延东、孟建柱、刘鹏等中央和部委领导多次亲临济南视察指导；姜异康、姜大明、刘伟等省领导多次对筹办工作进行研究部署；市委、市政府把“保增长、保民生、保稳定、保全运”作为全市中心工作，焉荣竹书记多次亲临一线检查指导场馆建设和筹备工作。市里召开三次动员大会，号召全市上下把筹办全运会作为一项重大政治任务，举全市之力做好各项工作。市筹办工作领导小组和各竞委会主要领导身先士卒、靠上工作，保证了全运会各项赛事和重大活动的成功举办。

(二) 统筹指挥、高效运行，是全运会成功举办的重要基础

健全赛区组委会的领导指挥体系，成立市筹办工作领导小组，完善“一室一村十七部”的内部架构，指挥协调赛区筹备工作，并适时转为市筹办十一运总指挥部，充分发挥总指挥、总协调、总枢纽的重要作用。建立严格的工作责任制、监督检查机制和责任追究制，制定《济南赛区工作进度安排》和《倒计时100天筹备组织工作流程图》，形成一级对一级负责、层层责任到位的决策落实机制，确保每项任务有计划、有检查、有落实。各级各部门牢固树立一盘棋思想，心往一处想，劲往一处使，各部位、各环节都实现了精准高效、无缝对接，形成强大的工作合力。

(三) 广泛借鉴、勇于创新，是全运会成功举办的重要途径

注重借鉴先进经验，从筹办工作的运行机制和管理方面进行了探索和创新。借鉴奥运村成功做法，创新全运会接待模式，在全运历史上首次采用市场化方式建设全运村，接待参赛运动员、教练员、随队官员和媒体记者，把历届全运会难点问题办成本届的亮点。竞赛组织方面，有关部门对口负责各项目竞委会运行，取得良好工作效果。安全保卫方面，全运历史上首次引入风险评估和应急处置体制，确保各项工作万无一失。交通保障方面，开通全运村到奥体中心的循环班车，方便运动员出行。

(四) 全民参与、各界支持，是全运会成功举办的坚实保障

全市人民表现出高涨的参与热情，他们开展形式多样的迎全运主题活动和文化体育活动，积极参加“十大文明行动”，45万名市民热情加入到火炬传递活动行列，营造了全民迎全运浓厚氛围。据省民意中心调查结果显示，95%的市民希望能为全运会贡献力量。省直各部门、各驻济单位和驻济部队、武警及社会各界都对全运会给予普遍关注和有力支持。

(五) 顽强拼搏、敬业奉献，是全运会成功举办的重要前提

两年来，来自全市160个部门（单位）、9个县（市）区的全体工作人员顽强拼搏，攻坚破难，日夜奋战在筹办工作第一线。广大工程建设者倒排工期、加班加点，确保了各项工程如期竣工使用。指挥部各领导成员以身作则，靠前指挥，亲自监督落实，全身心投入筹办工作。各部室、各项目竞委会及工作人员发扬“五加二”“白加黑”的实干精神，任劳任怨、埋头苦干，全身心扑在工作上。正是有了这样一支特别能吃苦、特别能战斗的队伍，有了这样一种无私奉献、不畏艰辛、拼搏进取、不懈追求的精神，才有了十一运会的精彩和成功！

十一运会的成功举办使我市的各项事业发展站到了一个新的历史起点。我们将继续发扬筹办十一运会过程中形成的精神财富和宝贵经验，更加积极地投身到泉城现代化建设的实践中来，携手并肩，共同努力，为推动美丽泉城、和谐济南建设，做出新的更大的贡献。

第二节　固定资产处置工作实务

固定资产是指企事业单位使用期限超过1年的房屋、建筑物、机器、机械、运输工具以及其他与生产、经营、管理有关的设备、器具、工具等。固定资产是企事业单位的工作手段，也是保障企事业单位顺利运转的主要资产。从会计的角度划分，固定资产一般被分为生产用固定资产、非生产用固定资产、租出固定资产、未使用固定资产、不需用固定资产、融资租赁固定资产、

接受捐赠固定资产等。在体育赛事收尾阶段，做好固定资产回收和处置，是体育赛事收尾阶段的重要工作之一，也是确保国有资产（共有资产）有效流转的重要手段。

一、收尾阶段固定资产处置工作的主要内容

（一）固定资产清点

体育赛事的固定资产主要包括办公用品、竞赛场馆、竞赛器材与设备、活动设备等。对体育赛事固定资产进行清点，是回收和处置的前提。所有登记在册的固定资产，赛事结束后，应按照“谁发放、谁回收”的原则进行清点，要求分类明确、数据准确、实事求是，认真编制、整理固定资产账本。

（二）回收、处置

对固定资产清点完毕之后，开始进行回收与处置。发现固定资产损坏、遗失应注明原因，报管理层批准并依财务程序办理消账手续。回收的固定资产由使用部门提出处理意见报管理层审批后调拨有关单位使用。大型综合性体育赛事固定资产处置的方式通常有两种，一是无价拨，二是拍卖。赛事运作管理机构各部门负责管理物资的人员，必须在统一规定的时间内办理分管财产物资的交接手续。

二、组织机构

体育赛事固定资产处置工作，由组委会办公室统筹管理。在组委会组建的“物资回收处置专项工作组”的具体管理下，组织实施。

三、固定资产处置工作示意图

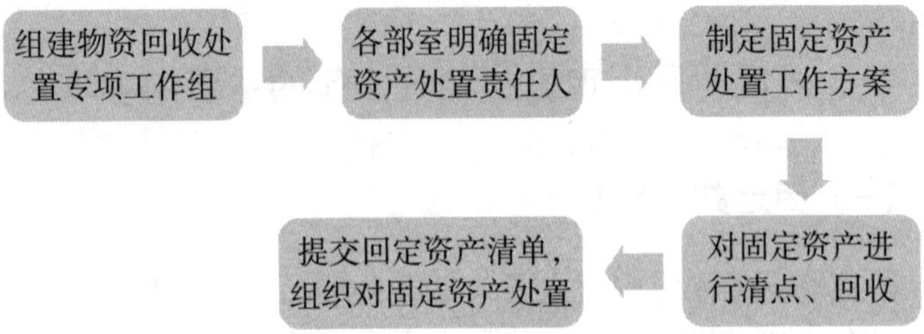

第三节　档案工作实务

体育赛事的档案工作指的是在体育赛事比较过程中形成的，具有保存价值的各种载体的文件材料（包括照片、录音带、录像带、电子文件、实物等），真实地反映体育赛事历史的全貌，是体育赛事得以传承的宝贵财富。档案管理是赛事运作中一项基础性的工作，也是一项重要的保障性的工作。在赛事收尾阶段，对赛事整体运作的各类文件进行整理、归档，不仅是体育赛事运作管理机构未来运营的需要，而且是我国体育赛事乃至整个体育事业发展的需要。

一、收尾阶段档案工作的主要内容

（一）明确需要归档的文件范围及基本要求

体育赛事收尾阶段需要归档的文件是指在赛事筹备和举办全过程中形成的具有保存利用价值的各种文字、图表、账册、音像、电子文件、实物等不同形式的历史记录。无论是何等规模、何种类型的赛事，都应该对文件归档范围及要求作出明确规定，以便于各工作部门及人员在收集、整理、移交文件时有章可循。在制定文件归档有关规定时，需要依据《中华人民共和国档案法》及国家体委于 1986 年制定的《体育档案工作管理试行办法》，参考其他赛事归档方法，同时要注意结合赛事自身特点。

文件归档的基本要求至少应该包括以下几点。

1. 归档的各类文件应该齐全完整。针对不同类型的文件定出归档范围，如会计档案的归档范围一般包括会计凭证类、会计账簿类、财务报告类。

2. 归档的各类文件应签署完毕，保证归档文件的合法性、有效性。

3. 归档的各类文件应该真实可靠，数据不得擅自涂改。

4. 归档的各类文件的制作材料应有益于长期保存，书写材料不得使用圆珠笔、纯蓝和红墨水等易于褪色的书写材料，对已形成的字迹模糊或者易褪变的归档文件应进行复制。

5. 电子文件应与对应的其他载体形式的文件材料一起归档，音像材料（包括照片、底片、录音记录等）和实物应与文字说明一起归档。

6. 归档文件的整理应系统、规范，应针对文书、音像、实物、会计、工程等不同类型与性质的文件制定不同归档规则及制度。

7. 配备适宜的档案用房和设施，应该符合防档、防光、防火、防盗、防尘、防鼠、防虫等标准及要求。

（二）档案材料的收集、整理、汇编

负责档案工作的人员要按照确定的需要归档的文件及基本

要求，将材料按时间、按类别、按类型、按性质进行收集、整理。

大型综合性体育赛事的档案按照一个统一的全宗进行整理、保管和移交，采用组织机构——年度分类方法，档案保管期限定为永久。

（三）档案材料的审核、移交

通常情况下，大型综合性体育赛事档案的原稿存承办单位，正本移交主办单位一套，无正本的重要文件存复印件。承办单位须在体育赛事结束三个月至半年，最多不超过一年，派专人向主办单位办理档案移交手续。

二、组织机构

体育赛事档案工作，由组委会办公室统筹管理。在组委会组建的“档案工作专项组”的具体管理下，组织实施。

三、档案工作示意图

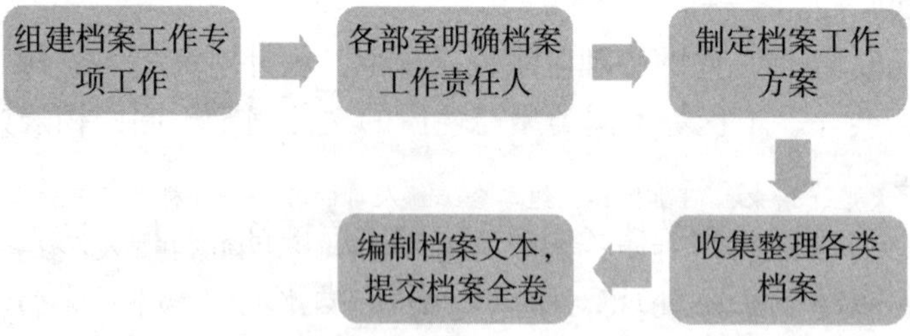

相关链接：

关于加强第十一届全运会档案收集工作意见有关情况的汇报

(2009年10月29日)

办公室

十一运会档案是整个筹办过程中直接形成的各种形式的历史记录，是组委会工作人员智慧和心血的结晶，是我们了解过去、把握现在、预见未来的重要依据。为了真实记录十一运会筹办的全部历程，为今后举办大型综合性社会公共活动提供借鉴，为后人留下一笔宝贵的历史文化财富，对十一运会档案资料的收集工作提出以下意见。

一、落实三级责任人制度

各部室正职或主持工作的副职作为档案管理工作第一责任人，要切实加强对档案工作的领导，提高全员档案意识，维护档案的完整与安全；各部室综合处长作为执行责任人，要切实承担起档案管理工作的落实责任，保障档案工作人员的相对稳定和从事档案工作的时间；专（兼）职档案员作为经办人，要认真做好档案资料的收集工作、整理、保管、移交工作。各部室要在平时归档的基础上，按照《归档责任书》中确定的归档目录和要求，于11月底前集中开展各种门类与载体档案材料的收集工作，以对历史负责、为现实服务、替未来着想的精神，将十一运会档案收集齐全、整理规范、移交到位。

二、突出档案收集重点

各部室在按照归档目录全面收集的基础上，要突出实物、声像、照片、电子档案的收集。实物档案主要包括：组委会各项重大活动的标志物、各类仪式用品、宣传品、纪念品、演出服装道具样品；奖杯、奖牌、会徽、吉祥物、火炬、请柬、门票票样；组委会工作人员的各种证件样品及其他各种证件样品；各种牌匾、印章、印鉴、印模、领导名章；国家领导人、社会知名人士出席各项活动的题词、签名；组委会接受国内外团体和个人捐赠的各类物品、在各项活动中获赠的各种纪念品、组委会市场开发工作中产生的各种特许产品样品等。声像档案主要包括：组委会召开各种会议、举办各项活动，党和国家领导人、社会知名人士及其他各级领导视察筹办工作、出席各项活动，十一运会信息系统、官方网站，全运会测试赛、正式比赛实况转播，全运会场馆建设、运行过程中所产生的声像档案。照片档案主要包括：组委会召开各种会议、举办各项活动，党和国家领导人、社会知名人士及其他各级领导视察筹办工作、出席各项活动，全运会开闭幕式排练、彩排、预演、正式演出，全运会测试赛、正式比赛，全运会场馆建设、运行过程中产生的照片档案。电子档案主要包括：十一运筹办工作中产生的具有参考和利用价值的电子版文本文件、图像文件、图形文件、影像及声音文件。

三、强化责任追究

档案法律法规和十一运会档案管理办法中明确规定：任何个人不得将公务活动中形成的应当归档的文件材料据为己有或者拒绝归档，任何单位或者个人不得伪造档案，不得擅自出卖或者转让、销毁档案。对有上述行为之一的，责令限期改正。玩忽职守，造成档案损毁丢失的；泄露涉密档案内容，给国家造成重大损失的；不按规定归档或者不按期移交档案情节严重的；将对有关责任人依法给予行政处分，构成犯罪的依法追究刑事责任。审计监察部受理对有上述行为的举报，并组织核查，提出处理意见。人事部对档案工作未结事宜人员（由各部室档案管理工作三级责任人和组委会办公室档案工作人员确认）不予办理转移手续，个人工作鉴定表、工作关系转移介绍信、给派出单位的感谢信待档案事宜完结后再予发放，档案事宜未结人员无资格参加评先活动。

四、确保十一运会档案全宗的完整

十一运会组委会是一个独立的机构，其档案全宗是一个具有有机联系的统一整体。任何将组委会形成的档案归入各自原工作单位的做法，都会肢解组委会档案全宗这个有机体，给以后的查考利用留下隐患，是违反档案全宗理论的错误行为。对把组委会内设机构产生的档案资料归入各自原工作单位的做法，各部室应当切实予以纠正。

第四节　财务决算与审计工作实务

财务决算和审计工作是体育赛事重要的管理工作，也是收尾工作的重要标志。对应收应付款项应及时清理结算，做好财务决算，避免经济损失和纠纷，尽快做出财务报告，以了解整个赛事运作的收支与盈利情况，同时做好收尾阶段的财务审计工作。

一、收尾阶段财务决算与审计工作的主要内容

（一）撰写财务报告

财务报告是通过会计语言反映一个组织一定时期运营状况和经营业绩的一种形式，它能将专业的会计知识转化为容易理解的通用知识，传递关于组织经营的相关信息，为决策者提供支持。要了解整个赛事运作的收支与盈利情况，不能只依靠收尾阶段最后几天的加班加点，它有赖于赛事运作管理机构日常健全的财务管理制度，能保证财务报表的定期更新，这样才能在比赛结束后的最短时间内得出准确详尽的财务报告。财务报告中不仅应该包含财务报表，也应该涵括相关的非财务信息。其中财务报表一般包括资产负债表、收益表和现金流量表，而非财务信息则包括对各种与财务报告有关的重要因素的介绍。

尽管财务报告中的主要内容是财务报表，但要注意财务信息只是用来了解赛事运作实际情况的工具之一，而并非是最终目的，因此要避免“就数据论数据”，应该将财务信息与非财务信息结合起来。在具体分析过程中，要善于静态与动态相结合、过去与未来相结合、财务与业务相结合、微观与宏观相结合、时间与空间相结合、赛事个体与行业整体相结合，使财务报告能为赛事运作管理机构、赛事主办单位、政府机构及其他相关利益者提供更多有关赛事运作的信息，为他们未来的决策提供参考和帮助。比如，对赛事运作收入结构进行财务分析时可从多种角度入手，既可以与上一届赛事进行纵向对比，也可以与同性质或者同规模的赛事做横向比较，分析收入结构的特点、产生原因、有何优势或者劣势等。

财务报告对于体育赛事运作管理机构而言是一项管理与决策

的工具，对于政府、投资者、公众而言则是一种监督与控制的方式，无论是编制赛事运作的财务报告，还是对财务报告进行分析，都必须遵循“合理合法”原则，要遵守《中华人民共和国会计法》《企业会计制度》《企业财务会计报告条例》等相关法规条例，要遵循公认的会计原则。财务报告编制完毕后，经同级审计部门审核后，需报主办单位体育行政管理部门、举办地政府备案。

（二）财务审计

对市场开发工作、开闭幕式工作、行政接待、礼品采购等重点专项工作开展审计，形成审计报告。对专项资金使用情况进行审计。

二、组织机构

体育赛事财务决算与审计工作，由组委会办公室统筹管理。在组委会组建的“财务决算审计专项工作组”的具体管理下，组织实施。

三、财务决算与审计工作示意图

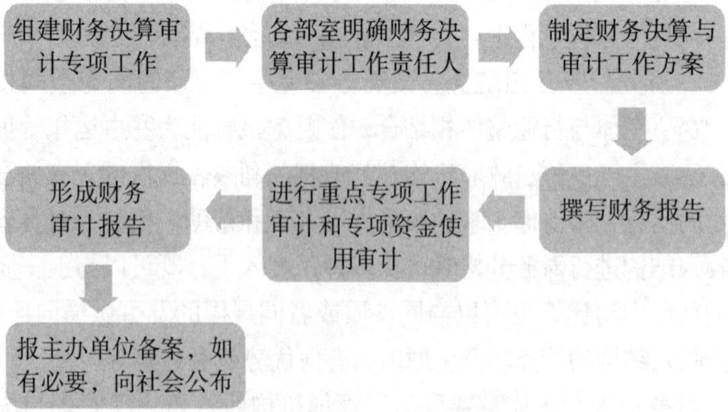

相关链接：

关于第十一届全运会组委会后期审计工作方案有关情况的汇报

(2009 年 11 月 2 日)

监察审计部

为认真贯彻国家体育总局和省委、省政府关于办好第十一届全运会重要指示精神，按照《第十一届全运会筹备工作总体方案》和《第十一届全国运动会组委会监察审计部工作总体方案》意见，切实做好组委会后期审计的工作，组委会审计组、山东省审计厅拟制了《关于组委会后期审计工作方案》，现将有关情况汇报如下。

一、指导思想

在第十一届全运会组委会的领导下，按照“举省办全运、创新办全运、开放办全运、节俭办全运”的原则，认真履行审计职责，进一步加大工作力度，创新工作思路和方法，着力抓好后期审计监督工作，努力保障国家资金财产安全完整，为第十一届全运会圆满结束做出积极的贡献。

二、审计的范围和对象

审计范围：中央财政、国家体育总局、省财政拨付组委会的各项办赛资金；资源开发所得资金、赞助捐赠物品、17 市补助竞赛资金等相关财政财务收支和经济活动。审计对象：组委会财务部、市场开发部和山东十一运资源开发有限公司（以下简称资源开发公司）、各竞委会及组委会其他相关的内设财务机构。

三、审计内容及重点

后期审计工作主要有，对组委会财务部及其他相关的内设财务机构 2009 年 7 月至 12 月第四阶段审计；资源开发公司 2009 年 7 月至 12 月第四阶段审计；延伸审计各竞委会竞赛资金使用及资金结余情况；对组委会总决算进行审计。重点审计以下内容：

（一）财务预算执行情况审计

重点审查各项收入是否纳入组委会财务部账内核算和管理；组委会使用的市场开发收入和物资是否纳入预算管理，收入的确认是否合理，交接手续是否完备；重点审查组委会及其他相关的内设财务机构预算管理及执行，是否按照预算支付使用资金，大额采购是否严格执行政府采购程序和组委会招标程序，有无自行采购等问题。采购合同签订是否符合有关规定，各项办赛经费和专项经费支出、拨付是否符合有关规定，财务手续是否完备。各项物资的保管、分配、领用手续是否健全完备、记录是否清楚。固定资产管理是否严格规范、符合资产管理规定，有无资产不入账、账物不符、损失浪费问题。

（二）资源开发有限公司财务收支审计

重点审查各项收入是否符合组委会确定的市场开发政策，收入的确认是否准确，记录是否完整、入账是否及时，物资处置收入是否纳入账内核算，有无截留、转移、坐收坐支、设置“账外账”、小金库等问题。各项市场成本、费用是否真实，成本、费用结转是否正确，方法和会计期间是否一致，有无多转或少转成本、费用问题。人员费用及奖励提成是否按规定提取和发放。捐赠、赞助物资的管理制度是否健全、程序是否合理。捐赠、赞助物资是否登记造册，建立台账；物资领用是否合规，手续是否齐全；库存物资管理是否保管妥当，有无账实不符或损毁严重现象。固定资产管理是否符合规定，有无资产不入账、账实不符的问题；资产的处置是否符合规定，处置收入是否入账。物资管理分配领用是否存在漏洞，手续是否健全完备。

（三）对各竞委会竞赛资金使用及资金结余情况延伸审计

重点审查资金是否按预算及时拨付到位，有无预算制定不合理、滞留、多拨或少拨、截留挪用。竞赛资金的使用是否合规合法，管理是否严格，资金是否专款专用，支出账表是否相符。竞赛资金是否补贴资金，有无挤占挪用等，结余资金是否在规定账户存放，有无私设“账外账”、小金库等问题。

（四）财务决算审计

待组委会总决算编制完成后，重点审查财务决算收支是否真实、准确、完整。资金结余是否真实，有虚列支出、以拨列支等造成结余不实、转移财政资金等问题，各项资产是否已完整纳入决算，是否按规定处置资产，处置收入是否纳入决算。

（五）领导临时交办或其他需要审计的事项。

四、审计实施的时间安排

（一）审计实施时间总体安排

2010年1月，对组委会财务部及其他相关的内设财务机构和资源开发公司2009年7月至12月第四审计阶段财务收支情况进行一次全面审计；同时视各竞委会财务支出报表报送情况和经费支出资金大小、资金管理情况，组织力量延伸抽查审计部分竞委会财务收支；待组委会财务部总决算完成后，省审计厅即组成审计组对组委会财务决算进行审计。

(二) 几点要求

1. 认真抓好审计实施。在十一运组委会的领导下，认真履行审计监督职责，切实抓好第四阶段和财务决算审计。要本着对组委会领导、对工作、对同志高度负责的精神，认真细致地抓好每个审计环节，严格执法，严格审计监督，确保高质量、高标准、高效率地完成审计任务。

2. 加强协调配合。组委会财务等部室和十一运资源开发有限公司，要按照确定的上述审计内容和重点，对2009年7月至12月财务收支和资源开发情况，抓紧进行一次全面梳理和自查，确保手续完备、账务清楚、账实相符，为审计组2010年1月实施审计和进行决算审计提前做好准备。上述有关部室、公司，要如实、及时、全面提供审计组所需要的各种审计资料，自觉接受审计组对资金、实物的盘点和调查，为审计组实施审计搞好协调配合。

3. 严格审计报告制度。审计实施过程中如发现重大问题要及时向组委会领导报告。对第四阶段（时限为2009年7月至12月）和财务决算的审计，待审计结束后，形成专项审计报告，及时报组委会和省政府。

4. 严格遵守廉政纪律。审计期间，审计组要严格遵守廉政建设的规定，严格执行“八不准”审计纪律，严格要求、严格管理、严格监督，自觉维护审计机关的良好形象。

第五节　表彰、奖励与答谢工作实务

通过对赛事运作的内、外部机构及工作人员给予表彰、奖励与答谢，是体育赛事运作管理过程中一项十分重要的收尾工作，体育赛事结束后应该给予相关人员和机构充分的肯定。

通过表彰、奖励与答谢可以保持运作管理机构的良好形象，并且可以维系与外部相关利益者的良好关系，便于进一步合作。

一、收尾阶段表彰、奖励与答谢工作的主要内容

（一）工作鉴定

工作鉴定是针对工作人员在体育赛事的筹备、举办阶段内的政治思想、工作业务等方面情况进行评价而形成的书面文字，是表彰与奖励工作开展的前提。体育赛事中通常包括两种形式，一是自我工作鉴定，二是针对工作人员的表现由其所在工作部门出具的鉴定。工作鉴定通常篇幅短小，语言概括、简洁、扼要，具有评语和结论性质。工作鉴定可以总结参与赛事筹备、举办阶段政治思想、工作表现和工作习惯，展望未来，发扬成绩，克服不足，指导今后工作，可以帮助领导、组织了解自己，可以作为入党、职称评定、季度或年度考核、晋升的依据材料。重要的工作鉴定，将成为个人历史生活中一个阶段的小结，具有史料价值，被收入个人档案。

（二）确定表彰、奖励和答谢的对象、方式

工作鉴定结束之后，体育赛事的运作管理机构组织表彰与奖励工作，是肯定相关单位和个人价值的重要措施。进行表彰与奖励的对象通常是直接参与赛事运作并为赛事成功举办做出突出贡献的单位和个人，表彰与奖励应坚持公开、公平、公正，归口负责、分级实施，突出重点、统筹兼顾，面向一线、面向基层以及精神奖励与物质奖励相结合，以精神奖励为主的原则。答谢的对象主要是赛事运作管理的外部机构及人员，包括主办单位、政府部门、媒体记者、各类赞助单位、捐赠者、志愿者等位赛事提供了支持与帮助的个人、组织和机构等。

表彰、奖励与答谢的方式多种多样，应该从赛事的规模、

规格、预算以及表彰、奖励与答谢的对象等多方面进行权衡考虑，加以选择和创新。比如，对于志愿者的保障更倾向于荣誉而非物质，有赛事主办单位高层领导签名的致谢信或者奖状便是一种向志愿者表达衷心谢意的良好方式；对于赞助商不妨举行一次由主办方高层领导及当地政府官员出席的隆重的答谢酒会或宴会，在致谢的同时也有利于增进彼此的关系，为将来可能的合作打下基础；对于工作人员来说，轻松的聚餐或者晚会有利于消除长期以来紧张工作的压力，赛事组织者给予工作人员正面、积极的工作鉴定、表彰决定以及适当的物质奖励，能更好地激励他们投入到下一阶段的工作中去。无论是何种方式的致谢或表彰，要想达到预期的良好效果，关键在于让表彰、奖励及答谢的对象感到自身有价值、被认可、受重视、公平。

二、组织机构

体育赛事表彰、奖励与答谢工作，由组委会办公室统筹管理。该项工作的职能合并到组委会组建的“考核总结专项工作组”之中，在该组的具体管理下，组织实施。

三、表彰、奖励与答谢工作示意图

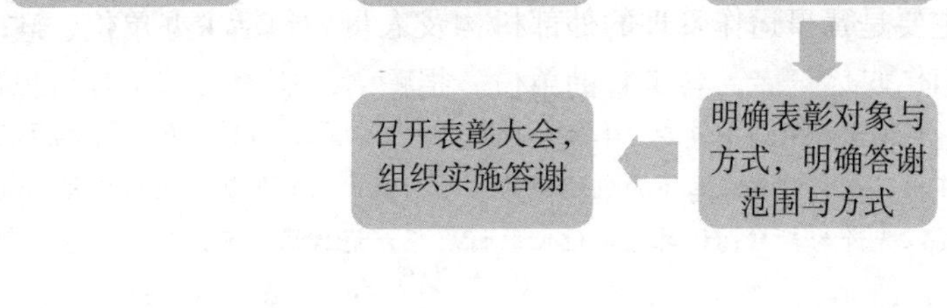

相关链接：

中共嘉兴市委、市人民政府
关于表彰浙江省第十四届运动会筹备工作先进集体和先进个人的决定

各县（市、区）委、县（市、区）人民政府，市级机关各部门，市直属各单位：

在省委、省政府的正确领导下，在省体育局的精心指导和全市人民的共同努力下，由我市承办的浙江省第十四届运动会(以下简称“省运会”）取得圆满成功，办成了一届浙江省历史上最大规模、最高规格、富有特色、平安祥和的体育盛会，实现了“优美环境、优良设施、优质服务、优异成绩”的“四优”目标。在承办省运会过程中，我市各级党委、政府和社会各界以及广大干部群众以邓小平理论、“三个代表”重要思想为指导，深入贯彻落实科学发展观，积极响应市委、市政府的号召，万众一心，不畏艰难，勇担重任，无私奉献，为省运会成功举办做出了重要贡献，涌现出了一大批成绩突出的先进集体和先进个人。

为表彰先进，树立榜样，市委、市政府决定：授予嘉兴市体育局“浙江省第十四届运动会筹办工作特别嘉奖”，授予南湖区人民政府等单位“浙江省第十四届运动会筹办工作突出贡献奖”，授予嘉兴市纪委（监察局）等单位“浙江省第十四届运动会筹办工作先进集体”称号，授予刘清早同志“浙江省第十四届运动会筹办工作特别嘉奖”，授予马邦伟等同志“浙江省第十四届运动会筹办工作先进个人”，授予南湖区人民政府等单位“浙江省第十四届运动会参赛奖”，授予徐冲等同志“浙江省第十四届运动会嘉兴市十佳教练员”称号，授予张庆国等同志“浙江省第十四届运动会嘉兴市优秀教练员”称号，授予罗聃等同志“浙江省第十四届运动会嘉兴市十佳运动员”称号，授予李超群等同志“浙江省第十四届运动会嘉兴市优秀运动员”称号。

希望受表彰的单位和个人发扬成绩，戒骄戒躁，再接再厉，发挥模范带头作用，在新的起点上不断创造新的业绩，做出新的贡献。全市广大干部群众要以先进为榜样，认真学习他们的好思想、好作风、好经验，为进一步夺取全面建设小康社会新胜利、谱写人民美好生活新篇章而努力奋斗！

附：名单略

中共嘉兴市委

嘉兴市人民政府

2010 年 12 月 14 日

第六节　人员转移工作实务

体育赛事的成功举办是工作人员辛勤工作的成果，赛事结束以后要本着对全体工作人员高度负责的态度，认真做好人员转移的工作，让全体工作人员愉快地离开组委会。

一、收尾阶段人员转移工作的主要内容

（一）确定人员转移的时间、范围、方式

在人员转移工作开始前，首先要明确人员转移工作的时间、范围和方式等相关信息，是体育赛事闭幕后一周还是一个月后开始，还是总结表彰工作全部结束之后，是一次性全部转移，还是分期分批转移，先转移哪些人员，后转移哪些人员等。在大型综合性体育赛事的人员转移通常采用分期分批的方式，在收尾阶段各专项工作组成立之后，便可组织无关人员的转移工作。从相关职能部门抽调而来的人员，返回原单位上班，招聘的人员则按照双方签订的合同，到期后自动解除雇用。

（二）做好人员转移的保障工作

赛事结束后，及时、合理组织人员的转移工作，是确保人员顺利返回的重要保障性措施，也是工作人员重新返回原工作单位

得以尽快顺利上班的重要保证。在有些大型综合性体育赛事的实践中，采用"五个一"的工作方法，即给每一个工作人员一份工作鉴定、一份由组委会签发的答谢工作人员所在单位的专函、一份荣誉证书、一份奖金和一次欢送宴会。实践证明，收到了良好的效果。

二、组织机构

在体育赛事人员转移工作，由组委会办公室统筹管理。在组委会组建的“人员转移专项工作组”的具体管理下，组织实施。

三、人员转移工作示意图

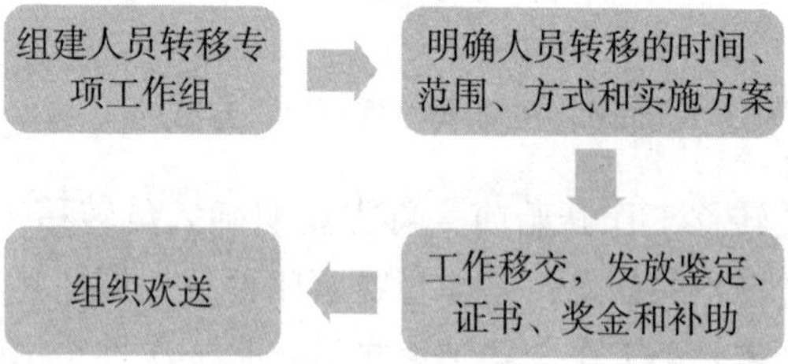

第七节　组织机构撤销工作实务

体育赛事的组委会一般都是临时的组织机构，在完成赛事全部工作以后，要做好组委会的注销工作以及向公众宣布组委会正式解散，以作为本次赛事的终结。如北京奥组委是为筹办第 29 届奥运会而专门成立的任务型组织。任务型组织是一种围绕解决某一（些）特定任务而建立起来的组织形式，在任务完成的时候，就应撤销。组织机构撤销是实现组织效率的必要手段，它确立了组织的任务边界和活动范围以及时限要求。

一、收尾阶段组织机构撤销的主要内容

（一）明确标准启动撤销程序

大型综合性体育赛事组委会在解散前，要明确应该采取什么样的标准启动解散程序。根据赛事任务最终实现的情况，可以有三个标准，一是以资源的使用情况作为标准；二是以任务完成的进度作为标准；三是以是否有特定事项的出现作为任务型组织机构撤销程序启动的标准。对北京奥组委而言，完全以资源使用的程度和客观情势的变更作为解散的标准不太适宜，而应把任务本身的完成程度作为可以凭借的最主要的标准。北京奥组委存在的实体表现形式就是机构本身的设立和人员的到位，这是组织设立的外在标志。

（二）制定撤销策略

在启动撤销程序时，可以采用情势变更策略、人员出调策略和资源控制策略。情势变更往往导致组织任务性质的更迭，组织无论是发生任务中止还是向其他组织发生延展，这些都是导致组织进入撤销阶段的启动性条件。利用情势变更策略可能会遭遇两大难点：一是赛事组织机构内部主张利用情势变更来撤销，而主管设立它的常规组织不同意撤销；二是常规组织主张撤销，而赛事组织机构内部不主张撤销。这两种情况下出现的不协调主要是对任务本身的理解的不同而造成的。在赛事组织机构的撤销中，通过人员出调来撤销组织是一种极为有效的方式。在撤销赛事组织机构时，可以一个一个地或分批地把人员调出组织，直到组织的机构已经成为一个空壳的时候，再宣布组织的撤销。这是一种

悄悄地撤销组委会的策略。赛事组织机构一般没有独立的组织资源渠道，在它设立时对外界的资源依赖性尤其明显，对法律资源和财政资源的依赖是其组织活动得以开展的前提。资源控制策略基本上是由外部主体来主动或监督实施的，所依据的就是控制组织得以存在的法律依据和财政资源。

（三）任务的检查与验收

组织机构的撤销工作必须进行任务的检查验收。任务的检查验收要不断地强化组织的任务导向，以此作为组织实施对任务完成过程检查验收的标准。组织的任务完成结果要进行绩效衡量，把实际绩效和组织的任务目标进行比较并作出客观评价，通过检查去发现组织中出现的偏差，然后针对任务执行中存在的各类问题采取应对措施。

（四）资源清点和复归

在撤销过程中还要进行资源清点和复归。在体育赛事组委会的资源耗费中，只有人、财、物等资源的耗费是一次性的，它随着使用而消耗在任务的具体过程中，是一种实质性的消耗，大多数情况下是一次性的，其消耗以单次过程的结束而归于无以复现。而且，在其解散过程中，仍需要一定的人、财、物资源，造成一定的资源耗费。但是，在赛事组织机构的整个活动过程中，无论是任务型组织本身还是为组织提供支持的其他外在组织，都必须保证这类资源的使用是正当、合理的。这也是对赛事组织资源进行清点核对的理由。

相比较而言，组织运行所需要的外界组织体系资源和政治命令、法律、法规、政策、科学规范等资源可以因任务的需要而产生，在任务结束后，这些资源可以迅速地归位，或者暂时地蛰伏封存起来，对这些资源也必须进行有效的清点，作出终止或取消的决定。在组织机构撤销过程中，还存在着一个组织资源复归的问题，即让组织资源获取过程中所占用的资源复位、补偿，使剩余资源得到合理合法的处理。在剩余资源的分配上，必须以资源供应者的实际支出来衡量复归的比例，对于因其他原因造成的损坏还要给予一定的补偿。

（五）组织机构注销

在赛事收尾阶段对任务完成过程进行经验总结，对组织成员进行表彰，对不同类型的组织工作人员的流向作出合理安排之后，便开始组织机构的注销工作。在这一工作中，要按照当时组委会组建程序做好相关的注销工作，包括停止公章的使用、注销账户等，同时应通过媒体再次答谢举办地的民众和给予赛事支持的相关单位。在注销之前，必须对权力的责任义务承担方式作出安排。织机构撤消后，还有另一种继受方式，那就是出现了新的赛事任务而进行延展，还有一项重要内容是需要关注的，那就是赛事组织必须努力发现那些自己未能解决和不属于自己任务范畴的问题，并提交给常规组织，引起常规组织的重视。

二、组织机构

组织机构撤销的工作由组委会办公室负责，在完成体育赛事运作的全部工作后，由组委会办公室向承办地政府和主办单位专文请示，经批准后，按照相应的法律程序，撤销组委会。

三、组织机构撤销工作示意图

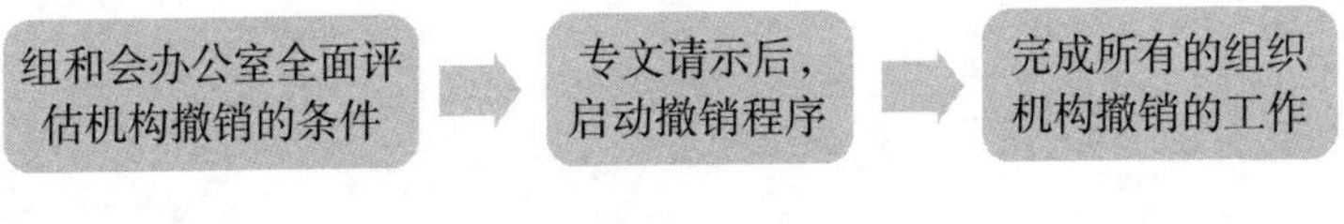

思考题

1. 体育赛事收尾阶段评估与总结工作的主要内容有哪些?

2. 体育赛事收尾阶段固定资产处置工作的主要内容有哪些?

3. 简述体育赛事收尾阶段档案工作的主要流程。

后 记

我要再次感谢广大读者对我的帮助和厚爱，感谢上海体育学院对我的培养，感谢我的研究生导师孙汉超教授、高雪峰教授、现在的老师张林教授、鲍明晓教授对我的指导，感谢第十一届全运会组委会、第六届全国农民运动会泉州市筹委会、中国国际航空体育节组委会、浙江省第十四届运动会组委会对撰写这本专著提供的支持，在专著中引用了一些运动会和活动的相关案例和文件，有些是我主持起草的，有些是组委会的相关工作人员起草的，有些是我给予指导、由组委会的工作人员完成的，在专著的编撰过程中，学习了国家体育总局竞体司编写的《全国综合性运动会组织管理指南》，在此向他们一并致以衷心的感谢。出于技术考虑，我对有些案例和文件中的数据进行了隐蔽，请各位读者予以理解。我将在这本专著的基础上，改编成普通高校的教材，更好地为全国普通高校教学服务。

回顾我从事体育工作40年以来，从事体育赛事运作31年以来所走过的路程，如果取得了一些成绩，都是各级组织关怀的结果，都是各位同行、各位朋友也包括各位学生提供支持的结果，因为你们的支持才使我产生了对自己在实践中的经验进行认真总结归纳并用五年时间完成五本专著的巨大动力。

我从专门从事体育赛事实务转行到我的母校——上海体育学院来从事大学教师的工作已走过了近六个年头。学院领导创新务实鼓励我继续从事实务工作，学院各职能部门给予了许多方便，他们都为我创造了许多条件。由于组织的关怀，也包括自己的辛勤努力，我已经在上海体育学院连续五个年度考核中都被评为优秀，还荣幸地被授予“上海市模范教师”荣誉称号。本人在所从事的大型综合性运动会以及单项的体育与文化活动中，都无一例外的被授予“特别嘉奖”“突出贡献奖”“先进工作者”“特别贡献奖”等荣誉，这些荣誉都归功于各级组织、各级领导和各位老师与朋友，也归功于所有来听我课的学生们。

从2011年开始，我还要全力以赴地编撰《体育赛事市场开发》教材了，这门课程已经是上海市精品课程，我也完成了这门课程自编教材的第三版。现在要将自编教材创编成正式的教材，以此来作为为体育赛事运作管理专业建设的奉献。因此，希望大家继续给予帮助。

从十五岁开始当运动员，体育是我一生中唯一的事业，在此我要对以下单位表示特别感谢：（排名不分先后）

国家体育总局办公厅、人事司、群体司、竞体司、经济司、宣传司、政法司、科教司、人力资源中心

上海体育学院

上海体育学院体育赛事研究中心

中国体育科学学会体育产业分会

中共福建省委、省人民政府，中共泉州市委、市人民政府

第六届全国农民运动会泉州市筹备工作委员会

中共山东省委、省人民政府，中共济南市委、市人民政府

山东省体育局

第十一届全国运动会组委会、第十一届全运会济南赛区组委会

中共沈阳市委、市人民政府

第十二届全运会沈阳赛区组委会

中共嘉兴市委、市人民政府，嘉兴市体育局

浙江省第十四届运动会组委会

原湖南省体委

莱芜市人民政府

南阳市人民政府

珠海市体育局、珠海市体育运动学校、珠海市体育科学技术研究所

等等单位及各位同事与同行对我的大力支持和亲切关怀。

特别感谢人民体育出版社总编辑史勇老师的关怀与支持，编辑吴永芳老师五年多以来的辛勤、认真负责的工作，封面设计清之老师的专业、敬业的服务，感谢我的助手孙心玲的辛勤工作。我始终认为，被组织和同事以及朋友所信任就是最高的荣誉。

最后，我还要衷心感谢我的家人为我做出的一贯的、无私的、默默的奉献与支持。

滴水之恩当涌泉相报，涌泉之恩当终生相报。

体育是所有人都不能缺少的“生活必需品”，体育让世界更精彩。让我们共同来参与体育赛事、享受体育赛事筹备工作给我们带来的挑战与成就吧！

二〇一一年四月于上海

图书在版编目（CIP）数据

体育赛事运作管理实务 / 刘清早著. -- 北京：人民体育出版社，2011（2022.8重印）
ISBN 978-7-5009-4139-2

Ⅰ.①体… Ⅱ.①刘… Ⅲ.①运动竞赛－组织管理Ⅳ.①G808.22

中国版本图书馆CIP数据核字(2011)第168107号

*

人 民 体 育 出 版 社 出 版 发 行
北京中献拓方科技发展有限公司印刷
新 华 书 店 经 销

*

850×1168　32开本　20.75印张　450千字
2011年9月第1版　2022年8月第11次印刷
印数：7,401—8,400册

*

ISBN 978-7-5009-4139-2
定价：60.00元

社址：北京市东城区体育馆路8号（天坛公园东门）
电话：67151482（发行部）　邮编：100061
传真：67151483　邮购：67118491
网址：www.psphpress.com
（购买本社图书，如遇有缺损页可与邮购部联系）